Kurt O. Wyss-Labasque

Paradiesvogel im goldenen Käfig

Kurt O. Wyss-Labasque

Paradiesvogel im goldenen Käfig

Singapur, Damaskus, Ankara … ein Diplomatenleben

Stämpfli Verlag AG

Impressum

Die bibliografische Information der Deutschen Nationalbibliografie
ist über www.d-bn.de abrufbar.

Verlag · Stämpfli Verlag AG, Bern, www.staempfliverlag.com
Lektorat und Gestaltung · Krokauer, Würzburg
Korrektorat · Benita Schnidrig, Stämpfli Verlag AG, Bern
Umschlaggestaltung · Nils Hertig, clicdesign ag, Liebefeld

ISBN 978-3-7272-1307-6

Printed in Germany

Für Françoise

Inhalt

1. Einleitung

Mit der Diplomatie hat es eine eigene Bewandtnis. Die Literatur zum Thema «Diplomatie» ist ins Unermessliche gewachsen. Hierzu tragen nicht zuletzt die Diplomaten selber bei, die sehr oft den Drang verspüren, einer weiteren Öffentlichkeit ihre persönlichen Betrachtungen zu den internationalen Beziehungen und den eigenen Lebensweg in Form von Memoiren kundzutun.

Dennoch wird die Diplomatie in weiten Bevölkerungsteilen als etwas Unfassbares, Mysteriöses wahrgenommen. Von den einen als Traumberuf empfunden, wird ihr von Kritikern heutzutage teilweise sogar jede Daseinsberechtigung abgesprochen.

Diese widersprüchliche Einschätzung der diplomatischen Tätigkeit hat mich immer wieder frappiert. Sie hat in mir den Entschluss reifen lassen, selbst zur Feder zu greifen und aufgrund meiner eigenen Erfahrungen darzulegen, was der Diplomat in Wirklichkeit ist und was er nicht ist bzw. nicht sein kann. Als ehemaliger Schweizer Diplomat kenne ich nämlich das Gefühl zur Genüge, eigenartigen, bedingt differenzierten und manchmal sogar böswilligen Unterstellungen ausgesetzt zu sein. Häufig hört man beispielsweise, die Diplomaten seien eine elitäre, vom Volk abgehoben lebende Kaste. Ich selbst bin wohl das lebende Beispiel dafür, dass dem nicht so ist: Aus einfachen Verhältnissen stammend, habe ich den Aufstieg in Spitzenpositionen des schweizerischen diplomatischen Dienstes schaffen können. Kaste sollte nicht mit wohlerworbenem Berufsstolz – einem *esprit de corps* im guten Sinne – gleichgesetzt werden!

Der Mehrwert eines Diplomatenlebens ist es, während einer bestimmten Zeit vertieften Einblick in die Verhältnisse und das Wesen eines anderen Landes zu gewinnen und dort gleichzeitig die Interessen des eigenen Entsendestaates vertreten zu dürfen. In meinem Falle umfassten die ausländischen Stationen, im Wechselspiel mit Einsätzen an der Zentrale[1], Polen, Indonesien, Mexiko, Jordanien, Singapur, Brunei, Syrien und die Türkei.

In selbstkritischer Einschätzung möchte ich sagen, dass ich eine ansprechende, recht abwechslungsreiche Laufbahn durchlief; aber es war sicher keine «brillante» Karriere, wiewohl gerade dies mir im Abschiedsschreiben von Bundesrätin Micheline Calmy-Rey wohlwollend attestiert wurde. Ich war nie auf einem sogenannten Prestigeposten im Einsatz und ich erhebe auch nicht den Anspruch, die schweizerische Aussenpolitik massgebend mitgeprägt zu haben.

Das vorliegende Buch soll deshalb kein Rechenschaftsbericht sein, der die von mir vollbrachten Taten gebührend besingen soll. Ich masse mir auch nicht an, die Thematik «Diplomatie» erschöpfend abzuhandeln. Vielmehr soll im ersten Teil in heiterer und besinnlicher Form aus der Sicht eines Praktikers Einblick gewährt werden in die Höhen und Tiefen des Diplomatenlebens, das – vielleicht mehr als anderswo – von Freuden, aber auch von Leiden sowie geknickten Hoffnungen geprägt ist. Ich darf mir zugutehalten, dass ich mich nicht scheue, auch Vorgänge an der Zentrale unbesehen um Person und Rang kritisch unter die Lupe zu nehmen, was ich übrigens schon während meiner Aktivzeit im EDA immer wieder getan hatte.

Der zweite, kürzere Teil soll ein Plädoyer für die Diplomatie im Wandel sein, um sie aus der schiefen Ebene eines oft missverstandenen Berufsstandes herauszuheben. Da ich selbst im Verlauf meiner Karriere ein reiner «Bilateralist» war, d.h. einer, der jeweils die Interessen der Schweiz in einem anderen Staat zu vertreten hatte, soll auch kurz auf verschiedene Formen des Multilateralismus eingegangen werden, wie sie sich vor allem mit der UNO als zentralem System herausgebildet haben.

Während der Probezeit als Diplomatenanwärter hatte unsere Promotion während der Genfer Ausbildungszeit im Wintersemester 1972/73 Gelegenheit, von den Erfahrungen von George F. Kennan, dem Altmeister der amerikanischen Diplomatie, zu profitieren.[2] Unauslöschlich in Erinnerung geblieben ist mir die Bemerkung Kennans, dass der Diplomat kein gewöhnlicher Beamter sei und schon gar nicht nur «ein Bündel guter Manieren» zu sein habe; vielmehr dürfe er sich ruhig etwas exzentrisch und als Querdenker geben. Allerdings müsse er sich immer bewusst sein, dass er –

im Unterschied zu anderen grenzüberschreitenden Berufen – an die Loyalität gegenüber seinem Herkunftsstaat gebunden sei. Eine ausländische Diplomatengattin prägte schon vor Jahrzehnten den treffenden Satz, dass man als Diplomat hinsichtlich der schönen Äusserlichkeiten und des gehobenen Lebensstandards eine «geliehene Existenz» führe, die sich «in vom Staat zur Verfügung gestellten Kulissen abspiele»[3].

Diese dem Diplomatenleben abgeschauten Einsichten, welche durch meine eigenen persönlichen Erfahrungen zum grössten Teil ihre Bestätigung finden sollten, haben mich bewogen, dem Buch den Titel «Paradiesvogel im goldenen Käfig» zu geben: Der Diplomat führt in der Tat ein privilegiertes Leben, ist aber gleichzeitig an gewisse Verhaltensregeln gebunden, die ihn in seiner Bewegungsfreiheit recht drastisch einschränken können.

Von Friedrich Dürrenmatt stammt der Ausspruch *«Wer schreibt, bringt immer das eigene Chaos und das der Welt in Ordnung»*. An Ihnen, verehrte Leserschaft, ist es, herauszufinden, ob und inwiefern ich mit dem vorliegenden Buch diesem hochgesteckten, wohl aber auch etwas ironisch gemeinten Gebot nachzuleben imstande war.

* * *

Ich habe zu danken. Zu danken den zahlreichen Personen innerhalb und ausserhalb des Departementes, welche mir wertvolle Ratschläge und Hinweise mit auf den Weg gegeben haben. Ich zähle sie hier nicht im Einzelnen auf, sondern statte ihnen auf diesem Wege meinen kollektiven Dank ab. Es versteht sich indessen, dass ich für den Inhalt des Buches die alleinige Verantwortung trage. Aus meinem Freundeskreis übernahmen Béatrice Aebi-Hönger, Verena Sturzenegger-Wälti sowie Heinz Schibler in anerkennenswerter Weise das Lektorat.

Vor allem aber bin ich meiner lieben Gattin Françoise zu wärmstem Dank verpflichtet, die mir auf meiner diplomatischen Lebensreise jederzeit als treue und unentbehrliche Begleiterin zur Seite stand. Ihr widme ich dieses

Buch. Sie hat auch jetzt viele Entbehrungen in Kauf nehmen müssen, wenn meine Gedanken während langer Monate, wenn nicht Jahre, fast ausschliesslich um die Niederschrift dieses Textes kreisten und ich mich des Öfteren unansprechbar in mein Büro einschloss. Dass Françoise mir dennoch unentwegt ihre volle moralische Unterstützung zukommen liess, schuf erst die Voraussetzung, um das Vorhaben überhaupt zu einem erfolgreichen Abschluss zu bringen.

Bern/Bicon bei Artonne (F), im Oktober 2010

2. Persönlicher Werdegang

Nein, es war mir mit Bestimmtheit nicht in die Wiege gelegt worden, dass ich dereinst Diplomat werden würde. Ich, Kurt Otto Wyss, wurde am 18. Juli 1939 in Zürich geboren und wuchs ab dem vierten Altersjahr in der bernischen Kleinstadt Burgdorf in bescheidenen Verhältnissen auf. Mein Vater war gelernter Möbelschreiner. In der Kriegs- und Nachkriegszeit reichte der karge Lohn kaum aus, um die Familie durchzubringen. Später offerierte das volle Engagement beider Eltern im Lederwaren- und Bodenbelagsgeschäft, das meinem Grossvater mütterlicherseits gehörte, etwas bessere Entfaltungsmöglichkeiten. Trotz der einfachen Lebensumstände habe ich zusammen mit meinen jüngeren Geschwistern Heidy und Urs eine insgesamt glückliche Kindheit und Jugendzeit verbracht. Das war das Verdienst der Eltern, die es verstanden, uns Kinder in einer wohlbehüteten Familienatmosphäre aufwachsen zu lassen.

Am Städtischen Gymnasium Burgdorf, das eher den Anschein eines beschaulichen Landgymnasiums erweckt, erlebte ich eine angenehme und abwechslungsreiche Zeit, auch wenn ich wegen ständiger gesundheitlicher Probleme meinen Bildungsgang mehr als einmal unterbrechen musste. Dass ich rein materiell überhaupt eine Mittelschule besuchen konnte und später ein Universitätsstudium ergreifen durfte, rechne ich meinen aufopferungswilligen Eltern hoch an.

Meine positive Erinnerung an die Gymnasialzeit verdanke ich zu einem grossen Teil meiner Mitgliedschaft in der Mittelschulverbindung «Bertholdia». Diese traditionsreiche Institution hatte in der Bevölkerung nicht überall einen guten Namen und wurde oftmals als übler «Biersaufverein» abgestempelt. Solche Exzesse mögen vorgekommen sein, aber sie verblassen neben den Vorteilen, die ich aus der Zugehörigkeit zu diesem Studentenzirkel ziehen konnte. Es galt, sich in einen Gruppenverband einzuordnen, der Verantwortung verteilte, Ältere für Jüngere sorgen liess, während die Jüngeren den Älteren Gehorsam schuldeten – und zwar ohne einen Schatten von Brutalität. Vorträge zu halten und den eigenen Standpunkt auch kritischen Einwänden gegenüber mit Nachdruck zu vertreten, half mir auf jeden Fall, meine angeborene Schüchternheit zu überwinden, die sprachliche Ausdrucksfähigkeit zu verbessern und überhaupt meine Persönlichkeitsentwicklung entscheidend voranzutreiben. Als ich später beruflich im Ausland weilte, war es mir immer ein Bedürfnis, die aus der aktiven Verbindungszeit stammenden Freundschaften weiter zu pflegen.

Zu meiner Persönlichkeitsentwicklung trug auch der Sport bei, den ich gerne zum Ausgleich betrieb. Ich wurde Torhüter der ersten Mannschaft des Bürgerturnvereins Burgdorf im damals populären Feldhandball. Schon in der gymnasialen Klassenmannschaft war ich regelmässig zwischen den Pfosten gestanden.

Unvergessen bleibt für mich das erste Wettkampfspiel vor viel Publikum nach dem errungenen Aufstieg in die Nationalliga B. Unsere Elf, angeführt vom Goalgetter und späteren Internationalen Walter Seiler, stand der renommierten Equipe von Länggasse-Bern gegenüber, die in der Vorsaison aus der höchsten Spielklasse (Nationalliga A) abgestiegen war und als eindeutiger Favorit galt. Im Berner Team spielte neben anderen Handballkoryphäen kein Geringerer als Torhüter Charles Raedersdorf, der bereits auf eine internationale Handballkarriere zurückblicken konnte und der später durch die Moderation der populären «Apollo»-Fernsehsendungen einen hohen Bekanntheitsgrad erreichen sollte. Uns wackere Burgdorfer Handballer erfüllte es als krasse Aussenseiter mit grossem Stolz, den Stadtbernern ein 11:11-Unentschieden abgerungen zu haben, zu dem ich mit einigen gelungenen Paraden mein Teil beitragen konnte.

Jahre später sollten Charles Raedersdorf und ich – er als Chef des Katastrophenhilfskorps – beim gleichen Arbeitgeber EDA im Einsatz stehen. Auf die Handballbegegnung angesprochen, konnte sich Charles nicht mehr an das Resultat erinnern, aber er liess mir – gut organisiert und dokumentiert, wie er war – aus seinem Privatarchiv umgehend eine Kopie des in der Presse erschienenen Matchberichtes zukommen.

Für mich besteht kein Zweifel, dass diese aktive sportliche Betätigung in einem hohen Masse dazu beigetragen hat, meine lang andauernde, krankheitsbedingte Schwächeperiode endgültig zu überwinden. Der Sport fördert überdies die Charakterbildung; er erzieht zu Solidarität und Fairplay. Im Sport stecken Qualität, Intelligenz und Kraft. Der Umgang mit Sieg und Niederlage ist eine hervorragende Lebensschule. Da nehme ich auch ohne weiteres in Kauf, dass mein linkes Knie als Folge unzähliger Torhüterparaden arg lädiert wurde, mehrmals operiert werden musste und mir bis zum heutigen Tag Beschwerden bereitet.

Auch die fast drei Jahre Dienst, die ich insgesamt in der Schweizer Armee geleistet hatte, haben mich körperlich abgehärtet und mitentscheidend zur Festigung meiner Persönlichkeit beigetragen. Bis zum Zeitpunkt, da ich wegen meines Eintritts ins Aussenministerium militärisch etwas kürzer treten musste, kommandierte ich eine Füsilier-Stabskompagnie. Später wurde ich zugeteilter Hauptmann in einem Bataillonsstab. Schon nur aufgrund meiner eigenen persönlichen Erfahrung möchte ich an dieser Stelle für die im Umbruch befindliche Armee, die heute teilweise etwas in Misskredit geraten ist, eine Lanze brechen.

Neben dem Beitrag zur körperlichen Ertüchtigung und zur Persönlichkeitsentwicklung des Einzelnen ist die Armee auch ein ausgezeichneter *«social levelleler»*, der Angehörige der verschiedensten Gesellschaftsschichten zusammenführt und das gegenseitige Verständnis fördern hilft. Wer die Offizierskarriere einschlägt, kann bereits im Alter von zwanzig Jahren Menschen führen. Kaum eine andere Laufbahn bietet einem jungen Mann die Möglichkeit, schon frühzeitig Führungserfahrungen zu sammeln, mit Stress und Ungewissheit umzugehen und die Grenzen der physischen und psychischen Belastbarkeit auszuloten. Die mir während der Dienstzeit angeeignete Menschenkenntnis sowie das geordnete, disziplinierte Denken und Handeln haben mir in meiner späteren diplomatischen Karriere auf jeden Fall sehr genützt. Die drei rudimentären Ks (Kommandieren, Kontrollieren, Korrigieren), die zu befolgen uns Offizieren von den militärischen Vorgesetzten immer wieder eingehämmert wurden, bleiben auch im zivilen Bereich die Basis jeglichen verantwortungsvollen Führungsverhaltens. Das grosse Geheimnis erfolgreicher Führung besteht darin, die richtige Mischung bei deren Umsetzung zu finden.

* * *

Meine Berufsvorstellungen haben im Verlaufe der Zeit verschiedene Wandlungen erfahren. Als Kind wollte ich Pfarrer oder Kaminfeger werden, jedenfalls hatte die Berufskleidung schwarz zu sein. In der Gymnasialzeit liebäugelte ich mit dem Beruf des Zeichenlehrers. Zeichnen und Malen waren damals meine Lieblingsbeschäftigungen, und mir wurde diesbezüglich ein gewisses Talent attestiert. Ich habe dieses Hobby dann aber nicht mehr weitergepflegt. Noch vor der Maturität kam ich zum Schluss, dass ich Gymnasiallehrer werden wollte.

Meine Fächerkombination an der Universität Bern war Anglistik im Hauptfach (neuzeitliche englische Literatur, Alt- und Mittelenglisch) sowie Schweizergeschichte. Ich belegte aber auch Vorlesungen in Weltgeschichte, Jurisprudenz und Volkswirtschaft. Meine Ausbildung zog sich in die Länge, nicht zuletzt deshalb, weil ich als Werkstudent gehalten war, meinen Teil zur Finanzierung des Studiums beizutragen. So unterrichtete ich u.a. 1965–1972 als Hilfslehrer mit einem Teilpensum Englisch und Geschichte an der damaligen Töchterhandelsschule der Stadt Bern (heute Wirtschaftsmittelschule). Die Schultätigkeit gefiel mir recht gut. Mit ehemaligen Kolleginnen und Kollegen der Lehrerschaft, aber auch mit einigen Schülerinnen bin ich bis heute in Freundschaft verbunden.

Das mit dem Anglistikstudium verbundene Auslandsjahr in London war für mich eine willkommene Abwechslung, ein eigentlicher Meilenstein in meinem jungen Leben. Es war das erste Mal überhaupt, dass ich längere Zeit von zu Hause weg war. Ich besuchte Vorlesungen und Seminare an der London University und am City Literary Institute. Ich fand mich bald recht gut mit der von Pragmatismus gezeichneten insularen Mentalität zurecht. Schweizerinnen und Schweizer fühlen sich England in der Regel sehr verbunden, wohl weil die Schweiz selbst eine Art Insel in Europa ist und ihre Bewohner ebenfalls als praktisch veranlagt gelten.

England fällt indessen auch durch seine Andersartigkeit auf. Ich kann mir kein Land vorstellen, das mehr Exzentriker aufweist als England. Verschrobenheit ist geradezu zu einem Gütezeichen geworden. Und dann der englische Humor! Irgendwo stand einmal geschrieben, dass der Humor zu den Engländern gehört *«wie die Melancholie zu den Portugiesen und der Fussball zu den Brasilianern»*. Der englische Humor, der von der Gabe des *understatement,* von subtiler Ironie über das Groteske bis zu beissender Satire, ja Sarkasmus reicht, hat mich von Anfang an fasziniert. Die Fähigkeit der Engländer, sich selbst nicht immer allzu ernst zu nehmen, hat mich stark beeinflusst und bei mir gewisse Spuren hinterlassen.

Ich machte mich bald einmal an die Entdeckung Londons und seiner unzähligen historischen Sehenswürdigkeiten. Zudem gab es eine Fülle hochstehender Theater-, Ballett- und Opernaufführungen, Konzerte, Festspiele der Dichtkunst sowie Ausstellungen der Sonderklasse. Zu deren Besuch hatte ich die Qual der Wahl. Allzu verlockend war die Aussicht, Anlässen von teilweise Weltklasseniveau zu verhältnismässig günstigen Eintrittspreisen beiwohnen zu können. Namen wie Sir Laurence Olivier (wegen dessen Rolle in «Othello» ich mich während mehr als fünfundzwanzig Stunden (!) in der britischen Nationaltugend des Schlangestehens übte, um ein Billett zu ergattern), David Warner, Ian Hold, Dame Margot Fonteyn, Rudolf Nurejew, Duke Ellington, Otto Klemperer vergehen wie Schokolade-Trüffel auf der Zunge. Dieses regelmässige Vergnügen liess ich mir nicht nehmen, und ich sparte es mir jeweils vom Essen ab. Das Opfer fiel mir umso leichter, als die kulinarische Kultur im England von damals mit dem übrigen kulturellen Angebot keineswegs Schritt halten konnte.

In weniger erhabenen Sphären kam ich in London aber auch als Fussballfan voll auf meine Rechnung. Nachdem sich die Glanzzeit meines Schweizer Lieblingsvereins, der Berner Young Boys, unerbittlich dem Ende genähert hatte, fand ich in den Tottenham Hotspurs mit dem genialen Stürmerstar Jimmy Greaves einen mehr als gleichwertigen Ersatz. Wieso meine Wahl gerade auf die Nordlondoner fiel, weiss ich nicht mehr genau, gab es in der Hauptstadt doch noch eine ganze Reihe anderer Spitzenklubs wie Arsenal, Chelsea und West Ham. Tatsache ist, dass ich jeden zweiten Samstagnachmittag an die White Hart Lane pilgerte, um bei den Meisterschaftsspielen der Spurs mitzufiebern. Meine Sympathie für die Tottenham Hotspurs und mein Faible für den englischen Fussball im Allgemeinen haben sich bis zum heutigen Tag erhalten.

Ja, der einjährige London-Aufenthalt war für mich eine genussvolle, erlebnis- und lehrreiche Zeit.

1971 promovierte ich bei Professor Robert Fricker[4], Ordinarius für englische Literatur an der Universität Bern, mit der Arbeit *«Pikareske Thematik im Romanwerk Evelyn Waughs: Eine literarhistorische Untersuchung über Persönlichkeitsgestaltung und Romanstruktur»*. Meine Dissertation wurde auf Betreiben meines «Doktorvaters» in den «Schweizer Anglistischen Arbeiten» veröffentlicht und erhielt in verschiedenen internationalen Fachzeitschriften positive Rezensionen. Ich versuchte nachzuweisen, dass es in den Romanen Waughs (1903–1966) zu einem Wiedererscheinen des traditionellen Pikaros kam, der sich im spanischen Schelmenroman des 16./17. Jahrhunderts herausgebildet hatte. Der Held ist recht eigentlich ein Antiheld, der den Tücken des Lebens ohne eigenes Dazutun ständig zum Opfer fällt, ohne allerdings bleibenden Schaden zu nehmen. Durch die immer wieder bezeugte Unschuld dieses Stehaufmännchens werden die Lasterhaftigkeit und die Sinnlosigkeit des modernen Gesellschaftslebens umso deutlicher blossgelegt.

Nach dem Studienabschluss hätte ich, in Befolgung meiner ursprünglichen Absicht, eine Stelle als Professor für Englisch und Geschichte an der Kantonsschule Solothurn antreten sollen, für die ich mich erfolgreich beworben hatte.

Das Schicksal hatte anderes mit mir vor.

3. Zweiunddreissig Jahre im Aussendienst der Eidgenossenschaft

3.1 Zulassungswettbewerb zum Schweizerischen Diplomatischen Dienst

Die Idee, Diplomat zu werden, habe ich einem reinen Zufall zu verdanken. Noch während der Studienzeit stiess ich auf ein Exemplar der «Schweizer Illustrierten», auf deren Titelblatt das Konterfei der Jungdiplomatin Marianne von Grünigen prangte, die soeben mit anderen Kolleginnen und Kollegen die zweijährige Ausbildungszeit erfolgreich abgeschlossen hatte. Das Foto war Teil einer Reportage, um Werbung für den Diplomatenberuf zu machen. Zu meinem grossen Erstaunen stellte ich fest, dass ich bis auf das abgeschlossene Hochschulstudium sozusagen alle Aufnahmebedingungen erfüllte.

Als mich dann der ehemalige Studienkollege Erwin Bischof, der mittlerweile bereits die Aufnahmeprüfung bestanden hatte, ermunterte, den gleichen Schritt zu tun, begann ich mich intensiv für einen Beruf zu interessieren, von dem ich nie geträumt hätte, dass ich ihn eines Tages ergreifen könnte. Ich machte mich eifrig an die Examensvorbereitung. Die Sommerferien verbrachte ich in Paris, um mein rostiges Schulfranzösisch etwas aufzufrischen. Im Übrigen hatte ich vor allem Nachholbedarf auf juristischem und wirtschaftlichem Gebiet.

Offen stand der Zulassungswettbewerb jedem unbescholtenen Schweizer Bürger bzw. jeder unbescholtenen Schweizer Bürgerin mit abgeschlossenem Hochschulstudium, wobei das Alter in der Regel nicht mehr als dreissig Jahre betragen sollte (mittlerweile ist das Alterslimit hinaufgesetzt worden). In unserem verhältnismässig kleinen diplomatischen Corps dominieren die überall einsetzbaren Generalisten, während die Spezialisten eher die Ausnahme bilden, aber an Bedeutung zunehmen. Günstigste

Voraussetzungen für die Karriere sind ein juristisches oder ökonomisches Studium; an meinem eigenen Beispiel lässt sich belegen, dass in puncto Allgemeinbildung auch die philosophisch-historische Ausrichtung mit Geschichte und einer Fremdsprache eine gute Basis bildet. Daneben gibt es in unserem Corps allerdings auch exotische Berufsgattungen wie Theologen, Forstingenieure, Physiker und Chemiker!

Ausschlaggebend ist in jedem Fall die Persönlichkeit, wobei der Bewerber weltoffen, neugierig, flexibel und extrovertiert-kommunikationsfreudig sein sollte. Der Kandidat muss schriftlich und mündlich zwei Amtssprachen beherrschen (in den überwiegenden Fällen Deutsch und Französisch) sowie eine wichtige Fremdsprache (in meinem Fall Englisch) oder die dritte Amtssprache (Italienisch). Schriftlich und mündlich wird der Wissensstand geprüft in Bereichen wie Schweizer Geschichte, zeitgenössische Weltgeschichte, Bundesstaatsrecht, Völkerrecht, Volkswirtschaft, Schweizer Wirtschaft, Kultur. Es werden Memorisierungsübungen sowie ein Aufsatz über ein aussenpolitisches Thema verlangt. Die Sprachkenntnisse werden mündlichen und schriftlichen Tests unterzogen.

Eine Prüfungskommission, sorgfältig zusammengesetzt aus National- und Ständeräten, Hochschulprofessoren, Chefbeamten des Aussenministeriums sowie des SECO (das früher Handelsabteilung bzw. Bundesamt für Aussenwirtschaft geheissen hatte) und neuerdings Exponenten der Privatwirtschaft, beurteilt jeden einzelnen Kandidaten in einer Art Kreuzverhör. In diesem fünfzehnminütigen geistigen Spiessrutenlaufen werden die Anwärter auf Herz und Nieren geprüft, ob sie sich für den anspruchsvollen auswärtigen Dienst eignen. Die Mitglieder der Prüfungskommission nehmen ihre Aufgabe sehr ernst, und sie täuschen sich sehr selten in ihrer Auswahl der Fähigsten.

Das Ganze wird abgerundet durch eine Diskussion der Diplomatenanwärter im Rahmen einer Gesprächsrunde, wobei ein wichtiges aktuelles Problem der nationalen und internationalen Politik zur Sprache kommt. Hiermit soll das Verhalten des Einzelnen in der Gruppe untersucht werden: Hält sich ein Kandidat allzu sehr bedeckt, sucht er, sich dominierend in Szene zu setzen, oder versteht er es, die Diskussion unaufgeregt in die richtigen Bahnen zu lenken?

Die Zulassungsprüfung ist vielleicht weniger schwierig als das Universitätsexamen, aber sie ist anspruchsvoll und unterzieht die Kandidatinnen und Kandidaten angesichts der ständig wechselnden Fachgebiete einem beträchtlichen Test des Anpassungsvermögens. Meine Freude war denn auch überschwänglich, als ich die Nachricht von der bestandenen Zulassungsprüfung erhielt, grösser jedenfalls als nach dem erfolgreichen Studienabschluss. Dies wohl nicht von ungefähr, ist es doch nicht jedermanns Sache, sich nach dem Uniabschluss noch einmal einer ein gerüttelt Mass an Vorbereitung verlangenden Prüfung zu unterziehen. Einer Prüfung notabene, die man im Unterschied zu einem akademischen Examen nur e i n M a l bestreiten kann. Ein Scheitern bedeutet das definitive Aus für die diplomatische Karriere.

3.2 Diplomatische Probezeit in Bern und Genf

Am 1. Mai 1972 fand ich mich mit zwölf anderen erwartungsvollen Volée-Kolleginnen und -Kollegen im EPD[5]-Ausbildungszentrum ein. Zusammen mit einem anderen Anwärter war ich der Älteste der Gruppe, während die Jüngste im Bunde – eine charmante Welschschweizerin – ganze neun Jahre weniger aufwies. Alter und Erfahrung spielen beim Einstieg in den Aussendienst des Bundes kaum eine Rolle. Als Spätberufener, welcher der Altersgrenze (damals 30 Jahre) ein Schnippchen schlagen konnte, will ich mich darüber nicht beklagen.

Ausbildungszentrum ist ein schönes Wort für die in die Jahre gekommene Glas-Beton-Stahl-Konstruktion, die damals als Verwaltungsgebäude des Aussenministeriums diente. Diese graue Maus von Baute, in einer unwirtlichen Gegend beim stadtseitigen Monbijou-Brückenkopf gelegen, versprühte nun wirklich nichts vom Glanz der grossen, weiten Welt, in die wir dereinst eintauchen sollten. Ein Lichtblick war dafür der Welschschweizer Sektionschef Erik Lang, der es als Ausbildner glänzend verstand, uns in die Geheimnisse des Diplomatenlebens einzuweihen und seine Ausführungen mit vielen Anekdoten anzureichern. Während der Berner Stage-Zeit trafen wir uns einmal pro Woche unter seiner Leitung, wobei wir mit den Grundbegriffen des Protokolls vertraut gemacht wurden und diplomatische Noten zu redigieren hatten; verschiedene Chefbeamte stellten uns in Vorträgen die in Bern ansässigen wichtigsten Dienste des Aussenministeriums vor. Es wurden auch Besuche nach auswärts organisiert, etwa ins Schweizerische Seeschifffahrtsamt in Basel, zur Kulturstiftung «Pro Helvetia» in Zürich oder zur Welschschweizer Zweigstelle der Zentrale für Handelsförderung in Lausanne, wo unsere Delegation auch an der Herbstmesse des «Comptoir suisse» offiziell empfangen wurde. Bei allen Anlässen wurde jeweils ein Diplomatenanwärter zu einer Dankesadresse bestimmt – eine gute Übung, um sich vor den Gastgebern, aber auch vor den kritischen Kolleginnen und Kollegen höflich, witzig und präzise auszudrücken.

Mit den ersten Grundkenntnissen versehen, wurde jeder Proband zu praktischen Ausbildungszwecken für je drei Monate zwei verschiedenen Verwaltungszweigen im EPD oder in der für die Aussenwirtschaft zuständigen Handelsabteilung (heute SECO genannt) zugeteilt. Mich traf es zuerst in den Lateinamerika-Dienst, der innerhalb der Handelsabteilung für die bilateralen Wirtschaftsbeziehungen mit den spanisch- und portugiesischsprachigen Ländern Zentral- und Südamerikas zuständig war. Die Vorgesetzten, die ich dort antraf, waren sehr nett und fleissig, aber ich wurde kaum je aktiv in das operationelle Tagesgeschehen einbezogen. So sass ich denn etwas verloren in meinem kleinen Büro direkt unter dem heissen Dach des Bundeshauses Ost und verbrachte die meiste Zeit damit, Kopien der in diesem Dienst getätigten Korrespondenz zu lesen. Die Situation wurde für mich noch unerträglicher, wenn meine Kolleginnen und Kollegen bei den regelmässigen Volée-Essen davon schwärmten, wie aufregend ihre jeweilige Dienststelle sei, wie viel sie von Vorgesetzten lernen konnten und wie stark sie ins Team mit einbezogen würden. Erst mit der Zeit fand ich heraus, dass wir im Rudel alle irgendwie in einer Konkurrenzsituation standen und dass sich jeder nach Möglichkeit ins beste Licht zu setzen suchte, selbst in Diensten, die – wie sich nachträglich herausstellen sollte – alles andere als anregend waren.

Ein Aufsteller war dieser Teil-Stage sicher nicht. Bei mir regten sich erste Zweifel, ob ich die richtige Berufswahl getroffen hatte. Aus der Rückschau kann ich jedoch beruhigt feststellen, dass ich einzig in dieser wenig verheissungsvollen Phase solch ketzerischen Gedanken nachhing – zu interessant und abwechslungsreich sollte nämlich für mich der Diplomatenberuf werden!

Ich war froh, als ich diesen Dienst nach der dreimonatigen Probezeit in «bestem Einvernehmen» verlassen durfte. Jahre später sollte mir indessen sehr zugutekommen, dass ich mich in dieser Abteilung etwas auskannte, als ich als Erster Mitarbeiter auf Posten in Mexiko war und in dieser Funktion u.a. für die Bearbeitung des Dossiers «Wahrung der schweizerischen Wirtschaftsinteressen» verantwortlich zeichnete. Dieses Dossier sollte sprunghaft an Bedeutung zunehmen, als das Aztekenland Anfang der Achtzigerjahre von einer schweren Wirtschafts- und Finanzkrise heimgesucht wurde.

Neu wurde ich der Politischen Abteilung I im EPD zugeteilt, welche für die bilateralen Beziehungen zu den Staaten West- und Osteuropas sowie Nordamerikas zuständig ist. Innerhalb der Abteilung hatte ich mich in erster Linie mit dem politischen Verhältnis zu den kommunistischen Staaten im sowjetischen Machtbereich zu befassen. In der damaligen Phase des Kalten Krieges kam es angesichts der Unvereinbarkeit des Systems der westlichen sozialen Marktwirtschaft mit der zentralistischen Staatswirtschaft moskowitischer Observanz fast ständig mit irgendeinem osteuropäischen Land zu Problemen und Reibereien. Die zeitweise mühsame, aber nie langweilige operationelle Tätigkeit der Lösungssuche sagte mir sehr zu. Darüber hinaus hatte ich das grosse Glück, im menschlich zugänglichen und nie um ein Bonmot verlegenen Romand Paul-André Ramseyer einen Vorgesetzten zu finden, der seine Mitarbeitenden auf seine unnachahmliche Art immer zu motivieren verstand. Der Zufall wollte es, dass ich im Verlauf der Karriere auf drei verschiedenen Posten die Nachfolge von Ramseyer antreten sollte – keine leichte Aufgabe!

Als integraler Teil unserer Ausbildung verbrachte die ganze Volée das Wintersemester 1972/73 am Institut Universitaire de Hautes Etudes Internationales (IUHEI) in Genf. In der Schweiz haben wir keine eigentliche Diplomatenakademie. Zusammen mit einem ähnlichen Kursus an der Universität St. Gallen kommt dieses in der Forschung der internationalen Beziehungen spezialisierte Institut indessen einer solchen Schule recht nahe. Mit dem Besuch des IUHEI ging für mich ein alter Traum in Erfüllung: Wir durften wie Studenten Vorlesungen und Seminare besuchen und hatten auch je eine grössere Arbeit über politische, wirtschaftliche oder juristische Fragen internationalen Zuschnitts abzuliefern. Das für mich Aussergewöhnliche war jedoch, dass wir für dieses Genfer Semester lohnmässig mit dem Berner Ansatz recht grosszügig entschädigt wurden. Studieren und dafür bezahlt werden – eine Idealvorstellung war für mich Tatsache geworden!

Als später die Ausbildungszeit samt Auslandstage von zwei Jahren auf ein Jahr verkürzt wurde, strichen die Verantwortlichen das IUHEI-Semester ersatzlos. Ich fand das schon nur deshalb schade, weil damit gerade für uns angehende Deutschschweizer Diplomaten eine Möglichkeit wegfiel, um unsere Französischkenntnisse zu verbessern und unseren fast angeborenen Sprachen- und Auftretenskomplex den Romands gegenüber etwas abzubauen. Der jetzige dreiwöchige Kurs am Genfer Zentrum für Sicherheitspolitik ist kein vollwertiger Ersatz.

3.3 Erster Auslandseinsatz im sozialistischen Polen

Im Frühjahr 1973 sahen wir Diplomatenanwärter erwartungsfroh dem Entscheid entgegen, an welcher diplomatischen Vertretung jeder von uns das zur Grundausbildung gehörende Auslandsjahr absolvieren würde. London, Paris, Brüssel (Mission bei der Europäischen Gemeinschaft), Rom, Washington, New York (Beobachtermission bei der UNO) und vielleicht noch ein interessantes Drittweltland standen regelmässig an der Spitze der gewünschten Einsatzorte. Ich entsinne mich nicht mehr genau, für welche Botschaft ich mich eingeschrieben hatte. Als ich indessen vernahm, dass es Warschau sein würde, musste ich dreimal leer schlucken. Als Einziger wurde ich in ein Land hinter dem Eisernen Vorhang verknurrt, was mir fast so etwas wie Beileids- und Trostbezeugungen meiner Kolleginnen und Kollegen sowie in meinem persönlichen Umfeld eintrug.

Anders als die – zumeist verheirateten – Volée-Angehörigen, welche die Reise an ihre (Übersee-)Destination per Flugzeug zurücklegten und das ihnen zustehende Umzugsgut nachschicken liessen, entschied ich mich, die Reise Bern–Warschau im Auto zurückzulegen. Ich hatte einen alten, aber geräumigen Amerikanerwagen, den ich mit meinen für ein Jahr vorgesehenen Siebensachen bis unters Dach füllte. Mit dabei war auch ein

Harass Schweizer Wein, welcher für Repräsentationszwecke gedacht war. Also fuhr ich mit meinem schwer bepackten Chrysler-Valiant, dessen Vorderteil wegen der ungleichen Gewichtsverteilung wie eine Rakete in die Luft ragte, gen Osten los, einer vermeintlich ungewissen Zukunft entgegen. Die Reise führte durch Österreich und die Tschechoslowakei nach Polen. Als ich ein paar Kilometer östlich von Wien erstmals den Boden der sozialistischen Staatengemeinschaft betrat, nahm das mulmige Gefühl, das mich auf der ganzen Fahrt beschlich, ruckartig zu. Mit einem Diplomatenpass versehen und im Range eines Attachés genoss ich zwar eine Sonderabfertigung, aber die grimmig dreinblickenden und mit Maschinenpistolen bewaffneten tschechoslowakischen Grenzsoldaten waren alles andere als Vertrauen erweckend. Dennoch genoss ich während der Durchfahrt die landschaftliche Schönheit der CSSR, aber es herrschte überall eine bedrückende Resignation. Die Folgen der Repression, nur knappe fünf Jahre nach dem von den Warschaupaktstaaten niedergewalzten «Prager Frühling», lasteten noch schwer auf dem Land und waren überall spürbar.

Der Unterschied zu Polen, immerhin auch ein sozialistisches Bruderland, war gross. Schon bald fiel mir auf, dass die im westeuropäischen Denken verankerte Sicht, welche den Block der von Kommunisten regierten Staaten noch allzu sehr als undifferenzierte Einheit zu betrachten geneigt war, keineswegs der Realität entsprach. Meine privilegierte Stellung – ich hatte eine Haushälterin und musste mich nur am Rand mit den Plackereien des Alltaglebens abmühen – erlaubte es mir bald einmal, herauszufinden, dass neben dem real existierenden sozialistischen Einheitsbrei beileibe nicht auf allen Gebieten eine tatsächliche Gleichmacherei nach sowjetischen Vorstellungen herrschte. Ich war immer wieder erstaunt darüber, wie frei und offen sich die Polen über ihr Land, vor allem aber über ihr System und die Beziehungen zum grossen Bruder im Osten äusserten. *«Kennen Sie den Unterschied»*, wurde ich etwa gefragt, *«zwischen einem Freund und einem Bruder? – Nein? Nun, den Freund kann man sich selber auswählen, den Bruder hat man einfach!»* Eine Vielzahl von teilweise äusserst subtilen politischen Witzen kursierte, die in ihrer slawischen Tiefgründigkeit vom «Westler» nicht immer auf Anhieb erfasst wurden, die jedoch vom ungebrochenen Willen der Polen zeugten, aus der unvorteilhaften geopolitischen Lage das Beste herauszuholen.

Noch ein Sonderfall: Wo sonst konnte es vorkommen, dass eine kommunistische Regierung als eine der ersten Massnahmen beschloss, die im Zweiten Weltkrieg vollständig verwüstete Altstadt Warschaus nach alten Plänen aus dem 17. und 18. Jahrhundert naturgetreu wieder aufzubauen? Dies zu einem Zeitpunkt, als viele lebenswichtigere Probleme einer dringlichen Lösung harrten und anderswo historische Bauwerke als Relikte aus der «dekadent-kapitalistischen Epoche» dem Verfall preisgegeben oder mutwillig zerstört wurden.

Als einer der sehr wenigen Diplomaten hatte ich das Privileg, in der wieder auferstandenen Warschauer Altstadt zu wohnen, gleich neben dem von den Nazis 1944 gesprengten Königsschloss, dessen Rekonstruktion während meines Polenaufenthaltes als Krönung des Wiederaufbauwerkes beschlossen wurde. Die Botschaft konnte für die Diplomaten-Stagiaires eine kleine, aber schöne Wohnung mit Blick auf die Weichsel mieten, die einem Parteifunktionär gehörte, der in eine andere Gegend des Landes versetzt wurde. Von der am Plac Zamkowy gelegenen Wohnung konnte man an der ältesten Kirche Warschaus vorbei, der St.-Johannes-Kathedrale, durch lauschige Gassen und Gässchen flanieren und gelangte auf den Rynek Starego Miasto, den Marktplatz der Altstadt. Dort traf sich die intellektuelle Elite und bezog den Westeuropäer gleich in ihre Diskussionen mit ein, und dort stellten junge Künstler ihre Werke aus.

3.3.1 Mit den Geheimdiensten leben, ohne Schaden zu nehmen

Es sei natürlich nicht verschwiegen, dass ich in einem totalitären Staat wohnte, in dem alle Macht bei der allein herrschenden Partei und ihren Trabanten lag. Dieser Staat beruhte im Grunde auf einer Verachtung des einzelnen Menschen. Der Einzelmensch wurde der Freiheit für unfähig oder unwürdig erachtet, jedenfalls als ein Hindernis zur Verwirklichung des Ziels einer «klassenlosen Gesellschaft». Neben der innenpolitischen Opposition waren es namentlich die Diplomaten aus dem kapitalistischen Westen, die vom Regime eng beschattet wurden. Diesbezüglich bildete selbst der Jungdiplomat aus der neutralen Schweiz mit dem untersten Grad eines Attachés keine Ausnahme.

Als ich einmal eine Reise ins Landesinnere unternahm, folgten dem von mir gesteuerten Wagen ständig zwei Motorräder mit in Zivil gekleideten Fahrern. Beim Übertritt von einem Departement ins andere – in Polen Wojwodschaft genannt – wurde mein Fahrzeug jeweils einer anderen Patrouille «übergeben». Zwischenhinein packte mich der Jux, ich drückte aufs Gaspedal und distanzierte die alten Klapperkisten von Töffs mit Leichtigkeit. Nach einer Weile liess ich sie wieder herankommen, um später das Spiel erneut zu beginnen. Worte wurden keine gewechselt, doch selbst im Verhältnis zu den Leuten vom Geheimdienst fand ich bald einmal heraus, dass ein Lächeln oder eine freundschaftliche Handbewegung die Lage entspannen konnte. Nach meiner Rückkehr nach Warschau erfüllte es mich fast so etwas wie mit Stolz, dass ich während des zweitägigen Ausflugs nach meiner Hochrechnung gegen zwanzig Agenten beschäftigt haben musste.

Dabei war der Aufwand noch gering im Verhältnis zu dem, was beispielsweise die Verteidigungsattachés von NATO-Staaten über sich ergehen lassen mussten. Eine kleine Begebenheit, die mir der kanadische Verteidigungsattaché erzählte, möchte ich dem geneigten Leser nicht vorenthalten. Als sich der Offizier eines frühen Morgens auf eine Dienstreise ausserhalb Warschaus begab, lösten sich zwei schwarze Limousinen aus dem Schatten benachbarter Gebäude und folgten seinem von einem Chauffeur gesteuerten Wagen. An einem Waldrand liess der übermüdete Verteidigungsattaché anhalten und leistete sich ein Nickerchen. Damit die Geheimdienstagenten das Gleiche ebenfalls tun konnten, hatten sie die Dreistigkeit, eine ihrer Limousinen direkt vorne und die andere hinter dem Wagen des Militärattachés zu parkieren. Als der gewissermassen ins Sandwich genommene kanadische Offizier weiterfahren wollte, musste er seine «Beschützer» zuerst eigenhändig wecken gehen …

Neben dem Anekdotischen kommt hier der Leerlauf, der Stumpfsinn, ja die Verschwendung von Humanressourcen zum Ausdruck. Ich machte es mir zur Gewohnheit, dass ich nicht allzu viele Gedanken verlor über Sinn und Unsinn der in einem totalitären System allgegenwärtigen Geheimdienste, sonst machte man sich nämlich das Leben unnötig schwer. Ich kannte Diplomaten und Verteidigungsattachés, die deswegen geradezu unter Verfolgungswahn litten. Es waren vielfach Leute, die ihre eigene

Rolle überschätzten und deren Aufgeregtheit umgekehrt proportional zur Bedeutung ihrer beruflichen Stellung war. In jeder Situation ruhig Blut bewahren und sich nicht ins Bockshorn jagen lassen, musste die Hauptdevise sein. Dabei versteht es sich von selbst, dass man sich nichts Kompromittierendes zuschulden kommen lassen durfte, um nicht unverhofft in die Fänge der Geheimdienste zu geraten und erpressbar zu werden.

Es verwundert nicht, dass meine Wohnung mit Abhörgeräten verseucht war. Die Wände meines Schlafzimmers und des Gästezimmers waren mit Wanzen infiziert, allerdings von so schlechter Qualität, dass bei deren Aktivierung jedes Mal ein Knacks in der Leitung hörbar war. Dennoch war Vorsicht geboten, was man sagte. Eine auf Schweizerdeutsch geführte Diskussion war ein probates Mittel zur Vertuschung. Die Gewissheit, abgehört zu werden, konnte aber auch ihre positiven Seiten haben. So betrachtete ich die Wand einmal als Klagemauer, um auf Englisch mein Leid zu klagen über das vom Rost rötlich-braun gefärbte Leitungswasser. War es ein Zufall oder nicht: Zwei Tage später rissen Bauarbeiter den Gehsteig vor dem Haus auf und ersetzten die alten verrosteten Wasserleitungen sowjetischer Provenienz durch Leitungen von besserer Qualität – eines meiner störendsten Probleme war auf fast wundersame Weise behoben worden!

Dass meine Wohnung während meiner Abwesenheit von Geheimdienstleuten durchsucht wurde, davon musste ich ausgehen. Einen handfesten Beweis für meine Vermutung erhielt ich, als ich eines Tages unvermutet in der Wohnung auftauchte, weil ich etwas vergessen hatte, und einen Agenten auf frischer Tat ertappte. Was der bei mir finden wollte, blieb mir ein Rätsel, aber damit musste ich leben. Die vor Verlegenheit hocherrötete Haushälterin erzählte mir im Nachhinein, dass sie Druckversuchen ausgesetzt gewesen sei, die Tür zu öffnen. In der Botschaft befolgten die versetzbaren schweizerischen Mitarbeiterinnen und Mitarbeiter als feste Regel, niemals mit unserem Lokalpersonal über Politik zu sprechen. Es musste nämlich davon ausgegangen werden, dass die polnischen Mitarbeitenden vom Staat beauftragt waren, alles auszuspionieren und den dafür zuständigen Instanzen zu melden, was sie bei den ausländischen Diplomaten hörten und sahen. Das betraf natürlich auch die Vertretung der neutralen Schweiz. Dieses Rapportieren wurde allerdings seitens des einheimischen Personals nicht immer mit tierischem Ernst befolgt. Die

Telefonistin, eine ältere Dame aus guter Familie, die dem Regime gegenüber sehr kritisch eingestellt war, bat mich in Ermangelung aussagekräftiger Themen mehr als einmal ironisch um Vorschläge, was sie bei der nächsten Vorsprache aussagen könnte …

Dass auch verführerische Frauen als Köder ausgelegt wurden, bekam ich bereits am zweiten Abend nach meiner Ankunft zu spüren, als sich eine einschmeichelnde Damenstimme übers Telefon bei mir meldete. Dieses Lockmittel war aber so plump und ungeschickt eingesetzt worden, dass es nicht verfing. Das begann schon bei den sprachlichen Schwierigkeiten, da die Dame nur Polnisch sprach und meine wenigen polnischen Sprachbrocken auch nicht sehr viel weiter halfen.

Das hat mich im Verlaufe meines Einsatzjahres in Warschau allerdings nicht daran gehindert, polnische Mädchen kennen zu lernen. Diese waren nicht vom Staat gesteuert. Mir ging erst später ein Licht auf, weshalb der mir sonst sehr wohl gesonnene Missionschef bei der Entsendung von Junggesellen nach Polen gewisse Bedenken anmeldete – bereits mein Stagiaire-Vorgänger war unverheiratet, hat dann allerdings eine Polin geehelicht. Botschafter Pascal Frochaux hat mir gegenüber das Thema Frauenbekanntschaften nie richtig thematisiert, und er hat mich zu keinem Zeitpunkt als Sicherheitsrisiko empfunden. Dennoch sollte ich der letzte Stagiaire sein, der zu kommunistischen Zeiten von der Zentrale mit Zivilstand «ledig» nach Warschau geschickt wurde.

3.3.2 Umfassende Ausbildung auf dem Aussenposten in Warschau

Damit wären wir endlich beim Hauptthema dieses Kapitels, meiner eigentlichen Ausbildungszeit in der Schweizer Vertretung in Warschau, angelangt. Die Botschaft ist im Parterre eines ehemaligen Stadtpalais untergebracht, im ersten Stock befinden sich die schöne Residenz und die Privatwohnung des Missionschefs. Die als klein geltende Botschaft umfasste neben dem Botschafter nur einen Ersten Mitarbeiter sowie den Stagiaire als Angehörige der diplomatischen Karriere, ergänzt durch den Kanzleichef und seinen Stellvertreter von der konsularischen Karriere. Zusammen mit dem Verteidigungsattaché, den Sekretariatsdiensten, dem Hausmeister sowie dem Lokalpersonal waren wir rund fünfzehn Personen.

Ich hatte das grosse Glück, in Botschafter Frochaux auf einen väterlichen, verständnisvollen Chef zu treffen, der zusammen mit seiner charmanten Gattin den letzten Posten vor seiner Pensionierung absolvierte. Er verstand es, das Beste aus meinen Fähigkeiten herauszuholen, und liess mir recht viele Freiheiten. Ich zahlte es mit vollem Einsatz bei allen mir übertragenen Arbeiten zurück. Hier wurde mir zum ersten Mal deutlich bewusst, wie wichtig die Rolle des Chefs bei der Schaffung eines positiven Arbeitsklimas sowie als Vorbild und Motivator ist. Ein Vorgesetzter, mit dem man sich bestens versteht, spornt zu Höchstleistungen an. Er lässt die Mühsal und Entbehrungen, die man in einem schwierigen Land auf sich nehmen muss, ohne weiteres in den Hintergrund treten.

Auf Instruktion der Zentrale wurde ich von Botschafter Frochaux in verschiedenen Teilbereichen der Botschaft eingesetzt, was mir ermöglichte, ein recht abgerundetes Gesamtbild über die Aufgaben einer diplomatischen Vertretung zu erhalten. Ich hatte mich hauptsächlich mit kulturellen Angelegenheiten zu befassen, was meinen persönlichen Neigungen und Interessen sehr entgegenkam. Als Kulturverantwortlicher wurde mir die Organisation einer Schweizer Filmwoche in Warschau anvertraut. Ich hatte freie Hand, mit den zuständigen polnischen Behördevertretern zu verhandeln, und stand natürlich auch mit den Schweizer Stellen in ständigem Kontakt. Die Umstände waren günstig, da zu dieser Zeit der Schweizer Film vor allem dank einer Gruppe hervorragender Filmschaffender aus der Romandie internationale Anerkennung genoss. Nach wochenlangen Bemühungen konnte zu meiner grossen Genugtuung die Filmwoche mit dem abendfüllenden Streifen «L'Invitation» von Claude Goretta vor einem zahlreichen und erwartungsvollen Premierenpublikum mit viel Prominenz eröffnet werden. Die fast einhellige Zustimmung in der Presse, die eine neue Seite im kulturellen Schaffen der Schweiz entdeckte, erstreckte sich auch auf die übrigen Filme. Es war ein unerwarteter Erfolg für unser Land, welches bisher primär als kapitalistisches Wirtschafts- und Finanzzentrum wahrgenommen worden war.

Später durfte ich bei der Durchführung einer Ausstellung über zeitgenössische Schweizer Maler und Bildhauer mithelfen, die ebenfalls auf eine positive Aufnahme stiess. Seit meinem Polen-Aufenthalt ist mir die Bedeutung von erstklassigen kulturellen Anlässen als Werbemittel für ein kleines Land wie die Schweiz bewusst geworden. Es ist eines der wenigen

Gebiete, wo eine Schweizer Botschaft als Vertreterin eines Staates, der ein politisches Leichtgewicht ist, mit diplomatischen Missionen grösserer Staaten mithalten kann. Voraussetzung ist allerdings, dass sie es versteht, sich vom Grundrauschen, das von den einzelnen Botschaften im Kampf um die Publikumsgunst verursacht wird, mit überdurchschnittlich erfolgreichen kulturellen Manifestationen abzuheben. Ich habe es mir zur Gewohnheit gemacht, wenn irgendwie möglich durchzusetzen, dass an allen Aussenposten, wo ich – in welchem Range auch immer – tätig war, mindestens ein Anlass pro Jahr von aussergewöhnlicher Resonanz stattfinden musste. Eine vom breiten Publikum wahrgenommene Ausstellung über bildende Kunst, eine erfolgreiche Filmwoche oder das Konzert eines bekannten Orchesters tragen meiner Einschätzung nach viel mehr zum besseren bilateralen Verständnis bei als noch so viele und noch so gescheit abgefasste diplomatische Noten und wiederholte Demarchen im Aussenministerium des Gastlandes.

Manchmal musste man aber auch dezidiert nein sagen können. Es gab nämlich eine Reihe von Landsleuten, die sich als Künstler betrachteten, den Durchbruch in der Heimat jedoch nie schaffen konnten. Diese Kategorie Menschen – meistens aus der Musikerszene – hoffte, mit Hilfe der Schweizer Botschaften zu Gastspielen im Ausland zu gelangen. Die Erfahrung hatte mich gelehrt, dass es sich angesichts des grossen Aufwands nicht lohnte, sich für solche Fälle über das strikte Minimum hinaus einzusetzen. Die Gefahr von peinlichen Auftritten war allzu gross. Das Renommee der Schweiz durfte nicht leichtfertig aufs Spiel gesetzt werden. Eine Botschaft war und ist keine karitative Organisation und noch weniger ein kulturelles Versuchslabor, sondern sie hat die Interessen des Landes nach bestem Wissen und Gewissen zu vertreten.

Sport hat im weitesten Sinne auch mit Kultur zu tun. Als der Schweizerische Handballverband ein Länderspiel gegen Polen ankündigte, bestimmte mich der Missionschef – wohlwissend um meine handballerische Vergangenheit – dazu, die Schweiz bei diesem Spiel offiziell zu vertreten. In einer klapprigen Antonow-Maschine flog ich an den Ort des Länderspiels in einer polnischen Provinzstadt. Der Match endete mit einer deftigen Niederlage der Schweizer Handballer. Diese hielten sich vor der Rückreise in die Heimat dafür auf der Schweizer Residenz schadlos, wo das Botschafterehepaar, auf meine Empfehlung hin, einen Empfang für Mannschaft und die sie begleitende Delegation gab. In kürzester Zeit hatten die hungrigen Kolosse das reichhaltige Buffet ratzekahl leer gegessen und getrunken, und einige machten sich zudem hemmungslos am Kühlschrank der Residenz zu schaffen.

Die Frau Botschafterin, die schon vieles erlebt hatte, war entsetzt und meinte, so was sei ihr noch nie passiert. Ganz Dame von Klasse, machte sie jedoch gute Miene zum bösen Spiel, und als sich die Deutschschweizer Hünen bei der zierlichen Romande für ihr Benehmen entschuldigten und sich bei ihr einzuschmeicheln verstanden, da schmolz das Eis zusehends, und so etwas wie ein Lächeln huschte über das Gesicht der Hausherrin. – Das Intermezzo mit den Handballern sorgte noch einige Zeit für Gesprächsstoff auf der Botschaft. Für mich, der ich mir das Ganze mehrheitlich selbst eingebrockt hatte, war es ein Lehrstück dafür, dass man im diplomatischen Leben ständig mit Unvorhergesehenem konfrontiert sein kann.

Wenn wir schon bei der Repräsentation sind, sei nicht verschwiegen, dass ich in diesem wichtigen, jedoch häufig unterschätzten Arbeitsbereich der Diplomatie sehr viel zu lernen hatte. Bei einem feinen Essen und einem guten Tropfen Wein lässt sich ein schweizerisches Ambiente schaffen, in dem sich der Gast wohl fühlen soll; es ist die Kunst des Hausherrn, in dieser gelösten Stimmung einer geladenen Person Informationen zu entlocken, die er in der nüchternen Büroatmosphäre kaum je erhalten würde. Als auszubildender Attaché hatte ich keine offiziellen Repräsentationsverpflichtungen, was mich allerdings nicht gehindert hat, mit der unentbehrlichen Hilfe meiner Haushälterin kleine Essen und Empfänge für meinen polnischen und diplomatischen Freundes- und Bekanntenkreis zu geben.

Dass Repräsentation kein Vergnügen ist, wie gemeinhin angenommen wird, sondern Arbeit, die sogar in Frust umschlagen kann, musste ich früh am eigenen Leib erfahren. Einmal wurde ich kurzfristig zu einem grösseren offiziellen Nachtessen zu Ehren eines polnischen Ministers und dessen Gattin in der Residenz aufgeboten. Wiewohl ich beim Botschafterehepaar in recht hoher Gunst stand, war mir sofort klar, dass ich die Einladung keineswegs meinen besonderen Fähigkeiten zu verdanken hatte, sondern ausschliesslich der Tatsache, dass ich rein zahlenmässig eine eingeladene Person zu ersetzen hatte, welche ihre Teilnahme im letzten Augenblick absagen musste. Ich freute mich gleichwohl auf den Anlass und stürzte mich voller Erwartung in mein bestes Kleid, denn es war für einen angehenden Diplomaten nicht alltäglich, mit einem Minister am gleichen Tisch dinieren zu können.

Doch während des Aperitifs wurde mir eröffnet, dass der Regierungsvertreter sich von einer zusätzlichen Person habe begleiten lassen, weshalb ich als Überzähliger mich von der Tafelgesellschaft diskret zu verabschieden hätte. Ich wusste natürlich, dass ich als Jüngster in der Hierarchie auf dem Schachbrett diplomatischer Gepflogenheiten zum Bauernopfer wurde. Zwar redete ich mir wacker ein, das Ganze ja nicht persönlich zu nehmen, dennoch war die Enttäuschung, ja der Frust über den entgangenen Abend riesengross.

Doch zurück zu den «normalen» Tätigkeitsgebieten: Für einige Zeit hatte ich Gelegenheit, mich mit den Aufgaben des konsularischen Dienstes vertraut zu machen. Die wichtigsten Aufgaben des Konsuls und seiner Mitarbeitenden sind neben der internen Betriebsleitung, die unter anderem Personalführung, Sicherheit und Krisendispositiv umfasst, die Betreuung von Auslandschweizerinnen und Auslandschweizern in ihrem Konsularkreis, Visum- und Asylfragen, die Gewährung des konsularischen Schutzes bei der Inhaftierung von Landsleuten sowie bei Unglücksfällen. Angesichts der steigenden Reisetätigkeit wird die Betreuung von in Not geratenen Schweizer Touristen immer wichtiger.

Die Vielfalt der konsularischen Dienstleistungen ist beeindruckend. Allerdings halten sich in der Öffentlichkeit hartnäckig falsche Vorstellungen, was seitens der schweizerischen Auslandsvertretungen getan werden kann, wenn Schweizerbürgern im Ausland etwas zustösst. So kann der Konsul einen Schweizer nicht vor den Folgen schützen, die eine Straftat (wie Drogenhandel usw.) nach sich zieht. Hingegen wachen die schweizerischen Vertretungen darüber, dass dem im Ausland festgenommenen Landsmann von den lokalen Instanzen diejenigen Rechte eingeräumt werden, die ihm aufgrund der Gesetzgebung des betreffenden Landes und gestützt auf das Völkerrecht zustehen (Beizug eines Verteidigers, die Haftbedingungen haben den örtlichen Verhältnissen zu entsprechen, Sicherstellung der ärztlichen Pflege im Krankheitsfall usw.).

Wie überall gibt es auch im konsularischen Dienst Pannen, Fehler und Unterlassungen. In Polen konnte ich mich jedoch davon überzeugen, wie selbstverständlich sich die Konsularangestellten mit Pflichtbewusstsein, Einsatz und menschlichem Verständnis jederzeit, oft auch nachts und während der Wochenenden, für Landsleute einsetzten, die mit oder ohne eigene Schuld in Not geraten waren. Allerdings darf auch vom Konsul und seinem Mitarbeiterstab nichts Unmögliches erwartet werden. In Erinnerung bleibt mir der Fall einer offensichtlich verstörten Schweizerin, die eines Tages mit einem Tanzbären als einziger Habe auf der Botschaft erschien und dort um Hilfe nachsuchte, weil ihr polnischer Geliebter sie verlassen hatte. Die Vertretung versuchte sie zu beschwichtigen, konnte ihr etwas Geld ausleihen und ihr auf dem Markt einige Rüben für den Bären kaufen. Das Glück anderer machen, d.h. ihr den Geliebten zurückbringen, wie sie es wünschte, das konnte indessen selbst der beste Konsularbeamte nicht!

Die politische Berichterstattung kam bei mir zu kurz. Wie auf so vielen anderen Botschaften blieb sie die eigentliche *chasse gardée* des Missionschefs. Ähnlich verhielt es sich mit Wirtschafts- und Handelsfragen, welche die Domäne des Ersten Mitarbeiters blieben. Das hat allerdings nicht verhindert, dass mit Hans-Peter Erismann, dem neu angekommenen Stellvertreter des Missionschefs, innerhalb kürzester Zeit ein unkompliziertes und intensives Arbeitsverhältnis entstand. Das hatte wohl auch damit zu tun, dass Erismann, der nur ein Jahr vor mir ins Aussenministerium eingetreten war, seine Chefrolle zugunsten eines kooperativen Führungsstils sehr zurückhaltend ausübte. Er war einer der wenigen, mit denen ich auch häufig meine Freizeit verbrachte und die Einblick in mein privates Leben hatten. Mit Hans-Peter Erismann und seiner Gattin Freda entwickelte sich eine bis heute andauernde Freundschaft, wiewohl nach dem gemeinsamen Polen-Aufenthalt unsere beruflichen Wege in der Folge getrennt verliefen.

Kurz vor der Ankunft von Botschaftssekretär Erismann konnte ich die Vakanzzeit dazu benutzen, um an einer viertägigen Besichtigung von Industrieanlagen in der Wojwodschaft Koszalin (Köslin) an der Ostseeküste teilzunehmen. Dieser von der polnischen Aussenhandelskammer für ungefähr fünfzig Handelsattachés und einige Missionschefs organisierte Anlass war ein eigentlicher Schlemmerausflug, in dessen Verlauf die polnischen Gastgeber mit der grossen Kelle anrichteten. Einsamer Höhepunkt war der Besuch in einem der grössten Pferdezentren Polens in Bialy Bor. In Kaleschen wurden wir in der menschenleeren, wunderschönen, sanft hügeligen und bewaldeten Gegend herumgefahren, während der Direktor des Gestüts für die Herren Diplomaten eigens eine traditionelle Fuchsjagd mit ungefähr zehn Reitern und einer Meute von sechsunddreissig Hunden inszenierte. Vor unseren verblüfften Augen wickelte sich ein Geschehen ab, das mehr Assoziationen zu den berühmten englischen Jagd- und Landschaftsgemälden aus dem 17. und 18. Jahrhundert wachrief, als dass man glaubte, sich in einem kommunistischen Land zu befinden. Dabei entpuppte sich der Direktor, der sich vorerst sehr *gentlemanlike* gab, als ein trinkfester Haudegen erster Güte.

Ein Husarenstück der ganz besonderen Art leistete er sich während des für die Gruppe offerierten Banketts. Oder ist es Ihnen schon passiert, dass Sie direkt neben einem reinrassigen Pferd diniert haben? Plötzlich ging nämlich die Haupttür zum Bankettsaal auf, und ein prachtvoller Hengst ohne Sattelzeug wurde hereingeführt. Das geschah nicht ohne dessen bockigen Widerstand, warf er doch in seiner Scheu gleich den nächstbesten Tisch um – sehr zum Ergötzen des Direktors, wie es schien. Schliesslich beruhigte sich das Tier etwas, worauf Herr Krzysztofik (so hiess nämlich der Leiter des Reitzentrums) den kleingewachsenen Botschafter (Nord-) Vietnams als ranghöchsten anwesenden Diplomaten beidarmig packte und ihn auf des Pferdes Rücken setzte. Während der Botschafter ängstlich-verlegen lächelte und etwas unsicher vom hohen Ross herab der Beifall grölenden Menge zuwinkte, benutzte der Vierbeiner den Augenblick dazu, um ein paar der Dinger loszuwerden, die man im Volksmund als «Rossbollen» zu bezeichnen pflegt. Zum krönenden Abschluss bestieg die ganze Diplomatengesellschaft, dem Beispiel der Direktors folgend, Stühle und Tische, um zu Ehren des Pferdes einen Toast anzubringen – ein hehres Bild!

Die botschaftsinterne Ausbildung erlaubte es mir, auch mit Leuten in Kontakt zu treten, die weniger im Scheinwerferlicht standen, die aber dennoch unentbehrliche Teilchen im Räderwerk des Gesamtbetriebes waren. Diesbezüglich hat mich die Sekretärin des Missionschefs, Sylvie Schneider, beeindruckt, die jederzeit bienenfleissig und unauffällig ihrer Arbeit nachging. Ich habe seit jeher grosse Achtung für die Sekretariatsdienste gehabt, deren Angehörige heute persönliche Assistentinnen heissen. Es waren nämlich meistens Damen, die nach aussen kaum Lorbeeren holen konnten, die aber dennoch diskret und effizient zum Gelingen des Ganzen beitrugen. Der Zufall wollte es, dass Frau Schneider, die wie ich in Warschau den ersten Auslandsposten absolvierte, viele Jahre später meine Sekretärin in Ankara werden sollte – für uns beide der letzte Posten vor der Pensionierung. Sie hatte es verstanden, ihre Schaffenskraft und ihren Humor über die ganze Zeit hinweg beizubehalten, wiewohl gerade ihr Berufsstand als Folge des Informatikzeitalters einschneidende Veränderungen durchmachte. Im Übrigen erheischt es Respekt, dass Sylvie Schneider – die trotz ihres Nachnamens eine waschechte Welschschweizerin ist – sich ohne Aufbegehren mit ihrem nicht einfachen Schicksal abfand, meine Korrespondenz meist auf Deutsch abfassen zu müssen.

Eine grosse Achtung hatte ich ebenfalls vor den handwerklichen Fertigkeiten von Hausmeister Johann Theiler. Neben der Hauptverantwortung für den Gebäudeunterhalt war er auch für die Durchgabe der chiffrierten Meldungen an die Zentrale verantwortlich. Am meisten beeindruckte uns Botschaftsangehörige, dass der praktisch veranlagte Mann es verstand, allerlei kleinere Reparaturen in den ihm anvertrauten Häusern der Eidgenossenschaft selbst durchzuführen. Der gelernte Automechaniker besass überdies die Fähigkeit, mit rudimentären Hilfsmitteln immer wieder auftretende Blechschäden und Defekte an unseren Fahrzeugen selbst zu beheben. In einem Land, in dem es noch keine Vertretungen für westliche Autos gab, kam dies einer beträchtlichen Steigerung unser aller Lebensqualität gleich. Nicht alle Hausmeister, mit denen ich es in der Folge zu tun haben sollte, waren gleich tüchtig wie derjenige in Warschau; mein Respekt für diese für einen reibungslosen Botschaftsbetrieb unentbehrliche Berufsgruppe ist indessen gross.

3.3.3 Regierung, Land und Leute

Für das Verständnis des polnischen Staates ist es unerlässlich, zu wissen, dass dieses Land im Verlauf der letzten Jahrhunderte, und vor allem im

20. Jahrhundert, durch seine Erfahrungen mit den übermächtigen Nachbarn Deutschland und Russland traumatisiert wurde, was tiefe Spuren im Volkskörper hinterlassen hat. Nebenbei gesagt, hat sich das Gefühl, von den Westmächten trotz verbaler, von Zuneigung empfundener Erklärungen in entscheidenden Phasen der Geschichte fallen lassen geworden zu sein, tief in das Gedächtnis der polnischen Nation eingegraben. Das erklärt die bis heute manchmal enttäuschte und zugleich angriffige Warschauer Meinung über das westliche Ausland.

Der lutherischen Kirche im Westen und der Orthodoxie im Osten wird bewusst der polnische Katholizismus gegenübergestellt, der sich nicht so sehr in theologisch-philosophischen Erörterungen ergeht, sondern vorab eine Manifestation des Polentums ist. Als solche wurde er vom sozialistischen und angeblich kirchenfeindlichen Regime geduldet – nicht ohne gelegentliche Schwierigkeiten und Reibereien, sei gleich beigefügt. Wo sonst als in Polen konnte es vorkommen, dass die Polizei als Gralshüterin des atheistischen Staates bei den feierlichen Fronleichnamsprozessionen im ganzen Land herum für deren reibungslose Abwicklung und Verkehrsumleitungen sorgte? Wo sonst konnte es vorkommen, dass neben den arbeitsfreien Parteimanifestationen mehr als zehn religiöse Feiertage pro Jahr vom Staat offiziell toleriert wurden? Von dieser generösen Regelung profitierten, nur ganz nebenbei gesagt, nicht zuletzt auch die Botschaften …

Es gibt noch weitere Beispiele für den eigenen Weg, den Polen innerhalb des aufgezwungenen sozialistischen Staatensystems gegangen ist. Polen war das einzige Land des Ostblocks, dessen Landwirtschaft grossmehrheitlich in Privatbesitz blieb, was im Westen mit Genugtuung aufgenommen wurde, die «Bruderstaaten» hingegen irritierte. Diese Thematik faszinierte mich sehr. Die Stage-Arbeit, die jeder von uns Diplomatenanwärtern auf Aussenposten zu verfassen gehalten war, schrieb ich denn auch über die polnische Agrarpolitik zur Zeit des damaligen Parteisekretärs Edward Gierek. Es war wohl nicht von ungefähr, dass später die Erschütterungen, die den Sturz der kommunistischen Diktaturen sowjetischer Provenienz provozierten, von Polen ausgingen, einem Land, das sich – wie ich mich selbst überzeugen konnte – nicht leicht in ein totalitäres Schema pressen liess.

Schon zu meiner Zeit verkehrte ich fast ausschliesslich in Kreisen, die dem Regime gegenüber kritisch wenn nicht gar feindlich eingestellt waren. In der langen Phase der politischen Unterdrückung war die Flucht dieser Bevölkerungsschicht in respektlosen, subversiven Humor, der manchmal zwischen den Zeilen gelesen werden musste, eine geistige Überlebensstrategie. In diesen Zirkeln ergab sich auch die Gelegenheit, polnische Mädchen kennen zu lernen, die dem Kontakt zu westlichen Diplomaten nicht abgeneigt waren. Ja, diese Polinnen, sie waren hübsch, sprühend vor Vitalität, intelligent, anschmiegsam, trotz beschränkter Mittel fast durchwegs elegant nach westlicher Mode gekleidet. Es brauchte keine grosse Überwindung, ihrem Charme zu erliegen.

Ein Mädchen verdrehte mir den Kopf so sehr, dass ich mich zum ersten Mal in meinem Leben richtig verliebte. Jolanta Bukowska hatte Politikwissenschaften studiert, war eine Zeitlang bei der polnischen Luftfahrtgesellschaft LOT als Stewardess tätig und arbeitete zum Zeitpunkt unserer Begegnung bei der Aussenhandelskammer. Mit ihr konnte ich gemeinsam Sport betreiben – Sport ist ein hochwillkommener Ausgleich zum stressigen Diplomatenalltag. Wir spielten regelmässig Tennis, allerdings liess mich die ehemalige polnische Juniorenmeisterin mit meinen kaum über das Anfängerstadium hinaus gediehenen Tenniskünsten recht häufig alt aussehen. Jolanta war auch eine interessante und interessierte Gesprächspartnerin sowie eine gute Köchin, sehr zur Freude unserer Gäste.

Vor allem aber half mir meine polnische Freundin, ein Problem zu lösen, mit dem sich jeder Diplomat konfrontiert sieht, der in ein Land geschickt wird, dessen Sprache sich nicht ohne weiteres erlernen lässt. Als ständig mich begleitende Übersetzerin ermöglichte sie mir, mit den unterschiedlichsten polnischen Bevölkerungsschichten in den verschiedensten Landesgegenden in Kontakt zu treten, so dass ich mir ein über die Klischees hinausreichendes Bild über die polnische Realität zu machen vermochte. Übers Wochenende unternahmen wir häufig ausgedehnte Reisen, und während der Ferien wurde ich von Jolantas polnischen Freunden in der seenreichen Gegend der Masuren in die Geheimnisse des Segelns eingeweiht. Zusammen mit den Dienstfahrten legte ich während der elf Monate meines Ausbildungsjahres insgesamt über 30 000 Kilometer kreuz und quer durch Polen zurück. Diese besonderen Umstände erklären, weshalb mein Bekanntenkreis mehr Polen als Diplomaten umfasste. Dies war eher ungewöhnlich. Denn eine Regel besagt, dass die Diplomaten, je komplizierter und schwieriger ein Land ist, desto engeren Kontakt untereinander pflegen.

Rascher, als mir lieb war, gingen die elf Monate Ausbildungszeit in Polen zu Ende. Welch ein Unterschied zu den Befürchtungen beim Postenantritt! Auf der Botschaft hatte ich in einem angenehmen Arbeitsklima eine gute Einführung in die Geheimnisse der Diplomatie genossen. Immer meiner privilegierten Stellung bewusst, durfte ich ein Land und seine Leute kennen lernen, für die ich bis zum heutigen Tag eine grosse Wertschätzung beibehalten habe. Vor allem aber schmerzte es mich, eine Freundin zurückzulassen, die entscheidend dazu beigetragen hatte, dass mein Polen-Jahr entgegen aller Erwartungen zu einem wunderschönen Erlebnis wurde. Ich hätte mir den gemeinsamen Weg mit ihr durchaus vorstellen können, wenn auch vielleicht doch nicht mit letzter Konsequenz. Die Wechselfälle des Lebens sollten indessen anders entscheiden.

3.4 Sachbearbeiter für die Beziehungen zu den kommunistischen Staaten Osteuropas

Nach der Rückkehr in die Schweiz im Frühjahr 1974 wartete der *Cours de fin de stage* auf die Angehörigen der Volée 1972–1974. In diesem Schlussexamen waren wir dazu verpflichtet, Rechenschaft abzulegen über das, was wir während der Ausbildungszeit gelernt hatten, oder wir mussten gewisse Lücken behoben haben, die bei der Eintrittsprüfung festgestellt worden waren. Dass die Schlussprüfung bestanden wird, ist der Normalfall. Scheitern tut höchstens jemand, bei dem vorher nicht feststellbare Charaktermängel wie Unehrlichkeit oder Unzuverlässigkeit zu Tage treten, die mit dem Beruf eines Diplomaten unvereinbar sind. Das war bei unserer Promotion nicht der Fall.

Anlässlich einer kurzen, aber prägnanten Zeremonie traten wir Ex-Stagiaires erstmals offiziell in den Gesichtskreis des Departementsvorstehers. Jede und jeder von uns erhielt vom damaligen Bundesrat Pierre Graber eine persönliche Urkunde ausgehändigt. Diese enthielt unter anderem den Hinweis, dass wir nun vom Attaché in die Funktion eines Dritten Botschaftssekretärs aufgestiegen waren, sowie – sehr schweizerisch! – Angaben über Lohnklasse und Jahresgehalt. Letzteres betrug aus heutiger Sicht bescheidene 39 310 Franken. Endlich durften wir die Berufsbezeichnung «Diplomat» tragen, was uns mit berechtigtem Stolz erfüllte.

Jeder von uns freute sich darauf, bald an eine unserer Botschaften ins Ausland geschickt zu werden. Dieser Traum platzte jedoch, denn der Zentrale mangelte es an diplomatischen Mitarbeitern, so dass die gesamte Volée ausnahmslos in Bern eingesetzt wurde. Eine Verwendung an der Zentrale entsprach kaum unseren Wunschvorstellungen von Auslandseinsätzen, die uns mit der grossen, weiten Welt in Verbindung bringen sollten. Dafür hatte ein Einsatz in Bern den Vorteil, sich gleich von Anfang an mit den Abläufen der Bundesverwaltung vertraut zu machen.

3.4.1 KSZE, Menschenrechte und Familienzusammenführungen

In meinem Fall glaubte ich, Glück gehabt zu haben, dass ich der mir bereits vom Stage her bekannten Politischen Abteilung I zugeteilt wurde, in der ich mich recht wohl gefühlt hatte. Bald musste ich jedoch die Feststellung machen, dass sich mit der geänderten personellen Zusammensetzung an der Spitze auch das Arbeitsklima geändert hatte – nicht immer zum Guten, wie ich meine. Als Sachbearbeiter war ich für die Betreuung der bilateralen Dossiers mit den Staaten Osteuropas und Skandinaviens zuständig. Es liegt auf der Hand, dass in jener Zeit der offenen Rivalität zwischen den unterschiedlichen Gesellschafts- und Wirtschaftssystemen in Ost und West das Verhältnis zu den kommunistischen Staaten im sowjetischen Herrschaftsbereich den Hauptteil meiner Arbeit ausmachte. Dabei kam mir zugute, dass ich in Polen praktischen Anschauungsunterricht über das Funktionieren einer kommunistischen Diktatur hatte geniessen können.

Mitte der Siebzigerjahre war aber auch die Zeit, als die ideologischen Gegner die sterile Phase der ständig weiterdrehenden Rüstungsspirale zu durchbrechen und die gegenseitigen Anschuldigungen zu überwinden suchten. An der Konferenz für Sicherheit und Zusammenarbeit in Europa (KSZE, die Vorläuferorganisation der heutigen OSZE) arbeitete die neutrale Schweiz zusammen mit anderen neutralen Staaten aktiv an Kompromisslösungen, um einen für beide Seiten tragbaren *modus vivendi* zu finden. Eine der wesentlichen Errungenschaften, die der Westen den sozialistischen Staaten als Gegengewicht zu deren Sicherheits- und Abrüstungsanliegen abtrotzen konnte, war der sogenannte «Dritte Korb». Dessen Kernsatz, wie er in der 1975 unterzeichneten Schlussakte von Helsinki festgehalten wurde, lautete lapidar wie folgt: *«Die Teilnehmerstaaten anerkennen die universelle Bedeutung der Menschenrechte und der grundlegenden Freiheiten, deren Respektierung ein wesentlicher Bestandteil des Friedens, der Gerechtigkeit und des Wohlergehens ist, die notwendig sind zur Entwicklung freundschaftlicher Beziehungen zwischen ihnen, wie zwischen allen Staaten.»* Mit diesem Prinzip konnten sich die osteuropäischen Staaten bei humanitären Anliegen nicht mehr hinter dem Begriff der staatlichen Souveränität verstecken, sondern mussten die Hand zu einvernehmlichen Lösungen bieten.

Zu meinen Aufgaben gehörten im Hinblick auf offizielle Besuche auf Aussenminister- oder auf hoher Beamtenebene die Vorbereitung und Zusammenstellung der Dossiers, die einerseits den neuesten Stand der bilateralen Beziehungen mit einem gegebenen Land wiedergeben, anderseits die Punkte hervorheben, die speziell zur Sprache gebracht werden sollen. Über die erfolgten Besuche mussten Protokolle geschrieben werden, ebenso über die Demarchen, welche ausländische Diplomaten beim Chef der Politischen Abteilung I im Rang eines Botschafters oder bei seinem Stellvertreter unternahmen. Es galt, diplomatische Noten zu beantworten, ebenso Vorstösse aus dem eidgenössischen Parlament. Angesichts der latenten Ost-West-Spannung mass das Departement der Beantwortung von Eingaben aus der verunsicherten Bevölkerung grosse Bedeutung bei. Diese sogenannten «Bürgerbriefe», die häufig direkt an den Departementsvorsteher gerichtet waren, landeten jeweils zur Weiterbehandlung in der Politischen Abteilung I. Auch die Medien, die sich häufig für die Zusammenführung von Familien einsetzten, mussten zufrieden gestellt werden. Die Kunst der diplomatischen Stellungnahmen war es, im Rahmen unserer unabhängigen und gradlinigen Politik den eigenen Standpunkt mit Überzeugung zu vertreten, ohne allerdings die Gegenseite zu brüskieren und damit Lösungsansätze von vornherein zu verunmöglichen.

Es versteht sich, dass ich als Sachbearbeiter in all diesen teilweise recht sensiblen Fällen zuerst Entwürfe zu unterbreiten hatte. Diese fanden manchmal die Zustimmung der gestrengen Vorgesetzten, sehr oft erfuhren sie aber auch beträchtliche Abänderungen. Diese Eingriffe erfolgten oftmals zu Recht, ebenso häufig entsprangen sie jedoch – wie mir schien – einer pedantischen Sichtweise und Rechthaberei, oder das Dossier wurde mir, wenn ein Fall interessant wurde, kommentarlos weggenommen. Das ist wohl das immer wiederkehrende Schicksal von Mitarbeitern, die sich im Räderwerk der Zentrale auf der untersten Sprosse der Karriereleiter befinden.

Selbstkritisch muss ich allerdings auch eingestehen, dass ich anfänglich Schwierigkeiten hatte, bis ich mich an den erhöhten Rhythmus eines operationellen Dienstes angepasst hatte. In der hierarchisch geordneten Welt des Bundeshauses machten mir zudem die beschränkten Entfaltungsmöglichkeiten zu schaffen. Mit einiger Wehmut dachte ich an die Freiheiten zurück, die ich an der Botschaft in Warschau genossen hatte. Es brauchte einige Zeit, bis ich realisierte, dass hartes Brot in der Zentrale essen zu müssen genauso zum Beruf des Diplomaten gehört wie Einsätze in einer Auslandsvertretung.

Ein Erfolgserlebnis war für mich, dass ich die Vorgesetzten von der Zuständigkeit unserer Abteilung bei der Regelung nicht gelöster Familienzusammenführungen mit den verschiedenen Oststaaten überzeugen konnte. Bisher hatte ausschliesslich die Sektion für konsularischen Schutz diese Fälle administrativ betreut. Als Resultat der multilateralen Verhandlungen im KSZE-Rahmen wurde der Schutz der Menschenrechte, der Grundfreiheiten und der grenzüberschreitenden Kontakte indes zu einem Politikum.

Bald hatte sich der Brauch eingebürgert, dass bei hochrangigen, offiziellen Besuchen der Gegenseite Listen von schwebenden Familienzusammenführungsfällen überreicht wurden mit der inständigen Bitte, diese einer Lösung zuzuführen. In enger Absprache mit der Sektion für konsularischen Schutz, welche die nötigen technischen Angaben zu liefern hatte, war ich für die Erstellung der Listen verantwortlich, die diplomatischen Gepflogenheiten zu genügen hatten und ständig auf den neuesten Stand zu bringen waren. Diese Vorgehensweise war für mich mit beträchtlicher Mehrarbeit verbunden.

Heute ist sehr häufig von *öffentlicher Aussenpolitik* oder *Public diplomacy* die Rede. Damals war man sich schweizerischerseits sehr bewusst, dass kein öffentlich zur Schau gestellter Triumph am Platz sein konnte. Denn jeder gelöste Fall war im Grunde ein stillschweigendes Eingeständnis, dass das marode kommunistische System versagt hatte, seine eigenen Bürger bei der Stange zu halten. Das an die grosse Glocke zu hängen, hätte die Erfolgsaussichten zukünftiger Interventionen in Frage gestellt. Deshalb wurden Verhandlungen fast ausschliesslich im Schutz der Vertraulichkeit geführt, weil nur in einer solchen Atmosphäre Konzessionen erwartet werden durften. Das galt besonders für Anliegen wie die Zusammenführung getrennt lebender Familien. Die Schweiz setzte sich diesbezüglich diskret, sachlich und ohne Polemik ein. Zählbare Resultate blieben nicht aus. Dass ich dazu mein kleines Scherflein beitragen konnte, entschädigte mich für viele Sondereinsätze.

Im Rahmen meiner beruflichen Tätigkeit hatte ich regelmässig Kontakt zu osteuropäischen Diplomaten. Diese schätzten es, wenn man sie für voll nahm und in ihnen auch den Mitmenschen sah, selbst wenn man ihre Weltanschauung überhaupt nicht teilte. In Polen hatte ich gelernt, dass man diesbezüglich keine Berührungsängste haben sollte.

3.4.2 Bundesrat Pierre Graber aus der Sicht des Sachbearbeiters

Als Sachbearbeiter hatte ich nur ganz selten direkt mit dem Departementsvorsteher zu tun. An dessen Sitzungen nahm der Abteilungschef bzw. sein Stellvertreter teil. Dennoch hatte ich das gute Gefühl, dass Bundesrat Graber meine Arbeit zu schätzen schien. Gelegentlich bat mich die Vorzimmerdame, anwesend zu sein, wenn der Aussenminister einen osteuropäischen Botschafter empfing. Ich begab mich jeweils fünf Minuten vorher in sein Büro, um ihn über die zu erwartende Demarche zu briefen. In holprigem Französisch erklärte ich den neuesten Stand eines Dossiers und beriet mit ihm den einzunehmenden Standpunkt.

Eine solche Begegnung ist mir unauslöschbar in Erinnerung geblieben. Der DDR-Botschafter sprach bei Bundesrat Graber vor und überreichte ihm in feierlichem Ton ein vom Staatsratsvorsitzenden Erich Honecker unterzeichnetes Schreiben. Darin wurde die Schweiz aufgefordert, eine

DDR-Bürgerin, die wegen Spionage zu einer mehrjährigen Zuchthausstrafe verurteilt worden war, *«aus humanitären Überlegungen»* aus der Haft zu entlassen, da sie an Krebs erkrankt war. Höflich, aber bestimmt wurde der DDR-Vertreter von Bundesrat Graber über die in der Schweiz geltende Gewaltentrennung belehrt, wonach eine Beeinflussung der Judikative im Falle einer rechtmässig Verurteilten nicht in Frage kommen könne, zumal deren medizinische Betreuung ausreichend sichergestellt sei. Und unverzüglich schritt Graber zum Gegenangriff, indem er dem Botschafter klarmachte, dass es eher an den DDR-Behörden sei, *«humanitäre Milde»* bei den Fällen von ungelösten Familienzusammenführungen walten zu lassen. Der DDR-Missionschef schlich wie ein begossener Pudel von dannen …

Pierre Graber war mit seiner natürlichen Autorität und Unaufgeregtheit eine Persönlichkeit von Format, was durch seine dicke Hornbrille noch akzentuiert wurde. Mehr als alle anderen Bundesräte, mit denen ich im Verlauf meiner Karriere zu tun haben sollte, hatte er in meinen Augen etwas Staatsmännisches an sich. Bekannt war jedoch auch, dass er zeitweise im Parlament sarkastisch sein und mit seinen Spitzenbeamten recht unsanft umgehen konnte.

In diesem Zusammenhang erinnere ich mich an einen Arbeitsbesuch des britischen Staatsministers Roy Hattersley, der samt Nachtessen im historischen Von-Wattenwyl-Haus stattgefunden hatte. Wiewohl das Vereinigte Königreich nicht in meinen Zuständigkeitsbereich gehörte, wurde ich – wohl wegen meiner Englischkenntnisse – zum Protokollieren aufgeboten. Als sich die britische Delegation verabschiedet hatte, gab es schweizerischerseits eine Art «Manöverkritik» über den gut verlaufenen Besuch. Bei gleicher Gelegenheit kamen auch wichtige Themen des Departementes zur Sprache. Aus irgendeinem Grunde wurde Staatssekretär Albert Weitnauer, der ranghöchste Beamte im Aussenministerium, von Bundesrat Graber, mit dem er sich sonst gut zu verstehen schien, in scharfem Ton zurechtgewiesen. Als Staatssekretär Paul Jolles, der hoch angesehene Direktor der damaligen Handelsabteilung, glaubte, sich auf Kosten Weitnauers ebenfalls einmischen zu müssen, wurde auch er von Graber kurzerhand zusammengestaucht. Ich machte mich ganz klein und liess das Gewitter ungläubig an mir vorüberziehen. Für mich brach eine kleine Welt zusammen, denn die zwei Spitzenbeamten genossen beinahe den Status von Halbgöttern. Und jetzt wurden die gestandenen Herren fast wie Schulbuben abgekanzelt! Erst später vernahm ich, dass beide auf verschiedenen Ebenen grosse Rivalen waren und keine Gelegenheit zu Sticheleien ausliessen. Und die Moral von der Geschicht': Alles ist relativ im Leben, und es menschelt halt überall.

3.4.3 Wie ich in Bern eine Pariserin als Frau fürs Leben fand

Das für mich Wichtigste meiner knapp vier Jahre in Bern hatte nichts oder nur indirekt mit meiner Tätigkeit im Aussenministerium zu tun. Es war die Verheiratung mit einer Pariserin im Sommer 1976. Die auf dem Montmartre aufgewachsene Françoise Raymonde Jane Eugénie Blanche Labasque – so heisst die Auserwählte mit vollem Namen – war von ihrer Patin nach Bern eingeladen worden, um hier Deutsch zu lernen. Deutsch hatte sie beim eher frankophon ausgerichteten Ehepaar Rodolphe und Marguerite de Reding Biberegg kaum gelernt. Dafür ermöglichte ihre Verbindung zu den Nachfahren der berühmten Schwyzer Patrizierfamilie eine ideale Einführung in die stadtbernische *bonne société*. Die ausserordentlich kontaktfreudige und unternehmungslustige Françoise war auch ein immer gern gesehener Gast bei Schweizer Diplomaten sowie auf ausländischen Residenzen. Verschiedene Herren der Schöpfung warfen ein Auge auf das hübsche und intelligente Pariser Mädchen. Es wird wohl immer an ein Wunder grenzen, dass die begehrte Französin dem spröden Charme eines Emmentalers erliegen sollte.

Doch der Reihe nach! Françoise begegnete ich erstmals ausgerechnet in der schönen Altstadtdachwohnung von Peter Krapf, der mein Vorgänger als Stagiaire in Polen gewesen war. Krapf hatte dort eine Polin kennen gelernt, sie geheiratet und musste kurze Zeit später wegen angeblicher Sicherheitsprobleme den Dienst im EPD quittieren. Sein Schicksal ging mir nahe und hat entscheidend dazu beigetragen, meine eigene polnische Liebesbeziehung kritisch zu hinterfragen: Das Herz sagte ja, der Verstand sagte nein. Ich war nicht bereit, die hart erarbeitete diplomatische Laufbahn im schlechtesten Fall für ein Mädchen zu opfern, von dem ich letztlich nicht voll überzeugt war, ob sie die «Richtige» sei für mich und meinen Beruf. Dieses Schwanken war mir auch schon als Feigheit und Opportunismus ausgelegt worden. Tatsache ist, dass Zeit und räumliche Distanz den Liebeskummer überwinden halfen. Eingedenk des Mottos *«Drum prüfe, wer sich ewig bindet»* befand ich mich schon bald wieder auf Brautschau.

Die Begegnung mit Françoise war keineswegs Liebe auf den ersten Blick: Bei Krapf waren wir beide je in Begleitung einer anderen Person. Es sollte noch ein Jahr dauern, bis aus unseren gelegentlichen Kontakten eine ernsthafte Beziehung wurde. Am 24. Juli 1976 schlossen wir in der Kirche von Muri bei Bern den Bund fürs Leben. Der Gottesdienst wurde in zweierlei Hinsicht ökumenisch geführt, was für die damalige Zeit recht aussergewöhnlich war: Françoises katholischer Priester hielt seine Predigt auf Französisch, mein reformierter Pfarrer Martin Hubacher, der spätere Münster Pfarrherr, den ich vom Militärdienst her als Armeeseelsorger gekannt hatte, die seine auf Deutsch. Wir konnten auf diese Weise etwas vom religiösen und sprachlichen Toleranzgedanken weitergeben, der uns vorschwebte, was in der sehr heterogen zusammengesetzten Hochzeitsgesellschaft auf einhellige Zustimmung stiess.

Ich kann schon jetzt vorwegnehmen, dass ich mit Françoise das grosse Los gezogen hatte: Sie ist eine wunderbare Lebensgefährtin, auf die jederzeit Verlass ist; sie ist auch die ideale Begleiterin auf dem diplomatischen Lebensweg. Françoise hat mich weitgehend zum Abschnitt über die Rolle der Diplomatengattinnen inspiriert, wovon später die Rede sein soll.

Erstaunliches tat sich: Nach der Heirat war ich innerlich gefestigter, auch beruflich blühte ich auf. Die Phase, während der ich zweimal bei der Beförderung übergangen worden war, gehörte endgültig der Vergangenheit an. Ich blickte nur noch nach vorne. Rasch nahte das Ende meiner knapp vierjährigen Zeit an der Zentrale. Es lockte das Ausland. Jung und kinderlos, entschieden Françoise und ich uns für den Einsatz in einem Drittweltland, das auch weit entfernt gelegen sein konnte. Meine Sondierungen in der Verwaltungsdirektion ergaben, dass nur zwei Posten zur Auswahl offen standen: Nigeria oder Zaïre. Wiewohl wir keine Vorurteile gegen Schwarzafrika hatten, hielt sich unsere Begeisterung sehr in Grenzen. Nigeria stand im Rufe, das schwierigste Land überhaupt zu sein, weshalb wir uns für Zaïre entschieden.

Bis ich eines Tages in Erfahrung bringen konnte, dass sich die Stelle des Ersten Mitarbeiters an der Schweizer Botschaft in Jakarta auftat. Weder Françoise noch ich wussten etwas über den Archipel in Südostasien, ausser, dass er viele exotische Inseln umfasste. Nach kurzer Beratung entschieden wir uns indessen instinktiv für Indonesien. Wir sollten unsere Entscheidung nicht bereuen. Damit bewahrheitete sich in unserem Fall die ungeschriebene Regel, wonach ein Diplomat die Zentrale nicht verlässt, ohne eine angemessene Stelle erhalten zu haben. Die Anwesenheit in Bern im entscheidenden Moment ist zweifellos einer der wenigen Vorteile, um einen guten Posten zu bekommen. Besser jedenfalls, als wenn man fernab der Heimat irgendwo im Einsatz steht.

3.5 Indonesien: Kulturschock und beglückendes Erlebnis

Als ich mich von Staatssekretär Albert Weitnauer verabschiedete, meinte er, er wisse wenig von Indonesien und der ganzen Weltgegend. Der hochkultivierte Weitnauer war ein klassischer Diplomat alter Schule, der ausschliesslich im europäisch-nordamerikanischen Kulturraum verwurzelt blieb. Aber er gab mir einen Ratschlag mit auf den Weg, an den ich oft zurückdenken sollte: *«Versuchen Sie herauszufinden, was hinter dem Lächeln der Indonesier steckt.»*

Wie Recht hatte er! Es brauchte nämlich in der Tat einige Zeit, bis sich meine Frau und ich daran gewöhnt hatten, dass die fast immer höflichen Indonesier in jeder Lebenssituation lächeln. Deshalb sind bei allem guten Willen von beiden Seiten Missverständnisse manchmal nicht zu vermeiden. Das beruht hauptsächlich darauf, dass in Indonesien unter anderen Lebensbedingungen besondere Verhältnisse entstanden sind. In der Absicht, sein Gegenüber freundlich zu behandeln und nicht zu verärgern, gehen viele Indonesier so weit, ein klares Nein zu vermeiden. Das Nein wird lächelnd durch das farblose und doch so typische *belum* (noch nicht) umschrieben, was für den Europäer keinen oder wenig Sinn macht. Wie wir haben auch die Indonesier ihre Empfindlichkeiten, aber sie suchen sie durch ein anfänglich schwer durchschaubares Lächeln zu kaschieren. Neben dem bei uns bekannten Lächeln oder Lachen aus Freude oder Schadenfreude gibt es ein Lächeln der Sorge, ein

Lächeln der Verlegenheit, ein Lächeln der Trauer, ein Lächeln bei Beleidigung.

Bei allem Lächeln und aller Liebenswürdigkeit, welche die Indonesier normalerweise zur Schau tragen, sollte nicht unerwähnt bleiben, dass sie gelegentlich auch richtiggehend ausrasten, ja blindwütig töten und zerstören können. Nicht von ungefähr stammt der Ausdruck *Amok* ursprünglich aus dem malaiisch-indonesischen Sprachraum. Einen solchen Amoklauf weiter Bevölkerungskreise hatte es 1965 gegeben, als der Versuch der Kommunisten, die Macht zu ergreifen, äusserst blutig und grausam niedergeschlagen wurde. Die damit einhergehende Entmachtung des ersten Präsidenten Sukarno und die Übernahme der Regierungsgewalt durch General Suharto waren die Folge davon. Während unserer Jahre in Indonesien sollte unter der autokratischen Herrschaft Suhartos, die dem Land einen wirtschaftlichen Aufschwung brachte, die Lage jederzeit ruhig bleiben.

3.5.1 In Indonesien ticken die Uhren anders

Am 1. April 1978 – es war kein Aprilscherz – flogen wir in einer DC-10 gegen Jakarta los. Der damals fünfzehnstündige Flug in der mir zustehenden Economy-Class war für mich alles andere als ein Genuss. Vom Handgepäckschleppen verschwitzt im Flugzeug angelangt und mit den Tücken der Langdistanzfliegerei noch wenig vertraut, litt ich an dem, was im Militärjargon «Wolf» genannt wird, d.h. wundgescheuerter Haut an delikater Körperstelle. Dazu beigetragen hatte sicher auch die wegen meines grossen Körperwuchses ungenügende Beinfreiheit, weil ich wie eine sitzende Mumie auf meinem Sitz eingeklemmt war. Gottlob hatten wir einen zweitägigen Zwischenhalt in Singapur eingeschaltet, um uns von den Reisestrapazen zu erholen und um nützliche Einkäufe im Hinblick auf unser Endziel Indonesien zu tätigen. Singapur, der eine gute Flugstunde von Jakarta entfernte Stadtstaat, sollte für uns auch in Zukunft ein willkommener Erholungsort werden, wo wir gelegentlich dem exotisch-chaotischen Indonesien entweichen konnten. Heiss-schwüles Tropenklima herrschte dort zwar ebenso, aber daneben war das geordnete Leben im sauberen Singapur geradezu eine Wohlfühloase, die uns für eine kurze Zeit in Berührung mit vertrauten zivilisatorischen Errungenschaften brachte.

In Indonesien erlebte ich einen eigentlichen Kulturschock. Für mich war es das erste Mal überhaupt, dass ich Europa verlassen hatte. Françoise war immerhin schon einmal in die Türkei und in den Iran gereist. Zwar wusste ich, dass die Hauptstadt Jakarta alles andere als ein Tropenparadies war; sie stand auch nicht gerade im Ruf, eine besonders wohnliche Stadt zu sein. Die Realität sah aber schlimmer aus. Der Millionenstadt – man sollte besser sagen, dem Millionendorf – fehlte im Grunde genommen jedes Profil, jeder Charakter. Das ehemalige Batavia glich einem unorganisierten Ameisenhaufen. Millionen von Menschen lebten in schäbigen Häusern oder Bretter- respektive Wellblechhütten. Die Stadt frass sich in die umgebende Landschaft, ungeordnet, anarchisch. Es existierte kaum ein Zentrum. Wild wuchsen die Zeugen der Glas- und Betonarchitektur in den Himmel. Bäume und Palmen gab es wohl in Hülle und Fülle. Diese wohltuenden Schattenspender luden jedoch angesichts des schwer lastenden, feucht-heissen Tropenklimas und der fehlenden Gehsteige und Plätze kaum zum Flanieren ein. Schon gar nicht die chaotischen Verkehrsverhältnisse, die den Fussgänger zum Freiwild degradierten.

Am Anfang, aber nur ganz am Anfang, hatte ich in Ermangelung eines eigenen Wagens den Versuch gewagt, die rund 600 Meter von unserer Residenz zur Botschaft zu Fuss zurückzulegen: Ich kam verschwitzt, verstaubt und von den Autoabgasen halb belämmert im Büro an, während gleichzeitig die Einheimischen – insbesondere die Taxichauffeure – für das für sie unverständliche Relikt europäischer Fussgängerei nur ein erstauntes Lächeln übrig hatten. Noch ungläubiger war ihre Reaktion, wenn ich mit meinem Rennvelo – nach dem Abschluss meiner Aktivzeit als Handballer hatte ich neben dem Tennis das Radfahren als Ausgleichssport entdeckt – in voller Rennmontur durch die Strassen Jakartas flitzte, sofern nicht eingefahrene Nägel und andere Hindernisse meinem Vorhaben ein vorzeitiges Ende bereiteten …

Wegen des aggressiven Tropenklimas bewohnten wir ein bereits möbliertes Gebäude, um unser eigenes Mobiliar nicht unnötigen Schäden auszusetzen. Das bundeseigene Haus im holländischen Kolonialstil war die alte Botschaftsresidenz, in welcher ursprünglich auch die Kanzlei untergebracht war. Diese für einen Ersten Mitarbeiter grosszügige Liegenschaft in bevorzugter Wohnlage, die auch ein Schwimmbad umfasste, erforderte den entsprechenden Unterhalt. Dafür standen uns fünf (!) Bedienstete zur

Verfügung, die wir vom Vorgänger übernommen hatten: ein Boy, eine Köchin, eine Wäscherin, ein Gärtner, ein Wächter. Später kam noch ein Chauffeur dazu, den ich mir angesichts der niedrigen Löhne leisten konnte. Er war für meine Frau und mich ausserordentlich nützlich, weil er uns half, uns im unübersichtlichen Jakarta überhaupt zurechtzufinden. Diese Leute waren natürlich nicht in erster Linie für unser persönliches Wohl da, sondern um unseren gesellschaftlichen Verpflichtungen besser nachkommen zu können. Dennoch wussten meine Frau und ich – noch ganz an die durchschnittlichen Haushaltsverhältnisse in der Schweiz gewöhnt – anfänglich kaum etwas mit einem solchen Personalsegen anzufangen. Am ersten Wochenende schickten wir die ganze Belegschaft nach Hause, bis wir realisierten, dass wir in unserem eigenen Grundstück eingeschlossen geblieben waren. Als wir vom Botschafterehepaar zum Mittagessen abgeholt wurden, waren wir gezwungen, über den Zaun zu klettern. Wir müssen beide ziemlich dämlich ausgesehen haben …

Wir lernten allerdings rasch, dass diese für schweizerische Verhältnisse luxuriöse Personalsituation unentbehrlich war, um unter tropischen Bedingungen überhaupt das von uns verlangte Pensum durchzustehen. Und hier setzte für meine Frau als Diplomatengattin gleich die harte Arbeit ein: Sie musste sich sofort daranmachen, sich mindestens die Grundkenntnisse der einheimischen Sprache, genannt *Bahasa Indonesia*, anzueignen, um die Bediensteten nutzbringend einzusetzen und um auf dem Markt die nötigen Einkäufe tätigen zu können. Denn von den Hausangestellten sprach einzig die Köchin etwas Englisch, die anderen schauten uns mit weit aufgerissenen Augen an und warteten auf Instruktionen. Dagegen hatte ich es mit meiner Arbeit viel leichter: In der Botschaft traf ich ein gut eingespieltes Team an, und die Lokalangestellten konnten sich ohne weiteres auf Englisch verständigen.

Trotz all dieser menschlichen Hilfskräfte mussten wir rasch zur Kenntnis nehmen, dass wir uns in einem Entwicklungsland befanden und dass Pannen aller Art an der Tagesordnung waren. Diese häuften sich gerade in der Anfangsphase in einem für uns fast unerträglichen Ausmass, ganz nach *Murphy's Law*, wonach alles schiefgeht, was schiefgehen kann. So etwa, wenn der Köchin erklärt werden musste, ohne sie zu verletzen, dass man das in Jakarta rare Bündnerfleisch nicht wie Speckscheiben in einer Pfanne braten darf, sondern es kalt serviert. Gebratenes Bündnerfleisch riecht und schmeckt übrigens entsetzlich. So etwa, wenn das Wasser just in dem Moment ausblieb, als man voll eingeseift unter der Dusche stand, weil die Wasserpumpe ihren Dienst versagte. Da sie erst nach drei Wochen repariert werden konnte, begnügte man sich im Garten mit dem Schlauch, dessen schwacher Wasserdruck allerdings auch nicht viel weiterhalf. Dafür fanden die Hausangestellten das gegenseitige Abspritzen zweier Europäer in Badekleidern umso ergötzlicher. Weniger ergötzlich fanden sie hingegen, als ich mich zwischendurch an ihrem *Mandi* vergriff. Unter «Mandi» versteht man die indonesische Art, sich zu waschen: Aus einem Wasserreservoir wird Wasser in büchsenförmige Behälter geschöpft, und man begiesst sich mit dem kostbaren Nass. In Unkenntnis der Mandi-Technik verwechselte ich das Wasserreservoir mit einer Badewanne und setzte mich ungeniert in das für die Körperpflege der Einheimischen reservierte Wasser. Dass dieser plumpe *Fauxpas* mit einem Lächeln quittiert wurde, versteht sich von selbst.

Recht häufig gab es Stromausfälle zu beklagen – der alte Generator funktionierte sowieso kaum jemals, wenn man ihn am dringendsten gebraucht hätte. In solchen Augenblicken verwandelte sich ein Nachtessen im angenehm kühlen Raum im Nu in ein *candle light dinner* bei 35 Grad, wobei sich das Make-up der Damen verflüssigte und Spuren hinterlassend die Wangen hinunterlief, während die Herren der Schöpfung die Serviette hauptsächlich zum Abtrocknen des ständig triefenden Schweisses benutzten. Nicht selten war man auch mit der Situation konfrontiert, dass Indonesier, die ich zu den liebenswürdigsten Menschen dieser Erde zähle, einem gesetzten Essen unabgemeldet fernblieben oder – auch schon vorgekommen – nach erfolgter Abmeldung dann doch erschienen. Solche Situationen nervten mich gewaltig, gottlob bewahrte Françoise ruhig Blut, um in Kürze die nötigen Umdispositionen im Tischplan zu treffen.

All diese Unannehmlichkeiten, über die man sich nach einer Angewöhnungszeit immer weniger aufregte, nahmen wir jedoch für das beglückende Erlebnis Indonesien gerne in Kauf. Dabei war uns klar, dass wir in der uns zur Verfügung stehenden Zeit nur die Oberfläche etwas anritzen konnten. Die asiatische Unergründlichkeit würden wir nie voll auszuloten imstande sein.

3.5.2 Vielfältige Arbeit in der Botschaft unter erschwerten Bedingungen

Die Botschaft war in einem alten Wohnhaus untergebracht. Die Platzverhältnisse waren beengend. So hatte die Sekretärin des Missionschefs, die auch für mich Arbeiten erledigte, ihr Büro im Korridor des ersten Stocks. Einen Versammlungsraum gab es nicht. Dafür waren alle Zimmer mit Kühlaggregaten versehen, die in jedem Raum einen dröhnenden Hintergrundlärm verursachten, an den man sich vorerst gewöhnen musste. Gottlob verstanden sich die Botschaftsangehörigen – ob lokale oder versetzbare – gut miteinander; dieser Umstand hatte zur Folge, dass die räumliche Enge und die klimatisch bedingten Erschwernisse das Zusammengehörigkeitsgefühl und die gegenseitige Rücksichtsnahme eher noch verstärkten.

In der Lotterie meiner Chefs im Ausland hatte ich in Jakarta das grosse Los gezogen. Botschafter Roland Wermuth war ein ruhig-überlegter Vorgesetzter, der seinen Mitarbeitenden bei ihrer Aufgabenerfüllung stets die nötige Freiheit liess. Den Fürsprecher des Kantons Bern zeichnete ein ausgeprägter Gerechtigkeitssinn aus, in jedem seiner Untergebenen sah er immer auch den Mitmenschen. Wiewohl es sein erster Posten als Botschafter war, wusste er richtig einzuschätzen, dass das grösste Inselreich der Welt im weit entfernten Bern keinen allzu hohen Stellenwert hatte. Dieses besonnene Augenmass ging mir anfänglich ab, weshalb sich Wermuth von Zeit zu Zeit veranlasst sah, meinen (Über-)Eifer etwas zu dämpfen. Von ihm habe ich sehr viel gelernt, sei es nur schon, sich selbst nicht allzu wichtig zu nehmen. Die gleiche positive Wirkung hatte seine Gattin Nadia auf meine Frau. Das Ehepaar Wermuth hat für uns nicht nur eine Vorbildfunktion gehabt; nach allem, was wir zusammen erlebt und durchgemacht haben, sind wir bis zum heutigen Tag gute Freunde geblieben.

In meiner direkten Zuständigkeit waren die Bereiche Wirtschaft, Kultur, Presseangelegenheiten, Flüchtlingsfragen. Neben der Aufnahme von Flüchtlingen in die Schweiz bahnte sich zu meiner Zeit eine Mithilfe des Katastrophenhilfskorps beim Bau eines indonesischen Aufnahme- und Durchgangslagers für vietnamesische Bootsflüchtlinge an. Zu gelegentlicher politischer Berichterstattung kam es während der Abwesenheiten des Missionschefs. Als interimistischer Geschäftsträger hatte ich auch vermehrt Repräsentationspflichten nachzukommen. (Abb. 1: Empfang bei Präsident Suharto)

Schweizer Kultur in einem völlig anderen Kulturkreis zu zeigen, war keine leichte Aufgabe. Hinzu kam, dass die zur Verfügung stehenden Mittel beschränkt waren. Es wurden in erster Linie Wanderausstellungen der Schweizer Kulturstiftung «Pro Helvetia» gezeigt, meist mit mässigem Publikumserfolg. Eine grosse Ausnahme bildete die Ausstellung über die Werke berühmter Schweizer Fotografen.

Dafür sei alt Bundesrat Willy Spühler und seiner legendären Reiselust gedankt. Auf einer seiner Weltreisen machte der ehemalige Aussenminister in Jakarta Zwischenhalt, gerade zum Zeitpunkt, als die Ausstellung angelaufen war. Er war bereit, die Fotoausstellung zu besuchen. Dieser günstige Umstand brachte Botschafter Wermuth auf die Idee, gleichzeitig den indonesischen Vizepräsidenten Adam Malik einzuladen. Wir wussten, dass Malik selbst ein leidenschaftlicher Fotograf und stolzer Besitzer einer Kamera schweizerischer Herkunft war. Seine Zusage, die nach unseren Vorstellungen unendlich viel Zeit und Bemühungen brauchte, erfolgte nach dem indonesischen Selbstverständnis äusserst rasch. Sie setzte Botschafter Wermuth und mich in die angenehme Lage, mit den beiden Staatsmännern einen äusserst publikumswirksamen Aufhänger zu erhalten, welcher eine simple Fotoausstellung in einen Anlass ersten Ranges verwandelte. Dieser gemeinsame Auftritt fand in den indonesischen Medien einen grossen Widerhall. Das mag ein Beispiel dafür sein, wie der Zufall, den es blitzschnell zu nutzen gilt, in der Diplomatie eine wichtige Rolle spielen kann. (Abb. 2: Mit alt Bundesrat Spühler und Vizepräsident Malik bei der Fotoausstellung)

In Indonesien kam ich erstmals mit Entwicklungshelfern und ihren Projekten in Berührung. Der Archipel war damals ein Schwerpunktland unserer Entwicklungshilfe. 1980 waren gegen zwanzig Schweizer Experten auf verschiedenen Inseln im Einsatz. Die meisten davon arbeiteten im Rahmen der schweizerisch-öffentlichen Hilfe für die technische Zusammenarbeit hauptsächlich in den Bereichen Berufsausbildung, ländliche Entwicklung und Gesundheitswesen, inklusive Wasserversorgung.

In der Botschaft in Jakarta war ein Koordinator für alle diese Tätigkeiten im Einsatz. Der liebenswürdige und dynamische Jacques Martin verfügte über eine grosse Budgetautonomie, von der wir anderen Diplomaten nur träumen konnten. Jede noch so kleine Dienstreise mussten wir damals der Zentrale in Bern unterbreiten und ausführlich begründen. Als sich Wermuth einmal vor Antritt einer Dienstreise über diese administrativen Umtriebe beklagte, meinte der junge Koordinator zum gestandenen Missionschef treuherzig: *«Machen Sie sich keine Sorgen, Herr Botschafter, ich bezahle Ihnen Ihre Reise aus meinem Reisekredit.»* Die verblüffte Reaktion Wermuths über die ehrliche und keineswegs gönnerhaft gemeinte Geste seines Untergebenen kann man sich leicht vorstellen!

Man musste sich daran gewöhnen, dass im Zusammenhang mit der Entwicklungshilfe teilweise andere Bräuche herrschten, als wir dies in unserem Departement gewohnt waren. Schon die engen Platzverhältnisse in der Botschaft trugen dazu bei, dass der Koordinator und seine Equipe ausserhalb der Vertretung ein Eigenleben führen konnten. Und später, als es darum ging, einen Botschaftsneubau zu beziehen, hätten die Entwicklungshelfer es vorgezogen, weiterhin getrennt vom übrigen Botschaftspersonal untergebracht zu sein. Die leicht ideologisch eingefärbte Sichtweise führte auch dazu, dass der Koordinator ein Projekt ausschliesslich unter dem Siegel der Entwicklungszusammenarbeit lancierte. Ich hatte Schwierigkeiten, zu verstehen, dass im Gesamtkontext unserer aussenpolitischen Bemühungen das Schweizerkreuz wenn möglich aus dem Spiel gelassen wurde. Wiewohl wir durch einen unterschiedlichen Werdegang geprägt waren, verstand ich mich dennoch ausgezeichnet mit Jacques Martin.

Erst später realisierte ich, dass diese Wesens- und Wertunterschiede an der Front nur Ausfluss einer merklich anders gelagerten Betriebskultur an der Zentrale sind. Obschon unter dem gleichen Dach des Aussenministeriums angesiedelt, hat sich die Direktion für Entwicklung und Zusammenarbeit (DEZA) unter verschiedenen Chefs bis vor kurzem eine Gewohnheit daraus gemacht, ein Sonderzüglein etwa zur Politischen Direktion zu fahren oder vereinzelt sogar in ein offenes Konkurrenzverhältnis zu ihr zu treten. Zwar steht die DEZA traditionell unter der Leitung eines erfahrenen EDA-Beamten, aber unterschiedliche weltanschauliche Ausrichtungen, übersteigertes persönliches Ego sowie wohl nicht zuletzt die überlegenen finanziellen Mittel halfen, solche Abgrenzungsbemühungen zu akzentuieren.

Mit Erleichterung nahm ich deshalb zur Kenntnis, dass der Wechsel an der DEZA-Spitze im Frühjahr 2008 von Walter Fust zu Martin Dahinden dazu benutzt wurde, eine bessere Zusammenarbeit mit dem EDA und anderen Teilen der Bundesverwaltung anzustreben. Eine entsprechende Reorganisation ist im Gange. Ich hatte meinen fachlich sicherlich hochkompetenten ehemaligen Kollegen Walter Fust immer sehr geschätzt; er war auch einer der wenigen Diplomaten in leitender Funktion, der sich nicht scheute, mich während meiner späteren Inspektionstätigkeit mit nützlichen und teilweise sensiblen Hintergrundinformationen über das Funktionieren unseres Departements zu versehen.

Aber mir war ebenso wenig entgangen, dass Fust mit seiner DEZA bewusst ein Eigenleben entwickelt hatte, wohl weil er befürchtete, das Departement könnte allzu sehr in seine Organisation dreinreden. Verschiedene Staatssekretäre, angefangen von Jakob Kellenberger über Franz von Däniken bis zu Michael Ambühl, könnten wohl vom schwierigen Umgang mit dem ehemaligen Direktor ein Liedchen singen. Fazit: Die Entwicklungszusammenarbeit ist und bleibt ein Teil der Aussenpolitik und muss deshalb besser als bisher in die EDA-Strukturen eingebunden werden.

Der geneigte Leser möge mir diesen kleinen Exkurs zur schweizerischen Entwicklungshilfepolitik verzeihen. Ich musste die paar Gedanken, die sich in mir über die Jahre angestaut hatten, auf irgendeine Art loswerden. Dabei kritisiere ich keineswegs die Qualität der Entwicklungszusammenarbeit, die im internationalen Quervergleich einen sehr guten Ruf geniesst.

3.5.3 Bundesrat Kurt Furgler als begnadeter Alleinunterhalter beim Swissair-Eröffnungsflug

Die politischen und wirtschaftlichen Beziehungen zwischen der Schweiz und Indonesien waren mannigfaltig und durchaus lebendig, aber in mancher Hinsicht noch ausbaufähig. Die von der nationalen Fluggesellschaft Swissair im Frühjahr 1980 in Aussicht genommene Eröffnung der neuen Strecke nach Jakarta – im Grunde genommen war es eine Verlängerung der Flugroute von Singapur nach der indonesischen Hauptstadt – war ein weiterer Baustein in diesen Beziehungen. Die neue Linie Zürich–Jakarta sollte einen integrierenden Bestandteil der Expansionsstrategie der Swissair im südostasiatischen Raum bilden.

Die Vorfreude auf diesen Anlass war in Schweizerkreisen Jakartas gross. Meine Frau und ich stellten uns mehr als einmal auf der Zuschauerterrasse des hauptstädtischen Flughafens Halim Perdanakusuma vor unserem geistigen Auge den majestätischen Anflug einer DC-10 mit dem weissen Kreuz auf dem roten Heckflügel vor. Bis es so weit war, verging allerdings noch einige Zeit. Und vor allem nahm der offizielle Eröffnungsflug im Verlauf der Vorbereitung eine Dimension an, die einem Staatsbesuch ähneln sollte.

Dies hatte in erster Linie damit zu tun, dass der Bundesrat beschlossen hatte, eines seiner Mitglieder in der Person von Kurt Furgler zu entsenden, wodurch der Anlass notwendigerweise auch politisches Gewicht erhielt. Furgler stand an der Spitze einer der hochkarätigsten Delegationen, welche die Schweiz wohl je per Flugzeug verlassen sollte. In der über dreissigköpfigen Begleitung des EJPD-Vorstehers befanden sich unter anderem alt Bundesrat Rudolf Gnägi, der kurz zuvor als Verteidigungsminister zurückgetreten war, der Präsident der Generaldirektion der PTT, drei Regierungsräte der Flughafenkantone Zürich, Genf und Basel, der Vizepräsident des Direktoriums der Nationalbank, die Direktoren der Bundesämter für Zivilluftfahrt bzw. für Entwicklungszusammenarbeit und humanitäre Hilfe, hochrangige Vertreter der damaligen Handelsabteilung des EVD sowie des Vororts, Mitglieder des Verwaltungsrats und der Generaldirektion der Swissair sowie acht ausgewiesene Presseleute.

Unter diesen Umständen waren wir von der Botschaft gehalten, der bald überforderten Swissair-Vertretung tatkräftig zur Seite zu stehen. Botschafter Wermuth und ich kamen überein, dass angesichts der Seltenheit eines bundesrätlichen Besuchs im weit entfernten Indonesien der Swissair-Anlass genutzt werden müsse, um im Inselreich politisch einen Pflock einzuschlagen, der eine Langzeitwirkung haben sollte. Dabei griffen wir zum Kniff, den indonesischen Behörden Furgler nicht in erster Linie als Justiz- oder Polizeiminister zu «verkaufen», was kaum speziell aufgefallen wäre, sondern als *«Vice-President of Switzerland»*. Die Funktion eines Vizepräsidenten des Bundesrates, die in unserer öffentlichen Wahrnehmung kaum eine besondere Bedeutung hat, wurde in Indonesien geradezu ein Türöffner ersten Grades. Dass es so weit kommen konnte, lag in erster Linie am Missionschef, der es verstand, beim einflussreichen Protokollchef den Stellenwert Furglers ins richtige Licht zu rücken. So schickte sich denn das Protokoll bald einmal an, sich des offiziellen Programms zu bemächtigen. Bundesrat Furgler und Teile der Delegation sollten je vom indonesischen Vizepräsidenten Adam Malik und später von Präsident Suharto sowie auch von den Gouverneuren der besuchten Provinzen in Westjava (Bandung), Zentraljava (Jogjakarta) und auf der Insel Bali (Denpasar) empfangen werden.

Was den Transport in Jakarta anbelangte, kam die indonesische Seite nur für die Limousine von Bundesrat Furgler auf. Innerhalb kürzester Zeit musste bei der Verwaltungsdirektion unseres Departements die Miete weiterer Limousinen beantragt werden, da verschiedene Teilnehmer – wie wir erst kurzfristig vernahmen – neben den offiziellen Anlässen ihr eigenes Sonderprogramm abgewickelt haben wollten. Der von Swissair ursprünglich vorgesehene Autobus kam diesen Spezialwünschen nicht entgegen und war auch nicht das geeignete Gefährt für diese hochrangigen Herren. Die Zentrale war völlig überrascht von der Dimension, welche der Besuch anzunehmen begann, mit dem sie eigentlich kaum etwas zu tun hatte. Aber sie spielte das Spiel mit, und am Tag des Eröffnungsfluges stand eine stattliche Wagenkolonne zum Empfang der Delegation bereit. (Abb. 3: Empfang von Bundesrat Furgler und der Swissair-Delegation am Flughafen)

Ein imposantes Empfangskomitee, angeführt vom indonesischen Justizminister, hatte sich am Flughafen eingefunden, um Bundesrat Furgler mit allen Ehren eines hohen Staatsgastes zu empfangen. *«Dass unsere Delegation vom Vizepräsidenten des Bundesrates angeführt wurde, schien in Indonesien wie eine Bombe einzuschlagen»*, kommentierten die «Swissair News» nachträglich den nicht ganz alltäglichen Eröffnungsflug, der als *«ein Polit-Marathon durch Indonesien»* beschrieben wurde:

> *«Die Tage mit Regierungsgesprächen, Empfängen, Cocktails, offiziellen Nachtessen, Pressekonferenzen und Besichtigungen im Eilzugstempo dauerten 18 Stunden und mehr. Wo immer wir uns bewegten, begleitete uns ein imposanter Militär- und Polizeikonvoi, der uns beschützte*

und die Strassen freimachte, so dass wir ungehindert mit einem Hunderter die Städte durchbrausen konnten. Links und rechts säumten Menschen – unzählige freundlich winkende Menschen – den Strassenrand und grüssten die Gäste aus der Schweiz. Schade nur, dass man im Hundertkilometertempo sehr wenig von Land und Leuten zu sehen bekommt …»

Dass sich der Besuch in atemberaubendem Tempo abspielte und für die Pflege der Gemütlichkeit wenig Platz liess, war teilweise Absicht. Dem Vorsteher des Justiz- und Polizeidepartements ging nämlich der Ruf voraus, dass er eine Neigung zu kurzfristigen Umdispositionen haben konnte, wenn ihm etwas nicht in den Kram passte. Solche Programmänderungen wären jedoch verheerend gewesen, da schon die von den Indonesiern festgelegten Tagesabläufe ständige Anpassungen unsererseits erforderten. Das von uns angestrebte, äusserst gedrängte Besuchsprogramm sollte Bundesrat Furgler bewusst kaum Zeit zu weitreichenden Überlegungen und Umkrempelungen lassen.

Nur einmal wollte er die von der Botschaft mit Hilfe einer PR-Agentur von langer Hand vorbereitete Pressekonferenz ersatzlos streichen, weil er schon direkt im Anschluss an den Höflichkeitsbesuch bei Präsident Suharto eine nicht vorgesehene, kurze Begegnung mit einem Teil der Presse hatte. Ich insistierte, dass am ursprünglichen Programm nichts geändert werden sollte, weil die Leute gar nicht mehr rechtzeitig erreicht worden wären, was unserem Image geschadet hätte. Der Ablauf des Anlasses sollte mir recht geben: Bundesrat Furgler hatte einen sehr gut besuchten Presseauftritt, und seine Kommentare und Analysen nahmen noch tagelang einen prominenten Platz in der indonesischen Medienlandschaft ein.

Es war nicht immer einfach, die anspruchsvolle und leicht aufmüpfige Gruppe der am Eröffnungsflug teilnehmenden Medienvertreter zufrieden zu stellen. Sie umfasste so illustre Namen wie Dr. Alfred Cattani von der NZZ, Dr. Paul Schaffroth, Chefredaktor beim «Bund», und Simone Lapierre, Redaktorin bei «La Suisse». Botschafter Wermuth und ich mussten denn auch einen grossen Aufwand betreiben, dass Vizepräsident Adam Malik, ein Christ aus Sumatra, der als eigentlicher Baumeister des jungen Staates galt, die Presseleute zu einem Sondergespräch empfing. Deren Fragen konzentrierten sich in erster Linie auf die damalige weltpolitische Lagebeurteilung aus der Sicht Jakartas. Die sowjetische Invasion Afghanistans, das kriegerische Vorgehen Vietnams gegen das Terrorregime Pol Pots in Kambodscha, das heikle Verhältnis Jakartas zu Peking sowie die Entwicklung der Gemeinschaft Südostasiatischer Staaten (ASEAN) standen dabei im Vordergrund.

Nach Abschluss der hektischen Tage in der Hauptstadt erfolgte ein eintägiger Abstecher nach Bandung. Die 300 000 Einwohner zählende Provinzhauptstadt, vier Autostunden von Jakarta entfernt, war 1955 zu einem weltweiten politischen Begriff geworden, als sich dort die Führer von 29 afro-asiatischen Staaten zu einer sechs Tage dauernden Konferenz der Blockfreien getroffen hatten. Für die schweizerische Delegation stand jedoch neben der obligaten Vorsprache beim Gouverneur der Besuch zweier indonesisch-schweizerischer Gemeinschaftswerke im Vordergrund, die im Rahmen unserer Entwicklungshilfe verwirklicht wurden: sowohl die Berufsschule für Mechaniker und Zeichner als auch die Hotelfachschule stellten gelungene Visitenkarten für die Schweiz dar, worin sich alle Delegationsmitglieder, angefangen bei Bundesrat Furgler, einig waren.

Kein Zweifel, die Tropenhitze und der stressige Ablauf des ganzen Unternehmens, das neben klarer Planung ebenso auf der in Indonesien unbedingt erforderlichen Flexibilität und ständigen Anpassung an neue Verhältnisse basierte, machte den Delegationsmitgliedern schwer zu schaffen. Unvergessen ist ein Ausspruch des ständig schwitzenden alt Bundesrates Rudolf Gnägi, der mir einmal unumwunden gestand: *«Herr Wyss, ich weiss nun die Arbeit der Diplomaten unter solchen schwierigen Arbeitsbedingungen doppelt zu schätzen; ich würde es hier nämlich nicht lange aushalten.»*

Einer, dem weder Stress noch Hitze etwas anzuhaben schien, war Bundesrat Furgler. Im Umfeld, das mit ihm direkt in Berührung kam, gab es wohl niemanden, der diesen Mann nicht heimlich bewunderte: Vom frühen Morgen bis spät nachts war er ununterbrochen präsent, jeder Situation gewachsen und in allen Dingen kompetent. Dazu gesellte sich eine aussergewöhnliche Liebenswürdigkeit sowie eine geradezu erfrischende Unkompliziertheit. Auch wenn sein Programm aus allen Nähten zu platzen drohte, stets fand er Zeit für jedermann; für jeden Indonesier, der ein Gespräch mit ihm suchte, für jeden Landsmann, der seinen Weg kreuzte, für die Delegationsmitglieder und für uns Botschaftsangehörige. Er war ganz einfach da, voll da, und überragte alle fachlich, sprachlich und durch seine Persönlichkeit.

Die Reise nach Zentraljava und nach Bali wies vor allem einen touristischen Charakter auf, einschliesslich ein paar Tagen Erholung am Meer. Ich musste in Jakarta zurückbleiben, da ich die Botschaft zu «hüten» hatte. Botschafter Wermuth erzählte mir indessen eine der letzten Phasen des Furgler'schen Spektakels, als der Bundesrat im Badekostüm seine indonesischen Leibwächter, die ihm Tag und Nacht wie Schatten folgten, in einem 500-Meter-Lauf abschüttelte. Diese standen dann ratlos-verdattert da, als *«His Excellency The Vice-President of Switzerland»* ins Meer hechtete und dem Land kraulend den Rücken kehrte. Auch das war Furgler, der Sportsmann und der Handballer, der er einmal war. Kurt Furgler total – sein Besuch in Indonesien war ein Auftritt der Sonderklasse!

Ich bedauerte, dass ich mich von ihm und von der ganzen Delegation nicht mehr verabschieden konnte, weil mich ein Paratyphusanfall mit heftigem Fieber – sicher auch eine Folge der Hektik der vorangegangenen Tage – für einige Zeit ans Bett fesselte. Furgler wäre nicht Furgler, hätte er sich später für die geleistete Arbeit nicht erkenntlich gezeigt. Er nahm auch regen Anteil an unserer wachsenden Familie, war Françoise doch zum Zeitpunkt des Swissair-Eröffnungsfluges im fünften Monat schwanger. Und als er vernahm, dass unser erstgeborener Sohn Stéphane am 1. August 1980 zur Welt gekommen war, da sprach er umgehend eine Einladung bei nächstpassender Gelegenheit aus. Diese Gelegenheit bot sich während des Heimaturlaubes im Präsidialjahr von Bundesrat Furgler, als er uns in seinem Büro im Bundeshaus empfing. Der Bundespräsident holte eigenhändig Getränke aus einem Schrank hervor, damit wir auf unseren Patrioten von Sohn anstossen konnten. Diese simple, bürgernahe Geste in guter republikanischer Tradition berührte meine Frau und mich sehr. Welch ein Unterschied zum autoritären indonesischen Staatschef, dem für jede noch so kleine Handreichung eine Vielzahl von Bediensteten zur Verfügung stand.

Der einzigartige Swissair-Eröffnungsflug nach Jakarta mit Bundesrat Furgler war für meine Frau und mich zweifelsohne ein Höhepunkt während unserer beruflichen Tätigkeit in Indonesien. Wir dürfen uns glücklich schätzen, den im Juli 2008 im Alter von vierundachtzig Jahren verstorbenen Magistraten, der als eine Ausnahmeerscheinung in der schweizerischen Politik gewürdigt wurde, während ein paar Tagen hautnah miterlebt zu haben.

3.5.4 Auf Erkundungstour im indonesischen Riesenreich

Indonesien ist mit ungefähr 13 700 Inseln der grösste Archipel der Welt. Das Land erstreckt sich 5000 Kilometer vom Indischen Ozean bis in den Pazifik, was einer West-Ost-Ausdehnung von Lissabon nach Moskau entspricht, während die Nord-Süd-Ausdehnung der Distanz Hamburg–Tunis gleichkommt. Unvergleichlich ist allein schon die geographische Konfiguration dieses jungen Staates: zwei Millionen Quadratkilometer machen die Landfläche, aber fünf Millionen seine Hoheitsgewässer aus. Von den nur 6000 bewohnten Inseln sind die bekanntesten Sumatra, Java (mit der Hauptstadt Jakarta), das kleine Bali, Sulawesi (Celebes), Kalimantan (Borneo) und Irian Jaya, der westliche Teil von Neu-Guinea (seit 2002 in Papua umbenannt). Mit damals knapp 150 und heute weit über 200 Millionen ist Indonesien bevölkerungsmässig das fünftgrösste Land der Welt. Mit 90 Prozent Muslimen ist es das grösste islamische Land überhaupt. Daneben sind auch christliche, hinduistische, buddhistische und animistische Glaubensgemeinschaften verbreitet. Die Lage in Äquatornähe beschert dem Inselstaat meist tropisches Klima, aber in höheren Lagen gibt es vereinzelt sogar ewigen Schnee. Die Vielfalt von Geographie, Klima und Volksgruppen ist immens und wohl einmalig.

Vor allem in der Zeit vor der Geburt Stéphanes nutzten Françoise und ich unsere Mobilität, um diesen riesigen Inselstaat – oder weniger grosssprecherisch: gewisse Teile davon – zu erkunden. Die abwechslungsreiche Landschaft bot geradezu ideale Voraussetzungen hiefür, sofern man bereit war, etwas auf unsere westlichen Annehmlichkeiten zu verzichten. Sie reicht von den endlosen Palmenhainen Sumatras, den sattgrünen Reisfeldern Javas über die Götterinsel Bali und die Orchideeninsel Celebes bzw. Sulawesi – wo wir einen Abstecher zum Stamm der Torajas machten, um einer prachtvollen, mehrere Tage dauernden Begräbniszeremonie beizuwohnen – bis hin zu den undurchdringlichen Urwäldern Irian Jayas, und dazu warmer Sonnenschein aus tiefblauem Himmel, glasklares Wasser und kilometerlange, weisse Sandstrände, die fast menschenleer waren. Die Bewohner selbst setzen sich aus unzähligen Rassen zusammen, die durch Jahrtausende in diesem Inselreich Spuren hinterlassen haben, entweder als friedliche Händler oder als kriegerische Eindringlinge. Trotzdem konnte sich das Eigenständige, das typisch Indonesische entwickeln: Eine unübersehbare Fülle an Gegensätzen und Kontrasten, die dennoch ein einheitliches, buntes Panorama entstehen lassen. Nicht von ungefähr lautet das Staatsmotto der Republik Indonesien: *«Bhinneka tungal ika»* («Wir sind viele, aber wir sind eins»).

Die speziellste unserer Entdeckungsreisen war sicherlich die zehntägige Expedition in die Provinz Irian Jaya, den indonesischen Teil der Insel Neu-Guinea. Neu-Guinea fällt aus dem Verband der indonesisch-malaiischen Inselwelt heraus, denn die grossgewachsene melanesische Bevölkerung mit negroiden Zügen, die den australischen Aborigines ähnelt, lebt mehrheitlich noch im Steinzeitalter, wo die Kopfjägerei nicht völlig ausgestorben ist. Aber auch hinsichtlich des tropisch-alpinen Charakters der Zentralkette mit teilweise ewigem Schnee und der geographischen Nähe zu Australien sowie zur Südsee nimmt Irian Jaya eine Sonderstellung ein. Es ist ein Land im Urzustand, das von der Zivilisation nur in einigen wenigen Regionen berührt wird.

Schon der Anflug unserer kleinen Gruppe, eingepfercht in einer altehrwürdigen zweimotorigen Flugkiste, hatte es in sich. Das Hochland des zu besuchenden Stammes der Danis liegt auf über 2000 Metern Höhe. Als sich in der Ferne der sattelförmige Einschnitt vor uns aufzutürmen begann, den es zu überfliegen galt, hielten wir vor Spannung fast automatisch den Atem an, um es dem Kapitän besser zu ermöglichen, an Höhe zu gewinnen. Und unter uns nichts als die unendliche Fläche des Tropenwaldes, über die schemenhaft der Schatten unseres Flugzeuges huschte. Der Gedanke liess uns erschauern, dass wir im Falle einer Panne wohl hoffnungslos verloren gewesen wären: Die Wipfel der Urwaldriesen hätten sich unter der Wucht des Aufpralls gebeugt, um unser Kleinflugzeug im Dschungel ähnlich spurlos verschwinden zu lassen wie bei einem Absturz ins Meer.

Am Ziel angekommen, nahm die Reise fast expeditionsähnliche Ausmasse an. Eine stattliche Trägerkolonne sorgte auf den längeren Fussmärschen von einem Eingeborenendorf zum anderen für den Transport der Habseligkeiten unserer Gruppe. Eigene Nahrungsmittel, meist in Form von Konserven, sowie Getränke, Wolldecken und eine Notapotheke mussten neben dem persönlichen Gepäck mitgeschleppt werden. Die Erschliessung dieser zweitgrössten Insel der Welt ist auch heute noch nicht annähernd erfolgt.

Die dunkelhäutigen Danis sehen grimmig und furchterregend aus. Als Schmuck tragen sie Ketten aus weissen Kaurischnecken, und häufig sah ich grosse Eberhauer, die sie durch die Nasenscheidewand gezogen hatten. Um ihre muskulösen Arme hatten sie geflochtene Bänder oder Pelzstreifen, von denen Amulette baumelten. Die Stammesführer schmückten ihr Haupt mit schönem Federschmuck.

Im Zentrum des Interesses westlicher Besucher stehen jedoch Penisköcher aus getrockneten Kürbisfrüchten, welche die bescheidene Bekleidung der Männer vervollständigen. Diese Röhren sind Schutz und zugleich Ausdruck ihrer Männlichkeit. Sie können die vielfältigsten und skurrilsten Formen annehmen, frei nach dem Motto: Je höher ein Mann im Ansehen steht, desto grösser sein *Koteka* (so heisst das Ding). Die Danis haben eine starke Ausdünstung, die nach geräuchertem Speck riecht. Kein Wunder, denn sie beschmieren Haare und Körper gegen die Kälte mit Schweinefett und Russ und sitzen stundenlang in ihren verräucherten Hütten. Meine von einem Dani getragene Tasche verströmte noch während Jahren den typischen strengen Geruch.

Die Frauen tragen als Kleidungsstück nur einen Schamschutz aus geflochtenen Orchideenfasern, der einzig die Vorderseite bedeckt. Auch sie tragen Kaurischnecken, aber vor allem sieht man sie stets mit einem oder mehreren Netzen. Diese schönen, ebenfalls aus Orchideenfasern weitmaschig und knotenlos geschlungenen Taschen tragen sie übereinandergelegt auf dem Rücken. Das breite Band bedeckt die Stirne, und das Netz reicht bis über das Gesäss hinunter. Darin tragen sie je nach Verwendungszweck ein Kleinkind, ein Ferkel oder Lebensmittel wie Süsskartoffeln und Bananen. Manchmal findet gleich alles zusammen Platz!

Fernab von allen Touristenströmen verschoben wir uns zu Fuss und übernachteten in Eingeborenendörfern. Unvergessen geblieben ist mir eine

Übernachtung im Männerhaus eines Weilers, das für unsere Gruppe reserviert war. Ins Innere dieser runden und etwas mehr als zwei Meter hohen Hütte gelangte man durch eine kleine Öffnung nur kriechend oder gebückt. In der Mitte war der mit Lehm ausgelegte Feuerplatz. Der «Oberboden», der uns als Schlafstelle diente, war kaum anderthalb Meter über dem Fussboden und bestand aus einer aus Holzstangen eingezogenen Decke, die abermals nur durch eine kleine viereckige Öffnung erreicht werden konnte. Dass dieses Manöver einem Grossgewachsenen wie dem Schreibenden einige Mühe bereitete, sei nicht verschwiegen. Die Luft im Inneren war schwül und stickig, weil die Frischluftzufuhr durch die kleinen Spalten und das Strohdach nur schlecht sichergestellt war. Aber nach den Tagesstrapazen schliefen wir alle doch mehr oder weniger den Schlaf des Gerechten, bis wir gegen Morgengrauen keuchend und hustend erwachten und – nach Atem ringend – fluchtartig und fluchend ins Freie zu gelangen trachteten. Was angesichts der Enge nicht leicht zu bewerkstelligen war, vor allem, wenn alle das Gleiche zu schlaftrunkener Zeit zu machen suchten. Was war geschehen? Die drei Eingeborenen, die um die Feuerstelle hockten und als unsere Wache dienten, begannen zu frieren, weshalb sie ein Feuer entfachten, dessen starke Rauchentwicklung die bereits beschriebenen Folgen hatte.

Der Vorfall wurde schnell durch neue Begebenheiten überlagert. Wir wurden Zeugen einer Abfolge von Willkommenszeremonien, Kriegs- und Trancetänzen oder sonstigen rätselhaften Initialriten sowie von Opferszenen, wo mit Pfeil und Bogen erlegte Schweine dran glauben mussten. Bei den Danis ist das Schwein d a s Symbol- und Opfertier.

Es war ein eigenartiges und faszinierendes Erlebnis, diese urwüchsigen und vitalen Menschen beobachten zu können. Der Ausdruck Steinzeitbevölkerung war zu hören. Es sind Menschen, die zusammen mit den anderen Inselbewohnern in mehreren hundert Volksstämmen leben, und es gibt fast ebenso viele Sprachen; zeitweilig sind sie noch als Kannibalen in Verruf, und doch übertreffen sie an Freundlichkeit und menschlicher Wärme manche sogenannte zivilisierte Gesellschaft bei weitem.

* * *

Nach drei intensiv erlebten Indonesien-Jahren ging für Françoise und mich eine schöne, faszinierende Zeit zu Ende, als wir unerbittlich mit dem Versetzungsschreiben aus Bern konfrontiert wurden. Der Abschied vom immensen Inselreich, das so ganz anders ist und vielleicht gerade deshalb eine so grosse Anziehungskraft auf uns ausübte, fiel uns nicht leicht. Die nächste Destination war am andern Ende der Welt in der westlichen Hemisphäre: Mexiko!

3.6 Mexiko: Botschaftsbesetzung und Wirtschaftskrise

Mexiko stand schon ganz oben auf der Liste unserer zukünftigen Einsatzwünsche, als wir noch gar nicht wussten, wer dort unser Vorgesetzter sein würde. Wir freuten uns umso mehr, als ich feststellen durfte, dass ich in Mexiko erneut Botschafter Wermuth zum Chef haben würde. Das Ehepaar Wermuth hatte Jakarta ein gutes halbes Jahr zuvor, sehr zu unserem Leidwesen, Richtung Mexiko verlassen. Damals hätten wir nie geglaubt, dass wir ihm ein paar Monate später nachfolgen würden. Die Konstellation, dass sich ein Führungsduo sozusagen von einem Posten zum anderen verschieben kann, ist auch die Ausnahme von der Regel.

Unseren neuen Einsatzort erreichten wir mit unserem zehn Monate alten Söhnlein nach unserer längsten Versetzungsreise «hinten durch» über den Pazifik. Nach einem Zwischenhalt in Hongkong überflogen wir auf dem Weg nach Honolulu die Datumslinie, was uns die Illusion gab, einen Tag gewonnen zu haben. Auf Maui, der zweitgrössten Insel der Hawaiigruppe, verbrachten wir zur Erholung von der indonesischen Abschiedshektik ein paar Tage wohlverdiente Ferien.

Die nächsten Etappen waren San Francisco sowie Houston im Staat Texas. Die letztgenannte, weitläufige Stadt sollte auch in Zukunft der Ort werden, wo wir uns von Zeit zu Zeit von den Strapazen des Lebens in Mexiko erholten, ähnlich wie wir von Jakarta aus gelegentlich in Singapur aufgetaucht waren. In Houston tätigten wir die letzten wichtigen Einkäufe. Darunter befand sich auch ein geräumiger Amerikanerwagen, in dem ich meine Familie in drei Tagen in die mexikanische Hauptstadt fuhr.

3.6.1 Schwieriger Anfang in der Riesenmetropole

Die Einfahrt in die Riesenmetropole, vorbei an kilometerlangen Elendsquartieren, welche rechts und links die Hänge emporwucherten, war für unsere Moral kein Aufsteller. Nach einer ermüdenden Tagesreise zählten die Suche nach dem Hotel und das Sichzurechtfinden auf den hoffnungslos verstopften Hauptachsen im Stossverkehr eines Freitagabends zu äusserst stressigen Momenten. Zu allem Übel wurde ich wegen meiner Statur und meines Aussehens vom ersten Tag an für einen *«Gringo»* – die abwertende Bezeichnung für einen US-Amerikaner – gehalten. Und bei der kleinsten Unsicherheit wurde ich bzw. unser Wagen, der texanische Nummernschilder trug, mit strafenden Blicken oder einem Hupkonzert eingedeckt.

Nachdem wir endlich das Hotel gefunden hatten, entschädigte uns der herzliche Empfang durch die Wermuths für vieles. Voller Tatendrang schlug ich meiner Familie am Sonntag vor, ein kleines Ausfährtchen zu unternehmen, um uns mit der Hauptstadt etwas vertraut zu machen. Der Strassenverkehr war eindeutig weniger dicht als bei unserer Ankunft, aber trotzdem verlor ich nach kurzer Zeit die Orientierung. Wir irrten einen halben Nachmittag in verschiedenen Quartieren umher und hielten lange vergeblich nach markanten Gebäuden als Anhaltspunkt Ausschau, die uns die Rückkehr ins Hotel hätten erleichtern helfen. Zu allem Überfluss waren wir an einer Strassenkreuzung ungewollt Zeugen, wie zwei Wagen vor uns in der Kolonne ein Automobilist sein Fahrzeug zornentbrannt verliess und einen anderen Wagenlenker aus irgendeinem Grund durchs Fenster mit seiner Pistole bedrohte. Ich habe mir nachträglich sagen lassen, dass man als Verkehrsteilnehmer immer auf der Hut sein muss, nicht plötzlich die Fahrspur wechseln und schon gar nicht den Mund aufmachen oder protestieren soll.

Unsere ersten Eindrücke der mexikanischen Hauptstadt waren denn auch alles andere als positiv. Gottlob befand sich die Schweizer Botschaft damals in der *Zona Rosa* genannten Flanier- und Geschäftszone und war für mich vom Hotel aus zu Fuss erreichbar. Ich wurde sehr gut aufgenommen. Sofort machte ich mich daran, Spanisch zu lernen, eine Sprache, die Françoise bereits leidlich gut beherrschte. Während gut zweier Monate mussten wir in einem Hotelzimmer leben, das wir mit unserem Kleinkind zu teilen hatten. Anders als in Jakarta konnten wir nämlich nicht sofort eine Dienstwohnung beziehen. Deshalb musste ich mich neben der Arbeit auf die Haussuche machen, während Françoise in der sterilen Hotelatmosphäre ihren Mutterpflichten nachkam. Dass das Botschafterehepaar uns während einer dienstlichen Abwesenheit die Residenz zur Verfügung stellte, empfanden wir als eine grosszügige Geste, auf die wir noch so gerne eingingen. Endlich konnten wir für einige Zeit aus der bedrückenden Enge unseres Hotelzimmers ausbrechen und die grosszügigen Räume sowie den Garten der Residenz geniessen.

Ich musste viel Zeit und Energie in die Suche nach einem geeigneten Mietobjekt aufbringen, noch mehr jedoch in die Bemühungen, die zuständigen Stellen an der Berner Zentrale davon zu überzeugen, dass in der damaligen überhitzten Konjunkturphase der horrende Mietpreis von 6000 US-Dollar (!) keineswegs übertrieben war. Dies als Gegenwert für ein keineswegs luxuriöses Haus mit ein wenig Garten, das viel bescheidener war als die Dienstresidenz, welche wir in Jakarta bewohnt hatten. Und dennoch blieb ein bitterer Nachgeschmack übrig, als ich nach dem ausgehandelten «Deal» feststellen musste, dass der Missionschef für die Botschaftsresidenz samt Umgebung – gemessen an den üblichen fiktiven Berner Mietstandards – weniger zu zahlen hatte als ich für «mein» Haus. Der Käfig war nur halbwegs goldig!

Im Unterschied zur möblierten Dienstwohnung des Bundes in Jakarta stand das gemietete Gebäude in Mexiko leer. Zu dessen Möblierung mussten zwei Transporte in die Wege geleitet werden. Der eine verliess Jakarta mit unserem Umzugsgut auf dem Seeweg via Pazifik Richtung Mexiko. Der zweite Transport brachte das während unserer Indonesienzeit in Bern eingelagerte Umzugsgut via Atlantik nach Mexiko. Es war das Verdienst der Transportsektion des Aussenministeriums, dass die beiden Umzüge aus entgegengesetzten Weltgegenden fast auf den Tag genau vor unserem Haus in Mexiko City auf über 2000 Metern Höhe eintrafen – eine beträchtliche Koordinationsleistung!

Françoise und ich haben es uns beim Bezug einer Wohnung im Ausland oder in der Schweiz zur Gewohnheit gemacht, uns so rasch wie möglich so definitiv wie möglich einzurichten, als ob wir zeitlebens dort wohnen würden, wohl wissend, dass drei oder vier Jahre später erneut ein

Umzug bevorsteht. Nur auf diese Weise kann man vermeiden, in einem ständigen Provisorium zu verharren und nur aus Kisten und Koffern zu leben.

Nach ein paar Monaten waren wir endlich operationell einsatzfähig. Mehr als uns lieb sein konnte, waren wir mit Selbstverwaltung beschäftigt und hatten fast ständig mit gesundheitlichen Problemen zu kämpfen. Es brauchte einige Zeit, bis wir realisierten, dass dies mit der zum Teil recht rudimentären Infrastruktur sowie mit der katastrophalen Umweltverschmutzung der Hauptstadt zu tun hatte. Wir hatten das unbestimmte Gefühl, dass unser Einsatz in Mexiko nicht gerade unter einem guten Stern stand.

Aus dem Drittweltland Indonesien kommend, gaben wir uns anfänglich nämlich allzu sehr dem irrtümlichen Glauben hin, dass Mexiko – in unmittelbarer Nachbarschaft zu den Vereinigten Staaten gelegen – fast eine Art Schwellenland sei. Im Herzen der Stadt sahen die vierspurigen Prachtstrassen, die mit Blumen und Palmen bewachsene Mittelstreifen aufwiesen, die Reiterstatuen historischer Grössen, die schönen Häuser im spanischen Kolonialstil abwechselnd mit hochmodernen Bauten, sowie die Flanierzone für Fussgänger nach europäisch-mediterranem Stil aus. Das ist indessen fast alles nur Fassade und täuscht über die aus allen Nähten platzende Riesenmetropole hinweg wie auch über die mexikanische Mentalität, die sich von der europäischen stark unterscheidet.

Die jahrhundertealte Kolonialherrschaft hat manche unbewusste Ressentiments hinterlassen, aus denen heraus sich die Mexikaner selbst *«rätselhaft und widersprüchlich»* finden; sie seien *«zugleich grausam und gütig, sanft und hitzig, demütig und hochmütig»,* schrieb ein mexikanischer Schriftsteller von seinen Landsleuten. Die eher laute, hemdsärmelige Art der Mexikaner kontrastierte für uns augenfällig mit der raffiniert-zurückhaltenden Kultur der Indonesier. Ähnlich war hingegen sowohl bei den Mexikanern wie bei den Indonesiern das Bemühen, die Gefühle des ausländischen Fragestellers nicht zu verletzen, was in beiden Fällen dazu führte, dass sie lieber vage oder falsch antworteten, als dass sie zugaben, etwas nicht zu wissen.

3.6.2 Botschaftsbesetzung als erste Bewährungsprobe

Als ob der schwierige Einstieg in Mexiko nicht genug gewesen wäre, wurde die Botschaft knapp zwei Monate nach meiner Ankunft von einer Gruppe von militanten *Campesinos* besetzt. Die Besetzung der diplomatischen Vertretung eines neutralen Landes war eine böse Überraschung, auch wenn sie die Botschaft nicht gänzlich unvorbereitet traf, war sie doch bereits 1979 Zielscheibe eines ähnlichen Coups geworden.

Es geschah am helllichten Tag: Kanzleichef Rudolf Hilber suchte mich an einem späten Vormittag aufgeregt in einem einige hundert Meter von der Botschaft entfernt gelegenen Sprachinstitut auf, wo ich gerade einen Intensivkurs in Spanisch besuchte. Ich war damals in Abwesenheit des Missionschefs interimistischer Geschäftsträger. Hilber informierte mich über das Vorgefallene, worauf wir uns unverzüglich in die Botschaft begaben. Dort hatte sich eine Vierergruppe von Landarbeitern mit indianischem Einschlag, angeführt von einer resoluten Frau, im Empfangsraum festgesetzt. Die Gruppe konnte sich, wie andere Besucher auch, verhältnismässig leicht Zutritt verschaffen, indem sie sich möglichst unauffällig verhielt – die Eingangskontrolle war nur rudimentär, und Sicherheitsschleusen gab es überhaupt keine. Einmal im Inneren, erklärten die *Campesinos* umgehend die Botschaft für besetzt.

Ich ordnete sofort an, die Vertretung für den Publikumsverkehr zu schliessen. Dank des fliessend Spanisch sprechenden Kanzleichefs fand ich heraus, dass die Besetzer in Opposition zur mexikanischen Regierung standen. Sie waren über die ungerechte Landverteilung aufgebracht und trachteten danach, politische Häftlinge freizukriegen oder Erklärungen über das Verschwinden gewisser Personen zu erhalten. Mit ihrer ungewöhnlichen Aktion hofften sie, die nötige Publizität zu erzielen, um die Regierung unter Zugzwang zu setzen. Es war rasch herauszuspüren, dass die Leute von marxistisch-leninistischem Gedankengut indoktriniert waren. Ich versuchte den Besetzern klarzumachen, dass ich ein gewisses Verständnis für ihre Anliegen hätte, dass jedoch das gewählte Vorgehen über eine Botschaftsbesetzung der falsche Weg sei, um auf eine innermexikanische Problematik aufmerksam zu machen. Als Kompromisslösung schlug ich vor, davon abzusehen, die mexikanische Polizei zu benachrichtigen, falls sie sofort die Besetzung abbrechen und das Gebäude friedlich verlassen würden. Die Besetzer zeigten keinerlei Entgegenkommen; fast schien es mir, als ob sie es darauf abgesehen hätten, eine gewaltsame Räumung zu provozieren.

Bei aller Sympathie für das Anliegen der *Campesinos* konnte ich die Beeinträchtigung des Botschaftsbetriebs nicht länger tolerieren. Die ungestörte Abwicklung der Tagesgeschäfte in der diplomatischen Vertretung hatte für mich eindeutig Vorrang.

Damit begann sich die Lage zuzuspitzen. Am frühen Nachmittag – in der Schweiz war es bereits nach zwanzig Uhr – informierte ich den Generalsekretär unseres Departements über das Vorgefallene und schlug vor, die Botschaft durch die mexikanische Polizei räumen zu lassen. Der Generalsekretär sicherte mir eine baldige Stellungnahme der zuständigen Schweizer Stellen zu. Gleichzeitig benachrichtigte ich das Protokoll des mexikanischen Aussenministeriums. Dieses war keineswegs erfreut, von der Botschaftsbesetzung vernehmen zu müssen, just zu dem Zeitpunkt, da es schon mit dem gleichzeitig stattfindenden Staatsbesuch von Präsident Mitterrand alle Hände voll zu tun hatte. Wie kaum anders zu erwarten, schlug die mexikanische Seite eine sofortige gewaltsame Räumung der Botschaft vor, um den durch die Ruhestörer verursachten Imageschaden so rasch wie möglich aus der Welt zu schaffen. Man war eher kurz angebunden, als ich darauf hinwies, dass der Entscheid über eine solche Räumung ausschliesslich bei uns liege und dass ich ihn zum gegebenen Zeitpunkt übermitteln würde.

In der Zwischenzeit galt es, die Ablösungen des Botschaftspersonals zu organisieren, damit für den Abend und die Nacht eine Mindestzahl davon in der Vertretung einsatzbereit blieb. Sowohl die Lokalangestellten wie die versetzbaren Schweizer Mitarbeitenden konnten jederzeit ungehindert das Gebäude betreten oder verlassen. Ich konnte auch mit meiner Frau Verbindung aufnehmen und sie beruhigen, dass die Lage soweit unter Kontrolle sei.

Um Mitternacht mexikanischer Ortszeit telefonierte mir der damalige Staatssekretär Raymond Probst, der unter allen Umständen ein Blutvergiessen verhindern wollte. Erst als ich ihm versichern konnte, dass die Besetzer gemäss unseren Feststellungen unbewaffnet waren, gab er grünes

Licht für einen Polizeieinsatz. Mit den zuständigen mexikanischen Behörden wurde vereinbart, dass der Sturm auf die Botschaft morgens um Punkt sechs Uhr stattfinden würde. – Was nun folgte, waren ein paar Stunden gespenstischer Ruhe. Ich selbst hatte schon vorher den persönlichen Kontakt zu den Besetzern abgebrochen, da ich bald merkte, dass mit diesen indoktrinierten Militanten keine Diskussion möglich war. Ein Teil des Botschaftspersonals hielt jedoch die Verbindung aufrecht. Ich ordnete an, dass die Besetzer nur etwas Wasser zu trinken und ein paar Früchte zu essen bekamen – für mich waren sie bei allem Verständnis für ihre Forderungen in erster Linie ungebetene Gäste, die den Botschaftsbetrieb empfindlich störten.[6] Ich war mir nicht ganz sicher, ob die Besetzer nicht zu ahnen begannen, dass sich die Schlinge langsam um sie zusammenzuziehen begann. Eine eigentliche Bewegung war jedoch bei ihnen nicht auszumachen. Sie dösten stumpf vor sich hin.

Diesen Abend hatte ich mir anders vorgestellt: Als schweizerischer Geschäftsträger war ich zusammen mit meiner französischen Gattin zum offiziellen Staatsbankett zu Ehren von Präsident François Mitterrand und seiner Gemahlin Danielle eingeladen. Stattdessen zwangen mich die Umstände, die ganze Zeit in der Botschaft zu verbringen. In der zweiten Nachthälfte versuchte ich, auf dem harten Sofa meines Büros bis zum Morgengrauen etwas zu schlafen.

Kurz vor sechs Uhr morgens hatte sich eine Menschenmenge auf der Strasse vor der Botschaft angesammelt, weil es sich herumgesprochen hatte, dass eine Aktion bevorstand. Untrügliches Zeichen dafür war die eintreffende Eingreifpolizei, die mit ihren Gefängnis- und Einsatzwagen Stellung bezog. Punkt sechs Uhr setzte sie zum Sturm der Botschaft an. Es ging alles blitzschnell. Die *Campesinos* wehrten sich heftig gegen die Verhaftung, wurden aber mit unzimperlichen Mitteln binnen kürzester Zeit überwältigt. Als sie, fluchend und lauthals politische Slogans brüllend, abgeführt wurden, konnte ich ein Gefühl des Mitleids nicht unterdrücken, denn sie gingen mit Bestimmtheit harten Zeiten entgegen. Wie jeder Mensch, lässt sich auch der Diplomat von Herz und Verstand leiten; aber es gibt Momente, wo das emotional geprägte persönliche Empfinden hinter der rationalen Seite der Staatsräson zurückzustehen hat.

Die Botschaftsbesetzung hatte in den mexikanischen und schweizerischen Medien für Schlagzeilen gesorgt. Ich war schliesslich froh, als ich nach Bern melden konnte, dass mit der Räumungsaktion die Besetzung ein glimpfliches Ende genommen hatte. Die Erleichterung war allenthalben spürbar, nicht zuletzt bei den eigenen Familienangehörigen in der Schweiz und in Frankreich, welche bange Momente der Ungewissheit durchzustehen hatten.

Seither hat es meines Wissens keine Besetzung der Schweizer Botschaft in Mexiko mehr gegeben.

3.6.3 Augenzeuge der schweren Wirtschaftskrise von 1982

Arbeitsmässig hatte ich ähnliche Pflichtenhefte wie in Indonesien: Kultur und Wirtschaft.

Dass Kultur eine wichtige Säule der Diplomatie ist, dies gelang es mir am neuen Einsatzort nicht wunschgerecht umzusetzen. Die Botschaft konnte einzig Wanderausstellungen durchführen und Stipendien an ein paar geeignete Anwärter für ein Studium in der Schweiz gewähren. In der mexikanischen Hauptstadt konnten wir uns immerhin glücklich schätzen, dass es eine der weltweit nur vierzehn Schweizer Schulen gab, deren kulturelle Ausstrahlung nicht zu unterschätzen ist. Das *Colegio Suizo* war sehr beliebt, weil die Kinder der lokalen Mittelklasse und Elite eine Ausbildung erhielten, die weit über dem Landesdurchschnitt lag. Wie anderswo auch, musste die Schule indessen durch eine Kontingentierung des Ausländeranteils davor geschützt werden, die schweizerische Eigenart zu verlieren. Eine allzu weit gehende «Mexikanisierung» dieser schweizerischen Institution konnte nicht in unserem Interesse liegen.

Im Übrigen lebte die Schule weitgehend ihr Eigenleben. Der Einfluss der Botschaft war zu Recht beschränkt. Er war nur dann spürbar, wenn wichtige personelle Entscheidungen anstanden oder wenn es etwa angesichts der immer wieder drohenden Budgetkürzungen darum ging, den zuständigen Stellen in Bern mit mehr oder weniger Erfolg die Bedeutung der Schule als Ort der Begegnung und Brücke des gegenseitigen Respekts und Verständnisses in Erinnerung zu rufen.

Es war die wirtschaftliche Entwicklung des Landes, welche sofort meine Hauptaufmerksamkeit beanspruchte. Als ich in Mexiko ankam, steckte das Land in einer Phase überhitzter Hochkonjunktur. Die mexikanische Währung hatte das ungesunde Verhältnis von etwas mehr als zehn Pesos zum US-Dollar erreicht. Der Lebensunterhalt war entsprechend teuer, wie ich es mit meiner Hausmiete erleben musste. Es war offensichtlich nur eine Frage der Zeit, bis es zum wirtschaftlichen Kollaps kommen würde. Die nationalistischen Politiker der regierenden «Partei der Institutionalisierten Revolution» (PRI) – «Revolution» und «institutionalisiert» sind schon ein Widerspruch an sich – verloren auf dem internationalen Parkett grosse Worte, wenn sie wegen jeder Kleinigkeit die Souveränität gefährdet sahen. Sie klagten multinationale Unternehmen und die Gläubigerbanken ausbeuterischer Geschäfts- und Handelspraktiken an. Daran mochte etwas Wahres sein; doch die massgebenden Politiker wollten den Balken im eigenen Auge nicht sehen: Die Ausbeutung und der Raubbau, die mittels der eigenen grossen Staatsunternehmen unter der ständig drehenden Korruptionsspirale betrieben wurden, schlugen alle Rekorde. Die Politiker hüteten sich indessen vor einer bitter nötigen wirtschaftlichen Strukturanpassung, welche nur ihre eigene Machtbasis verringert hätte.

Der unbestrittene Meister dieser doppelbödigen Politik war der damalige Präsident José López Portillo. Als Geschäftsträger war ich Augenzeuge, als er im Parlament zu seiner legendären Brandrede ansetzte, die vor revolutionären Floskeln nur so strotzte. Die unterschwellig visierten USA hatten ob all dieser Rhetorik in der Tat gemeint, in Mexiko sei die Revolution ausgebrochen. Der Präsident wurde auch ausfällig gegen die *«sacadólares»*, d.h. gegen die eigenen Landsleute, welche angesichts des vorherrschenden Vertrauensschwundes ihr Vermögen vorwiegend in den Dollarraum, d.h. in erster Linie in die Vereinigten Staaten, verschoben. Und López Portillo versprach hoch und heilig, *«den Peso wie ein Hund zu verteidigen»*.

Kurze Zeit später erfolgte eine der einschneidendsten Abwertungen, welche Mexiko je erlebt hatte. Allein im Krisenjahr 1982 fiel der Wert des Pesos gegenüber der amerikanischen Währung um mehr als das Viereinhalbfache! Der Gegenwert zum US-Dollar überstieg nun plötzlich 45 Pesos. Das Land musste die Zahlungsunfähigkeit erklären. Es war einer der weltweit höchstverschuldeten Staaten geworden. Im multilateralen Rahmen des *Club de Paris* versuchte man, mittels internationaler Finanzspritzen und einer gross angelegten Umschuldungsaktion die mexikanische Krise in den Griff zu bekommen. Die Botschaft erhielt laufend Instruktionen vom Lateinamerika-Dienst der damaligen Handelsabteilung im EVD. Mit dessen personeller Zusammensetzung war ich von meinem Stage-Einsatz her bestens vertraut, was mir jetzt zugute kam. Umgekehrt berichtete ich laufend über die Schritte, welche die zuständigen mexikanischen Stellen zur Eindämmung der Krise unternahmen oder zu unternehmen gedachten. Auf der Beamtenebene war Angel Gurría für uns Diplomaten in Umschuldungsfragen die zuständige Person.[7]

Es folgten heikle Wochen und Monate. Die Rezession legte das Land vorübergehend lahm, weil sie die soziale Ungleichheit erhöhte und die Reallöhne dramatisch sinken liess. Die Konten in Fremdwährungen sowohl von Einzelpersonen wie auch von Unternehmen blieben gesperrt.[8] Das betraf natürlich auch die in Mexiko ansässigen Landsleute und deren Unternehmen und Geschäfte. Die Versammlungen der *Asociación Empresarial Mexicano Suiza* (AEMS) – einer Art schweizerischer Handelskammer in Mexiko – erfreuten sich eines regen Zuspruchs. Der Botschafter und ich benutzten jeweils die Gelegenheit, um die Mitglieder über den neuesten Stand in der Umschuldungsfrage auf dem Laufenden zu halten. – Einmal riskierte ich, eine wichtige Zusammenkunft der AEMS zu verpassen, als ich mit meinem Wagen in einer Kreuzung vollständig stecken blieb. Das mobile Telefon gab es damals noch nicht. Auch nach einer halben Stunde des Wartens in der Blechlawine und im Benzingestank verbesserte sich die Lage nicht, weil sich unablässig weitere Fahrzeuge von allen Seiten her in der Kreuzung verkeilten und das Verkehrschaos vervollständigen halfen. Als weit und breit keine Polizeipatrouille in Sicht war, ergriff ich die Initiative, zwängte mich aus dem Auto und schwang mich auf die Kühlerhaube. Von dort aus versuchte ich, in der Art eines Verkehrspolizisten, aber heftiger gestikulierend, das Verkehrsknäuel zu entwirren. Zu meinem Erstaunen gehorchten die Automobilisten weitgehend meiner Zeichensprache und Armgymnastik. Und das Wunder geschah: Ich hatte plötzlich freie Bahn und stürzte mich sofort ans Steuer, um wegzufahren, bevor die Lage wieder vollständig blockiert war. Mein Seufzer der Erleichterung war gross, als ich mit einer für mexikanische Verhältnisse bescheidenen Verspätung von «nur» einer Stunde eintraf ...

Der politisch völlig abgehalfterte Präsident López Portillo, der sich zudem schamlos bereichert hatte, wurde am Ende seiner Amtszeit mit Schimpf und Schande aus dem Land gejagt. Jahre später durfte er sich wieder in der Stadt Mexiko zeigen und endlich seinen eigens gebauten, groteskgigantischen Palastkomplex als Altersresidenz beziehen; er konnte davon profitieren, dass der Mexikaner sehr schnell vergisst und vergibt. Auch scheinen regelmässig wiederkehrende Wirtschaftskrisen ein fester Bestandteil der mexikanischen Realität zu sein. Immerhin setzten unter López Portillos Nachfolger Miguel de la Madrid (1982–1988) zaghaft die überfälligen Reformen ein, und mehrere kleinere Staatsbetriebe sowie Beteiligungen wurden liquidiert. Später nahm sich die Privatisierung grosser und symbolträchtiger Staatsbetriebe besonders eindrücklich aus. Der volkswirtschaftliche und gesamtgesellschaftliche Nutzen des Privatisierungsprogramms war indessen umstritten, weil es bei den Verkäufen zu Unregelmässigkeiten und masslosen Bereicherungen kam, welche in Mexiko offensichtlich systemimmanent sind.

Kein Wunder, dass es in dieser Zeit der wirtschaftlichen Rezession kaum offizielle Besuche aus der Schweiz gab, nicht auf hoher Beamtenebene und schon gar nicht auf dem Niveau Bundesrat. Eine Ausnahme von dieser Regel war Bundesrat Hans Hürlimann, der damalige Vorsteher des Departementes des Innern, der zusammen mit seiner Gattin nach Mexiko kam. Er trat aber nicht als bilateraler Vertreter der Schweiz auf, sondern er war auf persönliche Einladung des mexikanischen Präsidenten Ehrengast eines internationalen Kongresses. Als Bundespräsident hatte er nämlich den gleichen Anlass, der zuvor in der Schweiz stattgefunden hatte, eröffnet. Die Botschaft musste sich nur am Rande um das Ehepaar Hürlimann kümmern, dessen Betreuung primär in den Händen des Konferenzumfeldes lag.

Zwei Eindrücke sind mir indessen im Zusammenhang mit diesem Besuch unauslöschlich in Erinnerung geblieben. Erstens einmal die Ankunft am Flughafen. Das Botschafterehepaar Wermuth und ich standen zum Empfang bereit. Nach der Begrüssung von Bundesrat Hürlimann und dessen

Gattin wurde der Magistrat gebeten, in einem speziellen VIP-Raum Platz zu nehmen, bis unsere Lokalangestellten das Gepäck herausgelöst hatten. Bundesrat Hürlimann schien indessen kein Vertrauen in dieses Prozedere zu haben und wollte *à tout prix* selbst beim Herauslösen seines Reisegepäcks anwesend sein. Es war wohl weltweit einmalig, dass eine Magistratsperson auf offizieller Mission eigenhändig ihre Koffer beim Gepäcktransportband entgegennahm! Ich hatte irgendwie Respekt vor dem Spitzenpolitiker, der wie ein Normalbürger in gutschweizerischer Manier gleich selbst nach dem Rechten sehen will. (Abb. 4: Mit Bundesrat Hürlimann am Flughafen)

Das zweite Intermezzo spielte sich im alteingesessenen Schweizer Club in Mexiko ab. Der Zufall wollte es nämlich, dass der Aufenthalt Hürlimanns in die Zeit des 1. August fiel, und der Missionschef konnte den Bundesrat dafür gewinnen, vor der Schweizer Kolonie aus Anlass des Bundesfeiertages eine Ansprache zu halten. Im prallvollen Schweizer Club hielt der Magistrat denn auch aus dem Stegreif eine patriotische Rede, die beim dankbaren Publikum auf grossen Anklang stiess. Im Verlauf des Abends wurde dem Bundesrat für kurze Zeit ein breitrandiger mexikanischer Sombrero-Hut aufgesetzt, wobei zwei oder drei Blitzlichter aufleuchteten. Zu unser aller Überraschung erschien am folgenden Tag auf der Titelseite des Boulevardblattes «Blick» das Konterfei Hürlimanns mit Sombrero. Wie das Foto so unverzüglich in die Zeitung geriet, blieb für uns alle ein Rätsel. Der vorsichtige Politiker machte zwar gute Miene zum bösen Spiel, aber es war ihm anzumerken, dass ihm diese ungewollte Publizität höchst ungelegen kam. Er – der erst noch, wie so mancher Mexiko-Reisende, gesundheitlich angeschlagen war – wollte nämlich unter allen Umständen den Eindruck vermeiden, er sei nur zum Vergnügen nach Mexiko gereist.

3.6.4 «Mexico City – pulsierendes Katastrophengebiet»

So betitelte zu meiner Zeit ein für eine Schweizer Zeitung tätiger Korrespondent einen Artikel über das Ausmass der in der mexikanischen Hauptstadt feststellbaren Umweltverschmutzung, das sich europäischer Vorstellungskraft entzieht.

Seit dem Beginn des 14. Jahrhunderts, als die Azteken die Stadt Tenochtitlán gegründet und fast alle Völker Meso-Amerikas zur Anerkennung ihrer Hauptstadt als Zentrum gezwungen haben, ist die Stadt Mexiko das politische, kulturelle und wirtschaftliche Herz des Landes geblieben. Daran änderte auch die spanische Eroberung unter Hernán Cortés nichts. Noch 1813 erschien die Stadt dem deutschen Naturforscher Alexander von Humboldt als eine der schönsten Städte, die Europäer je in der Neuen Welt errichtet hatten. Bis 1910 war Mexico City mit ihren 560 000 Einwohnern, grossen Kirchen und eleganten Palästen in der Tat eine ruhige Hauptstadt, umgeben von kleinen Indio-Siedlungen. Mit der Revolution – und auf der Flucht vor Gewalt und Grausamkeit – kamen viele Campesinos und auch reiche Grossgrundbesitzer in die Stadt. So veränderte sich allmählich ihr Gesicht.

Seit Anfang der Vierzigerjahre des 20. Jahrhunderts verlief die Entwicklung indessen explosionsartig. Mexico City hatte sich in vierzig Jahren bis zu unserer Ankunft ständig gewandelt. Keiner kann sagen, wie viel hundert Menschen täglich neu in die Stadt strömen – nicht als Besucher, sondern auf der Suche nach Arbeit und einer Wohnung. Niemand weiss genau, wie gross die Stadt wirklich ist. Zu meiner Zeit ging man von zwanzig Millionen Einwohnern aus, was beinahe einem Viertel der Gesamtbevölkerung entsprach, der auf nur einem Tausendstel des nationalen Territoriums zusammengepfercht lebte. Und das auf einer Höhe von 2300 Metern über Meer – man stelle sich vor, eine der grössten Städte der Welt, wenn nicht die grösste, auf der Höhenlage der Niesen-Bergspitze! Es war nicht nur die Luftverschmutzung, die mich wochenlang bis zur erfolgten Angewöhnung nach Luft ringen liess.

Hier einige Zahlen aus den Achtzigerjahren, mit denen ich mich wie jeder, der in der mexikanischen Hauptstadt wohnte, vertraut machen musste und an die ich mich mit der Zeit gewöhnt hatte:

- Kaum zwei Drittel der Einwohner hatten einen Wasseranschluss in der Wohnung. Die Wasserknappheit ist das grösste Problem. In den vergangenen vier Jahrhunderten musste die Stadt eher gegen zu viel Wasser kämpfen, weil sie im oder am Wasser lag. Seit dem Anfang des 20. Jahrhunderts aber ist ein Kampf ums Wasser entbrannt. Die

Stadt muss ihr Wasser aus den tiefer gelegenen Tonschichten holen. Aber seit man ihnen zu viel Wasser entzieht, sackt der Untergrund im Zentrum der Stadt um 25 Zentimeter im Jahr ab. Vermehrte Einstürze sind nicht auszuschliessen.

Die Bewohner von Mexico City produzieren immer mehr Abfälle. Allein die privaten Haushalte brachten es täglich auf sieben Millionen Tonnen Kehricht. Öffentliche Betriebe stockten den stinkenden Berg um acht Millionen Tonnen auf. Und die 35 000 Industriebetriebe, die im Hochtal von Mexico City angesiedelt waren, fügten weitere drei Tonnen zum Teil hochgiftige Substanzen hinzu; nicht zu reden von den Tausenden von Manufakturen, die im Untergrund produzierten und ihre Abfälle ohne jede Kontrolle absonderten. Die Müllabfuhr ist vollkommen ungenügend.

Mexico Citys Umweltkatastrophe hatte noch ganz andere Dimensionen. Die Luft im Talkessel auf über 2200 Meter über Meer war unglaublich verschmutzt, das Grundwasser weitgehend verseucht. Drei Viertel des Waldes um die Hauptstadt wurden abgeholzt. Der Raubbau gab den Boden der Erosion preis. Rund drei Millionen Personenautos und zehntausend Busse machten während meines Aufenthalts drei Viertel der Luftverschmutzung aus. Den Rest «besorgten» die vorerwähnten Industriebetriebe. Die meiste Zeit hing ein so dichter Smogdeckel über der Stadt, dass kein Wind stark genug war, um die frei schwebenden sechs Millionen Tonnen Schadstoffe aus der Talsenke entweder Richtung Pazifik oder zum Golf von Mexiko zu treiben. Es kam vor, dass Vögel tot auf die Erde fielen, weil sie im Flug von einer Schadstoffwolke vergast worden waren.

Nur wenige Tage pro Jahr wurde die ewig schmutzige Dunsthülle weggeblasen. In diesen raren Augenblicken wurden die rund 60 Kilometer entfernten majestätischen und geheimnisvollen Vulkane Ixtaccíhuatl und Popocatépetl, die früher zum normalen Stadtbild gehört hatten, sichtbar. Das Schauspiel war jedes Mal überwältigend. Wenn sich die beiden Berge zeigten, war das für die Einwohner ein Glück bringendes Zeichen.

Die Stadt Mexiko mag ein Katastrophengebiet sein, aber dieses pulsiert, vibriert, knattert, röhrt. Der Preis für dieses Dasein ist unermesslich hoch, seien es Krebserkrankungen oder seien es Herz-, Nasen-, Hals-, Lungen- und Ohrenleiden, die alle direkt auf die Umweltverschmutzung zurückzuführen sind. Kopfschmerzen, Augenentzündungen und Infektionen, Schwindelgefühle und Gleichgewichtsstörungen, Durchfall und Amöbenruhr gehören beinahe zum Normalzustand des Durchschnittsbürgers.

Wiewohl ich mich zu den Privilegierten zählen durfte, wies ich im Verlaufe meines Mexiko-Aufenthaltes fast ständig irgendeines der zuletzt genannten Krankheitssymptome auf. Während meiner gesamten diplomatischen Karriere hat meine Gesundheit nie so stark gelitten wie im Aztekenland.

Gottlob war meine Frau viel resistenter; musste sie auch sein, denn sie war zum zweiten Mal schwanger. Jean-Rodolphe wurde am 1. März 1983 geboren, ein weiteres wichtiges Datum in unseren Familienannalen. Françoise ging das Wagnis ein, unser Söhnchen trotz Umweltverschmutzung in der mexikanischen Hauptstadt zur Welt zu bringen. Das *British-American Hospital* bot Gewähr, dass dem jungen Erdenbürger die richtige Pflege zuteil wurde. Das hat Jean-Rodolphe allerdings – wie so viele andere Kinder auch – nicht bewahrt vor Erkrankungen der Atmungsorgane und des Magens; zudem litt er schon von ganz klein auf an Hautallergien. Es gab eine Phase, als meine verängstigte Frau das Kleinkind fast alle vierzehn Tage zu irgendeiner Arztkonsultation bringen musste. Kaum aus dem Spital entlassen, war Françoise zudem mit akutem Wassermangel konfrontiert: Tagelang gab es zu Hause kein fliessendes Wasser – eine gewaltige Erschwernis mit einem Neugeborenen, nicht nur für eine Europäerin! Meine Frau rannte jeweils auf die Hauptstrasse, um Lastwagen mit Wasserbehältern abzufangen, oder sie verwendete Mineralwasser zur Pflege des Bébés. Ich selbst hatte immerhin die Gelegenheit, meine tägliche Dusche im Büro des Missionschefs zu nehmen, welches – als Teil einer ursprünglichen Wohnung – mit einem Badezimmer ausgestattet war.

Um dieses Kapitel abzurunden, sollte nicht unerwähnt bleiben, dass wir auch ein Erdbeben erlebten, zwar nicht die opferreiche Katastrophe von 1985 – zu diesem Zeitpunkt waren wir bereits zurück in der Schweiz –, sondern «nur» ein mittleres, aber immer noch recht intensives Beben. Wir sassen nichts ahnend zu Hause vor dem Fernsehapparat und verfolgten die Abendnachrichten, als plötzlich das Bild verschwand und die Mattscheibe nur noch schwarz-gräulich flimmerte. Aus der Distanz war ein dumpfes Grollen zu vernehmen, und unser massiv gebautes Haus aus Beton begann zu ächzen und zu stöhnen. Ich hatte ein mulmiges Gefühl in der Magengegend, realisierte aber immer noch nicht ganz, was geschah, bis ich in die Eingangshalle trat. Dort sah ich, wie der Leuchter – der an einer Kette hing – wuchtig hin und her zu schwingen begann. Als Françoise und ich vorschriftsgemäss in einem Türrahmen Schutz suchten, war der Spuk bereits vorbei. Die paar Sekunden waren für uns glimpflich verlaufen.

Am anderen Tag bot hingegen mein Büro in der Botschaft, das sich im vierten Stock befand, ein Bild von Verwüstung und Chaos. Die Erdstösse hatten die nicht abgeriegelten Schubladen wuchtig geöffnet, wodurch ganze Aktenschränke zum Kippen gebracht wurden. Dokumente lagen überall auf dem Boden herum. Alles, was nicht rutschfest oder niet- und nagelfest war, wurde kreuz und quer durchs Büro verschoben. Einschliesslich des mehrere hundert Kilo schweren Geldschranks, der auf Rädern durch den ganzen Raum rollte und wie durch ein Wunder erst unmittelbar vor der Scheibenwand zum Stillstand kam. Er wäre sonst unweigerlich vier Stockwerke tief in einen gartenähnlichen Innenhof gestürzt – die beiden untersten Stockwerke waren von Swissair und Kuoni besetzt.

Die dramatischsten Augenblicke erlebte jedoch ein junger Kanzleistagiaire, der im siebten Stock des Botschaftsgebäudes in einer kleinen Dachwohnung untergebracht war. Wie er uns nachträglich schilderte, machte er äusserst bange Momente durch, als er vom Balkon aus sah, wie die Hochhäuser des Quartiers unter Getöse nach allen Richtungen zu schwanken begannen – einschliesslich des eigenen Bodens in luftiger Höhe. Sterbensübel, ergriffen ihn unerträgliche Angst- und Schwindelgefühle, weil er zum unfreiwilligen Augenzeugen dieses apokalyptischen Spektakels geworden war.

Nein, die Stadt Mexiko machte ihren Bewohnern und Gästen das Leben alles andere als leicht.

3.6.5 Ein faszinierendes Land

Man täte der Stadt Mexiko indessen Unrecht, wenn man nur die negativen Seiten der Riesenmetropole sehen wollte. Im Unterschied etwa zu Jakarta weist sie nämlich eine grosse Zahl aussergewöhnlicher Sehenswürdigkeiten auf.

Historische und moderne Architektur, elegante Einkaufsstrassen, weitläufige Parkanlagen, Folklore, Museen, Kirchen, Theater – jeder Geschmack kommt auf seine Rechnung. Da ist die *Plaza de la Constitución,* genannt *Zócalo,* einer der grössten Plätze der Welt, an den die wichtigsten Gebäude der Stadt angrenzen: die Kathedrale, der Nationalpalast, der Justizpalast, das Rathaus; da ist die von kühnen Planern entworfene Universitätsstadt mit dem weltbekannten, mosaikgeschmückten Bibliotheksgebäude gleich gegenüber dem Olympiastadion; da ist der Markt für das in Mexiko besonders entwickelte Kunsthandwerk im Stadtteil San Angel; da ist das grösste Heiligtum des mexikanischen Volkes, das Wunderbild der Himmlischen Königin *(«Virgen de Guadalupe»)* in der gleichnamigen Basilika, deren monumentaler Neubau 20 000 Personen fasst; da sind die grossen Wandmalereien international bekannter und politisch engagierter Muralisten, die man als direkte Weiterführung der vorkolumbianischen Freskenmalerei ansehen kann – die Aufzählung könnte beliebig lange weitergeführt werden.

Neben dem Besuch des grossartigen Nationalmuseums ist jedoch die Besichtigung der Ausgrabungsstätten der voraztekischen Götterstadt Teotihuácan im Norden der Stadt eine nicht wegzudenkende persönliche Bereicherung. Der Sage nach soll Teotihuácan der Ort sein, wo einst die Sintflut hereinbrach. Durch Forschung belegte Tatsache ist, dass sich die Macht dieser Stadt von 150 vor bis 750 nach Christus über das ganze Hochplateau von Mexiko erstreckte. Intensive Ausgrabungen haben in der kargen Landschaft Überreste einer Anlage von erhabener Majestät und Symmetrie wiedererstehen lassen. Kaum ein anderes Volk der Erde dürfte je mit so grosser Geste geplant und gebaut haben. Drei gewaltige Bauwerke ragen heraus: Die «Sonnenpyramide», die mächtigste erhaltene Pyramide des Hochlandes, überragt ein riesiges Tempelgelände. An seiner Nordseite wird es von der kleineren «Mondpyramide» begrenzt und im Südosten findet es durch das gewaltige stadionartige Viereck der *«Ciu-*

dadela» und des «Tempels der gefiederten Schlange» *(«Quetzalcóatl»)* seine Abrundung.

An den Wochenenden besuchten meine Frau und ich mit den Kindern so oft wie möglich den Chapultepec-Park, den wir von unserem Haus aus zu Fuss erreichen konnten. In dieser «grünen Lunge» konnte man sich etwas von der abgasgeschwängerten Stadt erholen. Anscheinend lustwandelten schon die Aztekenfürsten in diesem mit uralten hohen Ahuehuetebäumen bestandenen Park. Ihrem Beispiel folgen heute die Mexikaner zu Zehntausenden. Ganze Sippen lagern sich – vor allem am Sonntag – auf den Rasenflächen und zwischen den Büschen. Hier wird Fussball, Baseball, Basketball, Volleyball gespielt, hier gibt es Strassentheater, Konzerte, einen kleinen Zoo, Bootsfahrten auf einem künstlichen See, Ponyreiten, eine Spanischbrötlibahn, Marktstände mit Spielzeug, Zuckerwerk und Früchten, hier sieht man Mexikaner picknicken, diskutieren, schlafen, bummeln, Geschäfte machen, streiten, lachen, lesen; hier kommen ganze Heerscharen von Kindern zusammen, grosse, kleine, dunkelhäutige, hellhäutige, saubere, schmutzige, freche, schüchterne – der Chapultepec-Park war für uns eine Art Schaubühne des mexikanischen Volkslebens. Jedenfalls bot er eine ideale Gelegenheit, die Menschen der Hauptstadt aus nächster Nähe zu beobachten und etwas von ihrem Wesen und ihrer Lebensart zu erfassen.

Bei diesen real existierenden Grünflächen wollten auch die mexikanischen Behörden nicht zurückstehen, indem sie künstliche Grünflächen der besonderen Art beisteuerten. Letztere bestanden aus den gras- und buschbewachsenen Mittelstreifen der Prachtsstrassen. Diese zumeist verdorrten Mittelstreifen wurden im Hinblick auf Staatsbesuche auf den Strecken, welche die hohen Gäste Richtung Präsidentenpalast zurückzulegen hatten, auf ganz spezielle Weise begrünt: Françoise und ich trauten unseren Augen kaum, als wir jeweils ganze Arbeitsequipen unterwegs sahen, welche grüne Farbe auf das verwelkte Gras spritzten, was dem Ganzen wieder den Anschein eines saftig-grünen Bodens verleihen sollte. Welch erhebender Anblick!

Trotz aller «grünen Lungen» versuchten wir so oft wie möglich, der Stadt Mexiko zu entrinnen. Dazu stieg man am besten in das auf 1600 Meter über dem Meer gelegene Guernavaca hinunter, nicht bevor man indessen die Pässe der 3000 Meter hohen Bergketten, welche das Hochtal der Hauptstadt umgeben, überwunden hatte. Ja, in Mexico City fährt man zur Erholung nicht in die Berge, sondern im Gegenteil in tiefer gelegene Regionen hinunter! Wenn man dann, vollgetankt mit neuer Energie, bei der Rückkehr am Sonntagabend von der Passhöhe aus weit unten von der Stadt nur die sie überwölbende, schmutzig-graue Smogdecke erblickte, kostete es einige Überwindung, wieder in die übel riechende und beissende «Erbsensuppe» einzutauchen, wohlwissend, dass man die Sonne während der ganzen Arbeitswoche wohl kaum je erblicken würde.

Françoise und ich verliessen indessen Mexico City nicht nur zur gelegentlichen Erholung, sondern wir machten es uns wie in Indonesien zur Gewohnheit, das Land so oft wie möglich zu bereisen, um überhaupt etwas von seiner «Seele» erfassen zu können. Man musste allerlei Strapazen auf sich nehmen – vor allem, wenn noch Kleinkinder mitreisten –, dafür wurde man mit unauslöschlichen Eindrücken und unvergesslichen Erlebnissen belohnt.

Man tauchte in die dreitausendjährige Kultur und Geschichte einer Nation ein, die um Einheit und Identität ringt; man konnte sich gefangennehmen lassen von der wilden und urtümlichen Schönheit eines Landes, dessen Grenzen zwei Ozeane umspülen, in dem es Schneeberge und Palmenstrände, riesige Steppen und fruchtbare Weidegebiete, ausgeglühte Wüsten und feuchtheisse Regenwälder, primitivste Urwaldsiedlungen und hochindustrialisierte Agglomerationen, jahrhundertealte Pyramiden und eine grosse Zahl anderer vorkolumbianischer Anlagen, modernste Architektur, luxuriöse Villenviertel und ärmlichste Bretterhüttenquartiere gibt. Kurzum, ein Land mit grössten Gegensätzen, wo man ein Volk kennen lernte, das – mit Ausnahme der dauergestressten Hauptstadtbewohner – ausnehmend höflich, gastfreundlich und zuvorkommend war; ein Volk aber auch, das, selbstbewusst und stolz, in gewissen Dingen sehr empfindlich reagieren konnte.

Wann immer ich es einrichten konnte, beteiligte ich mich zusammen mit Françoise an gelegentlichen Wochenendexkursionen, die von der Botschaft organisiert wurden. Das Vorhaben, den 5450 Meter hohen Popocatépetl, den «rauchenden Berg», zu besteigen, war ein solcher Anlass, welcher nicht nur der sportlichen Ertüchtigung diente, sondern auch das botschaftsinterne Zusammengehörigkeitsgefühl stärken half. Wegen einer Einladung am Vorabend in der Stadt Mexiko waren wir erst in der Morgenfrühe zur Botschaftsequipe gestossen, die in einem Lager am Fusse des Berges auf 3200 Meter übernachtet hatte. Die fehlende Akklimatisierungszeit sollte sich für meine Frau und mich rächen. Der Aufstieg vom Basislager war nicht allzu schwierig, aber er war physisch anspruchsvoll, weil wir auf der häufig anzutreffenden Vulkanasche immer wieder nach unten rutschten. An der 5000-Meter-Grenze angelangt, just dort, wo die für den Popocatépetl typische Schneekappe beginnt, mussten Françoise und ich die Expedition abbrechen. Wir wurden von Schwindelgefühlen erfasst und hatten Schwierigkeiten beim Atmen, was uns die Inkaufnahme weiterer körperlicher Strapazen unmöglich machte. Während der Rest der Equipe angeseilt die letzten 450 Meter auf dem ewigen Schnee zur Spitze des Vulkankegels in Angriff nahm, mussten wir den vorzeitigen Abstieg antreten.

* * *

Im Wechsel mit dieser und ähnlichen abenteuerlichen Exkursionen schalteten Françoise und ich gelegentlich ein paar Tage Badeferien ein, die wir gemeinsam mit den Kindern am Meer verbrachten. So räkelten wir uns im Januar 1984 in dem an der Pazifikküste gelegenen Badeort Ixtapa in der Sonne und stellten genüssliche Überlegungen an, wie wohl zu dieser Jahreszeit die Schweiz in Schnee und Kälte versunken sein musste. Aus diesen unseren Träumereien wurden wir urplötzlich gerissen, als uns über unsere Botschaft in Mexiko die Nachricht erreichte, wonach ich im Frühjahr nach Bern versetzt würde.

Nach knapp drei Jahren galt es erneut, Abschied zu nehmen. Der Einsatz in Mexiko hatte in uns gespaltene Gefühle hinterlassen wie sonst nirgendwo. Die Arbeit in der Botschaft war hochinteressant und anforderungsreich. Für uns war es indessen der schwierigste Posten in einem wunderschönen Land, das wir aber aus verschiedenen Gründen nicht in dem Ausmass geniessen konnten, wie wir uns das vorgestellt hatten. Das

Leben in der Riesenmetropole war für uns mit Kleinkindern problembeladen; und überdies litt die Gesundheit bei allen Familienmitgliedern so sehr, dass wir uns insgeheim sogar auf die Rückkehr in die Schweiz freuten, weil wir dort auf eine baldige Genesung hofften. Das hat uns allerdings nicht gehindert, herzliche Bande zu mexikanischen Freunden und Exponenten der Schweizer Kolonie beizubehalten.

Am schwierigsten fiel uns die Trennung von Botschafter Wermuth und seiner Frau Nadia. Wermuth war und blieb für mich so etwas wie ein Mentor, dem ich beruflich und menschlich sehr viel zu verdanken habe. Ich spürte instinktiv, dass eine solche beispielhafte Zusammenarbeit zwischen Chef und Untergebenen im weiteren Karriereverlauf wohl Seltenheitswert haben würde. Ich sollte mich nicht täuschen.

Nie hätte ich jedoch gedacht, dass der Wechsel so abrupt sein würde. In Bern musste ich mich mit einem Chef herumschlagen, der es zustande brachte, mein Leben innerhalb kürzester Zeit zur Hölle zu machen.

3.7 Zurück in Bern: die grosse Berufs- und Lebenskrise

In meiner Berner Zeit hatte ich von Anfang an mit Schwierigkeiten zu kämpfen. Edouard Brunner, der nach einer beispiellos steilen Karriere kurz vor meiner Rückkehr zum Staatssekretär im EDA ernannt worden war, wirbelte gleich bei Amtsantritt gewaltig, indem er bereits beschlossene Personalzuteilungen gleich haufenweise rückgängig machte, nicht immer zum Ergötzen der zuständigen Verwaltungsdirektion.

3.7.1 Wie ich in den Strudel einer Personalrochade geriet

Von diesem immer rascher drehenden Personalkarussell war auch ich betroffen. Ich war ursprünglich als stellvertretender Chef der Politischen Abteilung II vorgesehen. Diese Abteilung befasst sich mit den bilateralen Beziehungen zu den Ländern der südlichen Hemisphäre. Mit der Erfahrung von zwei aufeinander folgenden Posten in Entwicklungsländern schien ich für diesen operationellen Dienst prädestiniert, und ich freute mich auf die neue Aufgabe.

Doch kurz vor meiner Abreise aus Mexiko musste ich zur Kenntnis nehmen, dass ein amtsälterer Diplomat, der nach unbezahltem Urlaub ins Aussenministerium reintegriert worden war, meinen Posten übernehmen würde. Ich wurde kurzerhand dazu verknurrt, die Lücke des stellvertretenden Chefs im Politischen Sekretariat zu stopfen, weil die ursprünglich dafür vorgesehene Person zum persönlichen Mitarbeiter von Staatssekretär Brunner umgepolt wurde. Ich war sehr enttäuscht, begehrte aber nicht auf.

Das Politische Sekretariat, das nach verschiedenen Namensänderungen wiederum die ursprüngliche Bezeichnung trägt, ist das schweizerische Kleinformat eines *Think Tank,* einer Art Denkfabrik, welche zur Aufgabe hat, die grossen Linien und Zusammenhänge in der internationalen Politik zu erarbeiten. An der Spitze des Politischen Sekretariats stand Botschafter Jean-Pierre Ritter. Der Romand galt als intellektuell brillanter Analytiker, der für die Leitung dieses Dienstes wie geschaffen schien. Gleichzeitig stand er aber im Ruf, im zwischenmenschlichen Umgang eine schwierige Persönlichkeit zu sein. Im Politischen Sekretariat, das mit viel Recherchierarbeit verbunden war, standen verschiedene Spezialisten im Einsatz, wie beispielsweise ein Arabist für den komplexen Nahen und Mittleren Osten, eine Slawistin für die Staaten im Umkreis der damaligen Sowjetunion, ein Sinologe zur Abdeckung des chinesischen Machtbereichs, ein Experte für Sicherheitsfragen; zwei bis drei Generalisten für die übrige Welt ergänzten das hochqualifizierte Team.

Ich hatte Botschafter Ritter gegenüber von Anfang an keinen Hehl daraus gemacht – und die zuständige Personalsektion im Generalsekretariat wusste dies auch –, dass ich die operationelle Tätigkeit vorgezogen hätte; gleichzeitig gab ich ihm indessen zu verstehen, dass ich nach dem meinem Amtsantritt in Bern vorangegangenen Personalwirbel durchaus bereit war, in seinem Dienst das Beste zu geben.

3.7.2 Wie ein Chef seinen Stellvertreter zugrunde richten kann

Ich weiss nicht, ob Ritter mir meine Offenheit übel nahm; Tatsache war auf jeden Fall, dass ich schon nach kurzer Zeit realisieren musste, nicht das Rendement erbringen zu können, das ich von mir erhofft hatte. Das lag jedoch nur zu einem Teil in meiner Person und meiner Eignung für den Posten begründet. Entscheidend war, dass die zwischenmenschlichen Beziehungen schon rasch empfindlich gestört waren, was sich im Verlauf der Wochen und Monate nur noch verschlimmerte.

Ich spürte sofort, dass etwas falsch lief, und suchte mehrere Male eine Aussprache mit Ritter. Dieser beschönigte jeweils die Situation und meinte nur, er habe an mir nichts zu bemängeln, gewisse Anfangsschwierigkeiten liessen sich nach einer gewissen Zeit ohne weiteres beheben und ich sollte mir keine unnötigen Sorgen machen. Dabei merkte ich sehr wohl, dass sich Ritter jedes Mal zu verkrampfen schien, wenn ich in seine Nähe trat. Seine Ausdrucksweise und Körpersprache mir gegenüber waren abweisend und ausweichend. So fiel mir auf, dass er niemals den direkten Augenkontakt mit mir suchte, wie das in einem Vieraugengespräch eigentlich der Normalfall sein sollte.

Ritter gab seine Weisungen direkt den Sachbearbeitern, ohne mich auf dem Laufenden zu halten; ich wurde so als stellvertretender Chef in eine Randposition abgedrängt oder musste mich – demütigend genug – von den Mitarbeitenden über den neuesten Stand der Dinge orientieren lassen. Eine Kommunikation über das, was sich im grösseren Rahmen des Departements zutrug, unterblieb systematisch. Von einem Grundprinzip modernen Führungsverhaltens, dem Durchführen von Staff-Meetings, welche sämtliche Angehörige eines Dienstes auf den gleichen Wissensstand hätten bringen und das Zusammengehörigkeitsgefühl stärken helfen sollen, hatte Ritter keine Ahnung.

Eine meiner Hauptaufgaben hätte darin bestanden, Botschafter Ritter während seiner häufigen Auslandsaufenthalte als Chef zu ersetzen. Er nahm nämlich in Stockholm an einer Konferenz im Rahmen der Konferenz über Sicherheit und Zusammenarbeit in Europa (KSZE) teil. Ich hatte jedoch kaum eine Möglichkeit, meine «Chefrolle» auch wirklich auszuüben, da Ritter glaubte, von Schweden aus das Politische Sekretariat weiterhin auf seine Art führen zu müssen, meist aufgrund von Direktabsprachen mit den Sachbearbeitern. Dabei wurden nicht selten von mir getroffene Dispositionen einfach hinter meinem Rücken zu Fall gebracht.

Das war für mich denn auch d e r grosse Misserfolg, dass ich – der ich mir bisher recht viel darauf eingebildet hatte, ein guter Generalist zu sein und sowohl bei Vorgesetzten, Kollegen wie auch bei Untergebenen recht gut «anzukommen» – mich zum ersten Mal in meinem Leben mit einem Chef in einem Ausmass nicht verstand, wie ich das nie für möglich gehalten hätte. Unter diesen Umständen konnte ich auch kaum einmal von den zweifellos in hohem Masse vorhandenen beruflichen Qualitäten Ritters profitieren.

Ich kann mir den Vorwurf nicht ersparen, dass ich mich nicht rechtzeitig an eine oder mehrere Personen wandte, die mir Hilfe von aussen hätten bringen können. Ich behielt den Zustand von Anspannung und Beklommenheit lieber für mich. Einen Ausweg glaubte ich in noch stärkerem Engagement zu finden, indem ich abends länger am Schreibtisch sass und auch öfter auf Pausen und Ferien verzichtete. Aber ich war mental wie blockiert, was sich auf meine Leistung auswirkte. So verbrachte ich manchen arbeitsfreien Samstag im Büro und werkelte mühsam an einer für die Aussenpolitische Kommission von National- und Ständerat bestimmten Tour d'Horizon über Mexiko, für dessen speditive Niederschrift ich aufgrund meines Mexiko-Aufenthalts eigentlich die besten Voraussetzungen mitgebracht hätte.

Nach mehreren Wochen und Monaten wich das starke Engagement einem Gefühl von Hoffnungslosigkeit und Demotivation. Erste negative Auswirkungen auf die Gesundheit, die Familie und das Beziehungsnetz wurden sichtbar. Ich litt an Schlafstörungen, die ich mit der Einnahme von immer stärkeren Dosen an Schlafmitteln zu beheben suchte. Ein chronischer Erschöpfungszustand war die Folge. Hinzu kam, dass ich in Mexiko an Amöbenbefall erkrankt war, der sich auch in der Schweiz noch einige Zeit mit häufigen Schwindelanfällen und Gleichgewichtsstörungen bemerkbar machte. Das emotionale und soziale Leben verflachte zusehends.

Wiewohl ich auf den vollen Rückhalt meiner Gattin zählen konnte, stellte sich bei mir zunehmend ein starkes Gefühl der inneren Leere ein – heute würde man das wohl als Burn-out-Syndrom bezeichnen. Ich wurde depressiv und aggressiv zugleich. Das Unheil, das falsch ausgeübte Macht bei denen anrichtet, die sie erleiden müssen, ist gravierend. Es kann sich gleichsam in Abstufungen äussern, von der Selbstverachtung bis zum abgrundtiefen Hass, zum Verlangen, die erfahrene Unbill gewaltsam zu rächen. Eine Zeitlang machten sich bei mir Suizidneigungen bemerkbar, einmal ertappte ich mich sogar beim schrecklichen Gedanken, dass ich Botschafter Ritter ohne weiteres mit einem gezielten Schuss aus dem Armeerevolver hätte kaltblütig niederstrecken können. *«Das eben ist der Fluch der bösen Tat, dass sie fortzeugend Böses muss gebären»* – um Schillers «Wallenstein» zu zitieren.

Wer mich kennt, der ich normalerweise als eher überlegt und ausgeglichen gelte, als jemand, dem die Bodenhaftung nicht leicht verloren geht, kann gleich ermessen, was mir alles widerfahren sein musste, dass es so weit kommen konnte. Mein Leben wurde zur Hölle.

3.7.3 Wie mich Bundesrat Pierre Aubert von meinem Peiniger erlöste

In diesem Zustand abgrundtiefer Verzweiflung und Ausweglosigkeit kam die Rettung aus einer völlig unerwarteten Ecke: Sie kam in der Person von Bundesrat Pierre Aubert, der 1978 Bundesrat Graber als Vorsteher des Aussenministeriums abgelöst hatte. Ich hatte den Departementsvorsteher nicht sehr gut gekannt, er mich noch weniger, da ich die meiste Zeit während seiner Amtsführung im Ausland verbracht hatte. In meiner neuen Funktion vertrat ich das Politische Sekretariat in Abwesenheit von Botschafter Ritter an seinen Sitzungen, wie ich auch an den wöchentlichen Zusammenkünften der Politischen Direktion unter der Leitung von Staatssekretär Brunner teilnahm. An diesen Anlässen trat ich nicht besonders in Erscheinung. Es kam mir sicher zugute, dass Bundesrat Aubert Madame Marguerite de Reding, die in der Berner Gesellschaft bestens eingeführte Patin von Françoise, kannte. Ebenso, dass er meine Gattin sehr schätzte. Aber nie wäre es mir eingefallen, diese günstige Konstellation angesichts meiner desolaten Lage auszunützen.

An einem Empfang, an dem ich zufällig mit Bundesrat Aubert ins Gespräch kam, war e r es, der sich erkundigte, wie es mir gehe. In diesem Augenblick machte ich aus meinem Herzen keine Mördergrube und legte ihm ohne Umschweife die traurige Lage dar, in der ich mich befand. Er nahm meine Ausführungen zur Kenntnis und meinte nur: *«On va voir.»* Anderntags erteilte er Staatssekretär Brunner den Auftrag, mich so rasch wie möglich von Botschafter Ritter wegzunehmen.

Es war erstaunlich, mitzuverfolgen, welche unmittelbare Wirkung die Worte eines Magistraten auslösen konnten: Ich wurde sofort aus dem Politischen Sekretariat entfernt und konnte zusammen mit meiner Familie zwei Wochen Ferien zur Erholung beziehen. In der Zwischenzeit wurde beschlossen, dass ich den Posten des stellvertretenden Chefs in der mir bestens vertrauten Politischen Abteilung I übernehmen würde. Meine elfmonatige Leidenszeit ging Ende Februar 1985 zu Ende.

Von meiner persönlichen Warte aus war es d a s grosse Verdienst von Bundesrat Aubert, dass er mich von meinem Peiniger erlöste. Es steht mir nicht an, den Neuenburger Sozialdemokraten als Staatsmann zu beurteilen; wegen der von ihm lancierten «Dynamisierung» der schweizerischen Aussenpolitik wurde er öfter kritisiert. Aber im zwischenmenschlichen Umgang hatte er mit seinem Charme und seiner Bescheidenheit etwas Gewinnendes. Er fühlte sich nicht nur auf dem internationalen Parkett, sondern überall, wo er es mit Menschen zu tun hatte, der Gerechtigkeit und der Menschlichkeit verpflichtet. Dieser Charakterzug kam letztlich auch mir als einem seiner Beamten in mittlerer Funktion zugute. Sein Einstehen für die Menschenrechte auf der Mikroebene werde ich Bundesrat Pierre Aubert nie vergessen.

Da meine neue Stelle nach dem Verlassen des Politischen Sekretariats erst ein paar Monate später frei wurde, schickte mich das Departement als Geschäftsträger für eine Ad-hoc-Mission nach Amman. Dort hatte ich die Aufgabe, die jordanische Etappe einer grösseren Nahostreise von Bundesrat Aubert vorzubereiten. Der für Amman nominierte Missionschef Harald Borner hatte nämlich noch in seinem afrikanischen Residenzland ein Bein gebrochen, was seinen Postenantritt im Haschemitischen Königreich um einige Monate verzögerte. Borners Unglück wurde mein Glück. Meinen Kurzeinsatz in Jordanien behandle ich in einem speziellen Kapitel.

Fünf Monate, nachdem ich die unselige Zeit im Politischen Sekretariat schon etwas in den Hintergrund verdrängt hatte, holte mich die Vergangenheit wieder ein, indem mir Botschafter Ritter die Qualifikationen für meine Tätigkeit in seinem Dienst nach Amman nachschickte. Wie nicht anders zu erwarten, waren es die weitaus schlechtesten Qualifikationen, die ich seit meinem Eintritt ins Aussenministerium erhalten hatte. Vor allem der Vorwurf mangelnden Interesses *(«peu d'intérêt»)*, das ich für die Arbeiten des Politischen Sekretariats aufgebracht haben soll, schmerzte mich sehr. Als Ritter auch noch die Dreistigkeit hatte, mir vorzuhalten, dass er sich gerne mit mir mündlich über meine Qualifikationen unterhalten hätte (wie es die Vorschriften verlangten), dass indessen meine Abwesenheit von Bern dies verunmöglichte, da schritt ich auf meine Art zur Tat.

In meinem Antwortschreiben schickte ich die Qualifikationen unterzeichnet zurück, nicht jedoch ohne unter Beibehaltung diplomatischer Höflichkeitsfloskeln Botschafter Ritter schonungslos offen darzulegen, wie sich der Sachverhalt aus meiner Sicht zutrug. Ich meisselte wie ein Bildhauer tagelang an meinem Brief, bis jedes Wort richtig «sass». Der Inhalt sollte für den Empfänger bewusst bis an die Schmerzensgrenze gehen, wenn nicht gar darüber hinaus, ohne jedoch die Regeln des Anstandes zu verletzen. Kein leichtes Unterfangen! Ich erklärte, dass mein Schreiben nicht aus einer plötzlichen Gemütsregung heraus entstanden sei, sondern erst nach reiflicher Überlegung, und schloss wie folgt: *«Vielleicht verhelfen diese Zeilen auch Ihnen etwas zur Besinnung. Bevor Sie weiteres Unheil anrichten, überlegen Sie sich künftig gut, in a l l e n Mitarbeiterinnen und Mitarbeitern vermehrt den Mitmenschen zu suchen und diesen voll zu nehmen, auch wenn es Sie noch so grosse Selbstüberwindung kostet. Im Interesse des Dienstes wäre nur zu hoffen, dass ich der Letzte gewesen bin, der unter Ihrer menschlichen Kälte und intellektuellen Arroganz zu leiden hatte.»* Je eine Kopie des Schreibens liess ich direkt Staatsekretär Brunner und meinem ehemaligen Mentor in Indonesien und Mexiko, Botschafter Wermuth, zukommen, der in der Zwischenzeit zum EDA-Generalsekretär berufen worden war.

Damals war offene Kritik an einer vorgesetzten Autoritätsperson ein Vabanquespiel mit unsicherem Ausgang. Ich war es jedoch meinem Gewissen schuldig, es zu tun. Die Zivilcourage, die ich für die Abfassung des Schreibens samt Verteiler aufbrachte, sollte sich auszahlen. Ich nahm nämlich mit Erstaunen zur Kenntnis, dass ich in der Wertschätzung von

Staatssekretär Brunner sozusagen über Nacht beträchtlich gestiegen war, während er mich als stellvertretenden Chef des Politischen Sekretariats kaum wahrgenommen hatte.

Ich erkläre mir das so, dass ich anstelle des Departements die Drecksarbeit verrichtete und schriftlich auf das unmögliche Führungsverhalten von Botschafter Ritter aufmerksam machte, während sonst niemand in unserem Hause mit ihm Klartext zu reden wagte. Es kann aber auch sein, dass der Staatssekretär an Wiedergutmachung dachte, war ich doch seinerzeit aufgrund einer seiner berüchtigten Personalrochaden Knall auf Fall in den Dienst von Ritter versetzt worden. Und Generalsekretär Wermuth hatte sicher auch ein gutes Wort für mich eingelegt.

Als ich Ende 1985, trotz der miserablen Qualifikation von Botschafter Ritter, befördert wurde, war das für mich das schönste Weihnachtsgeschenk. Gross war für mich auch die Genugtuung, dass der Chef des Politischen Sekretariats damit von der Departementsleitung offensichtlich desavouiert worden war. Das üble Kapitel Ritter, an dessen Nachwirkungen ich noch einige Zeit zu leiden hatte, war mindestens pro forma abgeschlossen.

* * *

Problematische Führungskräfte vom Schlag eines Jean-Pierre Ritter waren gottlob im EDA eher die Ausnahme. Dies sei zur Entlastung unserer Personalverantwortlichen gleich beigefügt. Dennoch war man in unserem Aussenministerium lange Zeit in den Fehler verfallen, Mitarbeitende einseitig eher aufgrund von fachlichen Qualitäten als aufgrund von führungsmässiger Eignung für ihre Funktion auszuwählen. Es wurden Leute eingestellt, die man – wenn schon – besser in den berühmten Elfenbeinturm zu Forschungszwecken hätte einschliessen denn auf die Menschheit loslassen sollen. Seit einiger Zeit wird allerdings der Führungsausbildung die nötige Bedeutung beigemessen. Nicht jeder, der ins EDA eintritt, wird automatisch Botschafter, sei es, weil schlicht das Führungspotenzial fehlt, weil gravierende Charaktermängel aufgetreten oder weil die Leistungen ungenügend sind.

Meine persönliche Erfahrung machte mir bewusst, wie viel menschliches Leid durch ungenügende und demotivierende Führungsarbeit unfähiger Chefs verursacht wird. Das gilt nicht nur für die Bundesverwaltung, sondern trifft ganz allgemein zu. Mein Fall soll auch aufzeigen, dass es sich lohnt, sich zur Wehr zu setzen, wenn man sich zu Unrecht schlecht behandelt fühlt. Wie das im Einzelnen zu geschehen hat, muss den betreffenden Mitarbeitenden überlassen bleiben, eine allgemein gültige Regel gibt es nämlich nicht. Vertrauenspersonen sollten eingeschaltet werden, je früher, desto besser. Es braucht nicht gerade ein Bundesrat zu sein.

Dabei sollte indessen jede und jeder die menschliche Grösse haben, auch das eigene Verhalten und die eigenen Fähigkeiten einer selbstkritischen Prüfung zu unterziehen. Wer eine berufliche oder persönliche Krise durchsteht und sich nicht unterkriegen lässt, geht daraus gestärkt hervor. Nichts mehr kann sie oder ihn leicht aus dem Gleichgewicht werfen.

3.7.4 Die wundersame Wirkung eines Chef- und Dienstwechsels

Nach meiner Rückkehr aus Amman und der Aufnahme meiner Tätigkeit als stellvertretender Chef der Politischen Abteilung I durfte ich mich während der restlichen Berner Zeit und darüber hinaus zu den privilegierten Diplomaten zählen, die das Interesse von Staatssekretär Edouard Brunner zu wecken vermochten. Dabei hätten wir vom Charakter und vom Wirkungskreis her unterschiedlicher nicht sein können. Wer immer mit dem 2007 verstorbenen Brunner zu tun hatte, dem fiel seine ausserordentliche geistige Beweglichkeit auf. *«Das Erdhafte des Durchschnittsschweizers oder gar des Berners, der er von väterlicher Seite her ja ist, geht ihm völlig ab. … Sein rascher Geist und sein Gespür für politische Zusammenhänge ragen selbst im internationalen Vergleich heraus.»* Also beschrieb mein Kollege Paul Widmer den herausragenden Schweizer Diplomaten der zweiten Hälfte des 20. Jahrhunderts in seinem Werk über die Schweizer Aussenpolitik, in dem er ihm noch zu dessen Lebzeiten ein schönes Denkmal setzte.[9] Er bewege sich in der Welt der Diplomatie wie ein orientalischer Teppichhändler, hiess es seinerzeit von Brunner im EDA. Seine Kunst, sein Instrument, sein Faszinosum war das Gespräch in all seinen Varianten. Seine

Überzeugungskraft lag im gesprochenen Wort; Papierkram war ihm ein Gräuel.

Brunner konnte auch ungeduldig, launisch oder gar cholerisch sein. Er scheute sich nicht, an schlecht informierte oder mangelhaft vorbereitete Mitarbeitende Rüffel auszuteilen – gelegentlich auch in aller Öffentlichkeit. Ihm missliebige Personen konnte er ohne weiteres links liegen lassen. Umgekehrt verstand es Brunner, sich mit Mitarbeitern zu umgeben, denen er grosses Vertrauen schenkte, von denen er indessen auch erwartete, dass sie die Dossiers in Ordnung hielten. Dies war bei seinem unkonventionellen, manchmal gar risikoreichen Arbeitsstil eine Grundvoraussetzung zum Erfolg. Als stellvertretender Chef der Politischen Abteilung I, welche die Beziehungen zu Europa und Nordamerika und ausserdem die KSZE umfasste, durfte ich mich zu der von Brunner geschätzten und geförderten Kategorie von Mitarbeitern zählen – keine Selbstverständlichkeit!

Mein direkter Vorgesetzter war Botschafter Francis Pianca. Für mich war es ein Glücksfall, dass er mich als Mitarbeiter, der bei Ritter gescheitert war, akzeptierte. Der hochkultivierte Pianca war zuvor achtzehn Jahre ununterbrochen auf verschiedenen Auslandsposten im Einsatz gewesen, zuletzt als Botschafter in Rumänien, bevor er als Chef der Politischen Abteilung I nach Bern zurückberufen wurde. Es war für den allein stehenden Pianca nicht einfach, sich nach so langer Abwesenheit an den erhöhten Rhythmus der Zentrale zu gewöhnen. Dementsprechend liess er mir recht grosse Freiheiten, die ich mit unermüdlichem Einsatz zu rechtfertigen suchte.

Dank eines jederzeit guten Einvernehmens mit meinem Chef erreichte ich bald wieder mein gewohntes Leistungsniveau. Dabei konnte ich mich auf ein ausgezeichnetes Team abstützen, aus dem der junge und dynamische Jean-Jacques de Dardel, der Sachbearbeiter für die Beziehungen zu den westeuropäischen Staaten und Nordamerika, noch herausragte. Es war beispielsweise de Dardel, der während dieser Zeit die heiklen, aber überfälligen Unterlagen dafür erarbeitete, wie die Schweiz die Beziehungen zum Heiligen Stuhl normalisieren konnte. Die alle christlichen Konfessionen zufrieden stellende Lösung war die Entsendung eines nichtständigen Botschafters, der protestantischen Glaubens sein musste. Damit war die andauernde Anomalie einer Politik des leeren Stuhles im Vatikan aus konfessionellen Gründen wenigstens teilweise behoben, ist doch der Heilige Stuhl in Bern seit langem durch einen päpstlichen Nuntius vertreten, der erst noch traditionsgemäss der Doyen des diplomatischen Corps ist.

Die Hauptaufmerksamkeit der Abteilung nahm jedoch die Entwicklung im Sowjetreich in Anspruch. In der Rückschau war es die hochinteressante Übergangsperiode, als in der Endphase des Kalten Krieges das sowjetische System mit seinem Welteroberungsprogramm immer noch als das Kernproblem galt, das die grösste Gefährdung für die westlichen Demokratien und somit auch für die Schweiz darstellte. Im Gebälk des Moskowiter Herrschaftsbereichs begann es indessen bedrohlich zu knistern und krachen. Nach der Regierungszeit dreier starrer Gerontokraten zeichnete sich unter dem verhältnismässig jungen Parteichef Gorbatschow ein Gesinnungswandel ab. Versinnbildlicht wurde dieser Ausbruch aus verkrusteten Sachzwängen durch das sowjetisch-amerikanische Gipfeltreffen Gorbatschow–Reagan in Genf von 1985, dem historische Bedeutung zukam.

Es war das Verdienst von Staatssekretär Brunner, der als einer der wenigen frühzeitig erkannt hatte, dass sich die Ost-West-Beziehungen nur verbessern konnten, wenn die UdSSR auf eine neue Politik einzuschwenken bereit war. Er hatte – wie ich, jedoch knapp zehn Jahre früher – als junger Diplomat in Warschau praktischen Anschauungsunterricht genossen, wie morsch das sozialistische Regime geworden war. Im Wissen darum, dass die Befindlichkeit der Gesellschaft überhaupt nicht mit den offiziellen Diagnosen des Staats- und Parteiapparates übereinstimmten, hatte der Staatssekretär nie Berührungsängste im Verkehr mit osteuropäischen Diplomaten gehabt. Von Brunner hatte ich gelernt, dass – wenn jemand seiner Sache sicher war und genau wusste, welchen Wertvorstellungen er verpflichtet war – er sich in der Form durchaus umgänglich zeigen konnte.

Die Schlussphase des sozialistischen Staatensystems war gekennzeichnet durch eine Anhäufung von Spionagefällen, die gerade die Beziehungen zur UdSSR stark trübten. Dass die Schweiz im Spannungsfeld nachrichtendienstlicher Tätigkeit stand, war seit langem bekannt. Symptom dieses nachrichtendienstlichen Interesses war unter anderem die Tatsache, dass in unserem Land erwiesenermassen zahlreiche ausländische Nachrichtenoffiziere unter dem Schutz diplomatischer Immunität ihre dubiosen Ziele verfolgten. Für die Spionagetätigkeit bot die Schweiz besonders günstige Voraussetzungen: ein dreisprachiges Land mit offener Informationspolitik, eine beträchtliche Anzahl hier ansässiger internationaler Organisationen, die als willkommene Tarnung für nachrichtendienstliche Tätigkeit dienten, sowie einen eher unterdotierten Staatsschutz, für den es schwierig war, nachhaltig gegen das Agentenwesen anzukämpfen. Mit gezielten Einzelmassnahmen, etwa der Abberufung von in der Schweiz nachrichtendienstlich tätigen Personen mit diplomatischem Status oder der Verweigerung des Agréments für im Ausland als Agenten entlarvte Diplomaten, war man zuständigenorts bestrebt, die Spionagetätigkeit so wirksam wie möglich einzudämmen.

Mir kam die Aufgabe zu, die Kontakte zum militärischen Nachrichtendienst im VBS sowie zur Bundespolizei und Bundesanwaltschaft im EJPD herzustellen. Wenn das Justiz- und Polizeidepartement vom EDA die Abberufung eines fehlbaren Funktionärs oder Diplomaten verlangte, wurde ich in der Regel damit beauftragt, das praktisch umzusetzen. Weder Staatssekretär Brunner noch Botschafter Pianca rissen sich darum, in diese unangenehme Sache hineingezogen zu werden. Eine Demarche auf Stufe Staatssekretär hätte zudem ein falsches Signal setzen können und musste für ganz gravierende Fälle reserviert bleiben. Botschafter Pianca wiederum hatte bald einmal ein Interesse angemeldet, bei seiner nächsten Versetzung Missionschef in Moskau zu werden, weshalb er seinen Ruf den sowjetischen Behörden gegenüber nicht unnötig aufs Spiel setzen wollte.

Mir selbst machte es nicht viel aus, im Beisein eines protokollierenden Mitarbeiters die fremden Botschafter oder deren Stellvertreter ins Aussenministerium zu zitieren und ihnen darzulegen, dass dieser oder jener Diplomat von uns zur *persona non grata* erklärt wurde und die Schweiz binnen einer bestimmten Frist zu verlassen habe. Das Justiz- und Polizeidepartement hatte jeweils ein Interesse daran, der Öffentlichkeit gegenüber die Effizienz seiner Staatsschutzorgane in Erinnerung zu rufen und die Medien entsprechend zu informieren. Das EDA hingegen musste abwägen, ob ein Gang an die Presse die bilateralen Beziehungen mit einem gegebenen Staat nicht gravierenden Schwierigkeiten aussetzte. Mit Bestimmtheit keine andere Wahl als die Veröffentlichung einer Pressemitteilung blieb dann, wenn die Gegenseite zu Retorsionsmassnahmen schritt und einen oder mehrere unserer Diplomaten auswies. Dazu war und ist sie ohne Angabe von Gründen ermächtigt.

Im nicht immer leichten Clinch zwischen den Anliegen des eigenen Staatsschutzes und der Botschaft eines fehlbaren Landes gab es für mich als EDA-Vertreter nichts anderes als ein korrektes Vorgehen entlang den diplomatischen Verhaltensregeln. Ohne das eigentliche Ziel aus den Augen zu verlieren, hatte ich mich gelassen zu geben und die Gefühle zu zügeln. Polemiken und Provokationen waren fehl am Platz.

Das ist mir, glaube ich, recht gut gelungen. Ich machte auch die angenehme Entdeckung, dass der damalige UdSSR-Botschafter Ivan Ivanovitch Ippolitov, den ich mehr als einmal zitieren musste, bereits ein Vorbote der sich in seinem Lande ankündigenden Veränderungen war: Er war kultiviert, mit ihm konnte man sich fast normal unterhalten; es war herauszuspüren, dass er im Grunde für unser Vorgehen Verständnis aufbrachte, was er aber aus Gründen der Staatsräson natürlich nicht eingestehen konnte. Er war jedenfalls weit entfernt von jenen kalten Apparatschiks aus der Blütezeit des Kalten Krieges, die nur in holzschnittartigen Kategorien dachten. Als ich nach Singapur versetzt wurde, gab der Sowjetbotschafter, mit dem sich, trotz aller ideologischen Unterschiede, gute zwischenmenschliche Bande entwickelt hatten, ein grosses Abschiedsessen für mich und Geladene meiner Wahl. Das war eine unerwartete und grosszügige Geste nach all dem, was offiziell zwischen uns vorgefallen war. Ich erinnere mich gut, wie der britische Botschafter mir gestand, er hätte zuvor noch nie seinen Fuss in die sowjetische Residenz gesetzt – mich freute es doppelt, dass ich ein klein wenig zum west-östlichen Tauwetter beitragen konnte. Die Zeiten hatten sich gewandelt!

Noch keinen Wandel gab es in Ostberlin, wohin mich Staatssekretär Brunner im Frühjahr 1987 zusammen mit zwei weiteren Diplomaten zu Gesprächen mit seinem DDR-Gegenüber Kurt Nier mitnahm. Die Landung in Westberlin, die Fahrt im Auto entlang der trostlosen Berliner Mauer, der Durchgang durch den berühmten Check-Point Charlie, vorbei an mit Maschinenpistolen bewaffneten Volkspolizisten, waren niederschmetternd. Der Kontrast zwischen dem geschäftigen Westberlin und dem dumpfen, teilweise heruntergekommenen Ostberlin – «Hauptstadt der DDR» – hätte grösser nicht sein können.

Brunner pflegte einen regelmässigen Gedankenaustausch mit Nier, zweimal hatte ich solchen Gesprächen in Bern beigewohnt. Wie bei solchen Visiten üblich, machte der Staatssekretär während seines Berlin-Aufenthaltes auch einen Höflichkeitsbesuch bei DDR-Aussenminister Oskar Fischer. Dieser war einmal zu einer Tour d'Horizon nach Bern eingeladen, zu einem Gegenbesuch eines schweizerischen Aussenministers in der Deutschen Demokratischen Republik sollte es jedoch nie kommen – meines Wissens war die Schweiz das einzige westeuropäische Land, das dem «ersten deutschen Arbeiter- und Bauernstaat» auf Magistratsebene nie seine Aufwartung machte.

Es waren sowieso schwierige Zeiten, um einen EDA-Vorsteher zum Reisen ins Ausland zu bewegen, insbesondere wenn die Destination ein osteuropäischer Staat war. Noch immer überwog in weiten Bevölkerungskreisen eine kritische Einstellung zur Reisediplomatie, wiewohl sie in vergleichbaren Ländern längst gang und gäbe war. Es herrschte der Grundtenor vor, dass unsere Bundesräte nichts im Ausland verloren und zu Hause genug zu tun hätten. Bei der Vorbereitung einer längst überfälligen Reise von Bundesrat Aubert nach Moskau bestand die Hauptaufgabe unserer Abteilung darin, ein hieb- und stichfestes Argumentarium aufzubauen, das in der Öffentlichkeit keine oder nur geringfügige kritische Angriffsflächen gegen die Nützlichkeit des Déplacements bieten sollte. Demgegenüber war die Erstellung eines substanziellen Dossiers über den neuesten Stand der bilateralen Beziehungen fast ein Kinderspiel.

Ein Höhepunkt meiner gut zweijährigen Tätigkeit als stellvertretender Chef der Politischen Abteilung I war die Vorbereitung und Durchführung des Staatsbesuchs des deutschen Präsidenten Richard von Weizsäcker während des 1987er-Präsidialjahres von Bundespräsident Pierre Aubert. Die Bundesrepublik Deutschland war das Land, mit dem die Schweiz die engsten nachbarschaftlichen Beziehungen unterhielt. Ausserdem hatte von Weizsäcker als Sohn des deutschen Gesandten einen Teil des Zweiten Weltkrieges in Bern verbracht. Unsere Abteilung hatte in Zusammenarbeit mit den zuständigen Diensten der gesamten Bundesverwaltung und mit wichtigen Wirtschaftsverbänden, wissenschaftlichen sowie kulturellen Organisationen zuhanden der bundesrätlichen Delegation das bilaterale Dossier zu erstellen und die zur Diskussion stehenden anhängigen Fragen zu erarbeiten. Wir hatten auch an den Reden zu schreiben, welche Aubert bei verschiedenen Anlässen an seinen hohen Gast richtete. Die Vorbereitungsarbeit erfolgte natürlich in ständigem Kontakt mit der deutschen Botschaft in Bern, deren Ersten Mitarbeiter ich häufig empfing, sowie mit unserer diplomatischen Vertretung in Bonn.

Sozusagen als Belohnung durften meine Frau und ich dem Galakonzert beiwohnen, das Herbert von Karajan mit den Berliner Philharmonikern aus Anlass des Staatsbesuches in Anwesenheit der Präsidentenehepaare von Weizsäcker und Aubert im bis auf den letzten Platz besetzten Casino-Saal zu Bern gab. Es war das Verdienst des deutschen Präsidenten, dass er seinen Freund Karajan mit dem renommierten Orchester zu einem Auftritt in unserer Hauptstadt bewegen konnte, wo Konzerte auf absolutem Weltklasseniveau doch eher die Ausnahme sind. Der von seiner Krankheit gezeichnete Maestro konnte sich nur mit grosser Mühe zum Dirigentenpult bewegen; aber einmal dort angekommen, waren alle körperlichen Beschwernisse wie weggeblasen: Herbert von Karajan beschenkte, ja entzückte das geladene Publikum mit einem herrlichen Konzert, aus dem die grandiose Wiedergabe der einsätzigen sinfonischen Dichtung «Also sprach Zarathustra» von Richard Strauss noch speziell herausstach.

Am darauf folgenden Tag traf ich übrigens Madame Aubert, die am Vorabend noch ihren Repräsentationspflichten als First Lady nachgekommen war, zufällig auf dem Berner Markt. Die Gattin des Bundespräsidenten mischte sich ohne protokollarische Zwänge und ohne Polizeischutz unter die Leute und kaufte eigenhändig ein – für mich ein schönes Beispiel von unverfälschtem eidgenössischem Bürgersinn und vorgelebter Bescheidenheit.

3.7.5 Als «General» in Panmunjom?

Das abwechslungsreiche, manchmal hektische Geschehen an der Zentrale liess mich fast vergessen, wie rasch die gut zwei Jahre, die ich im Schosse der Politischen Abteilung I verbracht hatte, verstrichen waren. Im Frühjahr 1987 fand ich dennoch die Zeit gekommen, gewisse Überlegungen über meinen nächsten Aussenposten zu machen. Ich unterbreitete den zuständigen Stellen eine Liste mit Einsatzwünschen, wobei ich einer Lösung den Vorzug gegeben hatte, direkt Missionschef an einer kleinen Botschaft in Asien oder Südamerika zu werden.

Ich nahm Abstand von meiner bisherigen Vorstellung, zuerst als Missionschef-Stellvertreter an einer grossen oder grösseren Botschaft mit dem Rang eines (diplomatischen) Ministers zu wirken. Diese Arbeit der Aufgabenverteilung, Koordination und Organisation hätte meines Erachtens nämlich allzu sehr meinem damaligen Job als stellvertretendem Abteilungschef geglichen. Im Unterbewusstsein trieb mich aber auch das Verlangen, nach Jahren des Zudienens endlich «mein eigener Chef» zu werden.

Das Schicksal hatte anderes mit mir vor. Das «Schicksal» war Staatssekretär Brunner, der mich eines Tages in sein Büro bestellte und mir eröffnete, er sähe mich als Chef der Schweizer Delegation der Neutralen Waffenstillstand-Überwachungskommission (NNSC), deren Sitz in dem auf dem 38. Breitengrad gelegenen innerkoreanischen Grenzort Panmunjom ist. Das Engagement in Panmunjom, das auf einem UNO-Mandat basiert, ist die mit Abstand längste Militärmission der Schweiz im Ausland, die auf das faktische Ende des Koreakrieges im Juli 1953 zurückgeht.

Der frühere US-Präsident Bill Clinton hatte einst *«vom furchterregendsten Ort auf Erden»* gesprochen. Ich sollte später im Rahmen meiner Inspektionstätigkeit die Gelegenheit haben, Panmunjom aufzusuchen, und in der Tat lässt selbst ein kurzer Abstecher in diesen gottverlassenen, unheimlichen Flecken keinen Besucher unberührt. Nur wenige Meter voneinander entfernt, stehen sich hier Soldaten des demokratischen Südkoreas und des kommunistischen Nordkoreas direkt gegenüber. Die Grenze verläuft mitten durch die in UNO-Blau gefärbten Baracken der Joint Security Area, wo man sich regelmässig zu Verhandlungen trifft. Mit Ferngläsern wird jede Regung der Gegenseite registriert. Der wortlose Auftritt hüben wie drüben wirkt surrealistisch, ja leicht theatralisch, aber die Anspannung ist spürbar an diesem Ort, wo es den Anschein macht, als ob der Kalte Krieg noch andauere.

Die Überwachungskommission war ursprünglich auf beiden Seiten der Grenze stationiert, mit Vertretern aus den kommunistischen Staaten Polen und Tschechoslowakei im Norden sowie mit solchen aus der Schweiz und Schweden im Süden. Laut ihrem offiziellen Mandat hatte sie über die Einhaltung des Waffenstillstandvertrages zu wachen, aber die NNSC wurde bald einmal wegen der Obstruktionspolitik der kommunistischen Seite zu einer Registrierstelle für personelle und materielle Änderungen in den militärischen Dispositionen der beiden Parteien degradiert. Jahrelang galt es für die personell stark reduzierte NNSC-Mission, durch blosse Anwesenheit die Existenz des Waffenstillstandsabkommens in Erinnerung zu halten – eines Abkommens, das eigentlich längst durch einen Friedensvertrag hätte abgelöst werden sollen.

Als sich 1987 so etwas wie Friedensbemühungen zwischen den beiden verfeindeten Staaten abzuzeichnen begannen, schloss Brunner nicht aus, dass sich auch an der Waffenstillstandslinie am 38. Breitengrad die verhärteten Fronten langsam aufweichen würden. Er sah in mir die geeignete Person, die das nötige diplomatische Gespür mitbrächte, um solche Entwicklungen vor Ort mitverfolgen zu können. Zwar war sich der Staatssekretär bewusst, dass die Hauptimpulse, um Bewegung in die verkrusteten Beziehungen zwischen Nord- und Südkorea zu bringen, weiterhin in erster Linie von Washington und Peking auszugehen hätten, und in zweiter Linie müssten sich die beiden koreanischen Hauptstädte Seoul und Pyöngyang um einen Dialog bemühen.

Staatssekretär Brunner verstand es, mein Ego mit dem Hinweis zu kitzeln, dass er jemanden wie mich brauche, der schon von der äusseren Erscheinung her mit den amerikanischen Generälen mithalten könne und der sich nicht scheue, notfalls auch Klartext zu reden. So galt es, im Ringen um Abgrenzung und Glaubwürdigkeit zu verhindern, dass uns die USA, die ja Partei waren, sozusagen als «ihren Neutralen» zu instrumentalisieren suchten.

Wiewohl die Offerte Brunners für mich völlig überraschend kam, war ich eigentlich nicht abgeneigt, sie anzunehmen, umso eher, als der Staatssekretär mir versprach, dass ich nach Ablauf dieses Mandats als «General» eine Botschaft auf sicher haben würde. Ich ertappte mich dabei, dass die Aussicht auf den Chefposten der Schweizer Delegation irgendwie mein militärisches *feu sacré* neu entfachte, das als Folge meines Eintritts ins Aussenministerium langsam, aber sicher am Erlöschen war. Der Sprung vom Hauptmann zum Grad eines Generalmajors – was bei uns einem

Divisionskommandanten entsprechen dürfte – hätte mich eigentlich sehr gereizt!

Ich hatte allerdings die Rechnung ohne den Wirt, oder besser gesagt die Wirtin, gemacht. Als ich mit Françoise den Vorschlag besprach, hatte sie von Anfang an grosse Zweifel an der Durchführbarkeit des Vorhabens. Diese Zweifel vergrösserten sich nach der Lektüre des Postenberichts: Wir hätten mit zwei Kleinkindern in einem amerikanischen Militärlager in Seoul gelebt, wo uns ein kleines Haus zur Verfügung gestanden wäre. Meine Frau war nicht bereit, im Ausland eine beträchtliche Einbusse an Wohnqualität gegenüber unserer Berner Mietwohnung in Kauf zu nehmen. Die Aussicht, während mehrerer Jahre ein Leben in einem *US Army Camp* zu führen, während ich den grössten Teil meiner Arbeitszeit im gut 30 Kilometer entfernten Panmunjom verbracht hätte, behagte ihr noch weniger.

Alle Leute im EDA, mit denen ich mich über mein Dilemma unterhielt, rieten mir, in den sauren Apfel zu beissen und die Brunner'sche Offerte anzunehmen. Im Falle einer Absage riskierte ich nur, beim allmächtigen Staatssekretär in Ungnade zu fallen und meine weiteren Karriereaussichten schwer zu kompromittieren. Nach reiflicher Überlegung hielt ich mich an das Sprichwort von Montaigne: *«Die Frauen haben nicht unrecht, wenn sie sich den Vorschriften nicht fügen wollen, welche in der Welt eingeführt worden sind; weil die Männer sie verfasst haben, ohne die Frauen zu fragen.»* Ich nahm mein Herz in beide Hände und begab mich ins Büro des Staatssekretärs, um ihm meinen abschlägigen Bescheid bekannt zu geben. Dabei konnte ich ihm recht plausibel darlegen, dass der vorgeschlagene Posten mich interessiert hätte, dass ich mich jedoch den nicht unberechtigten Einwänden meiner Gattin habe fügen müssen. Abschliessend fügte ich bei, dass er, Brunner, mich deswegen hoffentlich nicht in der Versenkung verschwinden lassen werde. Der Staatssekretär lachte nur kurz, machte mir aber keinerlei Vorwürfe. Es folgte für mich eine Zeit der Ungewissheit.

Drei Monate später eröffnete mir Staatssekretär Brunner, dass ich zum Botschafter in Singapur vorgesehen sei – ein Traumposten, für dessen Annahme Françoise und ich nur ein paar Sekunden Überlegungszeit benötigten. Mit meiner Gattin hatte ich hoch gepokert und gewonnen!

3.8 Kurzeinsatz in Jordanien: mein Treffen mit Yasser Arafat

Der Posten des stellvertretenden Chefs der Politischen Abteilung I, der mir nach meiner Leidenszeit unter Botschafter Ritter im Politischen Sekretariat angeboten worden war, wurde erst einige Monate später frei. Staatsekretär Brunner hatte deshalb die Idee, mich für eine Kurzmission von Mai bis August 1985 nach Jordanien zu schicken. Während ich meine Familie in der Schweiz zurücklassen musste, bestand meine Hauptaufgabe am neuen Einsatzort darin, im Hinblick auf die grosse Nahostreise von Bundesrat Aubert die jordanische Etappe so gut wie möglich vorzubereiten, bis der designierte, aber rekonvaleszente Missionschef seinen Posten in Amman antreten konnte. Für mich persönlich war es eine hochwillkommene Gelegenheit, um Distanz zur unglückseligen Ära Ritter zu gewinnen und mir selbst und dem Departement zu beweisen, was ich unter normalen Umständen zu leisten imstande war.

Dementsprechend suchte ich mich durch eine unaufhörliche Abfolge von Gesprächen auf Minister- und Beamtenebene sowie durch Diskussionen mit Diplomaten und Exponenten der Zivilgesellschaft darüber zu informieren, was innen- und aussenpolitisch in diesem Land alles vor sich ging. Der Vertreter der offiziellen Schweiz war ein wohlgelittener Gast. Die bilateralen Beziehungen standen allerdings nicht im Vordergrund; die waren sowieso ausgezeichnet. Die Königinmutter hatte zeitlebens eine grosse Affinität zu unserem Land und insbesondere zu Lausanne bewahrt. Es war denn auch in dieser Stadt, wo der damalige Kronprinz Hussein von seiner Mutter vernommen hatte, dass er nach der Ermordung des Vaters zum Herrscher Jordaniens bestimmt worden war. Damit sollte eine der weltweit längsten Regierungszeiten ihren Anfang nehmen. Die jordanischen Behördenvertreter zeigten sich auch sehr erkenntlich, dass die Schweiz schon mehrmals ihr Territorium für Kontakte zwischen den nahöstlichen Konfliktparteien zur Verfügung gestellt hatte.

Gemäss Weisungen der Zentrale standen für mich der israelisch-arabische Konflikt und die Suche nach einem Verhandlungsfrieden im Zentrum des Interesses. Als aussenstehender Beobachter war ich zunächst verblüfft über die Vielfalt von Ansichten und kritischen Bemerkungen, die offen vorgetragen werden konnten und die es entsprechend zu ordnen galt. Ausserdem las ich mich gründlich in die Geschichte des Königreichs Jordanien ein. Die Arbeit war hektisch, fiel mir jedoch nicht allzu schwer, da ich wusste, dass mein Einsatz zeitlich von begrenzter Dauer war. Zudem faszinierte mich die Arbeit, weil mich der Nahe Osten schon immer interessiert hatte. Jordanien war das erste Land der Region, das ich näher kennen lernen konnte.

Meine Kontaktnahme auf hoher staatlicher Ebene wurde begünstigt durch die Mission des Walliser Nationalrates Bernard Dupont, der als Mitglied der parlamentarischen Versammlung des Europarates von ebendiesem Gremium beauftragt worden war, eine Neueinschätzung der Lage im Nahen Osten vorzunehmen. Das Hauptinteresse galt neben dem bürgerkriegsversehrten Libanon der ungelösten palästinensischen Frage. Ich konnte Dupont bei den Gesprächen mit Kronprinz Hassan bin Talal, dem Bruder des auslandsabwesenden Königs Hussein, sowie mit Aussenminister Taher Masri begleiten. Bei den von der Botschaft arrangierten Begegnungen von Nationalrat Dupont mit dem Minister für die besetzten Territorien, mit dem Speaker des jordanischen Parlaments und mit Brigadegeneral Abdul Razak al-Yahia, Mitglied des PLO-Exekutivkomitees und Direktor des PLO-Büros in Amman, war ich ebenfalls dabei.

Ich hatte übrigens noch zweimal Gelegenheit, auf eigene Initiative bei Kronprinz Hassan im Königspalast vorzusprechen. Diese umgängliche und gelehrte Persönlichkeit, welche die regionale Lage ausgezeichnet zu analysieren verstand, hatte mich tief beeindruckt. Umgekehrt schien er mich als gut informierten diplomatischen Gesprächspartner zu schätzen. Als ich mich am Schluss meiner kurzen Mission brieflich von ihm verabschiedete, liess er mir als Anerkennung für meine Tätigkeit ein handsigniertes Exemplar seines neuesten Buches *«Search for Peace, The Politics of the Middle Ground in the Arab East»* zukommen.

3.8.1 Die aussergewöhnliche Stellung des Königreichs Jordanien im Nahen Osten

Die regionale und globale Bedeutung Jordaniens steht in keinem Verhältnis zur Bevölkerungszahl, Wirtschaftskraft und politisch-militärischen Macht des Landes. Mit Staaten wie Albanien, Singapur, Paraguay und

Neuseeland bevölkerungsgleich, zieht das knapp drei Millionen Einwohner zählende und zu über achtzig Prozent aus Wüste bestehende Königreich das Interesse der Weltöffentlichkeit in weitaus grösserem Masse auf sich, als es bei andern Staaten dieser Grössenordnung der Fall ist. Die Ursachen liegen nicht nur in Jordaniens geographischer Lage im Zentrum der arabischen Welt, sondern in anderen Faktoren, die es von den übrigen Nahoststaaten abheben.

Jordanien ist der einzige arabische Staat, der sich als Nachlassverwalter der «Arabischen Revolte» Scherif Husseins von Mekka, des Urgrossvaters Husseins, und der darauf basierenden Philosophie der historischen Mission betrachtet. König Hussein war der einzige arabische Staatschef, der seine Abstammung auf die Sippe der Haschemiten zurückführen konnte, also auf denselben Stammbaum, dem auch Prophet Mohammed angehört hatte. Er trug als Abkömmling einer legendären Dynastie in königlicher Verantwortung zum verklärten Orientbild vor allem westlicher Bevölkerungskreise bei. Sein Ansehen in der westlichen Welt wurde durch die ständige Aufmerksamkeit der Medien sowie durch den im Westen mit Anteilnahme verfolgten Überlebenskampf des «kleinen Königs» gegen Feinde von innen und aussen potenziert. Das Königreich galt in erster Linie als prowestlicher Staat, der militärisch, politisch und wirtschaftlich insbesondere von den USA abhängig war.

Der Islam in Jordanien ist tolerant und nicht fanatisch. Die Stellung des Islams wird in hohem Masse durch den König bestimmt. Hussein berief sich ganz bewusst auf seine dynastische Abstammung, um dadurch seine eigene Macht zu legitimieren und zu festigen. Als Prophetenabkömmling wurde er von der einfachen Bevölkerung zum Teil als eine geheiligte Person betrachtet und dementsprechend verehrt. Die Ursache für die – etwa im Unterschied zu Saudi-Arabien – tolerante Grundhaltung dürfte auch mit der engen Berührung mit Andersgläubigen, d.h. Juden und Christen, zu tun haben. Seit Jahrhunderten lebten die verschiedenen Religionsgemeinschaften mehr oder weniger friedlich nebeneinander.

Bei der Führung der Staatsgeschäfte zeichnete sich König Hussein auch durch eine ausgewogene Personalpolitik bei den häufigen Kabinettsumbildungen aus, die weiten Bevölkerungskreisen das Gefühl gab, an staatlichen Entscheidungen teilhaben zu können. Repräsentanten der tscherkessischen, beduinischen und christlichen Minderheit waren ebenso vertreten wie Palästinenser und Angehörige der verschiedenen Landesteile sowie des islamischen Klerus.

3.8.2 Die palästinensisch-jordanische Versöhnung und die Friedenssuche mit Israel

Jordanien ist wie kein anderer arabischer Staat mit dem palästinensischen Flüchtlingsproblem konfrontiert und wies zur Zeit meines Aufenthaltes eine der heterogensten demographischen Strukturen aller Nahoststaaten auf. Von den rund drei Millionen in Jordanien lebenden Menschen stammten 800 000 aus dem israelisch besetzten Westjordanland. Etwa 70 Prozent der Bevölkerung waren Palästinaflüchtlinge, die infolge der Kriege von 1948 und 1967 ihre Heimat im heutigen Israel oder in Cisjordanien verlassen hatten bzw. vertrieben worden waren. Als einziges arabisches Land hatte Jordanien den Flüchtlingen volle Staatsbürgerrechte zuerkannt. Beim Besuch des grössten Flüchtlingslagers in Jordanien, das mit über 65 000 Bewohnern der viertgrössten Stadt des Landes entsprechen würde, konnte ich in Erfahrung bringen, dass ein Drittel der in Jordanien lebenden Palästinenser in Lagern untergebracht war.

Palästinensisches Bewusstsein pflegten sowohl die Bewohner der Flüchtlingslager, einschliesslich ihrer in Jordanien geborenen Kinder und Enkel, als auch die seit 1967 freiwillig emigrierten Akademiker, die unter israelischer Besetzung wenig berufliche Chancen sahen oder wegen politischer Ansichten und Aktivitäten von den Israelis zwangsweise über den Jordan abgeschoben wurden. Die Palästinenser unterschieden sich bewusst von den östlich des Jordans wohnhaften Jordaniern (Transjordanier). Während die Ostjordanier vornehmlich von Nomaden abstammen, die ihre Wanderzüge am Jordan beendeten, ist nur ein geringer Teil der Palästinenser beduinischer Abstammung. Die Mehrzahl beruft sich auf die Kaaniter, Hebräer, Syrer, Griechen, Römer, Byzantiner und Kreuzfahrer als Stammväter und leitet daraus eine ethnische, bildungs- und zivilisationsmässige Überlegenheit sowie einen höheren gesellschaftlichen Organisationsgrad ab. Der Widerwille der Palästinenser, sich einer ihnen arabisch erscheinenden Zivilisation anpassen zu müssen, war ebenso gross wie das Bestreben der Beduinen, ihr Arabertum gegen die Anfechtungen des als westlich-degeneriert wahrgenommenen Palästinensertums verteidigen zu müssen. Diese divergierenden Ambitionen und Aspirationen stellten und stellen ein erhebliches Hindernis bei der Entwicklung eines Zusammengehörigkeitsgefühls dar.

Die meisten Palästinenser sympathisierten mit der konservativ-nationalistischen Ideologie der Palästinensischen Befreiungsfront (PLO) von Yasser Arafat. Nach dem ständigen Auf und Ab in den Beziehungen zwischen Jordanien und Palästinenserführer Arafat sah König Hussein nun endlich den Zeitpunkt gekommen, um in Kontakten mit der PLO eine gemeinsame Position im Hinblick auf eine friedliche Lösung des Palästinakonflikts zu erarbeiten. Die gemeinsamen Bemühungen führten schliesslich zum Hussein-Arafat-Abkommen vom Februar 1985. Dessen Kernpunkt war, dass eine gemeinsame jordanisch-palästinensische Delegation aufgrund der Sicherheitsratsbeschlüsse 242 und 338 Verhandlungen über eine Friedenslösung des Nahostkonflikts führen sollte. Nach jordanischer Auffassung kam diesem Dokument eine ausserordentliche Bedeutung zu, indem Arafat trotz des Widerstands innerhalb der PLO mehreren Formeln zustimmte, die bewusst Einwände der USA und Israels zu entkräften trachteten. So sprach der Palästinenserführer von einer «friedlichen Lösung» des Nahostproblems und hatte die Formel «Land für Frieden» akzeptiert. König Hussein hatte sich in Washington in aller Öffentlichkeit dafür verbürgt, dass die PLO diese Zusagen einhielt.

Das war in groben Zügen der Stand der Friedensbemühungen, als ich in Amman weilte. Eine gewisse Aufbruchstimmung war herauszuspüren. In der jordanischen Hauptstadt nahm man indessen mit Befremden zur Kenntnis, dass in Israel die extreme Rechte ständig an Boden gewann, auch in der israelischen Gesellschaft sah man «fundamentalistische» Kräfte am Werk. Extremistische Positionen von Scharfmachern wie Rabbi Kahane und Ariel Sharon, etwa bezüglich des forcierten Siedlungsbaus sowie der Ablehnung des Verhandlungsprinzips «Land für Frieden», gaben Anlass zur Sorge.

Umgekehrt drohten auf der arabischen Seite infolge der Enttäuschung über mangelnde Fortschritte auf dem Weg einer Friedenslösung eine Welle des Radikalismus und insbesondere eine fundamentalistische Rückbesinnung auf islamische Werte.

Mit dieser Einschätzung der Nahostlage zeichneten sich Entwicklungen ab, die sich im Verlaufe der Zeit dramatisch verschärfen sollten.

3.8.3 Meine unverhoffte Begegnung mit Palästinenserführer Yasser Arafat

In Amman lernte ich an verschiedenen diplomatischen Empfängen eine palästinensische Journalistin kennen. Sie war für mich eine interessante Gesprächspartnerin, da sie über die palästinensische Sache sowie über das jordanisch-palästinensische Verhältnis bestens informiert war. Nachdem sie herausgefunden hatte, dass mich das Schicksal des palästinensischen Volkes nicht gleichgültig liess, stellte sie mir eines Tages unvermittelt die Frage, ob ich an einer Begegnung mit Palästinenserführer Yasser Arafat interessiert sei. Für mich kam dieser Vorschlag völlig überraschend, noch überraschender war der Zeitpunkt der Vorsprache: am späten Abend des gleichen Tages!

Ich machte mir selbstverständlich Überlegungen über die politische Opportunität eines solchen Treffens, da Arafat in den meisten westlichen Staaten – einschliesslich der Schweiz – immer noch als «Terrorist» galt, der mit dem Bannstrahl weitgehender Ächtung belegt war. Anderseits wollte ich mir die einmalige Gelegenheit eines solchen Treffens nicht entgehen lassen. Ich hatte keine Zeit mehr, in der Zentrale um Erlaubnis für einen solchen Schritt nachzufragen, und sagte kurz entschlossen zu. Im diplomatischen Beruf gibt es manchmal Grenzfälle, wo man vor Ort abwägen muss zwischen Einhalten der geltenden Vorschriften, politischem Gespür, Risikobereitschaft sowie Augenmass für die eigenen Möglichkeiten und Grenzen.

Im Wissen um die Tatsache, dass der japanische Aussenminister während eines offiziellen Besuches in Jordanien Arafat getroffen hatte, und überzeugt davon, dass ich ein solches Vorgehen im Hinblick auf die Nahostreise von Bundesrat Aubert ebenfalls suggerieren könnte, machte ich mich auf den Weg. Dieser war recht unübersichtlich und abenteuerlich; er führte durch ein mir unbekanntes Gassengewirr in einem Aussenquartier zur «Privatresidenz» Arafats, die von jordanischen und PLO-Sicherheitsleuten bewacht war. Sie war in einem unauffälligen Reihenhaus untergebracht, wo mich der Palästinenserführer zu einem dreiviertelstündigen Gespräch empfing. In diesen leicht muffig wirkenden Räumen hielt sich Arafat übrigens nur tagsüber auf, während er die Nacht aus Sicherheitsgründen im streng bewachten offiziellen jordanischen Gästehaus verbrachte.

Ich sass alleine Yasser Arafat und seinen Begleitpersonen gegenüber. Arafat war vom Speaker des Palästinensischen Nationalrates (PNC = «Parlament»), Sheikh Abdul Hamed Al Saeh, vom stellvertretenden Befehlshaber der PLO-Streitkräfte, Khalil Al Wazir («Abu Jihad»), vom PLO-Exekutivkomitee-Mitglied Mohamed Milhem sowie von weiteren palästinensischen Würdenträgern umgeben, die allesamt kurz zuvor von einer Besprechung mit König Hussein zurückgekehrt waren. Der eher klein und nervös wirkende Palästinenserführer, dessen Arme und feingliedrige Hände ständig gestikulierten und einmal zur Untermalung einer Aussage auf mein Knie niedersausten, trug das für ihn typische weiss-schwarze Kopftuch und die obligate Pistole an der rechten Hüfte. Nicht zu übersehen auf seiner Gurtschnalle war ferner ein Abbild des Felsendoms in Ostjerusalem, der als drittes Heiligtum des Islams gilt.

Beim auf Englisch geführten Gespräch zeigte sich Arafat einleitend erkenntlich für das von den Schweizer Behörden gewährte Entgegenkommen beim Einrichten und Wirken eines PLO-Büros in Genf sowie für die ihm, Arafat, gleichenorts anlässlich einer Palästina-Konferenz erwiesene Gastfreundschaft. Laut Arafat fand die langsame, aber stetige jordanisch-palästinensische Annäherung ihren Höhepunkt im Abhalten des PNC-Kongresses in Amman sowie im Abschluss des jordanisch-palästinensischen Abkommens vom Februar 1985. Für den Palästinenserführer ging es bei der Zusammenarbeit mit Jordanien in erster Linie darum, ein US-Veto auf dem Weg zu einer Friedenslösung zu vermeiden. Er unterstrich, dass die PLO im Hinblick auf die Schaffung eines «Konföderierten arabischen Staates zwischen Jordanien und Palästina» als die einzig legitime Vertretung des palästinensischen Volkes zu betrachten sei.

Palästinenserführer Arafat stand noch ganz unter dem Eindruck des kurz zuvor zu Ende gegangenen Gipfels der Organisation der Afrikanischen Einheit (OAU)[10], an dem die PLO mit Beobachterstatus vertreten war. Die PLO konnte auf die volle Unterstützung der OAU zählen. Mit Genugtuung bemerkte Arafat, dass die palästinensische Frage das «einzige arabische Problem» gewesen sei, das zur Diskussion gestanden habe, während etwa der Saharakonflikt, die Lage im Tschad oder im Südsudan nicht auf der Traktandenliste figurierten. Wie mein Gesprächspartner stolz bemerkte, verfügte die PLO in Afrika nach Ägypten, aber vor allen anderen arabischen Staaten, über das zweitdichteste Netz an diplomatischen Vertretungen (PLO-Büros).

Wiewohl sichtlich unter Zeitdruck, liess es sich Yasser Arafat zum Schluss nicht nehmen, bezüglich der Lage im Libanon eine Attacke gegen den syrischen Präsidenten Assad zu reiten. Bei allem Hass der Schiiten auf die Palästinenser sei es in erster Linie Syrien, das für Unruhe und Blutbäder in den Palästinenserlagern sorge. Die PLO indessen – und hier gab sich Arafat dezidiert und temperamentvoll – hätte in den letzten blutigen Auseinandersetzungen Beweise genug für die Bereitschaft geliefert, dass sie die Lager und ihre Insassen, einschliesslich Kinder, mit allen zur Verfügung stehenden Mitteln zu verteidigen bereit sei. Bereits drei Jahre zuvor hätte die israelische Invasion bezweckt, die Bewegung zu zerschlagen und den palästinensischen Einfluss im Libanon zu eliminieren. Sie sei jedoch damit ebenso gescheitert wie neuerdings Teile des arabischen Lagers, die am palästinensischen Volk Gräueltaten verübten: *«We are there and nobody can easily crack us.»*

Als sich Yasser Arafat samt Delegation zu einer Besprechung beim jordanischen Premierminister aufmachte, flüsterte mir Milhem zu, dass sich der PLO-Chef, der durchschnittlich achtzehn Stunden pro Tag arbeite, erst dann zur Ruhe setzen werde, wenn er in Jerusalem einziehen könne und wenn der palästinensische Staat geschaffen sei …

Mir bleibt noch, nachzutragen, dass man im Aussenministerium in Bern über meine vertrauliche Unterredung mit der unbestrittenen palästinensischen Symbolfigur nicht überall erbaut war. Dort wurde die Meinung vertreten, dass Bundesrat Aubert als Folge einer Begegnung mit Arafat innenpolitisch in Schwierigkeiten geraten könnte. Die Zeit war offensichtlich noch nicht reif, um mit dem von den USA und Israel nach wie vor als Terroristen verschrienen Palästinenserführer ins Gespräch zu kommen.

Staatssekretär Brunner, der ein ausgesprochenes Gespür dafür hatte, das internationale Geschehen antizipieren zu können, nahm mir mein Vorpreschen nie übel. Gute zwei Jahre später war er es, der sich mit dem PLO-Chef in offizieller Mission in Genf traf. Arafat war salonfähig geworden. Wiewohl mit meiner Begegnung keine Lorbeeren zu holen waren, konnte ich mir nachträglich immerhin einreden, dass ich der erste Schweizer Diplomat war, der mit Yasser Arafat in Kontakt getreten war …

* * *

So ändern sich die Zeiten, wenn auch die Probleme für die palästinensische Sache die gleichen geblieben sind oder sich sogar verschlimmert haben: Es brach vorübergehend eine Epoche an, wo in der internationalen Wahrnehmung der «Terrorist» Arafat in den Hintergrund trat und dem auf einen Ausgleich drängenden Palästinenserführer als «Mann des Friedens» Platz machte. Wie der weitere Verlauf der Geschichte gezeigt hat, sollte es Jahre später dem erneut als «Terrorist» verteufelten Palästinenserführer verwehrt bleiben, sein Ziel der Schaffung eines lebensfähigen Palästinenserstaates zu erreichen.

Der 1929 in Kairo geborene Yasser Arafat war in der zweiten Hälfte des 20. Jahrhunderts, mit dem *nom de guerre* Abu Ammer, einer der bekanntesten nationalistischen Führer, die den Übergang von der kolonialen zur nachkolonialen Weltordnung geprägt hatten. Wie wenige dieser Führer war er zur Symbolfigur geworden, in der sich die Wünsche und Hoffnungen seines Volkes verkörperten. Diese Stellung hatte Arafat erreicht, obschon seine Karriere nur aus wenigen Erfolgsmeldungen, dafür aber aus vielen militärischen und politischen Rückschlägen und Niederlagen bestand.

Tatsächliche Macht hatte Yasser Arafat kaum je besessen, weshalb er sich zu ständigem Lavieren gezwungen sah; er musste sich mehr mit symbolischer Macht begnügen, die ihm Israel zuzugestehen bereit war. Diese verwaltete er wie ein gewöhnlicher arabischer Machthaber, der in seinem eigenen Lager geschickt zu taktieren verstand, der listig, selbstgerecht und tyrannisch seine Entscheidungen durchsetzte und seine Stellung verteidigte. Die Tragik Yasser Arafats war, dass er den Sprung vom Guerillaführer zum Staatsmann nie richtig schaffte; schicksalhafte Entscheidungen, die für sein Volk und dessen Geschichte richtungweisend waren, hatten Seltenheitswert.

Dies tat seinem Status als Identifikationsfigur keinen Abbruch. Im Konflikt mit Israel hatte er nicht nur das politische Schicksal der Palästinenser, sondern auch ihr Selbstverständnis geprägt. Die jahrzehntelange, blutige Auseinandersetzung gestattete ihm paradoxerweise, seinem Volk überhaupt eine palästinensische Identität zu verleihen. Es gibt Stimmen, die behaupten, dass sich ohne die Gegenkraft der zionistischen Staatsgründung eine unabhängige palästinensische Identität wohl gar nie konkretisiert hätte und die Palästinenser wahrscheinlich diffuser Bestandteil eines grosssyrischen Staates geblieben wären.[11] Wie dem auch sei, die grosse historische Leistung Arafats war es, dass nur er die einigende Klammer bildete als Vertreter der Flüchtlinge in der Diaspora wie der Einwohner des Westjordanlandes, des Gazastreifens und Ostjerusalems, der Muslime wie der Christen, der Säkularen wie der islamistischen Hamas-Bewegung. Die Angst, die Arafats Tod bei den Palästinensern auslöste, war und ist jene vor dem Auseinanderbrechen der Identität, welche der Raïs als Symbolgestalt im Guten wie im Schlechten verkörpert hatte.

3.8.4 Besuch jordanischer Sehenswürdigkeiten zum Abschluss

Die für mich unerlässlichen Besuche der jordanischen Sehenswürdigkeiten sparte ich zum grössten Teil für die Endphase meiner hektischen Monate im Haschemitischen Königreich auf. Dieses Vorgehen drängte sich umso eher auf, als meine Frau mich zum Abschluss meines Aufenthalts besuchen kam und wir das Land gemeinsam bereisen konnten.

Jordanien ist eines der interessantesten Reiseländer des Nahen Ostens, das sich inmitten einer unruhigen Region durch relative politische Stabilität auszeichnet. Auf verhältnismässig engem Raum bietet es eine grosse landschaftliche Vielfalt: Wüsten wechseln ab mit wilden Felsengebirgen, liebliche grüne Hügel mit kahlen Küsten am Roten Meer und schönen Stränden. Man kann das bescheidene Leben der Beduinen studieren und den Fleiss der kleinen Bauern; in der Talsenke des Jordans kann man Plantagen von hoher Qualität bewundern, die israelischen in nichts nachstehen. Man erlebt die bunte Mischung der Bevölkerung in Religion, Herkunft und Lebensweise. Überall, auch im entferntesten Landstrich und bei der ärmsten Familie, trifft der Reisende auf die traditionelle arabische Gastfreundschaft, deren selbstverständliche Grosszügigkeit uns Westeuropäer manchmal fast etwas beschämt.

Kulturgeschichtlich gesehen zeugen kleine, aber prächtige Wüstenschlösser von der Lebenskunst und Weisheit der ersten islamischen Herrscher, erinnern mächtige Burgen an die stürmische Zeit, als die Kreuzfahrer das Heilige Land und sein Vorfeld für das christliche Abendland gegen den Islam halten wollten. Nicht zuletzt ist Jordanien auch ein Land der Bibel, wie der *Berg Nebo,* auf dem Moses nach vierzigjähriger Wüstenwanderung das von Gott seinem Volk verheissene «gelobte Land» erblickt haben soll und wo er auch starb. Wie zu Moses' Zeiten ist auch heute der Blick vom Berg Nebo grossartig. Man schaut über die steilen und vielfarbigen Abhänge des Jordangrabens hinweg zum Toten Meer, man erkennt die Einmündung des Jordans; auf den gegenüberliegenden Höhen des israelisch besetzten Westjordanlandes zeichnen sich bei klarer Sicht die Türme Jerusalems gegen den Horizont ab, und im Norden ist jenseits des Jordans die Oase Jericho als dunkelgrüner Schatten erkennbar.

Einsamer Höhepunkt unseres Jordanien-Aufenthaltes war jedoch die 300 Kilometer südlich von Amman gelegene *Felsenstadt Petra.* Wir sollten sie Jahre später von Syrien aus erneut aufsuchen, dieses Mal in Begleitung unserer halbwüchsigen Söhne. Petra gehört zu den eindrucksvollsten Ruinenstätten der Welt. Dort bewundert der Besucher turmhohe Felsenmausoleen, Tempel, Heiligtümer, Grabfassaden, Theater, Wasserleitungen und Zisternen, die in den vorwiegend braun, rotbraun, gelblich oder auch intensiv rotviolett getönten Felsenkessel aus Sandstein gehauen wurden.

Die Felsenstadt verdankte ihre Bedeutung in der Antike vor allem ihrer Lage in dem schwer zugänglichen Sandsteinmassiv, das einen Teil des Randgebirges östlich des Grabenbruchs zwischen Totem und Rotem Meer bildet. Aus dem verkarsteten Kalkboden zwischen den Sandsteinlagen entspringt die starke Quelle Ain Musa, die Mosesquelle, die am Rand der Wüste günstige Bedingungen für Rast- und Siedlungsplätze schuf. Der Überlieferung nach soll Moses dort mit seinem Stab Wasser aus dem Felsen geschlagen haben, als er das Volk Israel von Ägypten durch die Wüste ins Gelobte Land führte. Die Quelle ermöglichte menschliches Leben, die

Abgeschiedenheit des Tals gewährte Sicherheit, die günstige Verkehrslage aber sorgte für Wohlstand und Reichtum ihrer Bewohner. So konnte Petra während Jahrhunderten seine wichtige Stellung im Vorderen Orient behaupten.

Das längst verschwundene Volk der Nabatäer entwickelte im Kontakt mit Griechen, Römern und unter ägyptischen Einflüssen sowie durch den Wechsel vom nomadischen zum sesshaften und städtischen Leben eine einzigartige Kultur, deren politischer, kommerzieller und sakraler Mittelpunkt Petra als Zentrum des Reiches war. Die Geschichte dieser antiken Randkultur, die im ersten vorchristlichen Jahrhundert ihren Höhepunkt erreichte, ist deshalb so faszinierend, weil beim Zusammentreffen mit den Hochkulturen des Mittelmeerraumes von beiden Seiten her überraschend schöpferische Impulse freigesetzt wurden.

Für mich grenzt Petra an ein Weltwunder, etwa vergleichbar einer anderen grossartigen Ruinenstätte, die auch abseits der grossen Touristenströme liegt und noch schwieriger zugänglich ist. Ich meine die mit unzähligen Tempeln und Pagoden übersäte Ebene bei Padang in Burma.

* * *

Mein erster Kurzeinsatz in einem arabischen Land neigte sich rasch dem Ende zu. Mit reichen Eindrücken versehen, musste ich mich in Begleitung meiner Gattin von Jordanien verabschieden. Die Heimreise in die Schweiz wurde uns versüsst durch einen Zwischenhalt in Kairo, wo wir bei Hans-Peter und Freda Erismann eingeladen waren. Mein ehemaliger Kollege und guter Freund aus gemeinsamen Warschauer Zeiten war nun Erster Mitarbeiter an der Schweizer Botschaft in Ägypten. Er stellte uns ein Besuchsprogramm zusammen, das neben den Sehenswürdigkeiten der ägyptischen Hauptstadt die Pyramiden in Gizeh sowie eine mehrtägige Bootsfahrt auf dem Nil umfasste. Bei Luxor und Karnak konnten wir einen Teil der mächtigen Tempel- und Gräberanlagen bewundern. Weiter flussaufwärts erreichten wir – vorbei an zahlreichen anderen, gut erhaltenen Stätten aus der Pharaonenzeit – Assuan. Wir liessen es uns nicht nehmen, von dort aus nach Abu Simbel zu fliegen, um den Ramses-Tempel mit den vier sitzenden Riesenfiguren und weitere Anlagen zu besichtigen. Die Tempel, die von den Wassern des Assuan-Stausees bedroht waren, wurden bekanntlich durch eine Aktion der UNESCO gerettet. Alle wichtigen Teile (Statuen, beschriftete Felsplatten usw., mit einem Gewicht von etwa 20 000 Tonnen) wurden auf einem 180 Meter landeinwärts und 64 Meter höher gelegenen Plateau originalgetreu wieder aufgebaut. Eine gewaltige Leistung des internationalen Kulturgüterschutzes!

Zurück in Bern trat ich – wie ich anderweitig berichtet habe – meinen neuen Posten als stellvertretender Chef der Politischen Abteilung I an, den ich knappe zweieinhalb Jahre lang ausüben sollte, bevor ich zum Botschafter in Singapur ernannt wurde.

3.9 Als erster Schweizer Botschafter in der Republik Singapur

Die vom Bundesrat abgesegnete Beförderung zum Missionschef ist in der Diplomatie einer der wichtigsten Karriereschritte überhaupt. Sie bedeutet den Aufstieg vom mittleren Kader zu einem Chefposten mit entsprechendem Verantwortungs- und Aufgabenbereich. Singapur war für mich ein Traumlos, dies umso mehr, als die schweizerische Vertretung im Stadtstaat eine Aufwertung erfahren sollte: Ich wurde der erste – wie es so schön heisst – «ausserordentliche und bevollmächtigte Botschafter der Schweiz in der Republik Singapur», während dort bis anhin ein ständiger Geschäftsträger tätig gewesen war. Damit wurde schweizerischerseits der gestiegenen Bedeutung von Singapur als Wirtschafts- und Finanzplatz sowie als politischem Beobachtungsposten für den südostasiatischen Raum Rechnung getragen. (Abb. 5: Übergabe des Beglaubigungsschreibens an den singapurischen Staatschef Wee Kim Wee, Dezember 1987)

3.9.1 Die «Schweiz Asiens» – ein reglementierter Staat von Zucht und Ordnung

Anfang Dezember 1987 kamen meine Familie und ich in Singapur an, als das Zentrum des tropischen Einkaufsparadieses in ein buntes vorweihnächtliches Lichtermeer getaucht war. In einem Rummel amerikanischen

Ausmasses plärrten überall Weihnachtsmelodien aus Lautsprechern, überdimensionierte Kunststoffnikoläuse auf rentiergezogenen Schlitten im Watteschnee sowie Bambis und Zwerge zogen die Aufmerksamkeit auf sich. Im Wettstreit mit gold- und rotfarbenen Drachen – das chinesische Neujahr kündigte sich bereits an – buhlten sie um die Gunst des Publikums. Die kitschige Weihnachtsillusion war fast vollständig, wenn nur nicht die feucht-heisse Tropenhitze gewesen wäre …

Die Einschaltung der Weihnachtsbeleuchtung, welche jeweils Ende November durch einen vom Staatspräsidenten getätigten Knopfdruck erfolgte, gehörte zu einem jährlich wiederkehrenden Ritual. Diesem offiziellen Festakt wohnten neben Regierungsvertretern, dem diplomatischen Corps sowie Exponenten der Zivilgesellschaft, die auf einer eigens errichteten Ehrentribüne Platz nahmen, auch Abertausende von Schaulustigen bei.

Wie ich schnell herausfinden konnte, war Singapur ein fruchtbarer Boden für das Wirken eines Schweizer Missionschefs, da unser Land in vielerlei Hinsicht zum Vorbild genommen wurde und wird. Singa Pura – die Löwenstadt – wird oft die «Schweiz Asiens» genannt und sieht sich selbst gerne so. Ein Teil davon ist Geschichte, anderes ist Folklore, aber Parallelen bestehen, wenn man von den offensichtlich völlig verschiedenen geschichtlichen und geographischen Voraussetzungen absieht. In Singapur, wie in der Schweiz, setzt sich die Bevölkerung aus verschiedenen Ethnien zusammen, die verschiedenen Kulturen angehören und verschiedene Sprachen sprechen und die danach trachten, friedlich zusammenzuleben. Ihre rohstoffarmen Volkswirtschaften weisen eine im Vergleich zum Heimmarkt weit überproportionale Bedeutung und Kaufkraft auf. Beide Länder und ihre Bevölkerung werden als reich, fleissig, ordentlich und sauber wahrgenommen; beide haben auch viel zu verlieren. Die singapurische Aussenpolitik wird deshalb – noch ausgeprägter als die schweizerische – angesichts der Kleinheit des Landes, des permanenten Gefühls hoher Verletzlichkeit und des Rohstoffmangels, stark von wirtschaftlichen und sicherheitspolitischen Überlegungen diktiert.

Die Regierung hatte von Anfang an versucht, potenzielle Aggressoren von einem Angriff auf den Stadtstaat abzuschrecken. Dazu diente in erster Linie eine Armee mit einer Grundstärke von 55 000 ständig im Einsatz stehenden Bürgersoldaten sowie über 200 000 Reservisten, welche innerhalb von sechs Stunden mobilisiert werden konnten. Die fehlende strategische Tiefe des Kleinstaates glaubte man durch eine über die Landesgrenzen hinaus einsatzbereite, schlagkräftige Luftwaffe sowie durch eine Miniaturkriegsmarine wettmachen zu können.

Bei der Erarbeitung einer gangbaren Einsatzdoktrin hatte Singapur in den Sechzigerjahren vergeblich versucht, mit den angesehenen blockfreien Staaten Indien und Ägypten zusammenzuarbeiten. Als Alternative sprang Israel ein, das sich eben im Erfolg des Sechstagekrieges von 1967 hatte sonnen können. Eine beträchtliche Anzahl israelischer Militärberater weilte in der Folge im Stadtstaat. Als ich in Singapur im Einsatz war, wirkte immer noch das israelische Modell nach, auch wenn die Präsenz israelischer Experten aus Rücksicht auf die muslimischen Nachbarstaaten stark abgebaut worden war. Dafür ging man immer mehr dazu über, das politisch leichter vertretbare Schweizer Vorbild zu adoptieren. Dieser Wandel zeigte sich am ehesten in der Annahme unseres damaligen Konzepts der Gesamtverteidigung sowie des Zivilschutzes.

Wie mir der frühere indonesische Aussenminister Mochtar Kusumaatmadja bei einer zufälligen Begegnung in Singapur einmal erklärte, hatte nicht zuletzt Indonesien Druck auf die singapurische Führungsspitze ausgeübt, sich von der israelischen Einsatzdoktrin, welcher Präventivschläge ins feindliche Hinterland zugrunde liegen, loszusagen und sich vielmehr dem Konzept eines Staates wie der Schweiz zuzuwenden, welcher mit dem umliegenden Ausland in Frieden zusammenzuleben bereit ist. Vor diesem Hintergrund war die Äusserung von Premierminister Lee Kuan Yew zu verstehen, die er im Februar 1990 Schweizer Journalisten gegenüber machte: *«What we want is simply peace and quiet. We don't covet anybody's territory; we do not want a West Bank or a Gaza Strip problem. We are quite happy to be an island.»*[12]

Bei allen Ähnlichkeiten zwischen Singapur und der Schweiz gibt es auch beträchtliche Divergenzen zwischen den beiden Staaten, die durch unterschiedliche Entwicklungen in Geschichte und Kultur gekennzeichnet sind. So etwa wenn die Regierung des Inselstaates mit Kampagnen unaufhörlich versucht, dem Volk ein soziales Verantwortungsbewusstsein einzuimpfen, dabei aber oft übers Ziel hinausschiesst und den Freiheitsraum des Einzelnen sehr stark einschränkt. Solche Kampagnen sind eine alte chinesische Tradition, so wie etwa Mao Tse-Tung nach der Art der Vorfahren durch zahlreiche Kampagnen den neuen sozialistischen Menschen zu schaffen versuchte.

Das Gesamtergebnis kann sich dennoch sehen lassen. Singapur war und ist in vielerlei Hinsicht ein Sonderfall. Wie kaum ein anderes Land hatte der Stadtstaat in einer Generation den Sprung vom Entwicklungsland zum hochentwickelten Finanz- und Dienstleistungszentrum geschafft. Es spricht für die Reife der Bevölkerung, dass sie in der kolonialen Phase nicht nur Schlechtes sah, sondern sie als integralen Teil der nationalen Entwicklung voll akzeptiert hat. Wo sonst als in Singapur gibt es eine ehemalige Kolonie, welche die Statue zur Erinnerung an den ersten Kolonisator Sir Stamford Raffles, der Anfang des 19. Jahrhunderts die Pirateninsel am südlichen Ende der Malaiischen Halbinsel im Auftrag der *British East India Company* dem Sultan von Johor abgekauft hatte, sorgsam unterhält?

* * *

Der das alles möglich gemacht hatte, war Lee Kuan Yew, der während seiner langen Regierungszeit Singapur mit seiner Persönlichkeit entscheidend geprägt hatte. Dieser Abkömmling vom Stamm der Hakka aus dem rauen Norden Chinas war ein bedeutender Staatsmann, zweifellos autoritär, aber unbestechlich. Der westlich-angelsächsisch erzogene Lee sah und sieht sich selbst keine Schwäche nach. Um Hochleistung zu produzieren, gab der vormalige Kettenraucher den Zigarettenkonsum auf und begann mit Jogging sowie dem Golfspiel. Es war aufschlussreich, zu sehen, dass unter dem moralischen Zwang, wie der Chef fit zu sein, selbst der unsportlichste Minister gehalten war, den Golfschläger zu schwingen! Lee Kuan Yews Leben war geprägt von Rationalität und Effizienz. Es versteht sich, dass er keine Zeit hatte, Diplomaten zu empfangen, ausser diese begleiteten hohe Politiker zu Aussprachen mit ihm.

Lee Kuan Yew hatte die Administration, ja den ganzen Stadtstaat, nach eigenen Vorstellungen umgeformt, weil ihm – mehr noch als anderen Führern in Südostasien – das Vertrauen in die Reife und die politische Vernunft der Bevölkerung fehlte. Der immer wieder bemühte Konfuzius, dessen strenger Moralkodex die sinisiert-asiatische Welt von China über Korea und Japan bis nach Singapur prägt, meint über die Beherrschten: «*Das einfache Volk soll dazu erzogen werden zu tun, was es zu tun hat, und nicht dazu, Fragen zu stellen, warum es das zu tun hat.*» Der gute Herrscher hat das Mandat des Himmels und ist dem Volk keine Rechenschaft schuldig. Nach Lee sollte der Staat deshalb nicht in erster Linie Freiheitsräume schaffen, sondern Ruhe und Ordnung garantieren sowie die Stabilität erhalten, welche die Grundlagen für den Wohlstand bilden. Mein Residenzland wurde denn auch etwa als «*capitalist society run by a Leninist party*» definiert, was leicht überzeichnet war, aber mehr als nur ein Körnchen Wahrheit enthielt.

Zwar hatte es unter Lee Kuan Yew immer wieder Wahlen gegeben, aber es waren keine Wahlen im westlichen Sinne. Sie dienten der dominierenden Regierungspartei zur blossen Mandatserneuerung, nicht jedoch dem freien Wettbewerb unterschiedlicher politischer Zielsetzungen. Positiv zu vermerken galt es dafür, dass kein anderes nichtkommunistisches Land in Asien einen so hohen Stand an öffentlicher Moral wahrte wie Singapur; und sogar die gesellschaftlichen Verhaltensnormen liessen den Zuchtmeister Lee Kuan Yew erkennen: Singapur hielt den bürgerlichen Anstand hoch, der in Europa nur noch wenig gilt und in unseren Breitengraden zu einem grossen Teil dem ungezügelten Freiheitsverlangen der Menschen hat weichen müssen.

Am 28. November 1990 war ich Zeitzeuge der Ablösung des allmächtigen Premierministers Lee Kuan Yew durch den fünfzigjährigen Goh Chok Tong, was einem wichtigen Einschnitt in der Existenz des Stadtstaates gleichkam. Es spricht für das Verantwortungsgefühl und die politische Weitsicht Lees, dass er nach einunddreissigjähriger Regierungszeit die Nachfolgeregelung selbst rechtzeitig an die Hand nahm und bereits Jahre zuvor begonnen hatte, sich mit der schrittweisen Ablösung der «Alten Garde» durch Politiker der sogenannten «zweiten Generation» zu befassen.

Bemerkenswert und für diese Weltgegend einmalig war, dass der Übergang von Lee Kuan Yew zu Goh Chok Tong trotz etlicher weltpolitischer Ungewissheiten sozusagen ohne störende Nebengeräusche über die Bühne gehen konnte. Goh Chok Tong, der aus bescheidenen Verhältnissen stammte und von seinem politischen Ziehvater Lee Kuan Yew aus der Privatwirtschaft geholt worden war, gab sich keinen Illusionen hin, er wusste, dass sein Mandat nicht leicht sein würde, da er unweigerlich an seinem Mentor gemessen würde. Und Letzterer hinterliess, wie Goh in aller Offenheit meinte, eine «allzu grosse Schuhnummer».

Goh plädierte indessen recht geschickt dafür, ihn so zu nehmen, wie er sei: Wenn es darauf ankam, konnte er sich wie Lee Kuan Yew hart entschlossen geben; vom Naturell her war er jedoch viel mehr auf Kollegialität und Konsens ausgerichtet und übte einen offeneren und «volksnäheren» Regierungsstil aus. Er wollte aus Singapur eine kulturbewusstere Gesellschaft machen, welche attraktiv genug sein sollte, um Tausende von gut qualifizierten Landsleuten von der Emigration nach dem Westen oder nach Australien oder Neuseeland abzuhalten. Aber selbst für Goh Chok Tong war es undenkbar, die Macht mit einer nennenswerten Opposition teilen zu müssen, weil dies seiner Meinung nach nur eine reine Verschwendung von Zeit und Energie dargestellt hätte, die dann bei der Lösung der wichtigen anfallenden Probleme fehlten …

3.9.2 Wirtschaftsförderung: Anstoss zur Gründung der «Swiss Business Association»

Das war also das Umfeld, in dem ich von 1987 bis 1991 zu wirken das Privileg hatte. Angesichts der Bedeutung Singapurs für die Schweizer Wirtschaft und den Bankensektor, bestand meine Hauptaufgabe in der Beobachtung der Wirtschaftsentwicklung sowie der aktiven Handelsförderung.

Die Schaffung eines Netzwerks an guten Adressen gehört zu den ersten Aufgaben eines neu ankommenden Botschafters. Mit den Berufskollegen verlief dies meistens problemlos und man erhielt erst noch interessante und nicht leicht zugängliche Informationen über das Residenzland. Der Kontakt zu den Ministern und Behörden war indessen nicht immer leicht, da Höflichkeits- und Antrittsbesuche – ausser im Aussenministerium – nach dem Vorbild Lee Kuan Yews nicht erwünscht waren. Ich machte es mir deshalb zur Gewohnheit, möglichst viele Anlässe, wo Minister als

Ehrengäste fungierten, zu besuchen. Auf diese Weise lernte man sie einen nach dem anderen kennen.

Eine andere gängige Methode war das Golfspiel, das im Stadtstaat ein Muss war. Wiederum nach dem Vorbild Lee Kuan Yews konnten nämlich ohne weiteres einzelne Minister sowie hohe Beamte auf dem Golfgelände angetroffen werden. Mehr als einmal hatte ich im Lauf der Zeit ein Problem auf dem Golfplatz regeln können. Dort waren die Politiker nämlich direkt ansprechbar und nicht – wie im Büro – durch eine fast undurchdringliche Mauer von persönlichen Beratern und Sekretärinnen von der Aussenwelt abgeschirmt.

Zum Golfspiel kam ich rein zufällig. Die kleine, aber wunderschön gelegene Schweizer Residenz befindet sich kaum hundert Meter vom renommierten *«Singapore Island Country Club»* entfernt, auf der Höhe des zweiten Abschlags. Da wäre es eine schwere Unterlassungssünde gewesen, sich nicht in die Geheimnisse dieser speziellen Sportart einweihen zu lassen. Dies umso mehr, als mir das Tennisspielen wegen der ständigen abrupten Laufwechsel zusehends Probleme mit den Kniegelenken bereitete. Der Golf-Virus hatte mich vom ersten Tag an befallen und nicht mehr losgelassen.

* * *

Die ersten Spuren schweizerischer Wirtschaftspräsenz in Singapur gehen auf die Sechzigerjahre des 19. Jahrhunderts zurück, als die offizielle Schweiz überhaupt noch nicht vor Ort vertreten war. Renommierte Handelsfirmen gründeten ihre ersten Niederlassungen, weil sich die Insel unter britischer Herrschaft rasch zu einem wichtigen Handelszentrum in Südostasien und Fernost entwickelt hatte. Im industriellen Bereich war es besonders der in der Ostschweiz beheimatete Textilsektor, der im Stadtstaat Fuss zu fassen begann. Die lange Zeit recht bescheidene Schweizer Kolonie ist vor allem seit dem Zweiten Weltkrieg beträchtlich gewachsen. Singapur war aber nie – das trifft auch für Asien generell zu – eine Destination für schweizerische Emigranten, wie dies etwa für Süd- und Nordamerika der Fall war.

Im Stadtstaat sind zum grössten Teil Landsleute tätig, die im Auftrag ihres international ausgerichteten Unternehmens nur für eine bestimmte Zeit an einem bestimmten Ort zum Einsatz kommen, bevor sie weiterversetzt werden. Dieses System ist nicht unähnlich den zeitlich und örtlich begrenzten Mandaten von uns Diplomaten. Dementsprechend gibt es keine alteingesessene Kolonie, sondern im besten Fall jahrzehntelang ansässige Landsleute, die aber die Ausnahme von der Regel bilden, wie etwa Werner Ernst Huber. Von Eingeweihten und Freunden «Jim» genannt, war und ist er der verdienstvolle Doyen und Förderer der Schweizer Kolonie, dessen reichen Erfahrungsschatz ich in der Folge immer wieder anzapfen konnte. Der mit einer Chinesin verheiratete Huber war nach dem Zweiten Weltkrieg nach Singapur gekommen, wo er als Selfmademan eine eigene Firmengruppe aufbaute, in welcher die *Anglo-Swiss Trading Company* sowie *Boncafé* eine Sonderstellung einnehmen. Von der lokalen Geschäftswelt wird der umgängliche Huber als inoffizieller Botschafter betrachtet, weil er wie kaum ein anderer für schweizerische Eigenschaften wie Qualität und Effizienz einsteht.

Zu meiner Zeit waren gegen siebenhundert Schweizerinnen und Schweizer auf der Botschaft registriert. In zahlreichen Kontakten durfte ich bald mit grosser Genugtuung feststellen, dass die Schweizer Kolonie, vorwiegend Unternehmer und Geschäftsleute mit ihren Familien, ein überdurchschnittlich hohes Niveau aufwies. Über hundert Schweizer Firmen mit zum Teil eigenen operativen Einheiten waren tätig, hinzu kamen dreihundert einheimische Firmen, die über ein Schweizer Mandat verfügten, was von der Stärke der helvetischen Präsenz in Singapur zeugte.

Hinter den USA, Japan, Grossbritannien und den Niederlanden war die Schweiz der fünftgrösste ausländische Investor. Auf der Exportseite dominierten die Uhren – Singapur war einer der weltweit bedeutendsten Umschlagplätze für Schweizer Uhren geworden. Mit grossem Abstand folgten Erzeugnisse der chemisch-pharmazeutischen Industrie, Maschinen, elektrotechnische Apparate, Instrumente, Schuhe sowie Schmuckwaren und Edelmetalle. Das bedeutende Volumen der Exporte erklärte sich aus der Funktion Singapurs als des wichtigen Versorgungs- und Verteilzentrums für den südostasiatischen Raum. Im Handelsaustausch überwogen die Exporte bei weitem die Importe, welche vor allem Schmucksteine, Edelmetalle, Apparate und Instrumente umfassten.

Die im Stadtstaat niedergelassenen Schweizer Banken arbeiten – wie die meisten ausländischen Banken – offshore. Singapur ist für sie in erster Linie das fehlende Verbindungsstück im weltweiten Devisenhandel zwischen Europa, New York und Japan. Auch Privatkunden sind nicht nur Singapurer, sondern vielmehr Staatsangehörige aus den umliegenden Ländern. International bekannte Speditionsfirmen wie Panalpina und Danzas benutzen den Inselstaat ebenfalls primär als Ausgangspunkt für ihre vielfältigen Tätigkeiten im südostasiatischen Raum.

Ich machte es mir gleich am Anfang zur Aufgabe, neben der obligaten Kontaktaufnahme mit Behördenvertretern auch alle schweizerischen Unternehmen – ob gross oder klein, ob KMU oder multinationaler Konzern – zu besuchen, um mir aus erster Hand Rechenschaft über das Ausmass unseres vielfältigen wirtschaftlichen Engagements in Singapur zu geben. Es galt auch herauszufinden, wo allenfalls Probleme auftauchten, die mit den offiziellen staatlichen Stellen besprochen werden sollten. Mein Vorgehen schien allgemein auf grosse Zustimmung gestossen zu sein.

Anstoss zur Gründung der «Swiss Business Association»: Ich stellte bald einmal fest, dass es trotz unserer mannigfaltigen Wirtschaftspräsenz keine Institution gab, wo sich die Leiter schweizerischer Unternehmen treffen und aussprechen konnten. Es hatte zwar in der Vergangenheit gelegentliche Zusammenkünfte in der Schweizer Residenz gegeben, aber sie hatten nicht regelmässig stattgefunden, und deren Ansetzung war für meinen Geschmack allzu sehr von der Initiative des einzelnen Postenchefs abhängig. Ich kam deshalb zum Schluss, dass angesichts der Bedeutung unserer Wirtschaftsinteressen in Singapur eine Organisation geschaffen werden sollte, die zur Hauptsache von Exponenten unserer vor Ort vertretenen Unternehmen getragen und geführt werden musste. Meine Vorstellung war, die Botschaft nur noch flankierend zu involvieren, indem deren Handelsdienst die unabdingbare Sekretariatsarbeit zu übernehmen hätte. Ich hatte begonnen, Sondierungsgespräche mit Persönlichkeiten aufzunehmen, die für Führungsaufgaben in Frage kamen.

Plötzlich nahm die Gründung einer solchen Institution einen dringlichen Charakter an. Was war geschehen?

Für den in Singapur ansässigen NZZ-Korrespondenten war die Nominierung eines Nichtschweizers als Swissair-Manager im Stadtstaat Grund genug, um einen kritischen Artikel zu veröffentlichen. Darin stellte er die Frage, ob sich die nationale Fluggesellschaft als Inbegriff eines schweizerischen Unternehmens einen solchen Schritt überhaupt leisten könne. Und der Journalist stellte bedauernd fest, dass sich immer weniger Landsleute für Kaderstellen im Ausland motivieren liessen. Als Hauptgründe wurden die angeblich besseren Karriereaussichten an den Hauptsitzen in der Schweiz und Europa sowie die eigentümliche Tatsache angegeben, dass es den ausländischen Frauen im Inselstaat verboten war zu arbeiten. – Der direkt betroffene Nichtschweizer, ein Israeli, nahm diesen Sachverhalt sofort zum Anlass, um einen Zusammenschluss aller Chefs schweizerischer Unternehmen anzustreben, die nicht unseren roten Pass besassen.

Bei diesem Lauf der Dinge war für mich der Zeitpunkt zu einem raschen Eingreifen gekommen. Ich zitierte den umtriebigen Swissair-Vertreter namens Dov Golan in mein Büro und legte ihm mit der nötigen Klarheit dar, dass ein solches Vorgehen, das eine Unterscheidung zwischen Schweizern und Nichtschweizern macht, die an der Spitze unserer in Singapur ansässigen Firmen standen, keineswegs schweizerischen Gepflogenheiten entspräche. Im Übrigen erklärte ich ihm, dass die Gründung einer Organisation im Gange sei, die allen Chefs von Schweizer Unternehmen, also auch ihm, Golan, offen stand. Dov Golan zeigte sich einsichtig und wurde später ein geachtetes Mitglied der *«Swiss Business Association»* (SBA), wie die 1988 gegründete Vereinigung heissen sollte.

Vorerst ging es mir darum, die geeignete Person zu finden, welche die Leitung der SBA übernehmen und den ersten Vorstand zusammenstellen konnte. Ich fand diese Persönlichkeit in Hans-Rudolf Schaub. Der gebürtige Basler war Leiter der Geschäftsstelle des damaligen Schweizerischen Bankvereins. Er war in der Schweizer Kolonie sehr angesehen, strahlte eine natürliche Autorität aus und war ohne Zögern bereit, Führungsverantwortung zu übernehmen. In kürzester Zeit konnte die *«Swiss Business Association»* aus der Taufe gehoben werden. Unter Schaubs Leitung gab es zweimal monatlich Zusammenkünfte. Sehr oft wurden kompetente Gastredner eingeladen wie etwa Robert A. Jeker, CEO von Credit Suisse.

Die SBA wollte weder eine Handelskammer noch eine professionell geführte Institution sein, sondern sie sah sich als ein auf freiwilliger Basis geführtes, informelles Forum für den Austausch von Ideen und Erfahrungen; sie diente auch als Hilfsorgan für Neuankömmlinge und konnte notfalls als eine Art Lobby zur Verteidigung schweizerischer Wirtschaftsinteressen eingesetzt werden. Die Botschaft stellte die Verbindung zu den einzelnen Mitgliedern her sowie gegebenenfalls von der SBA zu den singapurischen Behörden und allenfalls anderen geschäftsrelevanten Stellen.

Ich wurde zum Ehrenmitglied ernannt und hatte es mir zur Pflicht gemacht, wann immer möglich an den SBA-Sitzungen teilzunehmen. Damit konnte ich die mir wichtig scheinende Präsenz der Botschaft markieren und gelangte erst noch in den Besitz wichtiger Informationen, ganz abgesehen davon hatte ich sozusagen aus der Distanz eine gewisse Kontrolle über den Gang der Dinge. Denn ich betrachte die noch heute existierende *«Swiss Business Association»*, zu deren Gründung ich den Anstoss gegeben hatte, als so etwas wie mein geistiges Kind, was mich mit Stolz erfüllt.

Ein wichtiges Glied im Rahmen unserer Wirtschaftspräsenz war unsere nationale Luftfahrtgesellschaft, die in Singapur grosses Ansehen genoss. Es konnte denn auch trotz viel Geheimniskrämerei davon ausgegangen werden, dass Swissair und Singapore Airlines in ihrer globalen Ausrichtung zusammenarbeiten würden. Als es im Dezember 1989 so weit war, sorgte der Kooperationsvertrag, den der mir bestens bekannte Lim Cheng Beng, stellvertretender Präsident von Singapore Airlines, in Zürich mit Armin Baltensweiler, dem damaligen Verwaltungsratspräsidenten von Swissair, sowie mit dem geschäftsleitenden Direktor Otto Loepfe unterzeichnete, in meinem Residenzland dennoch für grosse Schlagzeilen. Zusammen mit Delta Air Lines war mit den beiden Luftfahrtunternehmen das erste weltumspannende Reisesystem geschaffen worden. In bester Erinnerung ist mir der Auftritt des gesamten Swissair-Verwaltungsrates geblieben, der im Vorfeld dieses historischen Abkommens in Singapur geweilt hatte. Die Begegnung mit diesem schwergewichtigen Gremium voller bekannter Namen aus Wirtschaft und Bankenwelt war für mich beeindruckend.

Angesichts dieser vermeintlich geballten Macht an ökonomischem und finanziellem *Know-how* war es für mich schier unverständlich, dass Swissair nur ein paar Jahre später den Bankrott erklären musste.

3.9.3 Neuorganisation des «Swiss Club» und Pflege der Schweizer Kolonie

Der *«Swiss Club»* ist zweifellos das schweizerische Aushängeschild *par excellence* in Singapur. Der 1871 gegründete Klub war ursprünglich eine Schützengesellschaft *(«Swiss Rifle Shooting Club»)* und wurde erst 1925 in den heute gültigen Namen *Swiss Club* umgewandelt. In den Siebzigerjahren des 19. Jahrhunderts wurde ein paar Meilen ausserhalb der Stadt ein Terrain von 20 Hektar gekauft, auf dem in gut eidgenössischer Manier unter anderem ein 300-Meter-Schiessstand eingerichtet wurde. Auf diese Weise konnten die rund zwanzig Landsleute an den langen Wochenenden neben Jassen und Kegeln ihrer Lieblingsbeschäftigung frönen. Dem Cricket-Spiel sowie anderen typisch englischen Sport- und Gesellschaftsveranstaltungen konnten sie nämlich wenig bis nichts abgewinnen.

Mit der rasanten Entwicklung des Stadtstaates seit dem Zweiten Weltkrieg nahm angesichts des akuten Landmangels der Behördendruck auf den Club zu. Um einer möglichen Expropriation zu entgehen, entschlossen sich die Verantwortlichen zum Terrainverkauf. Insgesamt wurden 13 Hektar, darunter das Schiessgelände, als «Community Land» verkauft, auf dem in den 1980er-Jahren am oberen Ende je eine deutsche, eine französische und eine englische Schule zu stehen kamen, ebenso eine singapurische Ingenieurschule und der British Club. Am unteren Ende erwarb zudem die Eidgenossenschaft genügend Land, auf dem das neue, hochmoderne Botschaftsgebäude gebaut wurde; hinter dem Botschaftsareal gibt es zudem einen Komplex, den ich «das Schweizer Dörfli» nannte, d.h., fünf Bungalows wurden errichtet, in denen das gesamte versetzungsfähige Schweizer Botschaftspersonal, mit Ausnahme des Missionschefs, untergebracht ist. Auch nach dem Landverkauf blieb dem Swiss Club noch immer ein grosszügiges Grundstück von sieben Hektar, um das er im landhungrigen Singapur beneidet wird. Nicht von ungefähr gilt der Swiss Club als der schönste Club im ganzen Stadtstaat. Darauf dürfen wir Schweizer, die für einmal mit der grossen Kelle anrichten können, zu Recht sehr stolz sein!

Der Erlös aus den Landverkäufen ermöglichte den Klub-Verantwortlichen, dringend notwendig gewordene Renovationsarbeiten am Club House vorzunehmen. Zudem wurden Tennisplätze mit Beleuchtung, Squash Courts, ein neues Schwimmbad sowie eine grosse Mehrzweckhalle gebaut. Das war die Situation, als ich in Singapur eintraf.

Bei näherem Zusehen bemerkte ich schnell, dass trotz aller Erneuerungsarbeiten der Swiss Club nicht rund lief. Mehrere Besuche förderten offensichtliche Managementmängel zutage: Der Klub war schlecht geführt, das Personal unfreundlich, die Tische waren schlecht gedeckt, Bedienung und Essen zum Teil ungenügend. Der Besuch des Restaurants war stark rückläufig. Bei der Jahresversammlung, an der ich kurz nach meiner Ankunft als Ehrenmitglied teilnahm, war eine gewisse Unzufriedenheit herauszuspüren. Aber es kamen nicht die erwähnten Unzulänglichkeiten zur Sprache, sondern man debattierte ernsthaft über architektonische Massnahmen, um mit zusätzlichen Spielplätzen den Club für die Mitglieder und deren Kinder attraktiver zu gestalten. Als Neuankömmling beschränkte ich mich auf die Rolle des aufmerksamen Beobachters und vermied jede Wortmeldung.

Es war für mich indessen klar, dass die Verantwortlichen die wahren Schwächen übersahen und dass bei der angestrebten Kundenorientiertheit die eingeschlagene Marschrichtung falsch war. Dass unser Flaggschiff «Swiss Club» zu schlingern begann, beschäftigte mich das ganze Jahr hindurch sehr. Nach vielen Gesprächen schritt ich im Vorfeld der nächsten Jahresversammlung zur Tat und sah mich nach einer geeigneten Persönlichkeit um, welche den Schweizer Klub hätte sanieren können. Meine Wahl fiel wiederum auf Hans-Rudolf Schaub, dem das Angebot nicht ungelegen kam. Der Basler Banker, der auf der Suche nach einer neuen Herausforderung schien, war nämlich bereit, das zeit- und kräfteraubende Amt eines Klub-Präsidenten anzunehmen. Schaub hatte in der Zwischenzeit die «Swiss Business Association» erfolgreich geführt und in Peter Schlumpf, dem Leiter der «Zürich»-Versicherungsgruppe für Singapur und den südostasiatischen Raum, einen würdigen Nachfolger gefunden.

Mit Schaub zusammen bereitete ich eine Art «Putsch» vor. An der lärmigen Jahresversammlung ergriff ich das Wort und machte darauf aufmerksam, dass das Heil des Klubs nicht in noch so gut gemeinten architektonischen Modifikationen gesucht werden konnte, sondern dass nur eine Radikalkur mit einem neuen Management Aussicht auf Besserung bot. Mit dieser Bemerkung stach ich in ein Wespennest. Während die einen meine Intervention zustimmend begrüssten, wurde ich von anderen lauthals kritisiert, dass ich als Ehrenmitglied gemäss Statuten kein Recht habe, mich in die klubinternen Belange einzumischen. Darauf erwiderte ich, dass für mich das Wohlergehen des Schweizer Klubs Vorrang habe vor rein statutarischen Überlegungen, und ich schlug Hans-Rudolf Schaub als neuen Präsidenten vor. Am Ende der hitzigen Debatte drang ich mit meinem Votum durch.

Der Swiss Club sollte diese Entscheidung nicht zu bereuen haben: Zusammen mit seiner Ehefrau Verena und der neuen Equipe hatte Hans-Rudolf Schaub eigenhändig den Klub entrümpelt und von jahrelang angestautem Unrat befreit. Die unentgeltlich geleisteten Aufräumarbeiten können nicht hoch genug eingeschätzt werden. Das Food-and-Beverage-Management wurde der vor Ort ansässigen «Mövenpick»-Gruppe übertragen. Deren schweizerischer Leiter sorgte von nun an mit seiner Küchenbrigade gekonnt und professionell für das leibliche Wohl der Gäste. Anfänglich war das Ganze ein Verlustgeschäft für «Mövenpick». Als der Gründer der Kette, Ueli Prager, zusammen mit seiner Gattin in Singapur weilte, benutzten meine Frau und ich mit einigem Erfolg die Gelegenheit, um ihn von einer Weiterführung des «Mövenpick»-Engagements zum Wohle des Schweizer Klubs zu überzeugen.

Es erfüllte mich mit grosser Genugtuung, dass ich dazu beitragen konnte, die Krise zu überwinden. Der Swiss Club ist heute von der Grösse und vom Umsatz her ein Unternehmen, das Persönlichkeiten bedingt, welche das nötige *Know-how* mitbringen müssen, um der Leitung einer solchen Organisation gewachsen zu sein. Man verstehe mich recht: Ich breche nicht den Stab über Leute, die voll guten Willens und auf freiwilliger Basis das Beste leisten wollen. Problematisch wird es erst, wenn sie mit der Erfüllung ihrer Aufgaben überfordert sind und sich dessen nicht einmal bewusst werden.

Im Übrigen wurde ich in der Auffassung bestärkt, dass man, wenn man nach Abwägen aller Pros und Kontras zu einem Entschluss kommt, diesen gegen alle Widerstände und ohne unnötige Angst um Verluste mit Überzeugung umsetzen muss. Führen heisst aber auch, passende Persönlichkeiten am richtigen Ort, zum richtigen Zeitpunkt und in richtiger Weise einzusetzen. Dank Hans-Rudolf Schaub ist mir dies zweimal in ausgeprägtem Masse gelungen. Nicht umsonst sind Françoise und ich bis zum heutigen Tag mit dem Ehepaar Schaub freundschaftlich verbunden.

«Swiss School»: Die Schweizer Schule, welche sich ebenfalls auf dem Gelände des Schweizer Klubs befindet, war neben dem letztgenannten sowie der «Swiss Business Association» die dritte bedeutende schweizerische Organisation vor Ort, der ich meine volle Aufmerksamkeit schenkte. Die 1967 auf Initiative von schweizerischen Geschäftsleuten gegründete Schule ist eine von sechzehn Schweizer Schulen im Ausland. Patronatskanton war zu meiner Zeit der Kanton Zug, nach dessen Lehrplänen unterrichtet wurde. Ich traf den damaligen Zuger Erziehungsminister mehr als einmal in Singapur. Die Schule umfasste eine Spielgruppe, einen Kindergarten, sechs Primar- und drei Sekundarschulklassen.

Die Schulleitung hatte einige Schwierigkeiten damit, zu akzeptieren, dass ich als Missionschef meine schulpflichtigen Kinder nicht in die Schweizer Schule schickte. Um den beiden Söhnen im Hinblick auf unsere beruflichen Auslandsaufenthalte eine möglichst kontinuierliche Ausbildung zu ermöglichen, hatten meine Frau und ich uns von Anfang an für das franco-französische Schulsystem entschieden. Selbst in Bern besuchten die Kinder nicht etwa die Ecole romande, sondern die von der französischen Botschaft abhängige Ecole française, was eine Sonderbewilligung bedingte. Das zentralistische Schulsystem in Frankreich hatte den grossen Vorteil, dass unsere Versetzung von der Schweiz nach Singapur und später von Singapur nach Syrien schulmässig für die Kinder mit weniger Schwierigkeiten verbunden war, als dies angesichts der kantonalen Schulhoheit wohl bei einem Schulwechsel von Bern nach Zürich der Fall gewesen wäre.

Das Manko, meine Söhne nicht in die Schweizer Schule zu schicken, versuchte ich mit vermehrtem Engagement für die Institution wettzumachen. Ich nahm regelmässig an den Sitzungen des Schulrates teil; ich wies die Konsularsektion auf der Botschaft an, die neu ankommenden Landsleute auf die Ausbildungsmöglichkeiten an der Schweizer Schule aufmerksam zu machen. Ich setzte mich auch bei der Schweizer Kolonie unablässig dafür ein, dass die Schule die vom Bund verlangten finanziellen Mittel aus dem Privatsektor erhielt, denn ohne dessen Unterstützung wäre die Weiterexistenz der Institution in Frage gestellt worden. Meine Frau und ich beteiligten uns wenn immer möglich an den Wohltätigkeitsveranstaltungen, die zum Zweck des *Fundraising* durchgeführt wurden.

Schliesslich konnte ich mit der Schulleitung ein Arrangement treffen, wonach unsere Söhne Sonderunterricht in Schweizer Staatskunde, Geschichte und Geographie erhielten. Diese Geste unsererseits gegenüber der Schule war das eine, das andere war ein gewisses Eigeninteresse, das ich mir von diesem Vorgehen versprach. Als überzeugter Eidgenosse hatte es mich nämlich schon irgendwie gewurmt, dass die Buben eine Ausbildung geniessen sollten, bei der fast ausschliesslich die *«Grande Nation»* im Zentrum stand, während sie vom eigenen Heimatland keine grosse Ahnung hatten. Nicht zuletzt dank dieser Massnahme wurde der Grundstein dafür gelegt, dass meine Söhne, die Doppelbürger sind, sich eindeutig mehr als Schweizer betrachten.

Dank des unermüdlichen Einsatzes des damaligen Schulleiters Thomas Schaedler und einer verhältnismässig hohen Zahl von gegen hundert Schülern konnte sich die «Swiss School» erstaunlich rasch von der rezessionsbedingten Krise Mitte der Achtzigerjahre erholen, die eine drastische Reduktion der Schüler zur Folge hatte. Anfang 1991 konnten der Lehrkörper und die Schüler ein renoviertes und erweitertes Unterrichtsgebäude beziehen. Die «Swiss School» genoss zu meiner Zeit sowohl in der Schweizer Kolonie wie auch auf singapurischer Seite einen ausgezeichneten Ruf. Das zeigte sich etwa darin, dass die Erziehungsbehörden des Residenzlandes die Schule mehrmals aufsuchten, um am praktischen Objekt unser Schulsystem zu studieren.

Apropos Bildungswesen: Während meiner Zeit in Singapur kamen Regierungs- und Behördenvertreter oftmals auf die Bedeutung unseres Berufsausbildungssystems als Modell für den Stadtstaat zu sprechen. 1989 verkündete der damalige Erziehungsminister Tony Tan, dass Singapur beabsichtige, sich vom anglo-amerikanischen Erziehungsmodell zu distanzieren und eher das deutsche bzw. schweizerische System zu übernehmen, weil es das Beste aus jedem Kind heraushole. Laut Tan würde mit dem letztgenannten System, mit besonderer Betonung der technischen und beruflichen Ausbildung, eine liberalere Erziehung für alle erreicht, weil es den unterschiedlichen Fähigkeiten und Veranlagungen der Kinder und Studenten besser angepasst sei. Demgegenüber wurde das britisch-amerikanische System als allzu elitär angesehen, mit beschränkten Aussichten für all die Studenten, welche aus irgendeinem Grund den Universitätsabschluss nicht schafften.

Die direkte Folge dieser Neueinschätzung des singapurischen Bildungssystems war, dass meine Botschaft mit Nachfragen nach Unterlagen über unser Berufsausbildungssystem geradezu überschwemmt wurde. Eine ganze Reihe von Delegationen aus dem Stadtstaat auf ministerieller oder hoher Beamtenebene reiste in die Schweiz, um unser Erziehungssystem zu studieren. Für die Botschaft war all dies mit beträchtlichem Mehraufwand verbunden, indem sie eine Art Zweiwegvertretung wurde. Die Vermittlung der entsprechenden Kontakte und die Zusammenstellung der Besuchsprogramme liefen nämlich über meine Mission.

Unter normalen Umständen wäre dies eindeutig Sache der singapurischen Vertretung gewesen. Da der Stadtstaat keine permanente Mission in Bern hatte und unser Land von der singapurischen Botschaft in Bonn und später in Paris abgedeckt wurde, wandten sich die Behörden des Stadtstaates der Einfachheit halber an mich und meine Vertretung. Das war insofern interessant, als wir ein Geschäft in beide Richtungen verfolgen und beeinflussen konnten. Hindernisse gab es überall, auch bei uns. Da machten wir etwa die Erfahrung, dass es angesichts unserer kantonalen Hoheit im Erziehungswesen bei der Zusammenstellung eines kantonsübergreifenden Besuchsprogramms nicht immer leicht war, den «Kantönligeist» zu überwinden, besonders nicht aus einer Distanz von 11 000 Kilometern. Trotzdem waren wir von der Botschaft immer gerne bereit, diesen Sondereinsatz im Sinne ständig verbesserter bilateraler Beziehungen zu leisten.

Der Pflege der Schweizer Kolonie mass ich im übersichtlichen Singapur eine grosse Bedeutung bei. Es gab vielfältige Kontaktmöglichkeiten in den schweizerischen Institutionen «Swiss Club», «Swiss Business Association» und «Swiss School». Meine Frau war regelmässiger Gast an Zusammenkünften der «Swiss Women's Association», die nicht selten in der Residenz stattfanden, oder sie half bei der Durchführung von Wohltätigkeitsbasaren dieser Organisation. Weil es unvermeidlich war, dass immer einige Landsleute durch eine Masche des gesellschaftlichen Kontaktnetzes fielen, stellte ich sicher, dass sämtliche Schweizer Bürgerinnen und Bürger, die auf der Botschaft gemeldet waren, jeweils auf das Jahresende hin ein Rundschreiben erhielten. Dieses enthielt einen kurzen Jahresrückblick sowie einen Ausblick über kommende Ereignisse im bilateralen Bereich. Mit dieser Initiative wollte ich bewusst dem oftmals gehörten Vorwurf entgegenwirken, der Botschafter bewege sich nur in abgehobenen Sphären und kümmere sich kaum um die eigenen Landsleute.

Dieses informative Jahresschreiben, das auf grosse Zustimmung stiess, führte ich auch in Ländern ein, wo ich später noch zum Einsatz kam (Syrien, Türkei). Ein solches Vorgehen kann natürlich nur dort in Frage kommen, wo die Kolonie nicht Tausende und Abertausende von Landsleuten umfasst. Ich machte es mir auch immer zur Pflicht, zu den offiziellen 1.-August-Bundesfeiern für die singapurischen Behörden und das CD auch sämtliche ortsansässigen Landsleute einzuladen.

Es war meine Frau, die mit ihrer Küchenmannschaft und zusätzlichen Hilfskräften hauptsächlich für die Durchführung solcher Grossanlässe im Repräsentationsbereich verantwortlich zeichnete. Weder zuvor noch später war Françoise so engagiert tätig wie während unserer Zeit in Singapur. All dies geschah ehrenamtlich und neben der manchmal nervenaufreibenden Aufgabe, zwei heranwachsenden Söhnen eine gute Mutter und Erzieherin zu sein. Meine Gattin nahm mit jugendlichem Elan auch in verschiedenen singapurischen Komitees mit karitativem Charakter Einsitz. Unsere ausgezeichneten Beziehungen zu den vor Ort tätigen Schweizer Managern und Unternehmern kam ihr zugute, indem sie ihnen häufig ganze Tische an Wohltätigkeitsbällen für teures Geld verkaufen konnte. 1989 und 1990 organisierte Françoise mit grossem Erfolg den «International Charity Bazaar». Beide Anlässe fanden im Schweizer Club statt und wurden mit der Anwesenheit der Gattin des Staatspräsidenten beehrt.

Françoise und ich wurden im Verlauf der Zeit zu einem der populärsten Botschafterehepaare in Singapur. Das darf ich ohne Überheblichkeit von uns behaupten. Es gab verschiedene Reportagen über unsere Residenz sowie die Tätigkeit des Schweizer Botschafters in der Löwenstadt. An den zahlreichen Anlässen und Empfängen gehörten wir zu den bevorzugten Fotosujets. Unser Konterfei erschien häufig in den Hochglanzmagazinen. Aus Anlass der 700-Jahr-Feier der Schweizerischen Eidgenossenschaft von 1991 zierten wir beide die Titelseite des «Singapur Tatler». Ich darf gleich beifügen, dass wir uns nicht allzu viel einbildeten über diesen Ruhm, der sowieso vergänglich war. Dennoch nahmen wir es gerne zur Kenntnis, dass unsere vielfältige diplomatische Tätigkeit in weiten Kreisen des Stadtstaates nicht unbemerkt geblieben war. (Abb. 6: Françoise und ich auf der Titelseite des Monatsmagazins Singapore Tatler vom Juni 1991)

Wie nie mehr sonst stand ich, aktiv unterstützt von meiner Gattin, in der Löwenstadt im Scheinwerferlicht der Öffentlichkeit. Darüber möchte ich aber nicht vergessen, dass dies nur möglich war, weil ich wusste, dass mein kleines Botschaftsteam überlegt und gewissenhaft seiner täglichen Arbeit nachkam. Meine beiden Schweizer Sekretärinnen Irene Schenker und Karin Rezel – heute würden sie persönliche Assistentinnen genannt – waren Perlen an Diskretion und Effizienz. Werner Wiedmer, der Erste Mitarbeiter, stammte aus der konsularischen Karriere. Er war umgänglich, stets hilfsbereit und vielseitig einsetzbar. Sein persönlicher Computer war damals vor der generellen Einführung der Büroinformatik ein grosser Vorteil für den Botschaftsbetrieb, weil damit die Mitglieder der «Swiss Business Association» (SBA) sowie ihre Unternehmen relativ leicht erfasst werden konnten. Gelegentlich hatte ich allerdings etwas Mühe, ihn hinter seinem PC hervorzulocken und an die Aussenfront zu schicken. Letzteres, das merkte man, war nicht sein angestammtes Betätigungsfeld. Der junge Konsul Jean-Pierre Baumeyer konnte kurz angebunden sein, aber er war dynamisch, bewältigte zusammen mit seinem Assistenten ein grosses Arbeitsvolumen und war jederzeit eine wertvolle Stütze bei der Betreuung der Schweizer Kolonie. Michael Chow, der lokale Handelsassistent, war bestens über die singapurische Wirtschaftsszene im Bild und stand den SBA-Mitgliedern regelmässig mit Rat und Tat zur Seite.

Mit diesen loyalen Mitarbeiterinnen und Mitarbeitern war es für mich relativ leicht, ein gutes Arbeitsklima zu schaffen, das über die Botschaft hinaus für eine positive Ausstrahlung sorgte.

3.9.4 Bundesrat Jean-Pascal Delamuraz und Singapur: ein *coup de foudre*

Gleich zu Beginn meines Aufenthaltes in Singapur setzte ich mir zum Ziel, im Verlauf meines Mandats einen Regierungsvertreter in der Löwenstadt zu haben. Die schweizerischerseits vielfach geäusserte Bemerkung, Singapur sei für uns ein wichtiger Wirtschaftspartner geworden, gewann für mich erst dann an Glaubwürdigkeit, wenn einmal diese schmeichelhaften Worte von einer unserer Magistratspersonen direkt den singapurischen Regierungsvertretern vor Ort verkündet würden. Derjenige, der meinen Wunsch erhörte, war Bundesrat Jean-Pascal Delamuraz, der damalige Wirtschafts- und Aussenhandelsminister in einer Person.

Gute drei Wochen nach unserer Ankunft in Singapur landete Delamuraz bereits Anfang Januar 1988 im Stadtstaat. Es war zwar kein offizieller Besuch, denn der Bundesrat, begleitet von seiner Gattin, zwei oder drei Mitarbeitern und einigen Waadtländer Freunden, machte in Singapur nur einen knapp zweitägigen Zwischenhalt. Er war auf dem Weg nach Australien und Neuseeland, wo er mit einer grösseren Schweizer Delegation zusammentreffen und offizielle Besuche absolvieren sollte. Anschliessend war die Weiterreise via Pazifik zu einigen südamerikanischen Destinationen vorgesehen.

Trotz des inoffiziellen Charakters der Visite wollten meine Frau und ich dem Magistraten den Kurzaufenthalt in unserem Residenzland so angenehm wie möglich gestalten. Beim diplomatischen Berater des EVD-Vorstehers konnte ich schon ein paar Tage vorher in Erfahrung bringen, dass der Feinschmecker Delamuraz Meeresfrüchten sehr zugetan war. Also machte sich Françoise sehr gewissenhaft an die Zubereitung von Hummer und Crevetten mit dazu passenden Saucen, die am ersten Abend in der Schweizer Residenz zu Ehren des hohen Gastes hätten serviert werden sollen. Doch am Flughafen, als die Delegation in der VIP-Lounge auf die Herauslösung des Gepäcks wartete, neigte sich Delamuraz zu mir und sagte, er wisse, dass wir etwas Spezielles für ihn zubereitet hätten; er ziehe es indessen vor, in einem chinesischen Restaurant ausserhalb der Stadt am Meer essen zu gehen. Françoise bemerkte meine Konsterniertheit und gab mir, bevor ich etwas erwidern konnte, einen diskreten, aber wirksamen Schlag in die Rippen.

Vor diese neue Herausforderung gestellt, suchten wir das Beste aus der verzwickten Situation herauszuholen. Aber wie? Als Neulinge hatten wir keine Ahnung von einem Restaurant, das hätte in Frage kommen können. Der grosse Retter in der Not war Arthur Holliger, der Schweizer Direktor des Hyatt Hotels, wo das Ehepaar Delamuraz logierte. Holliger organisierte in Blitzeseile ein Nachtessen in einem reizenden Gartenrestaurant am Wasser, das er persönlich kannte und empfehlen konnte. Er half uns auch aus mit reich garnierten Canapés, die wir auf der Residenz zum Aperitif offerieren konnten, denn als Kompromiss hatte Bundesrat Delamuraz vorgeschlagen, zumindest den Apéro bei uns auf der Residenz einzunehmen.

Es scheint, dass wir die nötige Anpassungsfähigkeit bewiesen und damit den Delamuraz-Test bestanden hatten. Das Essen war nämlich der Ausgangspunkt einer von gegenseitiger Wertschätzung geprägten Beziehung. Wie zu keinem anderen Bundesrat sonst entwickelte sich für Françoise und mich zu Jean-Pascal Delamuraz und seiner charmanten Gattin ein fast freundschaftlich zu nennendes Verhältnis. Der Magistrat jedenfalls genoss den Abend mit *«drunken shrimps»* – Crevetten, die vor der Zubereitung in einem chinesischen Schnaps betäubt wurden – und mit dem vom Hotel gelieferten Weisswein in vollen Zügen. Auch für uns beide war dieses Nachtessen eine wahre Première.

Am folgenden Tag machte sich der vor Energie nur so strotzende und immer zu einem Spässchen aufgelegte Delamuraz zu Fuss an die Erkundung des Zentrums von Singapur. Der korpulente, in der Tropenhitze unaufhörlich schwitzende Staatsmann wusste sich zu helfen, indem er, forsch voranschreitend, mit einer Hand einen batteriebetriebenen Miniventilator vors Gesicht hielt, der ihm laufend die ersehnte Luftkühlung verschaffte – ein Bild für Götter! Als der stets unternehmungslustige EVD-Vorsteher in einem Altwarengeschäft für Schiffsbestandteile ein schon lange gesuchtes, passendes Steuerrad für sein Privatschiff auf dem Lac Léman fand, da war der Erfolg seines Singapur-Aufenthaltes vollends sichergestellt. Wohlwissend um Delamuraz' nautische Neigungen, hatten wir eine einstündige Bootsfahrt auf dem Singapore River eingeplant. «Kapitän» Jean-Pascal Delamuraz liess es sich nicht nehmen, bald einmal ins Steuerrad zu greifen und das Schiff mit dem geübten Seemannsauge an alten und modernen Sehenswürdigkeiten der Löwenstadt vorbeizulenken.

Singapur, das auch schon als ein «von Menschenhand geschaffenes künstliches Gebilde» definiert wurde, übte eine eigenartige Faszination auf Bundesrat Delamuraz aus. Meine inständige Bitte, im Rahmen einer kommenden Fernosttour dem Stadtstaat einen offiziellen Besuch abzustatten, stiess unter diesen Umständen nicht auf taube Ohren.

Der grosse Augenblick kam Anfang April des Jubiläumsjahres 1991 (700 Jahre Schweizerische Eidgenossenschaft): Der EVD-Vorsteher traf, von Südkorea kommend, an der Spitze einer Wirtschaftsdelegation zu einem knapp viertägigen Besuch in Singapur ein. Die zwanzigköpfige Besuchergruppe war aus führenden Vertretern der öffentlichen Hand und der Privatwirtschaft zusammengesetzt. Darunter waren Persönlichkeiten wie Botschafter David de Pury, Delegierter des Bundesrates für Handelsverträge, sowie Pierre Borgeaud, Präsident des damaligen Vorortes sowie gleichzeitig Verwaltungsratspräsident der Gebrüder Sulzer AG, Winterthur. Es war die erste offizielle Mission eines schweizerischen Regierungsmitglieds im Stadtstaat überhaupt. Delamuraz leistete einer Einladung des jungen Singapurer Handels- und Industrieministers Lee Hsien Loong, des Sohnes von Lee Kuan Yew, Folge.

In enger Zusammenarbeit mit den zuständigen Stellen der Zentrale und den singapurischen Behörden bereitete meine Botschaft ein chargiertes Besuchsprogramm vor. Zentraler Punkt waren die Diskussionen, welche Bundesrat Delamuraz und seine Delegation mit Lee Hsien Loong sowie mit Finanzminister Richard Hu führten. Der Schweizer Magistrat stattete auch Premierminister Goh Chok Tong sowie Senior Minister Lee Kuan Yew, dem «Vater» des Singapurer Wirtschaftswunders, Höflichkeitsbesuche ab und wurde von Aussenminister Wong Kan Seng empfangen. Bilaterale Probleme gab es mit Singapur keine zu besprechen. Deshalb galt das Hauptinteresse internationalen Fragen; als in hohem Masse exportabhängige Staaten sprachen sich sowohl Singapur wie die Schweiz für eine völlige Öffnung ihrer jeweiligen Aussenwirtschaftspolitik aus. In diesem Zusammenhang sahen sich beide Länder als antiprotektionistische Koalitionspartner, welche ein gemeinsames Interesse daran hatten, dass die damals laufende Uruguay-Runde im Rahmen der GATT[13]-Verhandlungen erfolgreich abgeschlossen würde. (Abb. 7: Besuch von Bundesrat Delamuraz beim damaligen Handels- und Industrieminister und heutigen Premierminister Lee Hsien Loong)

In bester Erinnerung geblieben sind mir weniger die Gespräche, die sich – wie kaum anders zu erwarten – in einer entspannten und freundschaftlichen Atmosphäre abwickelten; viel eher denke ich an einige Episoden mit Bundesrat Delamuraz zurück, welche eher anekdotischen Charakter haben.

So zum Beispiel bei der Ankunft der Delegation in der VIP-Lounge, als alle Mitglieder, von den Reisestrapazen mitgenommen, nach Mineralwasser oder Orangensaft verlangten. Nur der ewig muntere Bundesrat Delamuraz, dessen Vorliebe für Weisswein notorisch war, konnte es nicht unterlassen, sich ein paar Gläschen dieses edlen Getränks zu genehmigen – nicht ohne die Mitreisenden als energielose Weichlinge zu bezeichnen.

Am ersten Abend offerierten meine Frau und ich ein Nachtessen auf der Residenz, damit die Delegation mit einigen Chefs von in Singapur ansässigen Schweizer Unternehmen einen Gedankenaustausch pflegen konnte. Wir achteten darauf, dass am Ehrentisch nur Leute sassen, die entweder französischer Zunge waren oder die Sprache Voltaires leidlich gut beherrschten. In diesem Umfeld war Bundesrat Jean-Pascal Delamuraz ganz in seinem Element. Er entpuppte sich bald einmal als begnadeter Alleinunterhalter. Mit seinem rhetorischen Feuerwerk, seinen witzigen Bemerkungen, seinen Bonmots und ironischen Anspielungen, die er ununterbrochen zum Besten gab, zog er bald alle Anwesenden restlos in seinen Bann. Für Françoise und mich waren offizielle Nachtessen oftmals eine Qual, weil die Anwesenden, trotz grösster Anstrengungen von uns Gastgebern, nur schwer aus der Reserve zu locken waren. Mit Bundesrat Delamuraz war alles ganz anders: Wir hatten noch selten einen so unterhaltsamen Abend erlebt. Ganz nach dem Motto von Christian Morgensterns «Lebensweisheiten»: *«Lachen und Lächeln sind Tor und Pforte, durch die viel Gutes in den Menschen hineinhuschen kann.»*

Als Gastgeber blieb ich von Seitenhieben nicht verschont, wiewohl Delamuraz zu keinem Zeitpunkt irgendwie verletzend wirkte. Ich hatte nämlich geglaubt, dem Magistraten einen besonderen Gefallen zu bereiten, indem ich den offiziellen 700-Jahr-Jubiläumswein offerierte, was Bundesrat Delamuraz zur ungläubigen Bemerkung veranlasste: *«Wyss*[14]*, musste ich wirklich diesen langen Weg nach Singapur machen, um d e n Wein vorgesetzt zu bekommen?»* Diese negative Reaktion war für mich völlig unverständlich; was ich jedoch nicht wusste, war der Umstand, dass sich Delamuraz energisch – wenn auch ohne Erfolg – dafür eingesetzt hatte, diesen Jubiläumswein nicht in den Handel kommen zu lassen. Der Tropfen war für ihn nämlich ein unakzeptables Gemisch aus verschiedenen Weingegenden der Romandie. Das hinderte den Magistraten allerdings nicht, davon ausgiebig zu trinken.

Im Anschluss an das Nachtessen äusserte er den Wunsch, sich einen *«Singapore Sling»* zu genehmigen. Also führten wir ihn mit dem harten Kern der Delegation ins traditionelle «Raffles Hotel» im britischen Kolonialstil, wo dieses berühmte Cocktailgetränk, dessen genaue Zusammensetzung ein gut gehütetes Geheimnis ist, serviert wurde. Zu fortgeschrittener Stunde hatte Bundesrat Delamuraz anscheinend gute Eingebungen, denn er wies Botschafter de Pury sowie seinen diplomatischen Berater gleich auch noch an, wie die anderntags vorgesehene Grundsatzrede bis zum Morgenrapport abzuändern sei. Dank zusätzlicher Nachtarbeit der beiden Mitarbeiter war die Rede, welche der Wirtschaftsminister vor einem auserlesenen Publikum von Wirtschaftsfachleuten halten sollte, zum verlangten Zeitpunkt bereit. Im Unterschied zu den übernächtigten Mitarbeitern war der EVD-Vorsteher, der mit sehr wenig Stunden Schlaf auskam, frühmorgens an der Vorbereitungssitzung frisch wie eine Rose, legte der Delegation mit autoritärer Stimme den Tagesablauf dar, stellte klärende Fragen und erteilte laufend Aufträge. Die Präsenz des Magistraten war trotz oder gerade wegen des feucht-fröhlichen Abends mehr als eindrücklich!

Nach Abschluss des Besuchs gab der Wirtschaftsminister am letzten Vormittag im Hotel eine Pressekonferenz für singapurische und schweizerische Medienvertreter. Wie bei einem solchen Anlass üblich, war auf den Plätzen der Journalisten wie auch der Delegation Mineralwasser aufgestellt. Bundesrat Delamuraz griff instinktiv nach seinem Glas. Beim ersten Schluck sah er mich konsterniert an und meinte: *«Mais, Wyss, mais c'est de l'eau!»* Ich suchte diesen unerträglichen Missstand sofort zu beseitigen, indem ich dem Magistraten umgehend Weisswein offerieren liess.

Als sich am Flughafen das Ehepaar Delamuraz samt Delegation äusserst herzlich von meiner Frau und mir verabschiedet hatte, waren wir vollständig erschöpft vom vorangegangenen Stress. Gleichzeitig waren wir und die involvierten Mitarbeitenden der Botschaft hochzufrieden, dass alles reibungslos verlaufen war. Dieser erfolgreiche Ministerbesuch hatte das ohnehin schon sehr gute schweizerische Image im Stadtstaat nochmals beträchtlich erhöht.

Unsere Kontakte zum Ehepaar Delamuraz sollten nie mehr abreissen. Während meiner Berner Zeit als diplomatischer Inspektor kam Françoise durch ihr Engagement im Wohltätigkeitsbereich recht häufig mit Catherine zusammen. Meine gelegentlichen Begegnungen mit dem Magistraten waren immer überaus herzlich. Dass Bundesrat Jean-Pascal Delamuraz krankheitshalber aus dem Amt scheiden musste, machte uns sehr betroffen. *«Ein guter Bundesrat liebt die Menschen»*, mit diesem Satz charakterisierte der damalige Nationalratspräsident Ernst Leuenberger den einzigartigen Umgang von Delamuraz mit den Mitmenschen, als der Magistrat am 11. März 1998 von der Vereinigten Bundesversammlung verabschiedet wurde.[15] Bei gleichem Anlass wurde Bundesrat Jean-Pascal Delamuraz als immer herzlich, offen und humorvoll geschildert, sei es im persönlichen Umgang oder im formelleren Rahmen; und im Bundesrat wurde ihm ein ausgeprägter Sinn für Kollegialität und dank seiner prägenden Regierungsarbeit eine Bereicherung des politischen Lebens attestiert.

Bei seinem allzu frühen Hinschied empfanden Françoise und ich, wie so viele Landsleute, echte Trauer über den Verlust einer grossen Persönlichkeit. Wie Andreas Iten, der langjährige Regierungsrat und Ständerat des Kantons Zug, in einer Gedenkschrift festhielt, sah er im verstorbenen Magistraten eine ganzheitliche Persönlichkeit, die einen ausgebildeten Sinn für das Schöne, einen Blick für die Schönheit des Lebens, der Frauen, der Landschaft sowie der guten Tafel hatte, und die eine bedeutende Aufgabe mit Lust wahrnahm:

> *«Die Lust am Amt entspringt einer besonderen und anspruchsvollen Lebenskunst. Sie ist Teil einer Ästhetik der Politik. Zu den Kategorien dieser Ästhetik gehören die sinnliche Erkenntnis, gehören Spürsinn, Geschmack und Sinn für das Ganze als etwas Schönes. Das animal politique ist ein sinnliches Wesen. Sinnliche Menschen haben Ausstrahlung. Von ihnen kommt den Mitmenschen etwas entgegen, das sie anzieht und fasziniert. Sie wirken nicht kalt und fremd. Sie brillieren vielleicht weniger durch scharfen Verstand und durch eine rational*

analytische Begabung. Aber ihr Herz schlägt für die Sache. Die Vernunft erarbeitet das, was zu tun ist, an der Sache selbst.»[16]

Besser konnte Bundesrat Jean-Pascal Delamuraz wohl kaum gewürdigt werden, als es Andreas Iten getan hatte.

3.9.5 Kulturelle Grossereignisse: Konzert des Tonhalle-Orchesters Zürich, Schenkung eines Kugelbrunnens

Die wirtschaftliche Präsenz der Schweiz in Singapur war und ist eindrücklich. Zu diesem einseitigen, ökonomisch dominierten Erscheinungsbild versuchte ich bewusst ein paar Gegenakzente zu setzen. Ich wollte nämlich ein umfassenderes Bild der Schweiz vermitteln. Dazu ist die Kultur ein ideales Mittel.

Dass kulturelle Zusammenarbeit mit dem Ausland eines unter verschiedenen Mitteln erfolgreicher Aussenpolitik ist, dürfte allgemein anerkannt sein. Ihre Bedeutung wird meines Erachtens in der Praxis aber leider allzu häufig unterschätzt oder verkannt. Ich machte überdies die Erfahrung, dass die schweizerische Kulturstiftung «Pro Helvetia» nur beschränkte Mittel zur Verfügung hatte und auch häufig zu wenig Rücksicht auf Einwände nahm, welche Botschaften in Kenntnis der Erfordernisse vor Ort vorbrachten. Es ist überdies eine Tatsache, dass – wie ein ehemaliger Schweizer Diplomat etwas überspitzt, aber nicht unzutreffend meinte – *«die Kultur in Aussenministerien als akzessorisch, als Pflichtübung aufgefasst wird, mit denen Kollegen betraut werden, deren Schadenspotential es zu begrenzen gilt»*[17].

Es ist schon so, dass Kulturbeauftragte im Aussenministerium trotz schöner Worte und trotz unermüdlichen Einsatzes nicht immer ernstgenommen werden.

In Singapur hatte ich das grosse Glück, dass ich diese kulturbürokratischen Hindernisse elegant umgehen konnte, indem es mir gelang, vor Ort ein erfolgreiches Kultursponsoring bei den im Stadtstaat wirkenden Schweizer Unternehmen zu betreiben.

Konzert des Zürcher Tonhalle-Orchesters: Als sich die Möglichkeit eines Auftritts des international bekannten Zürcher Tonhalle-Orchesters abzuzeichnen begann, wurde ich einmal mehr beim schon mehrfach erwähnten Landsmann Hans-Rudolf Schaub fündig. Der Basler konnte seine Bank davon überzeugen, dass sie aus Anlass des 20-Jahr-Geschäftsjubiläums in Singapur grosszügig das Sponsoring für das Konzert des Simphonieorchesters übernahm.

Damit war eines der Hauptprobleme gelöst. Aber es gab noch eine ganze Anzahl weiterer Fragen, vor allem im administrativen Bereich, zu lösen, weil es damals im Stadtstaat noch keine Konzertagentur gab, an die man sich hätte wenden können. In zahlreichen Sitzungen mit der Organisation des Singapurer Symphonieorchesters, in dessen Saal das Konzert stattfinden sollte, wurden alle Details besprochen. Swissair und Panalpina zeigten grosses Entgegenkommen bei der Übernahme der Reise- und Transportkosten des über hundertköpfigen Zürcher Orchesters. Der geplante musikalische Anlass, den wir von der Botschaft als Schweizer Beitrag zum 25-Jahr-Jubiläum der Gründung der Republik Singapur «vermarkteten», nahm immer grössere Dimensionen an: Es war mir gelungen, Staatspräsident Wee Kim Wee und seine Gattin als Ehrengäste zu gewinnen; eine ganze Reihe von Kabinettsmitgliedern leistete der Einladung ebenfalls Folge, was die Lösung kniffliger protokollarischer Fragen bezüglich der Sitzordnung erforderte.

Das Konzert vom 1. Oktober 1990 in der vollbesetzten Victoria Concert Hall war mit Werken von Berlioz, Ravel und Honegger ein überwältigender Erfolg. Es war der erste Auftritt eines renommierten ausländischen Symphonieorchesters überhaupt. Das normalerweise eher reservierte singapurische Publikum war enthusiastisch und zutiefst gerührt, als zum Schluss unter dem Titel *«Switzerland greets Singapore»* eine Sonderkomposition mit Elementen der singapurischen Nationalhymne und aus Rossinis «Wilhelm Tell» zur Uraufführung gelangte. Dieses «Encore» kam selbst für mich als gelungene Überraschung, wiewohl ich im Vorfeld des Konzerts den Verantwortlichen des Tonhalle-Orchesters nahegelegt hatte, als Zeichen der Wertschätzung in irgendeiner Weise eine Melodie meines Residenzlandes ins Programm aufzunehmen. Dieses einmalige Konzert, über das noch wochenlang geredet wurde, war ein Meilenstein schweizerischer kultureller Präsenz in Singapur.

Schenkung eines Kugelbrunnens: Bereits mehr als ein Jahr vor dem Konzert des Tonhalle-Orchesters begann ich mit einigen Exponenten der Schweizer Kolonie Überlegungen anzustellen, auf welche Weise wir in Singapur im Jahre 1991 den 700. Jahrestag der Gründung der Schweizerischen Eidgenossenschaft begehen wollten. Spezielle Instruktionen aus Bern lagen nicht vor, ausser dass die Jubiläumsfeier in einem dem Anlass angepassten, würdigen Rahmen stattzufinden habe. Anlässlich von regelmässigen Zusammenkünften in der Residenz oder in der Botschaft wurden zahlreiche Vorschläge durchdiskutiert, bis sich schlussendlich die Idee der Schenkung eines schweizerischen Kugelbrunnens herauskristallisierte. Normalerweise wird der Gefeierte beschenkt; angesichts der speziellen Beziehungen zum Stadtstaat kehrten wir das Prozedere um und wollten mit dieser Geste die Dankbarkeit der Swiss Community an die singapurische Bevölkerung für das gewährte Gastrecht zum Ausdruck bringen.

Wir hatten keine Probleme zur Finanzierung des Projekts, weil «Jim» Huber, der verdiente Doyen der Schweizer Kolonie, mit einem grosszügigen Beitrag die Initiative ergriff; in dessen Sog folgten viele andere Donatoren, so dass schliesslich eine Summe von mehreren hunderttausend Franken zusammenkam, über deren genaue Verwendung der lokale Handelsassistent der Botschaft gewissenhaft Buch führte.

Während eines Heimaturlaubs nahm ich mit dem Zürcher Bildhauer Ueli Fausch Kontakt auf, der sich für die Schaffung eines solchen Kugelbrunnens und dessen Montage in Singapur bereit erklärte. Für den Transport des tonnenschweren Gebildes zeichnete wiederum Panalpina mit Bruno Sidler verantwortlich. Sidler, der geschätzte lokale Branch Manager, auf den jederzeit Verlass war, sollte Jahre später zum CEO von Panalpina aufsteigen. Auf singapurischer Seite konnte ich die Unterstützung des Ministers für Nationale Entwicklung gewinnen, der unserem Projekt von Anfang an positiv gegenüberstand und als Standort den populären Botanischen Garten vorschlug. Die Behörden des National Park Board waren für den Bau der Wasserleitung sowie für das Fundament verantwortlich, auf dem der Kugelbrunnen ruhen sollte.

Die damals bahnbrechende Technologie des Brunnens war meines Wissens ursprünglich nicht in der Schweiz entwickelt worden. Was solls, wir präsentierten sie als schweizerische Errungenschaft. Sie beruhte darauf, dass die über 700 Kilogramm schwere Kugel – jedes Kilogramm sollte ein Jahr der Existenz der Eidgenossenschaft symbolisieren – so haargenau in einen mächtigen Schieferfelsblock aus dem Tessiner Maggia-Tal passen musste, dass sich bei einem gewissen Wasserdruck die geschliffene Granitkugel, auf einem Wasserfilm schwimmend, zu drehen begann.

Die offizielle Einweihungsfeier vor rund 400 geladenen Gästen wurde verschönert durch Musikvorträge der berühmten «Landwehr de Fribourg», die aus 95 Blasmusikern und einem 25-köpfigen Trommlerkorps bestand.[18] Als Ehrengast fungierte Entwicklungsminister Dhanabalan, der mittels Knopfdruck die schwere Kugel in Bewegung setzte. Diese begann sich – wie von Geisterhand getrieben – immer schneller um die eigene Achse zu drehen. Auf einen Fingerdruck hin konnte sie angehalten oder in eine andere Richtung gedreht werden.

Kein Wunder, dass die Singapurer, ob gross oder klein, von diesem Kunstwerk Besitz ergriffen. Es war nicht nur ästhetisch ansprechend, sondern bot auch praktischen Anschauungsunterricht in angewandter Physik. In den Printmedien erschienen Artikel über den Kugelbrunnen, mit Skizzen und Querschnittsplänen, um den Lesern darzulegen, wie das technologische Wunderwerk genau funktionierte. Der Kugelbrunnen wurde bald zu einer Attraktion im Botanischen Garten, und Brautpaare liessen sich regelmässig davor ablichten. Selbst Senior Minister Lee Kuan Yew liess es sich nicht nehmen, mir in einem Schreiben zuhanden der Schweizer Kolonie zu danken, nachdem er anlässlich eines Joggingausflugs im Botanischen Garten den Kugelbrunnen persönlich begutachtet hatte.

Eine weitere kulturelle Aktivität im Zusammenhang mit unserer 700-Jahr-Feier war die Herausgabe einer Festschrift *«Swiss Presence in Singapore»*, die je mit einem Vorwort von Aussenminister Wong Kan Seng und Bundesrat René Felber, dem damaligen EDA-Vorsteher, versehen war. In dieser gediegen aufgemachten, achtzigseitigen Schrift wurde auf die vielfältige Präsenz unseres Landes in der Löwenstadt hingewiesen. Am Zustandekommen der Publikation waren verschiedene Persönlichkeiten mit Beiträgen und Fotos beteiligt – ein richtiges Teamwork. Allerdings gebührte der journalistisch begabten Maja Wildermuth die Krone, die auch über besondere herausgeberische Qualitäten verfügte, um das Endprodukt wirklich attraktiv und leserfreundlich zu gestalten.

Nachdem noch verschiedene kleinere kulturelle Manifestationen finanziert werden konnten, wurde mit dem übrig gebliebenen Betrag der finanzielle Grundstein gelegt für ein Jugendaustauschprogramm, das nach meiner Singapur-Zeit verwirklicht wurde. Es soll singapurischen Kindern aus minderbemittelten Familien die Gelegenheit bieten, die Schweiz kennen zu lernen. Dadurch sollen sie eine spezielle Beziehung zu unserem Land erhalten, in der Hoffnung, dass sie später selbst aktiv mitmachen, wenn es darum geht, schweizerische Jugenddelegationen zu empfangen.

Falls es noch eines weiteren Beweises bedurft hätte: Das Sponsoring von kulturellen Anlässen durch die Privatwirtschaft hat, wenn es in die richtige Bahn gelenkt wird, seine volle Daseinsberechtigung und kann – man verzeihe mir den hochtrabenden Ausdruck – durchaus völkerverbindend wirken.

3.9.6 Die Löwenstadt als Ausgangspunkt von Traumdestinationen im asiatischen Raum

Die Sehenswürdigkeiten in diesem Ministaat lernte der ausländische Diplomat bald einmal kennen. Da drängte es sich geradezu auf, dass ich den Stadtstaat als Ausgangsbasis benutzte, um zusammen mit meiner Familie Entdeckungsreisen in die Länder der Region zu unternehmen. Am naheliegendsten waren Ausflüge in die Nachbarstaaten Malaysia und Thailand.

Auf einem Heimatflug auf der fernöstlichen Route via Nordpol schalteten wir je einen Zwischenhalt in Südkorea und Japan ein, wo wir Gast bei schweizerischen Diplomatenkollegen waren. In Seoul gab es ein Wiedersehen mit meinem alten Freund aus gemeinsamen Warschauer Zeiten. Hans-Peter Erismann war damals Botschafter in der aufstrebenden Wirtschaftsmacht Republik Korea. Zusammen mit seiner Frau Freda nahm er sich die Zeit, um uns mit den Sehenswürdigkeiten des historischen Seouls und dessen Umgebung vertraut zu machen. Ähnliches geschah in Tokyo, wo wir bei meinem Volée-Kollegen und Missionschef-Stellvertreter Dominique Dreyer und seiner japanischen Frau Kimiko zu Gast waren. Für den bescheidenen, aber äusserst belesenen Dreyer hatte ich immer eine gewisse Bewunderung, weil er fliessend Mandarin sprach und sich auch auf Japanisch recht gut durchschlagen konnte.

Bei einem anderen Heimatflug entschieden wir uns für die westliche Route. Ich hatte die ungute Idee, diese Heimreise mit einem Besuch New Delhis zu kombinieren. Schon immer hatte ich den Wunsch gehegt, Indien als eine Wiege der Menschheit kennen zu lernen. Allerdings musste ich heftigste Proteste meiner Kinder und auch meiner Gattin für diesen indischen Abstecher über mich ergehen lassen. In dieser vorweihnachtlichen Zeit wollten sie nämlich so rasch wie möglich in die traute Schweiz zurückfliegen. Unter Aufbietung aller meiner Überredungskünste konnte ich schliesslich mein Vorhaben einer Besichtigungsfahrt Delhi–Agra–Fatehpur Sikri–Jaipur durchsetzen. Das Botschafterehepaar Jean-Pierre und Dorothea Zehnder, das uns grosszügig Unterkunft in der Residenz gewährte, bereitete uns mit nützlichen Ratschlägen auf die abenteuerliche Rundreise vor.

Die mehrtägige Fahrt bestritten wir mit dem Sohn des Botschafterchauffeurs in einem für das damalige Indien typischen «Ambassador»-Auto, einem Standardmodell aus den Fünfzigerjahren. Meine Söhne waren fasziniert, wie der Chauffeur das alte, klapprige Fahrzeug trotz aller technischen Mängel durch das ständige Verkehrsgewühl manövrierte. Das für die Verkehrsteilnehmer überlebenswichtige Hupsignal konnte beispielsweise nur ausgelöst werden, indem zwei Drähte einander berührten. Das war ein guter Einstieg in unser Indien-Abenteuer, und was folgte, grenzte schlechthin an ein Wunder: Das Land der Vielfalt und Gegensätze hatte meine Buben vom ersten Augenblick an derart gefesselt, dass ich keine einzige Klage mehr über die ihnen vergällte Vorweihnachtsfreude zu hören bekam.

In der Tat, das märchenhafte Indien der Maharajas unmittelbar neben blanker Armut, Prunk der Paläste neben erbärmlichen Behausungen und bettelnden Menschenmassen, hochentwickelte Technologie des 20. Jahrhunderts neben mittelalterlich anmutenden Gerätschaften – es ist ein Land, das trotzdem zusammengehalten wird von einer gemeinsamen Kultur, einem in allen Kasten vorhandenen Traditionsbewusstsein, in dem die Religion, vor allem der Hinduismus und der Buddhismus, bis heute die Hauptschlagader des Lebens geblieben ist. Am Rande der Wüste im Teilstaat Rajasthan konnten wir nach einem ausgedehnten Kamelritt selbst die Prunkentfaltung in einem in ein Hotel umgewandelten Maharaja-Palast erleben. Des Nachts führte der Herr des Hauses die Gäste höchstpersönlich in die Geheimnisse eines altindischen Epos ein, aus dem Ausschnitte im nur vom Fackelschein gespenstisch erleuchteten Innenhof zur Aufführung gelangten.

Aus der Fülle baulicher Kunstwerke, die wir gesehen haben, sei hier nur der östlich von Agra gelegene *Taj Mahal* erwähnt. Das berühmteste Bauwerk Indiens liess Shahjahan, der Herrscher über das damals moslemisch beherrschte Kaiserreich von Agra, im 17. Jahrhundert als Mausoleum errichten. Es sollte alles bisher Dagewesene an Schönheit und Vollkommenheit übertreffen, um der Lieblingsfrau von Shahjahan, Mumtaz Mahal («Krone des Palastes»), eine ihr würdige, ewige Ruhestätte zu schaffen. Das Grabmal steht inmitten einer symmetrischen Gartenanlage, Wasserkanäle und Fontänen sind axial angelegt. Durchschreitet man das Haupteingangstor, so bietet sich der unvergessliche Blick auf eines der schönsten Bauwerke der Welt. Meine Familie und ich profitierten zudem von den «Vorteilen» eines wegen religiöser Unruhen ausgerufenen Ausnahmezustandes, so dass wir fast die einzigen Besucher waren und von den Scharen von Souvenirverkäufern verschont blieben.

Irgendwo habe ich gelesen, dass die Menschheit eingeteilt werden kann in diejenigen, welche den Taj Mahal gesehen haben, und in diejenigen, welchen dieses Glück nicht zuteil wurde. Wir hatten die Chance, zu den Privilegierten zu zählen, die der erstgenannten Kategorie angehören.

Das unvergesslichste Erlebnis bot uns jedoch ein Besuch in *Burma* oder *Myanmar,* wie sich der von der Aussenwelt abgeschnittene Staat heute nennt. Françoise und ich unternahmen diese Reise ohne unsere Söhne. Wir reisten im einstündigen Eröffnungsflug vom nordthailändischen Chiang May nach dem burmesischen Pagan. Der eilends in «International Airport of Pagan» umbenannte Flughafen blieb aber ein provinzieller Flugplatz eines provinziellen Nestes. Die Abfertigung der rund fünfzig Fluggäste durch die völlig überforderten Beamten dauerte über eine Stunde.

Die Frage, wie lange dieser südostasiatische Staat seine gemächliche Gangart und seinen weltabgewandten Isolationskurs beibehalten kann, stellten wir uns schon damals. Burma mag auf den Besucher wegen seiner konsequenten Verneinung der Moderne als Museum wirken, wo sich buddhistische Kultur und Religion, Traditionen und Lebensweisen sowie das Verhältnis zwischen Herrschenden und Untergebenen über Jahrzehnte oder Jahrhunderte kaum verändert haben. Dementsprechend wartet das Land mit unberührten Naturschönheiten und prächtigen Kulturschätzen auf, die den Entspannung und Abwechslung suchenden Besucher rasch bezaubern und in Beschlag nehmen. Die an Menschenverachtung grenzende Politik des Militärregimes, das seit 1962 an der Macht ist, schlägt sich aber auch in hoher Kindersterblichkeit, niedriger Lebenserwartung, sinkendem Bildungsstand, Militarisierung der Gesellschaft und in jahrzehntealten Flüchtlingsproblemen an den Grenzen zu Thailand und Indien nieder.

Dessen waren wir uns bewusst, als wir dem bunten Treiben auf den Märkten in Pagan beiwohnten. Eine schier unglaubliche Vielfalt an Gemüsen, Früchten und Gewürzen gab es zu bestaunen, die von leuchtendfarbig gekleideten Marktfrauen und Kindern feilgeboten wurden. Burma war, wenigstens damals, das einzige Land, das ohne Plastiksäcke auskam, das entsprechende Entsorgungsproblem stellte sich nicht. Als Verpackungsmaterial wurden überall Blätter des Bananenbaumes verwendet, die den Vorteil hatten, dass sie als pflanzliche Abfälle leicht zersetzbar waren.

Einen totalen Szenenwechsel bildete der Besuch eines Klosters, dessen Stille und Abgeschiedenheit mit dem lärmigen Markttreiben stark kontrastierten. Wir trafen kahlgeschorene Mönche beim Meditieren. Im Hof wuschen sich die Novizen nach dem morgendlichen Almosenrundgang am Klosterbrunnen. Die tropfnassen Safranroben trockneten rasch in der Morgensonne. Beim gemeinsamen Mittagsmahl war ausser dem Klappern des Essbestecks kein Laut zu hören. Eine Welt für sich!

Die mit Pagoden übersäte Ebene von Pagan als ein Weltwunder: Der unbestrittene Höhepunkt unseres Aufenthaltes war die berühmte und doch so wenig bekannte Ebene von Pagan. Der schottische Dichter Sir James Scott schrieb 1882 in «The Burman: His Life and Notions»:

> *Pagan (is) in many respects the most remarkable religious city in the world. Jerusalem, Rome, Kieff (Kyiv), Benares, none of these can boast*

the multiude of temples, and the lavishness of design and ornament that make marvellous the deserted capital on the Irrawady. … the whole space is thickly studded with pagodas of all sizes and shapes, and the very ground is so thickly covered with crumbling remnants of vanished shrines, that according to the popular saying you cannot move foot or hand without touching a sacred thing.

Pagan um 1990 herum war sicher nicht das Pagan, das Scott mehr als 100 Jahre früher kennen gelernt hatte. Damals hatte es nicht einmal die Ansätze einer Tourismusindustrie gegeben. Aber Pagan ist in verschiedener Hinsicht so geblieben, wie es Scott gesehen hatte: Burmas «verlassene Hauptstadt am Irrawady-Fluss», «dicht übersät mit Pagoden aller Grössen und Formen», wahrlich ein monumentales Elefantengrab der mittelalterlichen burmesischen Kultur.

Von 1057 an, als mit König Anawrahtas Reich das Goldene Zeitalter Pagans eingesetzt hatte, bis zur Plünderung der Stadt durch die mongolischen Horden von Kublai Khan im Jahre 1287, waren rund 13 000 Tempel, Pagoden und andere religiöse Strukturen auf der weit ausgedehnten Ebene gebaut worden. Siebenhundert Jahre später sind davon «nur» 2217 vollständig erhalten geblieben. Darunter ist die Shwezigon-Pagode wohl die eindrücklichste – sie ist der Prototyp für alle zentralen Stupas mit den glockenförmigen Kuppelbauten als Gedächtnishügel, wie sie für Burma typisch sind. Viele der zerfallenen Pagoden und Tempel bestehen nur noch aus Steinschutt, und der Irrawady hat im Lauf der Zeit etwa ein Drittel der ursprünglichen Anlage weggeschwemmt. Das heute sichtbare Vermächtnis aus der grossen Ära der burmesischen Tempelbauer ist indessen immer noch mehr als eindrücklich.

In bester Erinnerung geblieben ist mir eine einzigartige Abendstimmung, die wir von den höheren Stufen eines Tempels aus geniessen konnten, als die untergehende Sonne die in der unendlichen Weite verstreuten Tempel und Pagoden in ein warmes, rötlich-goldfarbenes Licht tauchte. In der Distanz nahmen wir den träge dahinfliessenden Irrawaddy wahr, auf dem sich vereinzelte Dschunken stromabwärts treiben liessen. Und dann diese ergreifende Stille, nur hie und da unterbrochen durch den hohen Ton eines Gebetsglöckleins, durch ein Vogelgezwitscher oder das entfernte Bellen eines Hundes. Ein innerer Friede legte sich über uns.

In der Tat, läge Pagan an einer der bekannten Tourismusrouten statt in einer abgelegenen, heissen und sandigen Ebene in Zentralburma, dann wäre es mit dieser Ruhe vorbei. Dieser Ort, der für mich ein Weltwunder darstellt, wäre von Besuchern überschwemmt und wohl jedem westlichen Kulturbeflissenen ebenso geläufig wie die altägyptischen Pyramiden von Gizeh, die Aztekenpyramiden von Mexiko, das jordanische Petra, die chinesische Mauer oder der Taj Mahal.

3.9.7 Der Abschied von Singapur fiel uns schwer

Als ich Anfang 1991 das vierte Jahr meines arbeitsintensiven und abwechslungsreichen Singapur-Aufenthaltes in Angriff nahm, da wusste ich, dass sich mein Mandat in der Löwenstadt bald seinem Ende nähern würde. Vier Jahre etwa dauert unter normalen Umständen ein Auslandsposten. Im Falle Singapurs war sowieso kaum mit einer Verlängerung zu rechnen, da es genügend Interessenten für den hoch im Kurs stehenden Stadtstaat gab.

Kurz vor den Sommerferien 1991 musste ich aus der Anfrage eines Kollegen über die Schulungsmöglichkeiten und über den genauen Beginn des neuen Schuljahres im Frühherbst schliessen, dass sich jemand in die Startlöcher für meine Nachfolge gesetzt hatte. Ich brachte ein gewisses Verständnis dafür auf, dass der Betroffene – dessen Familie gesundheitliche Gründe in einem schwarzafrikanischen Land geltend machte und auf einen Postenwechsel drängte – raschestmöglich den ihm in Aussicht gestellten Posten in Singapur antreten wollte. Ich aber stand mit leeren Händen da, weil ich nicht wusste, wie es mit mir weitergehen sollte. Ein neuer Einsatzvorschlag war mir nämlich noch nicht unterbreitet worden. Zudem legte ich grossen Wert darauf, dass sich Françoise und ich nach der geleisteten Aufbauarbeit gebührend von den singapurischen Behörden, den uns bekannten Exponenten der Zivilgesellschaft, dem diplomatischen Corps und natürlich von der Schweizer Kolonie verabschieden konnten. Einfach schnell und unauffällig mitten in den Sommerferien aus Singapur zu verschwinden, schien mir geradezu unanständig.

Die Leitung der Verwaltungsdirektion hatte es verpasst, diese Versetzungskette so zu beeinflussen, dass es zu einer allseits befriedigenden Lösung gekommen wäre. Dass ein Kollege einseitig das Gesetz des Handelns bestimmen konnte, war kein Ruhmesblatt für eine Direktion, die sonst nicht müde wurde, ihre Kundenorientiertheit zu betonen.

Um einen Ausweg aus dieser unerquicklichen Situation zu finden, unterbreitete ich der Zentrale einen Kompromissvorschlag, wonach ich am 31. Oktober Singapur verlassen würde, und mein Nachfolger seine Arbeit ab dem 1. November aufnehmen könnte. Unter diesen Umständen hätten wir beide je ein zweimonatiges «Opfer» des Nichteinsatzes zu erbringen. Zu Schulungszwecken sollte sich die Frau meines Nachfolgers mit den Kindern aufs neue Schuljahr hin in den Stadtstaat begeben und die zwei Monate bis zum 31. Oktober in einem Hotel untergebracht sein. Mit meinem Weggang würden die Rollen getauscht: Die Familie meines Nachfolgers würde die Residenz beziehen und meine Frau mit den beiden Söhnen, die bis Weihnachten das Lycée français zu besuchen hatten, eine Hotelunterkunft beziehen. Man war zuständigenorts mit diesem Vorschlag einverstanden.

Endlich gab es auch Bewegung hinsichtlich meiner beruflichen Weiterverwendung. Es wurden mir drei Posten unterbreitet, Guatemala, ein Staat in Afrika und Syrien, unter denen ich einen für meinen nächsten Einsatz auswählen konnte. Ich muss gestehen, dass mich nach Singapur keines dieser Länder besonders angezogen hatte. Guatemala war für mich eine Miniausgabe von Mexiko, das ich bereits von meinem früheren Einsatz her kannte, zu Schwarzafrika hatte ich keinen Bezug, über Syrien wusste ich sehr wenig. Als mir indessen der italienische Kollege vertraulich ins Ohr flüsterte, in Rom stünden die Diplomaten Schlange, um nach Damaskus versetzt zu werden, da fiel meine Wahl auf die Arabische Republik Syrien; nicht zuletzt auch deshalb, weil mich die Nahostproblematik schon immer fasziniert hat. Ich sollte meinen Entschluss nicht bereuen!

Françoise und ich versuchten, den in unserem Job unvermeidlichen Zyklus von Abschiedsempfängen und Abschiedsessen auf ein striktes Minimum zu beschränken. Das ist uns nur teilweise gelungen; vielleicht hatten wir auch unserer Popularität im Stadtstaat Tribut zollen müssen. Der sich lange hinziehende Abschied war herzlich und fiel uns nicht leicht, weil wir uns bewusst waren, dass wir die allermeisten Menschen, in deren Gesichtskreis wir getreten waren, nie mehr sehen würden.

Staatspräsident Wee Kim Wee und seine Gattin empfingen Françoise und mich – zusammen mit ein paar anderen Botschafterehepaaren, deren Mandat in Singapur ebenfalls abgelaufen war – zu einem gediegenen Nachtessen in gelöster Stimmung. Als ich bereits den Stadtstaat verlassen hatte, liess es sich Präsident Wee Kim Wee nicht nehmen, Françoise und die beiden Söhne bei einem Tee im Präsidentenpalast zu verabschieden. Das war eine aussergewöhnliche Geste der Wertschätzung für die aussergewöhnliche Leistung, die meine Gattin in Singapur erbracht hatte! (Abb. 8: Abschiedsbesuch von Françoise und den beiden Söhnen bei Staatspräsident Wee Kim Wee)

Sehr berührt hatte mich das Abschiedsschreiben von Adolf Widmer. Dölf war damals bereits pensioniert, ein besonnener Landsmann, der sich nie in den Vordergrund gedrängt hätte, dem jedoch eine scharfe Beobachtungsgabe eigen war. Ich möchte den geneigten Leserinnen und Lesern den Wortlaut nicht vorenthalten:

> *«Ich hoffe, dass Du Singapur mit einem überwiegend positiven Gefühl und vielen angenehmen Erinnerungen verlassen wirst.*
>
> *Über Dein Wirken im wirtschaftlichen Ressort einschliesslich SBA*[19] *weiss ich als einer im Ruhestand wenig, aber ich möchte mich zu zwei anderen Bereichen äussern, nämlich Schweizerklub und Schweizerschule. Beide waren 1987/88 in einem äusserst kritischen Zustand (der chronische Substanzverlust des Klubs und Minister Walter Fetscherins*[20] *Beurteilung der Überlebenschancen der Schule sind unvergesslich), und es war weitgehend Dir – Deiner Bereitschaft zu intervenieren, unterstützt von der moralischen Autorität Deiner Stellung – zu verdanken, dass die Kolonie schlussendlich ihre Kräfte mobilisierte und die Missstände behob.*
>
> *Dass die Mehrheit der Gemeindemitglieder dabei die von Dir gespielte Rolle gar nicht erkannte, ist normal und hat Dich vermutlich nicht überrascht oder enttäuscht. Die Genugtuung, die Du verspüren wirst, wenn Du später in stillen Stunden an Deinen Aufenthalt in Singapur und Deinen Beitrag zur Sanierung der beiden unterstützenswerten Institutionen zurückdenkst, wird Deine einzige Belohnung sein, Dich aber hoffentlich befriedigen.»*

Mehr als Adolf Widmer glaubte, ist mir Anerkennung zuteil geworden, aber seine Einsicht in menschliche, allzu menschliche Verhaltensweisen ist natürlich zutreffend. Dölfs Brief ist wohl eines der schönsten und aufrichtigsten Zeichen der Dankbarkeit, das ich je in meiner diplomatischen Karriere entgegennehmen durfte. Meine stille Genugtuung ist in der Tat auch jetzt noch gross über das, was ich erreichen konnte. Nicht zuletzt dank Leaderfiguren wie Hans-Ruedi Schaub und «Jim» Huber, welche bereit waren, zusätzlich zu ihren beruflichen und familiären Verpflichtungen auch Verantwortung im Dienste der Allgemeinheit zu übernehmen.

3.10 Brunei Darussalam: Begegnung mit einem modernen Feudalfürsten

Der schweizerische Botschafter in Singapur ist gleichzeitig auch in Brunei Darussalam akkreditiert, mit Sitz im Stadtstaat. Diese Form der Mehrfachakkreditierung ist recht häufig im diplomatischen Vertretungsnetz der Schweiz anzutreffen, vor allem in Afrika, Lateinamerika und in Teilen Asiens.

Dies bedingte für mich oder meinen Stellvertreter durchschnittlich zwei Dienstreisen pro Jahr von Singapur nach dem im Nordosten Borneos gelegenen Sultanat, das am 1. Januar 1984 als ehemaliges britisches Protektorat in die Unabhängigkeit entlassen worden war. Nur selten dringen Nachrichten über Brunei bis in unsere Breitengrade. Das letzte Mal war dies der Fall, als im Spätsommer 2004 Kronprinz Al-Muktadee Billah, der älteste Sohn des Sultans, heiratete. Der Dreissigjährige ehelichte im Verlauf einer mehrere Tage dauernden Traumhochzeit in einem Meer von Brillanten, Gold und Seide die siebzehnjährige Sarah, die mütterlicherseits von einer Schweizerin abstammt.

3.10.1 Kleines Königreich ganz gross

Für meine Gattin und mich war Brunei in verschiedener Hinsicht die aussergewöhnlichste Akkreditierung. Der erste Augenschein im exotischen Feudalfürstentum, in dem Sultan Haji Hassan al-Bolkiah fast uneingeschränkt als Staats- und Regierungschef waltet und in dem das Parlament seit 1988 nicht mehr einberufen worden ist, bringt einem sofort zum Bewusstsein, dass das eine Welt für sich ist. Vielfach wird in diesem Staat – mit 5765 Quadratkilometern etwas kleiner als der Kanton Bern sowie einer Einwohnerzahl von 356 000 (wie der Kanton Luzern) – mit der grossen Kelle angerichtet.

Dies beginnt schon bei der Ankunft im modernen Flughafen, der völlig überdimensioniert angelegt wurde und die längste Start- und Landepiste der Welt aufweisen soll. Einzigartig dürften dort auch die hierarchisch abgestuften und fein säuberlich voneinander getrennten VIP-Räumlichkeiten sein, angefangen beim pavillonähnlichen Spezialgebäude für die königliche Familie über den VIP je für Minister, Staatssekretäre, für Delegationen des Verbandes südostasiatischer Staaten ASEAN mit und ohne Ministerrang bis zum VIP-Raum für in Brunei akkreditierte Botschafter.

In Bandar Seri Begawan selbst wimmelt es von stattlichen Regierungs- und Verwaltungsgebäuden aller Art, die mit ihrem schweren orientalischen Dekor der Hauptstadt einer Mittelmacht recht gut anstehen würden, im vorliegenden Fall jedoch leicht deplatziert wirken … Abgesehen davon, dass ein Teil dieser Gebäude sowieso nur reine Attrappen sind, die das Westminster-Modell zumindest nach aussen hin zur Schau tragen sollen. So ist etwa das sogenannte Parlamentsgebäude noch nie seinem Zweck zugeführt worden – der seit 1962 andauernde Ausnahmezustand, von dem der Aussenstehende allerdings überhaupt nichts merkt, erlaubt es dem Herrscher, ohne Parlament zu regieren. Das «Parlamentsgebäude» dient heute als Repräsentationsbau, etwa anlässlich der feierlichen Begehung des Unabhängigkeitstages oder des Geburtstags des Monarchen.

Trotz des eindrücklichen «Law Court» und sonstiger «Law Buildings» seien auch einige Zweifel erlaubt, wie das bewusst nach englischem Vorbild aufgebaute Rechtssystem in der Praxis funktioniert. Ansonsten ist alles Britische hoch im Schwange. Insbesondere der verstorbene Vater des heutigen Sultans galt als ausgesprochen anglophil. Er liess sich vorzugsweise in einem alten Londoner Taxi durch sein Reich chauffieren. Seiner leidenschaftlichen Verehrung für Sir Winston Churchill ist es auch zu verdanken, dass das einzige Churchill-Museum ausserhalb Englands ausgerechnet in Bandar Seri Begawan errichtet wurde.

Eine der wenigen Sehenswürdigkeiten Bruneis ist der traditionelle Kampung Ayer, die weltweit grösste Ansammlung verschiedener Wasserdörfer mit eigenen Schulen, Restaurants, Postämtern und Läden, wo in den Achtzigerjahren immer noch rund 25 000 Menschen zusammengepfercht lebten. Das moderne Zeitalter hat zwar auch hier Einzug gehalten, indem fast jedes dieser auf Pfählen über dem Brunei-Fluss stehenden Holzhäuser Radio und Fernsehen aufweist; viele Familien verfügen über ein eigenes Motorboot sowie Autos der gehobenen Klasse, die entlang der Uferpromenade parkiert sind. Trotzdem ist Brunei hier am ursprünglichsten. Noch mehr auf dem Markt, wo Stammesangehörige, die in Dschungellichtungen in Langhäusern leben, nach altüberlieferter Brandrodung gewonnene Früchte und Gemüse sowie Geflügel anbieten.

Trotz all dieser Gegensätze hat das Sultanat wie sonst kaum ein anderes Drittweltland eine gefügige, eher langweilige Mittelklassegesellschaft hervorgebracht, die grösstenteils gut bezahlte Verwaltungsstellen besetzt hält und es sich leisten kann, Söhne und Töchter zur Ausbildung ins westliche Ausland zu schicken. Man spürt sozusagen auf Schritt und Tritt, dass aus dem Erlös von Erdöl und -gas mehr Geld ins Land fliesst als ausgegeben werden kann. Vieles wirkt denn auch irgendwie unnatürlich und gekünstelt. Ein Beobachter hat Brunei einmal nicht unzutreffend beschrieben als *«einen Anachronismus, der durch Erdöl und britische Ordnungsvorstellungen aufrechterhalten wird»*[21].

Der Sultan geniesst ein hohes Ansehen im Volk. Das verwundert weiter nicht. Denn die Bevölkerung, die schon von Vergünstigungen wie Befreiung von der Einkommenssteuer sowie unentgeltlichem Gesundheits- und Bildungswesen profitiert, wird überdies nach dem Motto «Brot und Spiele» mit der Abhaltung verschiedener kollektiver Tätigkeiten bei der Stange gehalten. So werden Wettbewerbe im Koranlesen veranstaltet; es wird überhaupt viel Wert auf die Durchführung traditioneller Anlässe gelegt wie strikte Befolgung des religiösen Kalenders, Durchführung gelegentlicher Vorbeimärsche, nationale Unabhängigkeitsfeiern und Sportanlässe im überdimensioniert gebauten Nationalstadion, das fast einem Viertel der Bevölkerung Platz bietet.

Im Unterschied zum Sultan leisten sich die Brüder des Herrschers viele Exzesse, worüber hinter vorgehaltener Hand gemunkelt wird. Falls überhaupt, wird Kritik höchstens – und erst noch mit der gebotenen Zurückhaltung – an den Technokraten in der Regierung geübt. Sicherlich begünstigt der im Umkreis des Herrschers geförderte Hang zur Absonderung die Herausbildung einer in sich abgeschlossenen Gesellschaft, in der die Geheimnistuerei geradezu Urständ feiert. Die massgebenden Behördenvertreter geben sich zugeknöpft und hüten sich fast manisch davor, sich irgendwie in die Karten blicken zu lassen. Ausfluss von Misstrauen, Furcht, Unsicherheit, Inkompetenz, schlechtem Gewissen? Das ist schwer zu sagen, vielleicht von allem etwas. Für einen aussenstehenden, nur vorübergehend in Brunei weilenden Missionschef ist es unter diesen Umständen problematisch, an die Informationen heranzukommen. Die ergiebigsten Quellen sind deshalb die vor Ort residierenden Vertreter von Staaten wie Grossbritannien, USA, Deutschland, Frankreich, Singapur.

Am 23. Februar 1990 wohnten meine Frau und ich den Feierlichkeiten aus Anlass des 6. Unabhängigkeitstages bei. Bei dieser Gelegenheit wurden wir im Nationalstadion Zeugen einer Weltpremiere, nämlich eines grossen Feuerwerks bei helllichtem Tag! Wahrscheinlich hatten die bruneiischen Organisatoren diesen glanzvollen Höhepunkt nationaler Festlichkeiten den Singapurern abgeschaut, mit dem feinen Unterschied allerdings, dass das Feuerwerk im Stadtstaat jeweils nachts gezündet wird … In Brunei hingegen, wo alles etwas anders ist und der Anlass in der brütenden Mittagshitze stattfand, wurden zum Abschluss der Vorbeimärsche Hunderte von Raketen in den gleissenden Tropenhimmel gefeuert. Das hatte zur Folge, dass deren Knalleffekt zwar unüberhörbar war, während das Auge lediglich grelle Blitze und schwarz-graue Rauchwölkchen am hellblauen Himmelsgewölbe wahrnahm. Wahrlich, ein Spektakel der besonderen Art!

Das Mass aller Dinge in Brunei ist und bleibt der Sultanspalast. Dieser Koloss, der vor mehr als zwanzig Jahren 350 Millionen US-Dollar gekostet haben soll, würde mehr als die Fläche von drei aneinandergereihten Fussballfeldern bedecken und ist angeblich grösser als der Vatikan. Im Unterschied zum Vatikan scheint allerdings der erst 1984 auf den Unabhängigkeitstag hin fertig erstellte Palast, der innerhalb von nur zwei Jahren aus dem Boden gestampft wurde, nicht für die Ewigkeit gebaut zu sein: tagtäglich sind Hunderte von Personen neben der Reinigung im permanenten Kampf gegen Risse und sonstige Bauschäden aller Art engagiert …

Der Palast soll 1788 Säle und Zimmer umfassen, wobei auch eine mehrstöckige Tiefgarage nicht fehlt, die 350 Automobile enthält, darunter fast sämtliche Rolls-Royce-Modelle und verschiedene einzeln angefertigte Luxuslimousinen von Marken wie Ferrari und Bentley. Der Sultan hat auch die Möglichkeit, bis zu 3000 Personen auf einmal zu Mahlzeiten einzuladen. Es sollte allerdings nicht vergessen bleiben, dass der Sultan den Palast mit anderen Mitgliedern der königlichen Familie teilt und dass die «Istana Nurul Iman» genannte königliche Residenz neben privaten Gemächern auch Moscheen, Repräsentationsräume und Kabinettsäle umfasst.

Françoise und ich benutzten während unserer Aufenthalte jede sich bietende Gelegenheit, um noch unbekannte Teile des Palastes alleine oder in Gruppen kennen zu lernen. Einmal erfolgte eine solche Besichtigung zusammen mit der Gattin des damaligen italienischen Spitzenpolitikers Amintore Fanfani, deren Delegation südländisches Temperament in die ehrfurchtsvolle Stille der menschenleeren Prunksäle brachte.

3.10.2 Prunkvolle Beglaubigungszeremonie

Eindeutiger Höhepunkt meiner Tätigkeit in Brunei Darussalam war gleich zu Beginn die Zeremonie der Überreichung meines Beglaubigungsschreibens an Sultan Haji Hassan al-Bolkiah. Am 3. Februar 1988 um 14 Uhr war es so weit: Ich trat als erster Schweizer Botschafter in den Gesichtskreis des Sultans, des 29. Herrschers einer der ältesten Dynastien überhaupt, der gleichzeitig auch als der damals reichste Mann der Welt galt. (Abb. 9: Überreichung des Beglaubigungsschreibens an den Sultan von Brunei im Februar 1988)

Die Illusion, der erste Schweizer zu sein, welcher die Schwelle des Sultanspalastes überschreiten durfte, musste ich mir allerdings bereits vorgängig nehmen lassen, denn der immense Gebäudekomplex war bereits in sicheren Schweizerhänden: Eine Handvoll Landsleute sorgte nämlich als Chefs der

Küchenbrigade mit insgesamt 50 Köchen für das leibliche Wohl Seiner Majestät bzw. stand dem Unterhalts- und Reinigungsdienst mit insgesamt 280 Personen vor. Nicht unerwartet musste ich überdies zur Kenntnis nehmen, dass Schweizer Bankiers in regelmässigen Abständen den Palast betreten, um ihren Anteil an der einträglichen sultanschen Vermögensverwaltung sicherzustellen. Diese haben auf jeden Fall freieren Zutritt zu den Privatgemächern des Herrschers, als es einem Botschafter je möglich sein dürfte.

Als sich dieser «moderne Sonnenkönig» – so mein damaliger französischer Kollege – dazu hergab, mir seine Hand zur Begrüssung entgegenzustrecken und das Beglaubigungsschreiben entgegenzunehmen, hatte ich bereits eine anstrengende Phase hinter mir. Das Protokoll schreibt nämlich dem Überbringer der Beglaubigung eine zeitlich getrennte Hauptprobe vor. Damit ist das bruneiische Protokoll strenger als dasjenige am Hof von St. James in London. Meine Frau, die nur bei der Hauptprobe zugelassen war, hat insgesamt zwölf Verbeugungen gezählt, die ich, eingerahmt von Aide-de-camp und Protokollchef, zu machen hatte. Da war es mir wohl kaum zu verargen, dass ich bei der eigentlichen Zeremonie nach der Verabschiedung ständig rückwärts schreitend – der Sonne kehrt man bekanntlich nie den Rücken zu – aus lauter Freude über das gelungene Manöver gleich noch einen zusätzlichen Bückling einschaltete. Dies zum grossen Schrecken der beiden Begleitpersonen, die jedoch die improvisierte Verbeugung geistesgegenwärtig, wenn auch mit einem Sekundenbruchteil Verspätung, nachholten.

Doch kehren wir an den Anfang zurück. Als ich den Sultanspalast zur Überreichung des Beglaubigungsschreibens betrat, fiel mir sofort auf, dass diesem Gebilde trotz der riesigen Dimensionen, mit Marmor und schweren Tropenhölzern als dominierenden Elementen, eine gewisse architektonische Eleganz nicht abzusprechen ist. Die Räumlichkeiten, die mir zugänglich waren (Empfangszimmer, Kabinett- und Audienzsaal), sind im Übrigen ausgestattet mit einer einmaligen Mischung von immensen italienischen Sofas, kostbaren Plüschteppichen, holzgeschnitzten Thronsesseln, mächtigen Sèvres-Vasen, Neorokoko-Möbeln und teuren Kitschgemälden der Serie «Alpenglühen», «Verträumtes Schloss mit Kletterrosen» und «Kühe am Bergsee». Zusammen mit funkelnden Riesenleuchtern jeglicher Art verdichtete sich das Ganze zu einem kaum mehr überschaubaren

Sammelsurium unvorstellbarer Geschmacklosigkeiten, alles dominiert von e i n e r Farbe: Gold, entweder massiv oder blattgoldverziert.

Der mittlerweile neunundfünfzigjährige Hassanal Bolkiah, der seit 1967 regiert, verfügt über eine schier unbegrenzte Machtfülle. Er ist nicht nur Staatsoberhaupt, sondern zusätzlich auch Ministerpräsident und Verteidigungsminister. Dieser Ämterkumulation ist die Länge seines vollen offiziellen Namens samt Ehrentiteln (Stand 1988) angepasst:

«His Majesty Paduka Sari Baginda Sultan and Yang Di-Pertuan, Sultan Hassanal Bolkiah Mu'izzaddin Waddaulah Ibni Al-Narhum Sultan Haji Omar'Ali Saifuddien Sa'adul Khairi Waddien, D.K.M.B., D.K., P.S.S.U.B., D.P.K.G., D.P.K.T., P.S.P.N.B., P.S.N.B., P.S.L.D., S.P.M.B., P.A.N.B., G.C.M.G., D.N.N., D.K. (Kelantan), D.K. (Johor), D.K. (Negeri Sembilan), Collar of the Supreme Order of the Chrysanthemum, Grand Order of Mugunghwa, D.K. (Pahang), B.R.I., Collar of the Nile, The Order of Al-Hussein bin Ali, The Civil Order of Oman, D.K. (Selangor), D.K. (Perlis), P.G.A.T., Sultan and Yang Di-Pertuan Negara Brunei Darussalam.»

Er ist mit Ihrer Majestät Raja Isteri Pengiran Anak Saleha Ibni Al-Marhum Yang Terama Mulia Seri Paduka Pengiran Pemancha Sahibul Rae'Wal-Mashuarah Pengiran Muda Haji Mohd. Alam sowie mit Ihrer Königlichen Hoheit Pengiran Isteri Hajjan Mariam binti Haji Abdul Aziz verheiratet. Beide Frauen hatten ihm bis zum Zeitpunkt meines Besuches 1988 insgesamt zehn Kinder geschenkt.

Das Gespräch selbst, das ich mit Seiner Majestät im Anschluss an die Überreichung des Beglaubigungsschreibens führen durfte, war dann allerdings von einer geradezu rührenden Banalität. Es stand in einem eigenartigen Kontrast zur barocken Namens- und Titelfülle des Alleinherrschers sowie zu den ihm geschuldeten Ehrbezeugungen. Des Sultans vornehme Zurückhaltung, gepaart mit Scheu und Unsicherheit, mögen zu diesem Eindruck beigetragen haben, ebenso wie die sterile protokollarische Auflage, dem Gebieter Bruneis keine Fragen stellen zu dürfen. Es war ganz offensichtlich, dass er sich in seiner Rolle nicht wohl fühlte, was sich in leisem, oft stockendem Reden und Zittern der Hände auswirkte. Als eine peinliche Stille einzutreten drohte, ergriff ich – entgegen der protokollarischen Vorschrift – die Initiative und brachte das Gespräch auf das Golfspiel. Ich wusste nämlich, dass der Sultan diesen Sport, für den ich mich in Singapur zu interessieren begann, sehr gerne ausübte. Und siehe da, die Atmosphäre wurde sofort entspannter, und so etwas wie ein Gesprächsfluss kam doch noch zustande. Wenn da nicht der vom Protokoll gewollte, gesprächstötende Sitzabstand von fünf Metern zwischen dem Sultan und dem Besucher gewesen wäre, der kaum einen entspannten Gedankenaustausch gestattete.

All dies ist eigentlich erstaunlich für einen absoluten Herrscher, der seit mehreren Jahrzehnten unangefochten seines Amtes waltet.

3.10.3 Höflichkeitsbesuche meiner Frau bei den Königinnen

Nach der Überreichung des Beglaubigungsschreibens hatte meine Frau bei einem der nächsten Besuche Bruneis die Gelegenheit, ihrerseits den beiden Gattinnen des Sultans je einen Höflichkeitsbesuch abzustatten. Interessant war, dass sich dieser protokollarische Akt in deren Privatgemächern abspielte. Ich bat deshalb Françoise, während der Audienzen besonders aufmerksam zu beobachten. Ihre Aufzeichnung ist so aussergewöhnlich, dass ich sie dem geneigten Leser in der Übersetzung des französischen Originaltextes nicht vorenthalten möchte. Nachstehend ist der Einfachheit halber nur die Schilderung der Audienz bei der Hauptfrau, Königin Saleha, im grossen Sultanspalast «Istana Nurul Iman» aufgeführt.[22]

> *«Um 13.30 Uhr an diesem so heiss ersehnten Tag fährt also eine schwarze Dienstlimousine vor dem Hotel vor, aus der zwei Bruneierinnen in Landestracht aussteigen, die mir während meiner gesamten offiziellen Besuche folgen werden. Ich gebe zu, dass ich sehr beeindruckt, aber auch höchst amüsiert über die Rolle war, die ich im Begriff war zu spielen, als ich würdevoll auf dem roten Teppich die Stufen zum grössten Palast der Welt von ebenso harmonischen wie überdimensionierten Ausmassen emporschritt.*
>
> *Das monumentale Eingangsportal gibt den Blick frei auf ein weiträumiges Atrium ganz aus Marmor. Ich werde von Datin Rusna emp-*

fangen, der Hofdame der Königin, der ich am Morgen desselben Tages einen Besuch abgestattet habe.»

Nach dem Durchschreiten zahlreicher Korridore und der Benützung diverser Aufzüge kam Françoise im Vorzimmer von Königin Saleha an:

«Schliesslich kommen wir zur letzten Etappe. Fünf monumentale Kronleuchter, die je ungefähr eine Tonne wiegen, erhellen einen Salon von immensen Ausmassen, der überwiegend in Gelb- und Goldtönen gehalten ist. Dort erwartet mich rechts in einem Winkel dieses Empfangsraums, der mir mit seiner geschmackvollen Einrichtung intimer erscheint, Ihre Majestät Königin Saleha, vor einem Sofa stehend. Sie trägt die bruneiische Landestracht, sicherlich von einem grossen Couturier überarbeitet und verbessert: eine zweiteilige Tunika, weit entfernt vom üblichen Sack, aus dem zwei Füsse, zwei Hände und ein mit Schal bedeckter Kopf hervorschauen, sondern massgeschneidert und angepasst, aus braungoldener Seide, Ton in Ton bestickt und mit Blumenmustern aus Diamanten überzogen.

Feine Gesichtszüge, ein vollkommener Teint und vor allem ein sehr schönes Lächeln voller Anmut verleihen ihrem runden, wenig fotogenen Gesicht einen unerwarteten Reiz. Das vorherrschende Merkmal ihrer Persönlichkeit bleibt dennoch … ihr Schmuck! Der Schaukasten von Van Cleef scheint glanzlos angesichts des gleissenden Anblicks, den sie mir bot. Ein atemberaubendes Geschmeide aus echten Smaragden, grosszügig verziert mit Diamanten in Treppen-, Navette-, Rauten- und Tropfenschliff, man hat wirklich nichts ausgelassen.

Ich war fasziniert. Die Edelsteine waren von unvergleichlicher Schönheit und Reinheit. Ich musste ihr einfach ein Kompliment machen, das sie, glaube ich, zu schätzen wusste, und sie fügte hinzu, es sei sehr unterhaltsam, Schmuck zu kaufen und darum zu feilschen, denn die Juweliere würden bis zu sechzig Prozent Rabatt gewähren! Ihre Hofdame bemerkte respektvoll, dass dies ‹bestimmt auf Ihre Majestät zutreffe, wir hingegen Mühe haben, zwanzig Prozent zu erhalten›.

Ich erfuhr, dass die Königin an diesem Tag Schmuck im Wert von etwa drei Millionen US-Dollar trug.

Ihre Majestät bittet mich bei der Begrüssung, auf einem Sessel im rechten Winkel zu dem Sofa Platz zu nehmen, auf das sie sich setzt. Die Hofdame setzt sich ihrerseits auf meine Seite, einige Plätze hinter mir. Die Konversation ist nicht einfach, denn das Protokoll verbietet es, die Königin direkt anzusprechen. Es ist uns lediglich gestattet, ihr zu antworten. Ihr Englisch ist gut. Sie sagte das Wenige, das sie zu sagen hat, mit klarer, klangvoller Stimme und orientiert sich dabei an den Einfällen, die Datin Rusna ihr auf Malaiisch zuflüstert. Plötzlich übertönt ein seltsamer, tiefer und metallischer Ton den Klang unserer Stimmen. Mit einem kurzen, verlegenen Lachen, sehr malaiisch, erläutert Ihre Majestät mir, dass es sich um eine Kuckucksuhr handelt. Ich stürze mich also auf diesen heiseren Kuckuck als Traumthema für eine Konversation. So ein Pech! Betreten, weil sie dessen Herkunft offenbar nicht kennt, wispert sie zögernd, er käme aus Italien. Ich nutze dies, um mich umzudrehen und das Corpus Delicti zu betrachten. Ich stelle fest, dass der Raum noch einmal so gross ist wie derjeinige, den ich vor mir sehe, und dass besagte Kuckucksuhr eine emaillierte oder türkis lackierte Comtoise-Uhr ist, die so weit entfernt ist, dass ich nicht einmal die Uhrzeit ablesen kann.*

Während unseres Gesprächs servieren uns Diener in weisser Livree den Tee. Ihre Majestät wird zuerst bedient, was es mir gestattet, sie zu imitieren und damit Verstösse gegen das Protokoll zu vermeiden: Wenn Ihre Majestät trinkt, ist es gestattet zu trinken. Wenn Ihre Majestät isst, ist es gestattet zu essen. Andernfalls ist es verboten, irgendetwas zu berühren. Alle Köstlichkeiten sind lediglich eine Augenweide, denn Feinheit und Fülle der angebotenen Speisen sind umgekehrt proportional zu den Myriaden dargestellter Reichtümer ... ein paar dünne Scheiben Kastenkuchen, gefolgt von einzelnen knusprigen Hühnerpastetchen, die mich hinterhältig anblicken. Glücklicherweise begnügt sich die Königin mit einem Stück Kuchen, was mir einen Kampf mit der Gabel erspart, aus dem ich nicht unbedingt siegreich hervorgegangen wäre.

* *Anm. d. Ü.: Eine Comtoise-Uhr ist eine französische Pendeluhr aus der französischen Provinz Franche-Comté, die von etwa 1680 bis zum Ende des 19. Jahrhunderts in der Nähe von Morez hergestellt wurde. Bis etwa 1950 war sie ausserhalb Frankreichs kaum bekannt. Mittlerweile gilt sie als beliebtes Sammelobjekt bei Antiquitätenliebhabern. Typisch ist ihr sehr lauter Stundenschlag.*

Die Diener bedienen uns auf Knien, ihre Köpfe dürfen die unseren nicht überragen. Mit weissen Handschuhen stellen sie meine Tasse aus feinem Porzellan neben mich auf ein Guéridon-Schmucktischchen, das ganz einfach mit einer kleinen, mit Herzen aus Brillanten, Saphiren und Rubinen besetzten goldenen Blumenvase dekoriert ist...

Nach zwanzig Minuten verabschiede ich mich von Ihrer Majestät und warte, dass sie sich als Erste erhebt. Mit einem anmutigen Lächeln und einer Geste zu Ihrer Hofdame hin dankt sie mir für meinen Besuch und kündigt mir ein kleines Geschenk an, das als Erinnerung an meine Audienz für mich vorbereitet worden sei. In diesem Augenblick nähert sich Datin Rusna mit einem Tablett, das mit gelbem Samt ausgeschlagen ist (königliche Farbe, die dem Sultan vorbehalten ist und die das Protokoll jedem anderen zu tragen verbietet). Darauf befindet sich ein Päckchen in Form eines Kunstbands, das sie der Königin mit einem tiefen Knicks präsentiert. Diese überreicht es mir, wie es Brauch ist, mit beiden Händen. Nachdem ich mich bedankt habe, verabschiede ich mich, flankiert von ihrer Hofdame, zugleich erstaunt und verzaubert vom Märchen aus Tausendundeiner Nacht, das ich eben erlebt habe.»

Meine Frau und ich sollten keine Gelegenheit einer persönlichen Vorsprache bei der bruneiischen Herrscherfamilie mehr haben. In der Regel verabschiedet sich zwar ein scheidender Missionschef nach Ablauf seiner Amtszeit persönlich vom Staatsoberhaupt. In meinem Fall liess sich dies nicht bewerkstelligen. Ich hatte zwar rechtzeitig über die Botschaft Bruneis in Singapur um eine Schlussaudienz beim Sultan nachgesucht. Eine Reaktion war jedoch wochenlang ausgeblieben.

Als schlussendlich dennoch äusserst kurzfristig das grüne Licht für eine Verabschiedung eintraf, war es für mich zu spät. Der singapurische Staatspräsident hatte nämlich mittlerweile für eine Anzahl scheidender Missionschefs – darunter den Schweizer Botschafter – ein Nachtessen ausgerechnet am gleichen Tag angesetzt, da ich in Brunei hätte sein sollen. Eine nüchterne Interessenabwägung liess mich zum Schluss kommen, dass Singapur der Vorzug zu geben sei, selbst wenn meine Frau und ich damit einer Neuauflage des orientalischen Märchens beraubt wurden.

3.11 In Damaskus: Zeuge der syrisch-israelischen Annäherung

Als ich Ende Oktober 1991, meine Familie in Singapur zurücklassend, den Heimflug in die Schweiz antrat, stellte sich für mich die Frage, wie ich die Monate November und Dezember nutzen sollte, denn ich musste zur Kenntnis nehmen, dass mein neuer Posten in Damaskus erst Anfang Januar 1992 frei würde. Die Verwaltungsdirektion setzte der schlechten Vorbereitung dieser Versetzung die Krone auf, indem sie mich zwingen wollte, diese Zeit mit Ferien zu überbrücken. Nun zeichnen sich November und Dezember nicht gerade durch angenehmes Ferienwetter aus, und alleine zu verreisen, während meine restliche Familie in Singapur zurückblieb, behagte mir noch weniger. Ich lehnte ab.[23]

Wie weiter? Ich machte aus der Not eine Tugend und schlug den Verantwortlichen den Besuch eines Arabischkurses vor, was mir gestattet wurde. Der tägliche Intensivkurs in der Berlitz-Schule Bern genügte natürlich nicht, um mich mit der schwierigen arabischen Schriftsprache vertraut zu machen. Aber ich lernte ein paar praktische Redewendungen und erhielt einen ersten Einblick in die uns fremde arabische Kultur. In Syrien wurde es ausserordentlich geschätzt, wenn der Europäer auch nur einige Brocken Arabisch von sich gab, weil das als Zeichen des Interesses angesehen wurde, das man dem Residenzland entgegenbrachte. Nicht nur in Syrien, sondern überall kann sich ein Diplomat mit der Aneignung zumindest von Grundkenntnissen der Landessprache auf Anhieb viel Goodwill verschaffen.

Wenn ich nicht am Arabischbüffeln war, verbrachte ich die übrige Zeit mit dem intensiven Einlesen in das wenig bekannte zukünftige Residenzland und seinen Alleinherrscher Hafez al-Assad. Das war eine gute Investition, denn es war das erste und einzige Mal, dass ich einen neuen Posten verhältnismässig gut vorbereitet antreten konnte. Mit einem Anflug von Neid müssen wir Schweizer Diplomaten nämlich zur Kenntnis nehmen, dass es in den Aussenministerien grösserer Staaten mit ausreichend hohen Personalbeständen zum normalen Ausbildungszyklus gehört, Diplomaten eine mehrmonatige Ausbildungszeit im Hinblick auf einen neuen Posten zu gewähren.

Als meine Familie und ich Anfang Januar 1992 mit Austrian Airlines, von Wien herkommend, morgens um 4.30 Uhr in Damaskus eintrafen – diese ungastliche Ankunftszeit war ein Gradmesser für die geringe Bedeutung, welche der syrischen Destination zukam –, war es feucht und kalt. Im orientalischen Damaskus sollten wir haufenweise all den Schnee antreffen, der damals in Zentraleuropa nicht fallen wollte – verkehrte Welt! Dass die Schneemassen für einige Tage die Hauptstadt fast lahmlegten, weil die nötigen Schneeräumungsmaschinen fehlten, rundete das wenig vorteilhafte Bild ab. Die Hauptstadt machte auf uns einen eintönig-grauen Eindruck, die Kleidung der Bewohner schien sich dieser tristen Atmosphäre anzupassen – es war fast wie in den ehemaligen kommunistischen Staaten Osteuropas; dazu kam, dass der Himmel tagelang tief wolkenverhangen war.

Die armseligen Behausungen, die sich, eng ineinandergeschachtelt, immer höher an die steilen Abhänge des Damaszener Hausberges Kassiun hinauffrassen, drückten aufs Gemüt. Alles sah irgendwie schäbiger und heruntergekommener aus, wenn wir im Unterbewusstsein Vergleiche mit unserem letzten Residenzland Singapur anstellten. Und dies wiewohl uns klar war, dass solche Vergleiche hinkten und zu nichts führten. Nein, Damaskus, dessen grüne Gärten einst die islamischen Eroberer aus der Arabischen Halbinsel als «Paradies Gottes auf Erden» empfunden hatten, war für uns alles andere als Liebe auf den ersten Blick!

Das düstere Bild hellte sich gottlob bald auf. Vom ersten Tag an bekamen wir die sprichwörtliche arabische Gastfreundschaft zu spüren. Es war vor allem die sprachbegabte bourgeoise Elite, welche sich in England, Frankreich, Deutschland und den USA ebenso wohl fühlt wie bei sich zu Hause, die als grosszügige Gastgeberin auftrat. Eine Einladung folgte der andern, als ob wir schon jahrelang im Land anwesend gewesen wären. Diese Leute verhielten sich apolitisch und waren für uns Diplomaten bei der Informationsbeschaffung von keinem allzu grossen Nutzen, was unserer Freundschaft allerdings keinen Abbruch tat. Dass man sich mit dieser vom autoritären Regime mehr oder weniger unbehelligten Gesellschaftsschicht überhaupt unterhalten konnte, war nicht selbstverständlich.

Umgekehrt bedeuteten die westlichen Gäste für die syrische Elite wohl auch eine willkommene geistige Sauerstoffzufuhr, die Abwechslung in das eintönige Leben brachte. Wie dem auch sei, die herzliche Aufnahmebereitschaft hatte uns gleich von Anfang an geholfen, uns rasch auf eine Weise ins gesellschaftliche Leben zu integrieren, wie wir das vorher und nachher nie mehr erlebt hatten.

Auch in der Ecole française wurden unsere Söhne wärmstens aufgenommen, was ihnen die Akklimatisierung erleichtern half. Diesen Sachverhalt nahmen wir Eltern gerne zur Kenntnis, denn gerade im zarten Alter reagieren die Kinder am anfälligsten auf den Trennungsschmerz, der mit jedem Versetzungsstress einhergeht. Diese sofort spürbare zwischenmenschliche Herzlichkeit rückte in den Hintergrund, dass das Schulgebäude einen baufälligen, schmuddeligen Eindruck hinterliess und die alten Schulbänke den hölzernen Schreibpulten ähnelten, die wir fünfzig Jahre früher selbst unruhig gedrückt hatten und deren ungehobelte Oberfläche immer wieder Holzsplitter ins Fleisch dringen liess.

Auch das Klima sollte sich bald einmal zum Besseren wenden, nachdem wir den härtesten Winter seit Jahren im Vorderen Orient erlebt hatten. Damit stieg auch die Lust, an die Entdeckung unseres neuen Residenzlandes zu gehen.

3.11.1 Syrien – das unbekannte Land im Vorderen Orient

Syrien liegt sozusagen vor der Haustür Europas, aber es ist ein weitgehend unbekanntes Land geblieben, wie «ein weisser Fleck» auf der geographischen Karte. Das spärliche Wissen ist einseitig geprägt, wird Syrien doch in den Medien meist im Zusammenhang mit Konflikten wahrgenommen, vorwiegend als kontinuierlicher Gegenspieler Israels sowie mit einem schwierigen Verhältnis zu den USA. Die Realität ist viel komplexer, wie ich bald selbst in Erfahrung bringen sollte.

Der Name Syrien beschwört eine Geschichte herauf, die bis in biblische Zeiten zurückreicht. In Damaskus sowie an den Hängen des Kassiun-Berges werden verschiedene biblische Ereignisse lokalisiert, beispielsweise der Ort, an dem Kain seinen Bruder Abel erschlug, die Stätte, wo Abraham geboren sein soll, oder die Stelle, welche Christus und Maria als Zuflucht gedient haben soll; in einem Damaszener Vorort wird das Grab Moses' verehrt, wo auch die Fussspuren Mohammeds zu sehen sein sollen.

Die legendären Aufenthalte all dieser Propheten, die ebenfalls muslimische Propheten sind, verleihen der islamischen Stadt Damaskus *«eine sakrale Aura»,* wie sich der Syrien-Kenner Johannes Odenthal ausdrückt.[24] Ähnlich verhält es sich mit dem höchsten Minarett der grossen Omaijaden-Moschee, dem *Isa-Minarett* («Jesus-Minarett»). Die Muslime nennen es so, weil sie glauben, dass der von ihnen als Vorläufer von Mohammed verehrte Jesus Christus am Jüngsten Tag herabsteigen und von diesem Minarett aus die Welt richten würde. In der Moschee wird in einem kleinen Kuppelbau das Haupt Johannes des Täufers aufbewahrt, das von den Christen und Muslimen als das ihres Vorläufer-Propheten Johannes bzw. Yahia gleichermassen verehrt wird. Und die Bekehrung des Paulus erfolgte in der *Via Recta,* der «Geraden Strasse» von Damaskus, als der Jünger Ananias dem erblindeten Christenverfolger Saulus die Hände auflegte und ihn wieder sehend gemacht haben soll. Saulus liess sich taufen, aus ihm wurde der Apostel Paulus, der die Lehre Jesu in die Welt hinaustrug.

Neben diesem alt- und neutestamentlichen Bezug ist Syrien aber auch ein Name, der sich ursprünglich auf eine viel grössere Fläche als die des heutigen Landes gleichen Namens bezog. Die Griechen bezeichneten damit im dritten vorchristlichen Jahrhundert den gesamten asiatischen Teil des Königreichs Alexanders des Grossen, mit Antiochia als Hauptstadt und Persien als Grenze. Rom verwendete ihn, um eine Provinz zu benennen, die sich vom Euphrat bis nach Ägypten erstreckte und später in *«Siria Prima», «Siria Secunda», «Phoenicia»* und *«Palaestina»* unterteilt wurde.

Mit den grossen islamisch-arabischen Feldzügen seit dem 7. Jahrhundert wurde das oströmisch-byzantinische Kaiserreich ständig zurückgedrängt. Die sunnitischen Omaijadenkalifen regierten in Damaskus und dehnten ihre Eroberungszüge über Nordafrika bis nach Spanien und Südfrankreich aus. Jahrhunderte später waren es die türkischen Seldschuken und Osmanen, die ein muslimisches Reich errichteten, das sich vom Atlantik bis nach China erstrecken sollte. Der Name Syrien verschwand. Die Region zwischen dem Euphrat, Ägypten und Anatolien hiess seitdem «Sham».

Eine Wiederauferstehung feierte der Name Syrien in der französischen Aufklärung, als die türkische Provinz «Sham» und der Islam mit Despotismus und Barbarei gleichgesetzt wurden. Demgegenüber sollte der vergessene Name Syrien eine zivilisierte Nation bezeichnen, welche sich zwangsweise von ihrer glorreichen griechisch-römischen Bestimmung entfernt hatte. Nach dem Zerfall des Osmanischen Reiches forderten die Bewohner des Landes «Sham» nach dem Ersten Weltkrieg eine unabhängige Nation – zwischen Euphrat, Ägypten und Anatolien – im Rahmen einer umfassenden arabischen Nation. Doch die beiden Mandatsmächte Frankreich und Grossbritannien setzten sich über diese Bestrebungen hinweg und zogen willkürliche nationale Grenzen, die ihren Interessen entsprachen.

Frankreich formte das aktuelle Syrien, indem es den Libanon abtrennte und nach religiösen Gesichtspunkten aufteilte, um den Christen die Vorherrschaft im Zedernland zu verschaffen. Die Region Antiochia wurde 1936 an die Türkei abgetreten, um zu verhindern, dass sich dieser Staat im sich abzeichnenden Mächtegerangel – wie im Ersten Weltkrieg – erneut auf die Seite Deutschlands schlagen würde. Gossbritannien trennte einen palästinensischen und einen jordanischen Teil ab.

Im Westen ist wenig bekannt, dass Syrien ein Vielvölkerstaat ist, der sich aus unterschiedlichen Ethnien und Religionsgemeinschaften zusammensetzt. Der traditionell sunnitisch-muslimischen Mehrheit stehen verschiedene Minderheiten gegenüber. Eigentlich ist es nicht verwunderlich, dass Syrien, im Schnittpunkt dreier Kontinente gelegen, als uraltes Durchgangsland eine Bevölkerung hat, die verschiedenartig zusammengesetzt ist. Von den zu meiner Zeit insgesamt 13 Millionen Syrern – heute sind es über 18 Millionen – waren die überwiegende Mehrheit mit knapp 70 Prozent orthodoxe sunnitische Muslime. Die wichtigsten muslimischen Minderheiten stellten die Schiiten sowie andersgläubige Muslime dar, die von den beiden islamischen Hauptrichtungen abwichen (Alawiten 11%, Drusen 3% und Ismaeliten 2%). Die christlichen Bekenntnisse aller Schattierungen machten ca. 14 Prozent der Gesamtbevölkerung aus – heute sind es noch 9 Prozent. Es waren zur Hauptsache Angehörige der sogenannten «orientalischen Kirchen», die fast durchwegs in mit Rom unierte und nichtunierte Kirchen gespalten waren. Neben der bedeutendsten christlichen Gemeinschaft der Griechisch-Orthodoxen (4,5% der Gesamtbevölkerung) gab es die griechisch-katholische Kirche (Melkiten), und neben der syrisch-orthodoxen Gemeinschaft (auch Jakobiten genannt) eine syrisch-katholische Kirche.

Zu den ethnischen Minderheiten zählten die Kurden (über 6%, zum Teil staatenlos), die Armenier (4%), die Turkmenen (3%) und die Tscherkessen. Während die Kurden, die Turkmenen und die Tscherkessen fast ausschliesslich der sunnitischen Glaubensrichtung des Islams angehörten, stellten die Armenier sowohl eine ethnische wie eine religiöse Minderheit dar. Um die Sache noch etwas komplizierter zu machen, teilten sich die Armenier wiederum auf in armenische Gregorianer (von Rom unabhängig) und in armenische Katholiken, die mit Rom uniert sind. Die jüdische Gemeinschaft war seit den 1992 gewährten Ausreiseerleichterungen von 4000 auf etwa 1200 Personen zusammengeschmolzen. Wie mir der Oberrabbiner persönlich bestätigte, waren ihre Angehörigen jedoch keinen Verfolgungen ausgesetzt, wie es die jüdisch-israelische Propaganda wahrhaben wollte.

Viel kritisiert wird bei uns das hoch personalisierte Präsidialsystem, das Hafez al-Assad geschaffen hat. Bei aller berechtigten Kritik an der autoritären Regierungsweise, die nicht nur das gesamte politische Leben, einen Grossteil der Wirtschaft und alle wichtigen gesellschaftlichen Bereiche kontrolliert, sollte ein wichtiger, bei uns wenig bekannter Sachverhalt nicht unerwähnt bleiben: Dank des straffen Regimes, das sich auf verschiedene Sicherheitsdienste abstützen kann, leben die verschiedenen Ethnien und Religionen mehr oder weniger friedlich nebeneinander. Einer der Hauptgründe, dass religiöse Unterschiede nicht betont werden, liegt in der weltlichen Ausrichtung und der sozialistischen Orientierung des syrischen Staates. Für den ausländischen Beobachter ist Syrien einer der sichersten Staaten in dieser Weltgegend.

Die Einstellung, dass die Zugehörigkeit zu einer religiösen Gruppe nicht im Vordergrund stehen sollte, hat in Syrien allerdings Tradition. Neben der langen Erfahrung im Zusammenleben unterschiedlicher Religionsgemeinschaften lässt sie sich auch als Spätfolge der Mandatszeit verstehen, als die Franzosen versucht hatten, die Region in konfessionell geprägte Kleinstaaten aufzuteilen. Religiöse Minderheiten wurden bewusst gefördert, um dem aufkommenden arabischen Nationalismus innerhalb der sunnitischen Mehrheit besser begegnen zu können. So gab es einen *«Etat autonome des Alaouites»* sowie einen *«Etat autonome des Druses»*. Die negativen

Folgen der Spaltung in religiöse Gruppen sind im Nachbarland Libanon bis heute zu spüren, und der libanesische Bürgerkrieg hat sich den Syrern als warnendes Beispiel für die Gefahren des Konfessionalismus eingeprägt.

3.11.2 Das Minderheitenregime der Alawiten

Der in meinem Residenzland weit verbreitete Toleranzgedanke hatte indessen hauptsächlich damit zu tun, dass die herrschenden Alawiten selbst eine religiöse Minderheit darstellen, welche der sunnitischen Mehrheit gegenübersteht. Das Regime behandelte deshalb aus wohlverstandenem Eigeninteresse die Minderheiten mit einer Politik der «langen Leine». Es respektierte freie Religionsausübung und das konfessionsspezifische Ehe- und Familienrecht, was zu einem Schulterschluss der Minderheiten mit den Alawiten führte. Die Alawiten hatten 1966 die Führung im syrischen Staat übernommen und stellten von 1970 bis zu seinem Tod im Juni 2000 in Hafez al-Assad den allmächtigen Staatspräsidenten.

Die Alawiten sind eine aus der schiitischen Sekte der Ismailiten[25] hervorgegangene Religionsgemeinschaft. Die Bezeichnung «Alawiten» ist eine Ableitung von Ali, dem Schwiegersohn des Propheten, welchem als erstem schiitischen Imam in allen schiitischen Sekten eine zentrale Bedeutung zukommt. Die Lehre der Alawiten beruht auf einem vorislamischen Sternenkult und verschmolz mit gewissen, allerdings stark entstellten manichäischen[26] und christlichen Begriffen zu einem höchst originellen religiösen System. Unberührt vom orthodoxen Islam, fand es unter ismailitischem Einfluss im 9. Jahrhundert seine endgültige Form.

Im Mittelpunkt der alawitischen Lehre, die weder mit der Dogmatik des sunnitischen noch derjenigen des schiitischen Islam vereinbar ist, steht als Gottesprinzip eine ewige Dreifaltigkeit: Ali, das höchste Wesen, Licht aus Licht gezeugt, und seine Emanationen, Prophet Mohammed und Salman al-Farisi, einer der frühesten Gefährten Mohammeds. Für den orthodoxen, streng monotheistischen Islam sind solche Lehren reine Häresie. Die Alawiten hatten denn auch unter jahrhundertelangen religiösen Verfolgungen zu leiden. Die relative Toleranz des Islam galt nur den Angehörigen anderer Offenbarungsreligionen, niemals aber den Alawiten, welche die Sunniten als Abtrünnige betrachteten.

Die ausgesprochene Aussenseiterrolle im religiösen Bereich, die den Alawiten die Feindschaft der sunnitisch-orthodoxen Bevölkerungsmehrheit eintrug, wurde durch deren sozio-ökonomische Stellung noch verschärft: Die Alawiten bewohnen hauptsächlich die periphere Bergprovinz hinter der Küstenstadt Latakia und sind bis heute vorwiegend ländlich geprägt. Sie wurden und werden daher von den hauptsächlich die Städte bewohnenden Sunniten als Hinterwäldler angesehen und dementsprechend behandelt. Die Armut der Alawiten führte dazu, dass sie sich nicht wie die wohlhabenden Sunniten, die das Soldatenhandwerk verachteten, von der Wehrpflicht freikaufen konnten. Ausserdem bot eine Karriere in der Armee den Angehörigen dieser Minderheit eine einmalige Gelegenheit zur sozialen Mobilität. Der heute dominante Einfluss der Alawiten auf die syrische Politik erklärt sich nicht zuletzt aus ihrer starken Stellung in den Streitkräften.

Es ist seit jeher eine Eigenheit syrischer Politik, dass der überproportionale Einfluss der Alawiten und anderer konfessioneller Minoritäten in der Vergangenheit zu beträchtlichen Spannungen mit der sunnitischen Mehrheit geführt hatte. Vom Panarabismus auf islamischer Grundlage, für den die konservative sunnitische Mehrheit eintrat, fühlten sich sowohl Christen wie Alawiten ausgeschlossen, weshalb sie sich für einen säkularen Nationalismus einsetzten.

Es kommt wohl nicht von ungefähr, dass die «Partei der Sozialistischen Arabischen Wiedergeburt» – kurz *Baath*[27] genannt – 1940 von einem griechisch-orthodoxen Christen mitbegründet worden war. Geradezu revolutionär war die Forderung nach einem säkularen Panarabismus. Die laizistische Ausrichtung der Baath-Ideologie wird verständlich, da ein arabischer Christ – ohne irgendwie antiislamisch eingestellt zu sein – sich nicht mit dem herkömmlichen islamisch legitimierten Panarabismus identifizieren konnte. Die Alawiten sahen als Angehörige einer verachteten Gemeinschaft in der Baath-Partei ebenfalls eine einzigartige Möglichkeit, sozial aufzusteigen. Zusammen mit starken Positionen in der Armee verhalf der Baath so den Alawiten zu ihrer heutigen beherrschenden Stellung.

3.11.3 Hafez al-Assad – die Sphinx von Damaskus

Ich hatte das Privileg, Präsident Hafez al-Assad (wörtlich «der Löwenbändiger») schon gut zwei Wochen nach meiner Ankunft in Syrien das Beglaubigungsschreiben überreichen zu können. Das war nicht selbstverständlich, denn die meisten Missionschefs mussten Monate auf diesen Augenblick warten. Der Vertreter der Volksrepublik China hatte sich sogar mehr als ein Jahr zu gedulden! Dass ich mich nach so kurzer Zeit in den Präsidentenpalast begeben durfte, war nicht mein Verdienst. Ich war vielmehr zufällig der Letzte, der eine Gruppe von Botschaftern komplettierte, die am gleichen Tag einer nach dem anderen vom Staatschef «abgefertigt» wurden. (Abb. 10: Nach der Überreichung des Beglaubigungsschreibens an den syrischen Staatspräsidenten Hafez al-Assad im Januar 1992)

Hafez al-Assad hinterliess allerdings beim ausländischen Gast keineswegs den Eindruck, Teil einer Massenabfertigung zu sein. Er war sehr zuvorkommend, von ausgesuchter Höflichkeit und ging im Gespräch auf den schweizerischen Landesvertreter ein. Unsere Gastfreundschaft schätzte er sehr, hatte er doch schon mehrere US-Präsidenten in Genf getroffen. In seiner äusseren Erscheinung war der Präsident von einer gewissen Eleganz, ohne dass er allerdings seine bäuerliche und militärische Herkunft ganz verbergen konnte. In dem für die Alawiten typisch langgezogenen Gesicht fielen unter einer hohen Stirn kleine, hellwache Augen auf.

Ausser beim Treffen von Bundespräsident Stich mit Präsident Assad im Rahmen des Genfer Gipfels Clinton–Assad vom Januar 1994 sollte ich den syrischen Staatschef nie mehr zu Gesicht bekommen, sieht man von zwei Assad-Reden im Parlament ab, zu denen das diplomatische Corps eingeladen worden war. Der Unterschied zum leicht zu- und umgänglichen Staatspräsidenten Singapurs, der allerdings primär eine reine Repräsentationsfunktion ausübte, ging mir mehr als einmal durch den Kopf. Sogar der US-Botschafter in Damaskus, der fliessend Arabisch sprach, hatte grosse Schwierigkeiten, von Präsident Assad empfangen zu werden. Dies selbst in der Phase intensivierter amerikanischer Vermittlungsbemühungen, um einen syrisch-israelischen Frieden zustande zu bringen.

Der syrische Alleinherrscher war ein Schwerarbeiter, von seinen engsten Mitarbeitern forderte er viel; ihnen gegenüber konnte er – im Unterschied zum Kontakt mit ausländischen Besuchern – kurz angebunden sein und nicht selten seinem Ärger unverhohlen Ausdruck verleihen. Er führte einen spartanischen Lebensstil, was man von einigen seiner Kampfgefährten nicht behaupten konnte. Er rauchte und trank nicht, liebte klassische Musik und las viel. Wiewohl einer der militantesten arabischen Politiker, hatte Assad eher das Image eines etwas ungelenken Intellektuellen. Das Charisma Nassers ging ihm jedenfalls völlig ab, Massenveranstaltungen und «bains de foule» mied er, wohl nicht zuletzt aus Gründen der persönlichen Sicherheit. Dafür war Hafez al-Assad im syrischen Alltag mittels eines penetrant wirkenden Personenkults in Form von Statuen, überlebensgrossen Gemälden und Fotos allgegenwärtig.

Assad war durch den Sechstagekrieg von 1967 entscheidend geprägt worden. Seither ging sein Trachten dahin, mit allen ihm zur Verfügung stehenden Mitteln die Schmach der Niederlage, an der er als Verteidigungsminister teilweise mitschuldig war, zu tilgen. Der Gedanke war für ihn unerträglich, dass sich die geschlagenen Araber damit abzufinden hatten, im Schatten des kleinen, aber übermächtigen Israel zu leben. Der jüdische Staat war – wie er es sah – ein künstliches Implantat in dieser Weltgegend, welches durch einen überholten westlichen Imperialismus finanziert, bewaffnet und unterstützt wurde. Als überzeugter Anhänger der Baath-Ideologie mit ihren panarabischen, sozialistischen und laizistischen Tendenzen sah er in der Auseinandersetzung mit Israel das vorläufig letzte Glied in der langen Kette fremder Einmischungsversuche im Nahen Osten (Kreuzritter, Türken, europäische Kolonialmächte).

Hafez al-Assad verkörperte zu seinen Lebzeiten wohl mehr als jeder andere arabische Staatsmann das Verlangen der Araber, die Geschicke in dieser Weltgegend selbst mitbestimmen zu können. Die israelische Herausforderung hatte aus Assad und Syrien das gemacht, was sie zu meiner Zeit in Damaskus waren: Synonym für eine regionale Vormacht, die nach dem israelisch-ägyptischen Sonderfrieden von 1979 und nach der Schwächung von Assads persönlichem Rivalen und Baath-Widersacher Saddam Hussein im Golfkrieg von 1991 nicht bereit war, das israelische Diktat ohne weiteres hinzunehmen.

Trotz aller Erfolge hatte der syrische Alleinherrscher im Verlauf seiner langen politischen Karriere viele Rückschläge in Kauf nehmen müssen. Die Vision vom Wiederaufleben des historischen «Sham» oder «Grosssyriens» musste Assad wohl oder übel begraben. Er hatte sich mit der Tatsache abzufinden, dass die Palästinenser und auch Jordanien in den direkten Einflussbereich des jüdischen Staates geraten waren. Dafür war es ihm gelungen, die israelischen Pläne im Libanon zu durchkreuzen und die syrische Vormachtstellung im Zedernland durch die Schaffung stabiler Verhältnisse sowie durch die Einsetzung einer von Damaskus beeinflussbaren Regierung auszubauen. Das ist recht wenig für Syrien, das sich stolz als «pulsierendes Herz des Arabertums» betrachtet. Allerdings hatte der Realist und Pragmatiker Assad angesichts der schon damals verkündeten «neuen Weltordnung» gerade in seinen Beziehungen zu den USA auch beträchtliche Anpassungsfähigkeiten gezeigt.

Vielerorts – nicht zuletzt in den Vereinigten Staaten – wurde und wird Syrien hingegen mit unverhohlenem Misstrauen begegnet. Assads politische Schachzüge wurden oft als undurchsichtig und mysteriös empfunden. Er liess sich selten in die Karten blicken, was wiederum dem aussenstehenden Betrachter das Verständnis für Syrien nicht gerade erleichtern half. Bei der Verteidigung arabischer Interessen – wie er sie sah – hatte Assad in der Tat des Öfteren gerissenes Kalkül, ja Verschlagenheit angewandt. Seine Zugehörigkeit zur bäuerlich geprägten alawitischen Minderheit mag zu diesem Charakterzug beigetragen haben. Jahrhundertelangen Verfolgungen ausgesetzt, gelten die Alawiten nämlich als Meister in der Kunst, ihre politischen und religiösen Überzeugungen zu verschleiern.

Für Präsident Hafez al-Assad war es eine persönliche Tragödie, dass sein ältester Sohn Bassel bei einem Autounfall ums Leben kam. Bassels Unfalltod war d a s innenpolitische Hauptereignis meiner Syrien-Zeit. Dem als «Märtyrer» und als eine Art Kultfigur verehrten Bassel wäre im Nachfolgekalkül des alternden Staatschefs eine wichtige Rolle zugekommen. Der populäre verstorbene Präsidentensohn verkörperte aber auch in breiten Kreisen der Bevölkerung, vor allem der Jugend, die Hoffnung auf eine gewisse Öffnung des rigiden Systems.

Françoise und ich wohnten den Begräbnisfeierlichkeiten im alawitischen Heimatort Kurdaha der Familie Assad bei. In dem oberhalb der Küstenstadt Latakia gelegenen Bergdorf drängten sich Tausende von Trauernden. Der Staatschef war vom schweren Schicksalsschlag sichtlich gezeichnet, aber gefasst, als er die Beileidsbezeugungen verschiedener arabischer Würdenträger, darunter des ägyptischen Präsidenten Mubarak, entgegennahm. Geistliche Oberhäupter der verschiedensten Glaubensbekenntnisse, gekleidet in die für ihre Religion typische Gewandung, verliehen dem Anlass einen würdig-feierlichen Aspekt. In einem gewissen Gegensatz dazu bleibt uns das aufwühlende, lärmige Prozedere in Erinnerung, wie der Sarg mit dem Verstorbenen über die Köpfe einer riesigen, emotional aufgeladenen Menschenmenge hinweggereicht wurde, bis er seinen Bestimmungsort erreicht hatte.

Auf den schweren Verlust hatte Hafez al-Assad fast reflexartig reagiert, indem er ohne Verzug den jüngeren Sohn Bashar, einen in England ausgebildeten Augenarzt, als möglichen «Erben» des Alawitenregimes aufzubauen begann. Dieses forciert wirkende Vorgehen offenbarte mit aller Deutlichkeit, dass Assad, der ständig mit gesundheitlichen Problemen zu kämpfen hatte, in der Nachfolgefrage zeitlich recht enge Grenzen bei der Einführung Bashars in die Staatsgeschäfte gesetzt waren. Entgegen aller Befürchtungen hatte der Tod Bassels das Regime jedoch nicht erschüttern können, ebenso wenig, als nach Hafez al-Assads Hinschied im Juni 2000 Bashar seine Nachfolge antrat. Diesen Übergang verfolgte ich von meinem neuen Einsatzort Ankara aus.

3.11.4 Ein hochpolitischer Posten

Meine Arbeit in Syrien unterschied sich in vielerlei Hinsicht von derjenigen in Singapur: Im Stadtstaat hatte meine Haupttätigkeit in der wirtschaftlichen Interessenwahrung sowie in der Pflege guter Kontakte zur Schweizer Kolonie und ihren Institutionen bestanden. Die politische Berichterstattung war demgegenüber in den Hintergrund getreten.

In Syrien war es genau umgekehrt: Der schweizerisch-syrische Handelsaustausch war schwach entwickelt und das Interesse der Schweizer Wirtschaft am dirigistischen System meines Residenzlandes beschränkt; schweizerische Investitionen gab es keine, erst in der Schlussphase meines Mandats entschloss sich Nestlé, eine Produktionsstätte in der Nähe von Damaskus zu errichten. Die Schweizer Kolonie war klein und bestand grösstenteils aus Schweizerinnen, die in unserem Land studierende Syrer geheiratet hatten. Mein Hauptaugenmerk galt deshalb in erster Linie der Innen- und vor allem der Aussenpolitik meines Residenzlandes.

Es war allerdings äusserst schwierig bis unmöglich, an die militärischen und politischen Persönlichkeiten heranzukommen, die im Umfeld von Präsident Hafez al-Assad das Sagen hatten. Die Auskünfte, die man im Aussenministerium erhielt, waren nicht immer zufrieden stellend. Es war bald einmal herauszuspüren, dass die dort tätigen syrischen Diplomaten nicht genau wussten, was sich wirklich im eigenen Land abspielte. Um den Meinungsaustausch zu verbessern, beteiligte ich mich aktiv an der Gründung der informellen *«Like-Minded Group of Ambassadors»,* welche die «ungebundenen» Missionschefs von Kanada, Australien, Japan, Österreich, Norwegen, Schweden, Finnland, Polen, Ungarn und der Schweiz umfasste. An den regelmässigen Zusammenkünften in den verschiedenen Residenzen hoffte man, durch qualifizierte Gastredner in den Besitz sensitiver Informationen über das zu gelangen, was in diesem verschlossenen Land wirklich vor sich ging. Ein gern gesehener Gast war natürlich der amerikanische Botschafter, der vieles, aber nicht alles zu sagen wagte. Wir hatten auch verhältnismässig liberal eingestellte Minister zu Gast. Bei ihnen schätzten wir, dass sie überhaupt zu reden wagten; aber sie waren – wie der angesehene Handels- und Industrieminister – reine Technokraten, die nicht über die nötige politische Machtbasis verfügten, um sich in der staatlichen Führungsspitze das nötige Gehör zu verschaffen.

Dennoch gab es viele fruchtbare Diskussionen, die für alle Teilnehmer einen Mehrgewinn darstellten. Es war wohl bezeichnend für die Qualität dieser Diplomatengruppe, dass die Missionschefs Österreichs, Schwedens und Finnlands auch dann noch den Treffen beiwohnten, als ihre Länder als Vollmitglieder der Europäischen Union beigetreten waren. Gemäss ihren Rückmeldungen waren die Zusammenkünfte der «Like-Minded Group of Ambassadors» viel anregender als die langwierigen und sehr oft langweiligen Sitzungen der EU-Botschafter vor Ort.

Für mich war indessen ein absoluter Glücksfall, dass ich einen Informanten kennen lernen konnte, der Zugang zum innersten syrischen Machtzirkel hatte und mit dem ich mich glänzend verstand. Es versteht sich, dass seine Identität selbst der Zentrale in Bern gegenüber eines meiner bestgehüteten Geheimnisse blieb. Damit keine falschen Vermutungen entstehen:

Es ging alles mit rechten Dingen zu, von Spionage konnte keine Rede sein. Für mich war es eine grosse Genugtuung, dass – gestützt auf diese Quelle – meine Berichterstattung aus dem heiklen Syrien bei den zuständigen Stellen in Bern immer auf grosses Interesse stiess. Da hatte ich einen eindeutigen Vorsprung gegenüber den Gemeinplätzen und Halbwahrheiten, die in der westlichen Presse über mein Residenzland zu lesen waren.

In der Botschaft konnte ich mich auf ein einsatzfreudiges, gut harmonierendes Team abstützen. In einem Land, dessen Sprache man nicht oder kaum versteht, ist man in ausgeprägtem Mass auf Übersetzungshilfen angewiesen. Dementsprechend war die lokale Botschaftsangehörige, welche die Presse zu sichten und die relevanten Stellen zu übersetzen hatte, eine meiner wichtigsten Bezugspersonen. Die Aussagekraft der gelenkten Presse war zwar dürftig und erinnerte mich stark an meine Pflichtlektüre der DDR-Parteizeitung «Neues Deutschland», als ich mich in Bern mit den kommunistischen Staaten Osteuropas zu befassen hatte. Aber eine lokale Presseschau war unumgänglich, und die verdienstvolle Mitarbeiterin hatte mich überdies mit der arabischen Kultur vertraut gemacht. Ihr Wirken war umso bedeutsamer, als mir ein Erster Mitarbeiter mit politischem Spürsinn fehlte, der mir bei der schwierigen Nachrichtenbeschaffung zur Seite hätte stehen können.

Mit meinem Anliegen, einen Arabisch sprechenden Nahostspezialisten der Botschaft zuzuteilen, war ich leider bei der Verwaltungsdirektion abgeblitzt. Seither ist immerhin dieses Anliegen in Erfüllung gegangen – höchste Zeit, um auf der Schweizer Vertretung in einem der wichtigsten Staaten der arabischen Welt die anfallende Arbeit besser bewältigen zu können.

Die bilateralen Beziehungen waren problemlos, aber stark ausbaufähig. Es war mir nicht gelungen, den neuen schweizerischen Aussenminister, Bundesrat Flavio Cotti, davon zu überzeugen, Syrien einen offiziellen Besuch abzustatten. Die letzte Visite von Bundesrat Aubert ging auf das Jahr 1985 zurück. Immerhin weilte Staatssekretär Jakob Kellenberger als Gast von Vizeaussenminister Chaccour zu Gesprächen in Damaskus.

Dafür reiste Präsident Hafez al-Assad unerwarteterweise in die Schweiz. Das setzte die Visasektion meiner Botschaft gewaltig unter Druck, mussten doch in kürzester Zeit Sichtvermerke für die gesamte syrische Delegation, einschliesslich der Sicherheitsleute, erteilt werden. Allerdings galt das Hauptinteresse Assads nicht so sehr der Schweizer Regierung als vielmehr dem amerikanischen Präsidenten Bill Clinton. Das publizitätsträchtige Treffen Clinton–Assad in Genf[28] vom 16. Januar 1994, das im Rahmen der israelisch-syrischen Friedensbemühungen zustande kam, wurde allerdings schweizerischerseits zu einer offiziellen Kontaktnahme auf höchster Ebene benutzt: Im Vorfeld der Gipfelbegegnung empfing der damalige schweizerische Bundespräsident Otto Stich, assistiert von Aussenminister Flavio Cotti, den syrischen Staatschef und seine Delegation zu einem Willkommensgespräch.

In gleicher Weise wie Assad begrüsste Bundespräsident Stich auch Präsident Clinton. Noch von Damaskus aus hatte ich mich dafür eingesetzt, dass schweizerischerseits beiden Staatschefs die genau gleiche Behandlung zuteil werden sollte, um zu verhindern, dass sich die stolzen und empfindlichen Syrer brüskiert vorkommen mussten. Zu meiner grossen Erleichterung wurde dem Anliegen voll Rechnung getragen.

Vom Gespräch Stich–Assad im Genfer Hotel Intercontinental, das aus Sicherheitsgründen fast zu einer Festung ausgebaut worden war, ist mir vor allem die apodiktische Aussage des syrischen Staatschefs in Erinnerung geblieben: *«Wenn es Frieden gibt zwischen Syrien und Israel, gibt es Frieden für alle.»* Assad schränkte indessen sofort ein, dass weiterhin grosse Probleme bestünden, da Israel nicht ohne weiteres bereit sei, sich aus den seit 1967 besetzten Gebieten zurückzuziehen.

Wie Recht hatte er aus heutiger Sicht! In Damaskus war man damals der Auffassung, dass sich der syrische Staatschef und der amerikanische Präsident während ihrer ersten Begegnung auf Anhieb recht gut verstanden hätten und dass Clinton sich von Assads Friedensbereitschaft überzeugen liess. Die Medien hatten jedenfalls wochenlang vom «grossen Erfolg» des Genfer Gipfels berichtet. Dabei war für den syrischen Staatschef ausserordentlich wichtig, dass mein Residenzland nicht nur als Schlüsselstaat auf der Suche nach einer umfassenden Friedenslösung von den USA anerkannt wurde, sondern dass es sich auch im Hinblick auf die Nachkriegszeit in seiner angestrebten Rolle als führende Regionalmacht bestätigt fand.[29]

Die Genfer Begegnung Stich–Assad war zweifellos der Höhepunkt meines Syrien-Mandats. (Abb. 11: Treffen von Bundespräsident O. Stich mit Präsident al-Assad im Vorfeld des Gipfeltreffens Clinton–Assad in Genf im Januar 1994)

Zur Arbeit eines Diplomaten gehören indessen nicht nur Besuchsvorbereitungen und die Begleitung hoher Gäste vor Ort. Es kann auch vorkommen, dass er beim Hinschied eines Staatsoberhauptes oder sonst eines führenden Politikers beim Botschafter des betroffenen Landes einen Eintrag ins aufgelegte Kondolenzbuch zu machen und das offizielle Beileid auszudrücken hat. Dabei muss der Missionschef einem Leichenbitter gleich ein dunkles Kleid anziehen und eine dem Anlass gerechte Trauermiene aufsetzen.

Den aussergewöhnlichsten Kondolenzbesuch meiner Karriere erlebte ich im glühend-heissen Juli 1994 beim Hinschied des nordkoreanischen Staatschefs Kim Il Sung. Je älter und unsichtbarer der «weise Führer» geworden war, desto stärker zirkulierte seine Gegenwart in den Emotionen von Liebe und Furcht. Kein Wunder, dass sein Tod weite Teile seines Volkes in den Taumel einer masslosen Trauer zog.

Zum Zeitpunkt, als ich auf der Botschaft der Demokratischen Volksrepublik Korea eintraf, hatte gerade ein syrischer Minister das Gleiche im Sinn. Also wurde ich in einen gekühlten Warteraum geleitet, um meine Reihe abzuwarten. Nach einer Weile betrat ein Angestellter den Raum, um die Sofas mit einem billigen Parfum zu besprühen. Als ich hätte vorsprechen können, wollte es der Zufall, dass Präsident Assad – der sonst nie auf Botschaften oder Residenzen anzutreffen war – mit einer Abordnung zur Kondolenzbezeugung erschien. So sah ich das tränenüberströmte Gesicht des trauernden Botschafters, der sich des hohen Besuchers anzunehmen hatte, nur kurz von weitem. Wiederum musste ich warten, diesmal in einem kleineren, ungekühlten und schweisstreibenden Raum.

Endlich kam der Augenblick, wo ich vorgelassen wurde. Eine schwarze Trauerbinde wurde mir am linken Arm umgebunden. In blumenübersäten Korridoren und im Treppenhaus des eher schäbigen, am Stadtrand gelegenen Hauses stieg ich zum zweiten Stock hinauf, wo ich dem Missionschefstellvertreter, fünf weiteren Botschaftsangehörigen und dem Verteidigungsattaché – alle in einer Reihe aufgestellt – mein Beileid aussprach. Vor einem Konterfei des «Grossen Vorsitzenden» Kim Il Sung hatte ich mich zu verbeugen, wie es die nordkoreanischen Diplomaten taten. Ein schräger Blick nach links während der Verbeugung zeigte mir, dass dieser Akt nicht von kurzer Dauer sein konnte. So verharrte ich fast eine Minute in gespielter Ehrfurcht vor dem verstorbenen Staatslenker.

Ich durfte das Kondolenzbuch endlich unterzeichnen. Zu meiner nicht geringen Überraschung war das Format ein doppeltes A4, und die ganze Seite stand mir zur Verfügung. So hatte ich den vorgesehenen Spruch blitzschnell um ein paar Floskeln zu verlängern und – möglichst platzfüllend – einen sehr grossen Schriftzug anzuwenden. Die andächtige Stille wurde durch gelegentliches Schluchzen durchbrochen: ungefähr zehn tiefschwarz gekleidete Frauen standen tränenaufgelöst, mit geröteten Augen und gesenktem Blick im Hintergrund – das Ganze gemahnte mich irgendwie an die Rolle der Klageweiber in einer klassischen griechischen Tragödie.

Nach einer letzten Verbeugung wurde ich schliesslich ins heisse Strassenalltagsleben von Damaskus hinausbegleitet, wo mein Chauffeur, den mein übermässig langes Verweilen zu beunruhigen begann, auf die Rückkehr in die eigene Botschaft wartete. Am meisten verblüffte mich im Nachhinein die entwaffnende Bemerkung eines engen Mitarbeiters von Präsident Assad, wonach der Staatschef dieses «Theater» des Kondolenzbesuchs mitmachen musste. War es die Geste eines Diktators gegenüber einem anderen oder standen etwa sensible (Waffen-)Sendungen aus Nordkorea auf dem Spiel?

3.11.5 Die Beobachtung der syrisch-israelischen Friedensbemühungen als Hauptaufgabe

Seit ich im Januar 1992 meine Mission in Damaskus angetreten hatte, bahnte sich im Nahostfriedensprozess, der in allen westlichen Ländern auf grosses Interesse stiess, vermeintlich (Vor-)Entscheidendes an. Der mit der Madrider Konferenz vom Oktober 1991 eingeleitete Friedensprozess war, selbst nach syrischer Einschätzung, irreversibel geworden. Niemand konnte sich ernsthaft eine militärische Lösung, etwa einen fünften israelisch-arabischen Krieg, vorstellen, ungeachtet aller Drohgebärden und der auf beiden Seiten weiter andauernden Rüstungsanstrengungen.

Am Ende meines Mandats im Juli 1995 kam ich zum Schluss, dass Israel der eindeutige Gewinner dieses Friedensprozesses war. Zumindest bis zu diesem Zeitpunkt hatte der jüdische Staat die bei weitem grössere Friedensdividende bezogen:

- Politisch hatte Israel damals definitiv die Zusicherung seines Existenzrechts erreicht. Dadurch, dass Arafat mit seiner geschwächten PLO in das hastig ausgehandelte Osloer Abkommen von 1993 eingewilligt hatte, arbeitete er in erster Linie Israel in die Hände. Aus syrischer Sicht mussten die PLO, aber auch Jordanien dafür bezahlen, dass sie den irakischen Aggressor Saddam Hussein bei seinem Einmarsch in Kuweit offiziell oder auch nur offiziös unterstützt hatten, indem sie sich zu frühzeitigen Normalisierungsschritten gegenüber Israel gezwungen sahen. Der massive Druck Amerikas und des jüdischen Staates im Friedensprozess richtete zugrunde, was Syrien am Anfang des Madrider Verhandlungsmarathons als «arabische Kooperation» aufgebaut hatte.

- Assad war sich bewusst, dass ihm – seit er sich 1991 im Vorfeld von Madrid für eine syrische Friedensstrategie entschieden hatte – keine andere langfristige Alternative als die des Ausgleichs mit Israel zur Verfügung stand. Dies trotz der Tatsache, dass er in der Zwischenzeit mit seiner fundamentalen Einschätzung nicht durchgedrungen war, wonach arabische Sonderabmachungen nur die Überlegenheit Israels zementieren halfen. Die vom syrischen Präsidenten verfolgte Politik einer «geschlossenen Front der Araber» war mit dem Ausscheren der Palästinenser unter Arafat endgültig gescheitert. Syrien und andere arabische Staaten brauchten sich fortan nicht mehr dem kollektiven Anspruch einer «Gesamtlösung» zu unterwerfen.

- Der Preis, den Israel für die Regelung mit den Palästinensern bezahlen musste, wirkte aus syrischer Sicht beinahe lächerlich. Jericho, die heisse Oase in der Jordansenke, war die einzige Konzession, welche Arafat und sein Verhandlungsteam aus den Israelis herausholen konnten, nachdem Tel Aviv endlich den Elendsgürtel Gaza losgeworden war. Was mit den übrigen Gebieten im Westjordanland sowie in Ostjerusalem geschehen soll, war zu meiner Damaszener Zeit noch völlig offen – und ist es bis zum heutigen Tag geblieben.

Allen Widerwärtigkeiten zum Trotz hatte Präsident Hafez al-Assad seine Bevölkerung während meiner Zeit in Syrien langsam, aber sicher auf den Frieden mit dem jüdischen Staat vorbereitet. Es war kein leichtes Unterfangen in einem Land, wo die Gegnerschaft zu Israel in allen Bevölkerungskreisen geradezu identitätsstiftende Merkmale aufwies. Assad musste auch vorsichtig lavieren, um die hochrangigen Nutzniesser des Regimes, vor allem in der Armee und in den verschiedenen Sicherheitsdiensten, nicht allzu sehr vor den Kopf zu stossen. Diese hatten mit der seit 1973 andauernden «Weder-Krieg-noch-Frieden»-Lage recht gut gelebt. Sie liefen nun Gefahr, ihrer Pfründe verlustig zu gehen, sobald die Fiktion der Feindschaft zu Israel nicht mehr aufrechterhalten werden konnte.

Aus diesen Gründen hatte Assad keinen Anlass zu grosser Eile im Friedensprozess. Aus innenpolitischen Gründen konnte er sich zudem mit nicht weniger begnügen, als seinerzeit der abtrünnige Sadat mit der vollständigen Rückgabe der Halbinsel Sinai erhalten hatte. Deshalb insistierte der syrische Staatschef auf dem Grenzverlauf vom 4. Juni 1967, d.h. unmittelbar vor dem israelischen Präventivschlag, welcher den Sechstagekrieg ausgelöst hatte. Mit der Zurückgewinnung des verlorenen Terrains würde aus Damaszener Sicht endlich den einschlägigen UNO-Resolutionen nachgelebt. Nicht von ungefähr wurde in meinem Residenzland immer wieder betont, dass nur zwei Dinge nicht negoziabel waren: die nationale Würde und syrisch-arabischer Boden.

Die USA spielten im Kalkül Assads eine ausschlaggebende Rolle. Die Syrer wussten natürlich genau, dass der Vermittler aus Übersee im Verlauf der Zeit immer mehr eine proisraelische Neigung entwickelt hatte. So hatte der langjährige Koordinator für Friedensgespräche unter den Präsidenten Reagan, Bush senior und Clinton, Dennis Ross, ein Amerikaner jüdischer Herkunft, stets dafür gesorgt, dass Israel in den Verhandlungen eine Vorzugsbehandlung erhielt und prinzipiell nie unvorbereitet mit schwierigen

Entscheiden konfrontiert wurde.[30] Aus meiner eigenen Zeit in Syrien erinnere ich mich, dass bei Friedensgesprächen in Damaskus mein amerikanischer Kollege, ein Arabist, kaum je beigezogen wurde. Die siebenköpfige US-Delegation, meist unter der Leitung von Ross, war jeweils aus bis zu fünf Mitgliedern jüdischen Glaubens zusammengesetzt. Die syrische Seite hatte keine andere Wahl, als gute Miene zum bösen Spiel zu machen; hinter vorgehaltener Hand fielen jedoch verschiedentlich ironische Bemerkungen über die angeblich «objektive Haltung des ehrlichen Maklers» ...[31]

Trotz dieser offiziellen Kontakte mit den USA figurierte mein Residenzland weiterhin auf der amerikanischen Liste jener Staaten, die dem internationalen Terrorismus Vorschub leisteten. Es war allerdings ein offenes Geheimnis, dass diese Liste auf Druck der jüdischen Lobby in den Vereinigten Staaten bis zum Abschluss eines israelisch-syrischen Friedensabkommens in Kraft zu bleiben hatte, obschon die Amerikaner den Syrern zu meiner Zeit keine direkten Implikationen in terroristische Aktionen nachweisen konnten.

Es war und ist eines der Wesensmerkmale der internationalen Behandlung, die Syrien zuteil wird, dass es eigenartigen Wechselbädern als verfemter Paria einerseits und als akzeptierter Verhandlungspartner anderseits ausgesetzt ist, oder als Mischung zwischen den beiden Polen, je nachdem wie die USA, Israel und die Staaten der Europäischen Union den syrischen Staat gerade einschätzen. Zu meiner Zeit in Damaskus wurde Syrien als ein allseits anerkannter Staat betrachtet, dessen Vermittlungsdienste zunehmend in Anspruch genommen wurden (Konflikte Ägypten–Sudan, Jemen–Saudi-Arabien, Iran–Emirate usw.). Nachdem Syrien längere Zeit als zu meidender «Bösewicht» behandelt wurde, ist es in letzter Zeit durch seinen Wiedereinschluss in den Friedensprozess erneut salonfähig geworden. Präsident Basher al-Assad wurde im Juli 2008 zusammen mit dem israelischen Premierminister Olmert an die Gipfelkonferenz der Mittelmeerländer nach Paris eingeladen. Und der französische Gastgeber Sarkozy bat den syrischen Amtskollegen, sich in Teheran für ein iranisches Einlenken im Nuklearpoker zu verwenden.

Man sollte sich indessen im Westen hüten, zu glauben, dass sich das stolze Syrien ohne weiteres als willfähriger Partner in die amerikanische und israelische Nah- und Mitteloststrategie einfügen lässt. Es will eine regionale Rolle nach eigenen Vorstellungen spielen. So unterhält Syrien nach wie vor als einziges arabisches Land enge und regelmässige Kontakte zum Iran. Wiewohl hinsichtlich der Einschätzung militanter Aktivitäten von Hisbollah und Hamas gewisse Meinungsverschiedenheiten zu Teheran bestehen, bleibt der Iran für Damaskus eine wichtige Karte im Ringen mit den USA und Israel um eine akzeptable Friedenslösung.

Mehr denn je scheint somit der Ausspruch seine Gültigkeit zu haben, den der frühere amerikanische Staatssekretär Henry Kissinger schon vor Jahren gemacht hatte: *«Es gibt keinen Krieg im Nahen Osten ohne Ägypten – es gibt keinen Frieden im Nahen Osten ohne Syrien.»*

3.11.6 Auf den Spuren von Jahrtausenden menschlicher Zivilisation

Selbst der Diplomat, der längere Zeit im Vorderen Orient lebt und historische oder kunsthistorische Interessen hat, wird kaum je Gelegenheit haben, den gesamten Reichtum der überall verstreuten Reste aus entschwundenen Epochen kennen zu lernen. Auch ist der Besuch der meisten antiken Stätten mit erheblichen Schwierigkeiten und Mühen verbunden, nicht zuletzt sprachlicher Art. Françoise und ich hatten indessen das grosse Glück, jederzeit auf unseren Chauffeur Bassel Olabi zählen zu können. Dieser stolze Syrer, der gut Englisch sprach, war gerne bereit, meiner Familie und mir an Wochenenden oder während eines Teils der Ferien selbstlos sein Land zu zeigen. Dank seiner ständigen Dolmetschertätigkeit hatten wir kaum je Schwierigkeiten, selbst in den entlegensten Gegenden mit der einheimischen Bevölkerung zu kommunizieren. Das erlaubte es, uns persönlich ein Bild von der herrschenden Stimmung zu machen.

Auf mich wirkten die Spuren vergangener Zivilisationen in ihrer Vielfalt wie eine Offenbarung. Durch sie lernte ich Reiche kennen, von deren Geschichte und Kultur wir in unseren Breitengraden keine grosse Ahnung haben. So wusste ich vor meinem Syrien-Aufenthalt nichts über die Bedeutung der Aramäer, der Hethiter, Assyrer und Seleukiden, wenig über die Römer und Byzantiner, über die Nabatäer hatte ich einen kurzen Einblick in Jordanien genossen. Das pulsierende Leben und das Schicksal der uralten Handelswegzentren in der Wüste waren mir kaum bekannt. Ich hatte keine Ahnung, mit welcher Lebendigkeit Dutzende von «Toten Städten» in der Umgebung Aleppos das Bild einer blühenden, frühchristlichen Kultur heraufbeschwörten, und ich kannte die frühislamischen Wüstenschlösser nicht. Die meisten Funde stammen freilich aus der Römerzeit, als Syrien ein Teil des Imperiums war. Unter den Römern lebten in Syrien aber auch griechische Vorstellungen und griechisches Kulturgut weiter. Im Folgenden seien nur ein paar Rosinen aus dem vielfältigen kulturellen Erbe Syriens herausgepickt.

In Damaskus gingen wir zuerst auf Entdeckungsreisen. 10 000 Jahre Vergangenheit verleihen der Hauptstadt Syriens den Ruf der ältesten kontinuierlich besiedelten Stadt überhaupt. Die Omaijadenmoschee, das bedeutendste Baudenkmal der Stadt, steht an der Stelle eines aramäischen Hadad-Tempels, über dem später ein römischer Tempel zu Ehren des Jupiter Damascenus erbaut wurde, der in der byzantinischen Zeit wiederum von einer christlichen Basilika verdrängt wurde.

60 Kilometer nördlich von Damaskus befindet sich auf 1500 Meter Höhe *Maalula,* das «malerischste Felsendorf» Syriens, mit seinen in den Hang gebauten, ineinander geschachtelten und vornehmlich hellblau angestrichenen Gebäuden. In die Felsen geschlagen ist das griechisch-orthodoxe Kloster Mar Tekla, das als das älteste noch existierende christliche Kloster der Welt bezeichnet wird. Der Überlieferung nach sollen dort die Gebeine der heiligen Thekla bestattet sein. Ursprünglich stand an der Stelle des Klosters ein römischer Tempel. Im Dorf wird noch heute Westaramäisch, eine dem Hebräischen verwandte semitische Sprache, gesprochen. Das Westaramäische war zu Beginn des ersten vorchristlichen Jahrtausends weit verbreitet, und im Perserreich war es Verwaltungssprache. Es hatte das Hebräische weitgehend verdrängt, so dass einige Abschnitte des Alten Testaments in Aramäisch geschrieben wurden. Das Westaramäische war auch die Sprache Jesu und seiner Jünger. Françoise und ich hatten die Gelegenheit, in der Klosterkirche einer auf Aramäisch gehaltenen Taufe beizuwohnen, wobei der kleine Erdenbürger vollständig ins Taufbecken eingetaucht wurde – und bei der eher niedrigen Temperatur im kühlen Raum herzzerreissend zu schreien begann.

Palmyra ist eine der lohnendsten Sehenswürdigkeiten Syriens. Diese ausgedehnte Ruinenstätte wird erst durch die Bedeutung des damaligen

Welthandels per Kamel verständlich. Sie war ein Hauptumschlagplatz an der westlichen Seidenstrasse, einer der ältesten Handelsstrassen der Welt, auf halbem Weg zwischen dem Mittelmeer und dem Euphrat gelegen. Zu Beginn unserer Zeitrechnung waren dort der Menschheit erste Global Players aktiv. Dank umfangreicher Lagerhallen konnten in der als «Königin der Wüste» bekannten Oasenstadt die begehrten Kostbarkeiten der Antike sicher zwischengelagert werden, ehe sie weiterbefördert wurden. Die Liste der Waren, die im Vorderen Orient vermittelt und gehandelt wurden, ist aufschlussreich: Seide und Gold aus China, aromatische Öle, Leder, Silber, Edelsteine, vor allem aber Weihrauch und Gewürze aus Südarabien, kostbare Hölzer und Harze, Tierfelle und Elfenbein aus Afrika, Purpurstoffe, Glaswaren und Metallgegenstände von der phönizischen Küste, Brokatgewebe und konfektionierte Kleidungsstücke aus Babylon, Perlen vom Persischen Golf, Pelze aus Sibirien, Türkise und Lapislazuli aus dem Iran, Edelsteine und Gewürze aus Indien, Heilpflanzen und Farbstoffe aus dem Himalaya und anderes mehr. Die Karawanenreise von Peking nach Palmyra soll über sechs Jahre gedauert haben.

Die schon im zweiten Jahrtausend vor Christus von Kanaanitern, später von Aramäern besiedelte Stadt wurde im Jahre 64 vor Christus römisch. In den Jahren 262 bis 264 erlebte die Stadt unter Fürst Odeinat, der von den Römern den Titel «Dux» und «Imperator» erhielt, eine Glanzzeit. Ihm folgte 266 seine Witwe Zenobia, die Palmyra zu einer der prunkvollsten Städte der damals bekannten Welt machte. In einem Anflug von Grössenwahn hatte die Regentin in mehreren Blitzkriegen ein Riesenreich erobert und damit die Römer provoziert. Als sie selbst den Kampf gegen Rom aufnahm, wurde sie im Jahre 271 von Kaiser Aurelian geschlagen. Von der kurz darauf erfolgten Zerstörung hatte sich Palmyra nie mehr erholt. Dieser Niedergang war zu guten Teilen selbstverschuldet.

Ganz im Osten Syriens war das am Euphrat gelegene *Dura-Europos* (das heutige Salihiye) ein wichtiger Stützpunkt an der durchlässigen und deshalb häufig umstrittenen syrisch-mesopotamischen Demarkationslinie. Diese natürliche Grenzlage bestimmte den einzigartigen Charakter einer Kultur, die zum einen die Begegnung und Durchdringung von Orient und Okzident seit der Hellenisierung Vorderasiens anschaulich macht und zum anderen den kulturellen und religiösen Pluralismus der ersten drei nachchristlichen Jahrhunderte in vortrefflicher Weise widerspiegelt. Nicht in aufwändigen Monumentalbauten, sondern in der Vollständigkeit der antiken Stadtkultur, einschliesslich gut erhaltener jüdischer Architektur und Wandmalerei, liegt die besondere Bedeutung von Dura Europos.

In der Nähe zu Dura Europos befindet sich – nicht weit von der irakischen Grenze entfernt – *Tell Hariri (Mari).* Das vor über 5000 Jahren von Semiten gegründete Mari ist die Ausgrabungsstätte mit den ältesten Funden in ganz Syrien. In den Dreissigerjahren des 20. Jahrhunderts hatten Ausgrabungen ein Palastarchiv von ca. 25 000 Tontafeln, Bauwerke von unvorstellbarer Grösse und Kunstgegenstände von faszinierender Schönheit ans Tageslicht gebracht. Sie befinden sich zwar heute nicht mehr vor Ort, sondern sind im Nationalmuseum von Damaskus zu bewundern. Die Funde legen indessen Zeugnis davon ab, dass Mari nicht nur eine wichtige Handelsstadt im Grenzgebiet zu Mesopotamien war, sondern auch eine Hochburg der Kunst. Und die unzähligen künstlichen Aufschüttungen in der Gegend (*Tell* genannt) lassen ahnen, dass noch viele archäologische Schätze darauf warten, geborgen zu werden.

Ob man das Syrien der Gegenwart besuchte oder das Syrien, wie es vor Jahrtausenden gelebt hatte, das Land war für uns vor allem anderen eins: der Orient, der uns durch seine Gastfreundschaft in seinen Bann zog. Technische Perfektion, europäisches Denken und westlicher Reichtum waren nicht – oder nur selten – anzutreffen. Dafür hatten sich das Lebensgefühl, die Ruhe und Gelassenheit des Morgenlandes über alle fremden Einflüsse hinweg erhalten und bestimmten – abgesehen vom städtischen Strassenverkehr – weiterhin das Leben. Das Erlebnis Syrien und seine nicht mehr ganz so fremde Kultur hatten uns viel auf den weiteren Lebensweg mitgegeben. Ein französischer Archäologe hatte einmal liebevoll gesagt: *«Jeder Mensch hat zwei Heimaten – die seinige und Syrien.»*

Nach fast dreieinhalb unvergesslichen Jahren wussten wir, dass unsere Zeit in der Arabischen Republik Syrien bald abgelaufen sein würde. Ich unterbreitete Einsatzwünsche an die Zentrale, wobei ich mich, in Absprache mit meiner Familie, noch einmal bereit erklärte, einen relativ entfernten, aussereuropäischen Posten zu übernehmen. Dabei dachte ich in erster Linie an Argentinien, Südafrika oder Indien. Ich ging davon aus, dass ich die letzten gut neun Jahre meiner diplomatischen Karriere bis zur Pensionierung an zwei verschiedenen Einsatzorten im Ausland – den letzten wenn möglich in einem europäischen Land – verbringen würde.

Ein Telefonanruf aus der Zentrale in Bern sollte meiner beruflichen Karriere eine gänzlich neue Richtung geben. Wie heisst es doch so schön bei Wilhelm Busch: *«Erstens kommt es anders und zweitens als man denkt.»*

3.12 Der «unmögliche» Job als erster diplomatischer Chefinspektor

Es war Bundesrat Flavio Cotti, der schweizerische Aussenminister, der mich im Dezember 1994 in Damaskus anrief, um mir im Rahmen einer grösseren Departementsreform den Chefposten eines neu zu schaffenden Diplomatischen Inspektorats anzubieten. Wie Bundesrat Cotti gerade auf mich kam, der ich in einem wenig angesehenen Land am Rande der syrischen Wüste tätig war, blieb mir vorerst unverständlich. Er lernte mich nur über das «rollende Telefongespräch» kennen, das er nach seinem Amtsantritt im Aussenministerium zwecks Kontaktaufnahme mit jedem seiner Missionschefs im Ausland geführt hatte. In meinem Fall dauerte das Gespräch etwa drei Minuten – sicher zu wenig, um sich ein abschliessendes Bild über mich machen zu können.

3.12.1 Wie ich dem Departementschef in der heiklen «Quereinsteiger»-Frage auffiel

Nein, da war noch ein Vorfall an der Botschafterkonferenz im August 1994. An diesem jährlichen Berner Treffen werden die schweizerischen Missionschefs im Ausland über den neuesten Stand der aussenpolitischen Entwicklungen und deren Implikationen für unser Land gebrieft. Bei dieser Gelegenheit kommt es jeweils auch zu einem Meinungsaustausch mit dem Departementschef, hohen EDA-Funktionsträgern und Verwaltungsspitzen anderer Departemente.

Im Vorfeld der Konferenz von 1994 war die Stimmung im Aussenministerium besonders gereizt, weil Bundesrat Cotti auf Konfrontationskurs zu «seinen» Diplomaten gegangen war. Er war nämlich unter anderem den Einflüsterungen des einflussreichen Medienschaffenden Frank A. Meyer erlegen, wonach die «Diplomatenkaste», welche angeblich die Interessen der Schweiz nur ungenügend wahrnehme, durch die systematische Einstellung von Quereinsteigern aufgebrochen werden solle. Ein solches Vorgehen kam einer Desavouierung unseres Berufsstandes gleich. Dieses Misstrauen gestandenen und erfahrenen Missionschefs gegenüber löste im schweizerischen diplomatischen Corps grosse Empörung und Verunsicherung aus.

Als Staatssekretär Kellenberger im Frühjahr 1994 Syrien einen offiziellen Besuch abstattete, sagte ich ihm einmal nebenbei, dass die leidige Quereinsteigerfrage an der Botschafterkonferenz gleichen Jahres sicher heftig zu reden geben werde. Darauf meinte Kellenberger nur, die Diplomaten redeten heftig hinter dem Rücken des Departementschefs, aber wenn es darauf ankomme, dann verlasse sie der Mut, und sie zögen es vor, zu schweigen. Diese nicht gerade ruhmreiche Einschätzung des Staatssekretärs über unseren Berufsstand machte mir zu schaffen.

Wie Recht sollte Kellenberger haben! An der besagten Konferenz wagte in der Tat niemand den kontroversen Sachverhalt, der indessen allen Teilnehmern auf den Lippen brannte, aufzugreifen. Die grossen Tenöre schwiegen entweder oder ergingen sich in Ergebenheitsbezeugungen an die Adresse von Bundesrat Cotti. Wiewohl vom Staatssekretär darauf vorbereitet, glaubte ich nicht recht zu hören. Das durfte nicht wahr sein. Ich fasste ein Herz und meldete mich im Plenum zum Wort.

An den Departementsvorsteher gerichtet, bemerkte ich, dass in diesem Saal ein Malaise herrsche, das weitgehend auf seine Absicht zurückzuführen sei, in grösserem Masse Quereinsteiger in den Aussendienst einzubauen. Ich legte dar, dass wir Diplomaten keine Kaste bildeten, die aufgebrochen werden müsse. Jede und jeder von uns sei hingegen von Stolz erfüllt, den prüfungsreichen und anforderungsvollen Weg ins Corps geschafft zu haben. Dieser Beruf stünde, bei entsprechender Eignung, allen unbescholtenen Schweizerbürgerinnen und -bürgern offen, weshalb von einer Kaste keine Rede sein könne. Dementsprechend hätte ein Quereinsteiger eher die Ausnahme von der Regel zu sein und sei nur dann angebracht, wenn er im Vergleich zum «normalen» Diplomaten einen eindeutigen Mehrwert darstelle.

An einem aktuellen Beispiel erläuterte ich, dass Alfred Defago, den Cotti als «Halbquereinsteiger» aus dem Departement des Innern[32] mitgenommen hatte, im EDA nach übereinstimmender Meinung als Generalsekretär gescheitert war.[33] Ich konnte mir die Bemerkung nicht verkneifen, dass, wenn jemand von uns Diplomaten auf einem Posten versage, er nicht damit rechnen könne, nach New York geschickt zu werden. Genau dies war jedoch mit Alfred Defago geschehen, der – wie ich ironisch beifügte – in diese Stadt als Generalkonsul «entsorgt» wurde.

Ich sah, wie das Antlitz von Bundesrat Cotti rot anlief, aber er beherrschte sich. Es war offensichtlich, dass er Kritik, wiewohl er sie geradezu herausforderte, in einem grösseren Gremium nur schlecht ertrug. Er versuchte, das ganze Quereinsteigerproblem kleinzureden. Bezüglich Defago meinte er nur, dieser sei als guter Amerika-Kenner der richtige Mann für New York. Immerhin war nach meiner Intervention der Bann gebrochen; es griffen noch einige Kollegen in meinem Sinne die Quereinsteigerthematik auf. Was folgte, war eine äusserst angeregte Diskussion, wobei sich der Departementschef – wie kaum anders zu erwarten – von seiner Idee, vermehrt Quereinsteiger einzustellen, nicht abbringen liess.

Das Erstaunlichste war, dass Bundesrat Cotti nach der bewegten Aussprache auf mich zukam und mir zu meiner Intervention gratulierte. Der ausgebuffte Politiker musste gespürt haben, dass dadurch die im Raum spürbare Spannung entladen wurde, was nur zu seinem Vorteil sein konnte. Er schätzte wohl auch irgendwie, dass ich den Mut hatte, ihm in der Frage der Quereinsteiger zu widersprechen, denn Kriecher und Schmeichler konnte er nicht leiden. Nun war es ein Teil seiner Politik, Leute, die ihn zu kritisieren wagten, nicht auszugrenzen, sondern sie auf irgendeine Art ins System einzubinden. Lob und subtile Strafe zugleich!

3.12.2 Wie ich zum ersten Chefinspektor berufen wurde

Vor diesem Hintergrund war sein Telefonanruf zu verstehen, als mich der Departementsvorsteher zum ersten Chefinspektor machen wollte: Er glaubte, in mir den Mann gefunden zu haben, der sich seinen Vorstellungen gemäss nicht scheuen würde, beim «Ausmisten des Augiasstalles», genannt EDA, wacker mitzuhelfen.

Laut Bundesrat Cotti hätte ich mich binnen zwei Stunden entscheiden sollen – wenn er sich einmal zu einem Entscheid durchgerungen hatte, musste alles blitzschnell gehen. Ich erwiderte, dass dies kaum möglich sei, weil ich in dieser kurzen Zeitspanne meine Frau nicht erreichen könne. Cotti musste zur Kenntnis nehmen, dass ich diesen Karriereschritt, der in den folgenden drei bis fünf Jahren häufige Landesabwesenheiten nach sich ziehen würde, mit meiner besseren Ehehälfte unbedingt besprechen wollte. Françoise befand sich zum Zeitpunkt des bundesrätlichen Telefonanrufs mit anderen Diplomatengattinnen auf Einladung der Ehefrau des syrischen Aussenministers unerreichbar auf einer Exkursion ausserhalb von Damaskus – Mobiltelefone gab es damals noch nicht.

Der Departementschef räumte mir schliesslich Bedenkzeit übers Wochenende ein, nach deren Ablauf ich mich bei Staatssekretär Kellenberger melden solle. Ich besprach mich eingehend mit meiner Frau. Françoise wollte mir in ihrer typisch uneigennützigen Art keine Hindernisse in den Weg legen, obwohl sie genau wusste, dass die Erziehungsverantwortung für die beiden halbwüchsigen Söhne wegen meiner häufigen Auslandsabwesenheiten noch mehr als bisher auf ihren Schultern lasten würde. Das Wochenende benutzte ich auch emsig, um telefonisch Ratschläge von mir wichtig scheinenden Kollegen einzuholen. Sehr viel bedeutete mir die Meinung des ehemaligen Staatssekretärs Edouard Brunner, der mittlerweile Botschafter in Frankreich geworden war. Lebhaft in Erinnerung sind mir Brunners abschliessende Worte: Es gebe Posten, die man ablehnen könne, es gebe aber auch Berufungen, die man zu akzeptieren habe. Da wusste ich sofort, woran ich war.

Ich selbst hatte das Gefühl, dass meine einvernehmliche Art, gepaart mit Durchsetzungsvermögen und pädagogischem Geschick, eigentlich gute Voraussetzungen dafür wären, um dem heiklen Job gewachsen zu sein. Ich wusste um die schlechte Stimmung, die im Ministerium herrschte, und hätte mich ohne weiteres um die exponierte Stelle drücken können. Gründe dazu hätte ich schon im persönlichen Bereich gehabt: Mein jüngerer Bruder starb im September 1994 im Alter von erst achtundvierzig Jahren an einem bösartigen Krebsleiden und hinterliess seine Frau und zwei halbwüchsige Kinder; zwei Monate später folgte ihm mein Vater in den

Tod nach. Wahrlich, 1994 war ein *«annus horribilis»* in der Wyss'schen Familiensaga, was an meiner moralischen Verfassung stark zehrte. In solchen Momenten offenbart sich überdies eine Schattenseite des Diplomatenlebens, wenn man fernab von den nächsten Familienangehörigen die traurigen Botschaften entgegenzunehmen hat.

Aufkommende, allzu grüblerische Gedanken konnte ich indessen in den Hintergrund drängen, und ich rang mich zur Überzeugung durch, dass das Leben weiterzugehen habe. Auf unser Aussenministerium bezogen, kam ich zudem zum Schluss, dass man nicht nur ständig kritisieren kann und sich gleichzeitig um eine verantwortungsvolle Stelle zu drücken sucht. Als ich Staatssekretär Kellenberger zusagte, war es dennoch ein Sprung ins Ungewisse, denn ausser ein paar Ideen hatte ich keine klare Vorstellung, was der Posten eines Chefinspektors alles beinhaltete.

3.12.3 Aufbau des Diplomatischen Inspektorats

Während des Antrittsgesprächs bei Aussenminister Cotti von Mitte August 1995 spürte ich, dass er mich am liebsten sofort an der Aussenfront im Einsatz gesehen hätte. Ich rechnete ihm hoch an, dass er auf mein Argument einging, bei unserem Neuanfang das Rad nicht neu erfinden zu wollen, nachdem alle vergleichbaren Staaten die Institution des Diplomatischen Inspektorats bereits seit längerer Zeit eingeführt hatten. Cotti räumte mir die gut vier Monate bis Ende 1995 ein, um mit den Chefinspektoren in einigen europäischen und nordamerikanischen Aussenministerien Kontakt aufzunehmen und von deren Erfahrungen zu profitieren.

Ich hatte das seltene Privileg, einen neuen Dienst aufbauen zu können. Von Beginn an stand mir mit Botschaftsrat Christian Mühlethaler ein loyaler, kompetenter Kollege aus der diplomatischen Karriere tatkräftig zur Seite, mit dem ich das Wagnis gemeinsamer Inspektionen eingehen konnte. Während unserer Abwesenheiten sorgte das zweiköpfige Back Office in Bern für die Verteilung der Inspektionsberichte, die Vorbereitung neuer Inspektionen sowie für den praktischen Follow-up nach erfolgten Inspektionen. Auf Eduard Zaugg von der konsularischen Karriere sowie auf Ursula Häfeli, ursprünglich aus dem Sekretariatsdienst stammend und mittlerweile zur Finanzinspektorin aufgestiegen, war stets grosser

Verlass. Mit der damaligen Dotierung von insgesamt vier Personen war das Diplomatische Inspektorat zwar schlank und rank, erlaubte aber nur eine Periodizität von ungefähr acht Jahren für die Inspektion aller in Frage kommenden Vertretungen. Eine wünschenswerte Periodizität von etwa vier Jahren war zu meiner Zeit an Personal- und Budgetengpässen gescheitert.

Das entstehende Inspektorat stiess im eigenen Haus, aber auch in den Medien auf reges Interesse. Ich musste von Anfang an gegen die Grundstimmung ankämpfen, in mir nur den verlängerten Arm der Zentrale sehen zu wollen, der den Diplomaten in bösartiger Absicht das Leben schwer machen wollte. Meinem Mitarbeiter Mühlethaler und mir wurden von überall her nützliche und auch weniger nützliche Ratschläge mit auf den Weg gegeben. Den besten Einblick in unser zukünftiges Tätigkeitsgebiet gewannen wir jedoch im regen Gedanken- und Meinungsaustausch mit Inspektorenkollegen in Wien, Bonn, Paris, London sowie in Washington und Ottawa. Dazwischen gab es ein ausgedehntes Gespräch mit dem niederländischen Chefinspektor, als er gerade in Bern die holländische Botschaft inspizierte.

Die gewonnenen Einsichten liessen wir in die für unsere Bedürfnisse geeignete Weisung einfliessen, welche die Grundlage des Diplomatischen Inspektorats bilden sollte. Als Chefinspektor war ich direkt Staatssekretär Kellenberger unterstellt. Die von den zentralen Diensten gelieferten Einschätzungen eines zu inspizierenden Postens (das sogenannte «Aussenbild») galten als Richtlinien für meine Tätigkeit, im Übrigen nahm ich jedoch meine Aufgaben selbstständig und unabhängig wahr. Die Hauptaufgabe des Inspektorats bestand darin, die Zusammenarbeit zwischen der Zentrale und den Vertretungen im Ausland zwecks Stärkung unserer aussenpolitischen Durchschlagskraft zu verbessern.

Wir hatten das Leistungsaufkommen einer Botschaft zu überprüfen. Der Bogen der inspizierten Teilgebiete reichte von der politischen Berichterstattung und den Besonderheiten der Wirtschaftsförderung über die kulturelle Arbeit, die Menschenrechtssituation und Entwicklungszusammenarbeit bis zur Hilfestellung in alltäglichen Lebenssituationen. Dazu gehörte etwa die Pflege guter Umgangsformen, welche in einer Zeit, da die sprichwörtliche «gute Kinderstube» kaum mehr selbstverständlich war, nicht ausser Acht gelassen werden durfte. Damit zusammenhängend standen Fragen der Aus- und Weiterbildung. Es konnte aber auch zu einer Beratung im intimen Bereich kommen, indem beispielsweise einem älteren Kollegen auf Veranlassung seiner Ehefrau klargemacht werden musste, dass er seiner jungen Gattin gegenüber, aus rein egoistischen (Alters-)Erwägungen heraus, nicht vor dem Mutterschaftserlebnis stehen dürfe.

Durch Coaching vor Ort suchten wir Inspektoren überdies die Führungspraxis zu optimieren und den Vorschlägen und Wünschen der Zentrale in der geeignet scheinenden Weise zum Durchbruch zu verhelfen. Gleichzeitig sollten die Inspektionen mit ihren Beurteilungen zur Grundlagenbildung für Einsatzplanung und Beförderungen beitragen helfen. Unsere Arbeit war indessen auch durch die Ansätze einer wirkungsorientierten Verwaltungsführung *(New Public Management)* beeinflusst: Angesichts des Sparzwangs und der Personalknappheit galt es laufend zu überprüfen, ob die zur Verfügung stehenden finanziellen und personellen Ressourcen im Dienst der Aussenpolitik nicht noch besser und effizienter eingesetzt werden konnten. In umgekehrter Richtung wurden die Dienststellen der Zentrale auf Befindlichkeiten und Reaktionen der Mitarbeiterinnen und Mitarbeiter im Aussendienst aufmerksam gemacht.

Es liegt in der Natur der Sache, dass diese generelle Weisung immer noch viel Interpretationsspielraum offenliess. So riskierte der diplomatische Inspektor, zur Klagemauer oder zum Ombudsmann für allerlei persönliche Probleme oder Ambitionen, einschliesslich der Beförderungen und Versetzungen, zu werden. Das war nicht zu vermeiden. Aber nicht personelle und administrative Interna hatten für mich im Vordergrund zu stehen, sondern die Frage, ob unsere diplomatischen Vertretungen ihren Auftrag im Rahmen der schweizerischen Aussenpolitik in hinreichendem Ausmass erfüllten. Es galt, sich nicht vom «guten Eindruck» blenden zu lassen, den jemand in der Zentrale in Bern zu erwecken vermochte, indem er beispielsweise in seinen politischen Berichten eine elegante Feder führte, während er in Wirklichkeit die schweizerischen Interessen in seinem Gastland alles andere als optimal zu vertreten verstand.

Wenn man sich das alles vor Augen hält, so muss man zum Schluss kommen, dass ich mir einen durch und durch unmöglichen Job aufgebürdet hatte, den ich kaum in allen Teilen erfüllen konnte. Zudem musste ich damit rechnen, ständig kritisch beobachtet zu werden. Dass ich mir unter den Kollegen durch meine Inspektionstätigkeit keine Freunde schaffen würde, war mir von Anfang an klar. Damit konnte ich leben, solange es gelang, mir durch meine Arbeit den nötigen Respekt zu verschaffen. Die Kunst hatte darin zu bestehen, unter den existierenden Problemen die wirklich relevanten aufzugreifen, ohne die anscheinend nebensächlichen vollständig bei Seite zu lassen.

3.12.4 Von der Kunst des Inspizierens

Meine operationelle Inspektionstätigkeit nahm ich im Zweierteam mit Christian Mühlethaler Anfang 1996 auf. Wann immer möglich, inspizierte das Diplomatische Inspektorat gemeinsam mit dem etablierten Konsular- und Finanzinspektorat unter der Leitung von Francis Cousin. Letzteres beschränkte – wie der Name sagt – seine Revisionsfunktion primär auf finanzielle und administrative Aspekte (Buchhaltung, Zustand der Gebäulichkeiten einschliesslich der Dienstwohnungen, Organisation einer Mission, Überprüfung des Einsatzes des konsularischen Personals usw.). Der von mir angestrebte Zusammenschluss all dieser Inspektorate zu einer einheitlichen Organisation wurde erst nach meiner Zeit realisiert.

Von Bundesrat Cotti erhielt ich die Zusicherung, dass ich vorerst ein paar Botschaften inspizieren durfte, welche nach Einschätzung der Zentrale als problemlos galten. Damit wollte ich vermeiden, dass ich von Anfang an ausschliesslich als «Politkommissar» des Departementschefs abgestempelt war, der ausgeschickt wurde, um angeblich *«unerträgliches Führungsgehabe ebenso wie extreme Illoyalitäten»* (so der damalige EDA-Pressechef und Cotti-Gefolgsmann Franz Egle vor den Medien) auszumerzen. Dies schon nur deshalb, weil – wie sich zeigen sollte – eine solche krasse Überzeichnung keineswegs der Realität entsprach und weil wenig geeignete Missionschefs die Ausnahme waren. Meiner Auffassung nach sollte das Diplomatische Inspektorat vielmehr in erster Linie zur Optimierung des Betriebsklimas beitragen, die Leistungsbereitschaft erhöhen und die entsprechenden Veränderungsprozesse in die Wege leiten helfen.

Grossen Widerstand musste ich bei Bundesrat Cotti überwinden, bis er sich bereit erklärte, dass ich auch Vertretungen inspizieren konnte, an deren Spitze ein Quereinsteiger stand. Cotti stellte sich anfänglich auf den Standpunkt, dass die Quereinsteiger allein durch ihre überdurchschnittliche Qualität und Leistung eine Inspektion überflüssig machten. Ich beharrte jedoch darauf, dass aus Gründen der Gleichbehandlung kein Sonderzüglein für die Quereinsteiger gefahren werden könne, weil sonst Ärger und Frustration unter den Berufsdiplomaten weiter zunähmen. Cotti gab schliesslich missmutig nach. Das Resultat dieser Inspektionen musste für den Departementschef alles andere als eine Offenbarung gewesen sein, hatte doch nur einer seiner hoch gelobten Quereinsteiger den erwarteten Mehrwert gegenüber «normalen» EDA-Diplomaten erbracht.[34] Die Idee eines massiven Einsatzes von Quereinsteigern war denn auch mit dem Weggang von Bundesrat Flavio Cotti eines stillen Todes gestorben.

Ich musste dem EDA-Chef ebenfalls zäh abringen, dass ich nicht nur Aussenposten, sondern auch Dienste an der Zentrale einer Inspektion zu unterziehen hatte, um den diplomatischen Vertretungen etwas das Gefühl zu nehmen, nur s i e würden ins Fadenkreuz genommen. Cotti meinte, dass die Einheiten an der Zentrale genügend beaufsichtigt würden, weshalb es keine Inspektionen brauche. Die mir schliesslich zugestandene Formel war, dass ich «ausnahmsweise» auch Abteilungen in Bern inspizieren konnte – was während meiner viereinhalbjährigen Tätigkeit einmal geschah.

Die Episode des zähen Ringens mit dem Departementsvorsteher erwähne ich deshalb, weil in dieser Anfangsphase die Weichen gestellt wurden, in welche Richtung sich das Diplomatische Inspektorat entwickeln sollte. Für Bundesrat Cotti hatte das Inspektorat primär eine politische Kontrollfunktion bei der Umsetzung des allgemeinen Leistungsauftrages des EDA an der Aussenfront, und zwar in der Regel nach einem genehmigten Jahresinspektionsplan. Nach Kräften wehrte ich mich indessen gegen die mögliche Gefahr, dass dieses Führungsinstrument der Departementsleitung – etwas salopp formuliert – vorwiegend zum Abschuss unbotmässiger oder missliebiger Missionschefs verkommen könnte.

Was mein Kollege Mühlethaler und ich während durchschnittlich zwölf verschiedenen Inspektionen weltweit pro Jahr unternahmen, war, in harter Kleinarbeit, bewusst abseits des medialen Interesses, dazu beizutragen, mit den Inspizierten auf der Basis gegenseitigen Vertrauens einen – wo es nötig war – Mentalitätswandel herbeizuführen bezüglich Führungsstil und proaktivem, zielorientiertem Leistungsverhalten. Die gerade im Ausland notwendigen Kontakte zwischen Missionschefin/Missionschef und Mitarbeitenden, die je nach Land verschiedenen, oft sehr harten klimatischen Bedingungen und sonstigen Schwierigkeiten, die unvermeidbar variierende Arbeitsbelastung wie auch persönliche Probleme, beispielsweise die Trennung von den Kindern, setzen gegenseitiges Verständnis und Vertrauen voraus. Daraus sollte sich ein entsprechend fruchtbares *Teamwork* ergeben. Nicht zuletzt aufgrund meiner eigenen Erfahrungen mass ich der Schaffung eines guten Arbeitsklimas eine besonders grosse Bedeutung bei, denn ein möglichst ungestörtes Betriebsklima ist eine wichtige Voraussetzung dafür, dass die Mitarbeiterinnen und Mitarbeiter des Departementes ihre Arbeit richtig und mit Befriedigung erfüllen können.

Ich darf hier indessen beifügen, dass ich Querdenker – auf welcher Stufe auch immer – als stimulierende Elemente bewertete, solange sie nicht zu Querulanten verkamen, die nervöse Unruhe in den Botschaftsbetrieb brachten.

In Einzelgesprächen mit den Inspizierten, einschliesslich dem Lokalpersonal, wurde versucht, ihre besondere Situation zu erfassen, denn jede und jeder Einzelne hat eine eigene Geschichte. Die Inspektionstätigkeit führten Christian Mühlethaler und mich mit den verschiedensten Sorten Menschen zusammen. Laut dem damaligen EDA-Psychologen gab es nachstehende charakterliche Gegensatzpaare zu unterscheiden: den Introvertierten und den Extrovertierten; den über ein grosses Selbstvertrauen verfügenden Egozentriker und den Zurückhaltenden; den Polarisierenden, der wenig Einfühlungsvermögen zeigt, und den sozial integrativen Teamplayer; den rigide am Bisherigen Festhaltenden, der sich gegen Veränderung sträubt, und den Flexiblen, der kontaktfreudig und offen für neue Situationen eintritt; den analytisch-rationalen Denker und den intuitiv-kreativ Begabten, der emotional veranlagt ist.

Meistens fanden wir eine Mischung dieser Archetypen vor. Es war immer herausfordernd herauszufinden, mit welchem Menschen wir es zu tun hatten und auf welche Weise wir ihm und seiner Arbeit in seinem Umfeld möglichst gerecht werden konnten – ein nicht leichtes Unterfangen! Hauptziel musste es indessen immer sein, den Inspizierten beizubringen, dass trotz individueller Lebenslagen das gemeinsame Bemühen um bestmögliche schweizerische Interessenvertretung den eindeutigen Vorrang haben musste.

Wie überall sonst, stiess ich natürlich auch in unserem Berufsstand auf schwarze Schafe, die durch einen unseriösen, rufschädigenden Lebenswandel auffielen, die ihre Cheffunktion schlecht wahrnahmen oder die sich irgendeine gravierende Unregelmässigkeit zuschulden kommen liessen. Sie waren aber wirklich nur die Ausnahme.

Ich kam mir manchmal wie ein Schiedsrichter vor, welcher Regelverstösse zu ahnden und auch mal die gelbe oder rote Karte zu zeigen hatte. Dass sich der Schiedsrichter alias Inspektor damit nicht sonderlich beliebt machte, weil sich die Akteure in ihrem Tun gestört fühlten, lag auf der Hand. Weniger angenehm war es, wenn er – was auch gelegentlich vorkam – zum Buhmann und Prügelknaben aufgeregter Spieler oder des aufgebrachten Publikums wurde. Die Formel war einfach: Je besser eine Inspektion verlief, desto eher liessen die Inspizierten mit sich reden und nahmen Ratschläge und Empfehlungen sogar dankend entgegen; je schlechter eine Inspektion verlief, desto mehr suchte man die Schuld beim Inspektor und stellte sogar das ganze Führungsinstrument in Frage.

Es war nicht immer einfach, die nötige Ruhe zu bewahren – das kostete Nervensubstanz! Völlig unter der Gürtellinie war ein Vorwurf, den ich einstecken musste, weil ich einen Missionschef wegen krasser finanzieller Verfehlungen ertappt hatte, was seinen Rückruf an die Zentrale zur Folge hatte. Er hatte seinen Verstoss eingesehen, dennoch wurde ich später von seinem Umfeld als *«Mörder ohne Waffe, ohne Blut und ohne Leichnam»* abgekanzelt, als der Fehlbare schwer erkrankt war. Ich wurde ferner als Karrierist beschimpft, der aus bescheidenen Verhältnissen aufgestiegen sei, als *«Krimineller»* auch, der gleich einem Nazi-Schergen seine niedrigen Instinkte an unschuldigen Opfern auslebte. Solche abscheulichen Entgleisungen hatten gottlob Seltenheitswert, aber sie taten weh!

Dies umso mehr, als ich stets Wert darauf legte, nie über persönliche Schicksale von Menschen mit der Dampfwalze hinwegzurollen. Ich behielt einen humanen Umgang mit allen Inspizierten bei, selbst wenn ich hart durchgreifen musste. Die Autorität des Inspektors hatte für mich nicht bloss Macht zu sein, sondern auch Fürsorge. Ich wirkte dem allgemeinen Eindruck entgegen, der Inspektor sei weltfremd, sässe eine Stufe höher, betreibe ohne jegliche Rücksicht reine Paragraphenreiterei und sei nur darauf aus, im Auftrag der Oberen in Bern einen Skalp nach Hause zu bringen. Selbst im Falle eines nachteiligen Ergebnisses, etwa als Folge von zwischenmenschlichen Problemen, trachtete ich danach, den unterlegenen Teil mit Respekt zu behandeln. Manchmal kam mir mein Humor zugute. Eine humorvolle Bemerkung zum richtigen Zeitpunkt hatte beim Inspizieren durchaus ihre Daseinsberechtigung, denn Lachen wirkte entkrampfend und half, Gegensätze auszugleichen.

Insofern hat die wahre Kunst des Inspizierens eine frappante Ähnlichkeit mit wahrer Richterkunst. Professor Hans Peter Walter, der mir aus der gymnasialen Studentenverbindung bekannte frühere Präsident des Bundesgerichts, meinte einmal bezüglich der Lösung nachbarlicher Streitigkeiten, dass wahre Richterkunst nicht in der Streitschlichtung liege, sondern in der Streitbeendigung: *«Wahre Richterkunst besteht nicht darin, der obsiegenden Partei zu erklären, weshalb sie im Recht sei, das wusste sie ja von Anfang an, sondern darin, der unterliegenden Partei verständlich darzulegen, weshalb ihrer Auffassung aus rechtlichen Gründen nicht gefolgt werden kann.»*[35] Ganz ähnlich musste der Inspektor bei auftauchenden Problemen sowie bei der Herbeiführung eines Mentalitätswandels hinsichtlich der Leistungsbereitschaft und vor allem des Führungsverhaltens viel Überzeugungsarbeit leisten, die Einfühlungsvermögen, Fingerspitzengefühl und einen beträchtlichen Zeitaufwand verlangte.

Aus der Rückschau darf ich ohne falsche Bescheidenheit behaupten, dass dies weitgehend gelungen war. Die durch die Inspektionstätigkeit gewonnene Menschenkenntnis war äusserst nützlich. Man täuschte sich selten bei der Einschätzung eines Charaktertyps, seiner mentalen Einstellung und Körpersprache. Christian Mühlethaler und ich hatten während viereinhalb Jahren zusammen 48 Inspektionen in allen Kontinenten durchgeführt, dabei über 400 000 Flugkilometer zurückgelegt, nicht zu vergessen per Bahn die Strecken Bern–Mailand zum dortigen Generalkonsulat sowie Bern–Strasbourg zur Ständigen Vertretung beim Europarat. Wir hatten über 770 Personen befragt und alle unsere Erkenntnisse auf insgesamt 1584 Seiten festgehalten. Von Amtes wegen nahm ich Einsitz in die Beförderungskommission für diplomatische Mitarbeitende, weil mir die Inspektionen einen guten Einblick in die Personalsituation des Departementes gewährten.

Aufgrund zahlreicher Reaktionen – auf den Aussenposten wie an der Zentrale – konnte davon ausgegangen werden, dass sich das Diplomatische Inspektorat als handlungsfähiges Instrument etabliert hatte. Nicht wenige meinten, die Schaffung des Inspektorats sei die beste der von Bundesrat Cotti veranlassten Reformen gewesen. Der nachmalige Staatssekretär Franz von Däniken, der auf Jakob Kellenberger folgte, als dieser zum Präsidenten des IKRK ernannt worden war, hatte einmal festgehalten, *«dass die diplomatische Inspektion je länger, je mehr zum wichtigsten Kontroll- und Führungsinstrument der Zentrale im Verhältnis zu den Aussenposten wird»*.

3.12.5 Bundesrat Flavio Cotti – eine janusköpfige Persönlichkeit

Bundesrat Flavio Cotti war derjenige Departementschef, mit dem ich im Verlauf meiner diplomatischen Karriere berufeshalber am meisten zu tun hatte. Er war ja der eigentliche Initiant des Projektes «Diplomatisches Inspektorat» und brachte diesem Führungsinstrument der Departementsleitung grosses Interesse entgegen – zumindest in der Anfangsphase. Die Berichte über die inspizierten Vertretungen blieben bei ihm nicht ungelesen. Ich selbst hatte mehrmals Gelegenheit, bei ihm vorzusprechen oder mit ihm zu korrespondieren.

Flavio Cotti war im Frühjahr 1993 als Aussenminister auf den Neuenburger Sozialisten René Felber gefolgt, der bereits nach fünf Jahren krankheitshalber demissionieren musste. Felber, den ich nur von meinen Auslandseinsätzen her gekannt hatte, galt als persönlich zurückhaltend und fair und hatte es verstanden, zu seinen Mitarbeitenden ein auf beidseitiger Loyalität beruhendes Verhältnis zu schaffen. Das Nein des Schweizer Stimmvolkes zum EWR-Beitritt vom Dezember 1992 hatte für ihn – und Bundesrat Delamuraz – jedoch eine herbe Niederlage auf aussenpolitischem Gebiet bedeutet, von der er sich nur schwer erholte.

Bundesrat Cotti sprach als einer der Ersten von der Notwendigkeit der innenpolitischen Verankerung der Aussenpolitik. Er wollte die Aussenpolitik als Angelegenheit und Verantwortung eines weit über die Verwaltung hinausreichenden Kreises verstanden haben. Dieser sollte sowohl die Wirtschaft wie die Wissenschaft, die Massenmedien und die sich vielfach verästelnden kulturellen Institutionen und privaten Organisationen umfassen. Die sogenannte «offizielle» Aussenpolitik konnte letztlich nur tragfähig und glaubwürdig sein, wenn der dafür erforderliche Denk- und Entscheidungsfindungsprozess von diesem grösseren Kreis mitgetragen oder zumindest «mitgedacht» wurde. Ein systematischer Vortragsdienst im EDA wurde aufgebaut, der in der weiteren Öffentlichkeit, aber insbesondere in den Schulen, das Interesse an aussenpolitischen Belangen wecken sollte.

Das Ganze beruhte auf der Erkenntnis, dass nicht die Optimierung unseres Alleinganges, sondern die bestmögliche Nutzung internationaler institutioneller Möglichkeiten zur Verfolgung unserer Interessen im Vordergrund stehen sollte. Im Jahre 1996, als Bundesrat Cotti Chairman in Office der Organisation für Sicherheit und Zusammenarbeit in Europa (OSZE)[36] geworden war, gelang unserem Aussenministerium der Nachweis, dass die Schweiz in der internationalen Staatengemeinschaft auch Führungsaufgaben meistern konnte. Cottis fast verbissenes Engagement an der Spitze der OSZE trug ihm jedenfalls in der schweizerischen Öffentlichkeit, aber auch über Partei- und Landesgrenzen hinweg, Anerkennung ein, wenn auch lange nicht alles nach seinen Vorstellungen verlaufen war. Und später trachtete er erneut mit aller Kraft – allerdings weit weniger erfolgreich – danach, die unser Land belastende Frage der nachrichtenlosen Vermögen aus der Zeit des Zweiten Weltkrieges in den Griff zu bekommen.

Cotti zeichnete sich durch eine überdurchschnittlich rasche Auffassungsgabe aus; ihm eigen war ein unruhiger, ständig wacher Intellekt. Mit seiner Vielsprachigkeit brachte er für die Aussenpolitik einen Rucksack mit wie kaum einer seiner Amtsvorgänger, nicht zu reden vom persönlichen Engagement und der Arbeitskapazität. Der Tessiner hatte Deutsch am Sarner Kollegium gelernt. Mentalitätsmässig dachte und handelte er mehr deutschschweizerisch denn als Lateiner. Dahinter steckte wohl die Einsicht, dass die Deutschschweizer in ihrer eigenen Sprache «abgeholt» werden mussten. Das war ein geschickter Schachzug, denn Cotti kam – wiewohl er nicht Schweizerdeutsch, sondern Hochdeutsch sprach – bei der deutschschweizerischen Mehrheit gut an. Eine wichtige Voraussetzung, um überhaupt Abstimmungen gewinnen zu können!

Ich bin der Erste, der behauptet, es habe uns nur gut getan, dass mit Bundesrat Cotti wieder einmal jemand das Szepter in die Hand nahm, der die Anforderungen an uns Diplomaten zu erhöhen gewillt war.

Das böse Erwachen erfolgte jedoch bald: Während sich Bundesrat Cotti der Öffentlichkeit charmant lächelnd und umgänglich zeigte, lernten wir ihn im Aussenministerium als einen machtbesessenen, griesgrämigen, Furcht einflössenden und stets nur fordernden Chef kennen. Trotz der günstigen persönlichen Voraussetzungen, die er für das hohe Amt mitbrachte, wurde der neue Departementschef im EDA als vorwiegend negativ empfunden. Ein hoher Beamter schätzte ihn *«gegen aussen lächelnd, verständnisvoll, gegen innen hässlich, bisweilen zerstörerisch»* ein. Bundesrat Cotti war ganz eindeutig der Hauptschuldige für das ausgesprochen schlechte Betriebsklima, das im eigenen Haus rasch um sich griff, worüber aber nur selten etwas an die Öffentlichkeit drang.

Als jemand, der eine gewisse Distanz zum Geschehen im Departement hatte, war es für mich deprimierend, feststellen zu müssen, wie oft man klaghaften Diplomaten begegnete, die sich nicht getrauten, etwas zu entscheiden. Ging man den Gründen nach, stiess ich immer wieder auf Angst: Angst vor einem Chef, welcher auf Details herumritt und mit Zornausbrüchen jeden erdrückte, der andere Vorstellungen hatte und der nicht zum kleinen Kreis der Auserwählten mit Direktzugang zum Chef gehörte.

Was den Betroffenen noch mehr zu schaffen machte, war der teilweise rüde und unangebracht beleidigende Ton, mit dem der streitsüchtige Departementschef in Sitzungen Mitarbeiter blossstellte. Es gab mir bekannte «Cotti-Geschädigte» bis hinauf zur Direktorenebene, die fachlich äusserst kompetent waren, sich aber kaum zu wehren verstanden und moralisch zugrunde gerichtet wurden. Selbst ein Cotti-Schützling wie Thomas Borer blieb von mehrmaligen Wutausbrüchen des Tessiners nicht verschont. Als er bereits Chef der Task Force war, suchte mich der sonst so selbstbewusst wirkende Borer mit fast weinerlicher Stimme in meinem Büro auf, um in seiner momentanen Ausweglosigkeit meine Meinung einzuholen. Guter Rat war teuer! Ich frage mich, ob es jeweils «nur» das unkontrollierte Temperament Cottis war, oder ob nicht System dahinter steckte, um diejenigen «fertigzumachen», die ihm in seinem Überlegenheitskomplex zu nahe zu treten drohten. Auf jeden Fall war die Leuteschinderei einer Magistratsperson unwürdig und widersprach allen Führungsgrundsätzen.

Mit seinem autoritären und impulsiven Führungsstil griff Cotti laufend in die ihn interessierenden Sachbereiche ein. Teilweise führte er über die ordentlichen, vorgegebenen Verwaltungsstrukturen, teilweise wurden gleiche (oder ähnliche) Befehle über Stabsleute – die meist wenig Führungserfahrung und Kenntnis der administrativen Abläufe hatten – unter Ausschaltung der Linienverantwortlichen mitten in das Departement hineingetragen, was oft unübersichtliche Situationen zur Folge hatte. Die häufigen Interventionen bis hinunter auf die Sachbearbeiterebene führten dazu, dass Grundsatz- und Durchführungsentscheide nicht mehr auf verschiedenen Stufen angesiedelt waren. Die nichtstufengerechten Beschlussfassungen und Entscheide hatten eine Verlangsamung der Arbeitsabläufe, ja eigentliche Entscheidungsstaus zur Folge. Diese Vorgehensweise verursachte in einem Departement, das schon von Natur her durch grosse Hektik geprägt ist, unnötige Stresssituationen. Das EDA kam mir zeitweise vor wie eine Dampflokomotive, die zischte, schnaubte, fauchte und unter ständigem Überdruck stand, aber kaum imstande war, eine angemessene Reisegeschwindigkeit zu erreichen. Der «Tagesanzeiger» titelte einen Cotti-kritischen Artikel vor Antritt des Präsidialjahres 1998 *«Von Ideen beseelt, in der Tat blockiert»*[37]. Es hiess auch, die Lage im Berner Aussenministerium sei durch «stagnative Hektik» bzw. «hektische Stagnation» gekennzeichnet gewesen.

An der Aussenfront fiel mir während meiner Auslandsinspektionen negativ auf, dass die diplomatischen Vertretungen das Gefühl hatten, in «Bern» nicht immer auf die nötige Unterstützung zählen zu können. Die zuständigen Berner Stellen wollten gemäss dieser Perspektive fast ausschliesslich nur die Vorteile sehen (die ein Diplomat im Ausland zweifelsohne genoss), weniger jedoch die Nachteile, die er auf sich zu nehmen hatte. Diese schiefe Sicht der Dinge hing meines Erachtens nicht zuletzt damit zusammen, dass auslandserfahrene Missionschefs, die das nötige

Verständnis für die Anliegen und Sorgen der Aussenposten aufgebracht hätten, damals in den Schlüsselpositionen der Zentrale die Ausnahme waren. Diesbezüglich stand unser Aussenministerium im internationalen Quervergleich wohl einzigartig da, was ihm nicht gerade zum Vorteil gereichte. Bei den im Ausland eingesetzten Diplomaten war der nicht so abwegige Eindruck entstanden, die EDA-Spitzenpositionen in Bern würden fast ausschliesslich nur durch interne Kooptation an der Zentrale vergeben.[38]

Die Unzufriedenheit unter den Schweizer Missionschefs war so gross, dass bei einer Botschafterkonferenz die Zeit, welche mir zur Verfügung stand, um das Diplomatische Inspektorat zu erklären, fast ausschliesslich dafür verwendet wurde, um Klagen vorzubringen. Es war nämlich keine andere Gelegenheit zu einer Aussprache mit der Departementsleitung vorgesehen, um Frust und Ärger abreagieren zu können. So sah ich mich alleine dem Plenum von kritischen bis aufgebrachten Kollegen gegenüber und versuchte so gut wie möglich, Rede und Antwort zu stehen – keine angenehme Aufgabe! Es war natürlich klar, dass die Angriffe nicht meiner Person galten und ich nur als Blitzableiter herhalten musste. Wie heisst doch das berühmte Wort des Petronius Arbiter: *«Wer den Esel nicht schlagen kann, schlägt den Sack.»*

Für das Departement war es unter diesen widrigen Umständen sehr wichtig, dass wir in Staatssekretär Kellenberger – dem *alter ego* von Bundesrat Cotti und meinem direkten Vorgesetzten – eine Persönlichkeit hatten, die ausgleichend wirkte, gute Kenntnis vor allem im wichtigen Europa-Dossier hatte, ausserordentlich belastbar und menschlich angenehm war – eine Integrationsfigur im besten Sinne des Wortes.

Das Fass vollends zum Überlaufen brachte die Forderung von Bundesrat Cotti, die vielfältigen, inhaltlich differenzierten Gehalts- und Repräsentationskosten drastisch zu reduzieren. Für Cotti war das Zulagenwesen eine Fehlentwicklung, die es schnellstmöglich zu korrigieren galt. In der Presse äusserte er sich dahin, dass *«die Auslandbeamten nicht mehr verdienen dürfen als die Inlandbeamten.»* Damit stellte er das in jedem Aussenministerium geltende Prinzip der Inkonvenienz-Entschädigung mindestens teilweise in Frage, d.h. das Anreizsystem, um den Diplomaten das Leben im Ausland fern der Heimat annehmbarer zu machen. Diese Zulagen konnten im Falle eines schwierigen Postens in einem Entwicklungsland bis zu fünfunddreissig Prozent des Grundgehalts betragen. Die Kürzungen betrafen nicht nur die angeblich gut bezahlten Missionschefs, sondern alle ins Ausland Versetzten, bis zur Sekretärin oder zum Hausmeister. Cotti begründete den einschneidenden Schritt mit Sparmassnahmen, die nach dem Willen der Landesregierung überall getroffen werden müssten.

Die Diplomaten hatten zwar eingesehen, dass das in die Jahre gekommene Zulagensystem einer Überarbeitung bedurfte. Sie waren sich auch der Notwendigkeit bewusst, dass sie Einbussen in Kauf zu nehmen hatten. Aber sie hatten grosse Schwierigkeiten zu akzeptieren, wie die Kürzungen begründet wurden; und noch weniger konnten sie nachvollziehen, wie die ganze Sparübung bzw. das Ausmass der Reduktionen von Bundesrat Cotti in aller Heimlichkeit durchgezogen wurde, ohne dass das Personal bzw. dessen Vertreter richtig einbezogen worden wären.

Die von der Zulagenreduktion betroffenen Diplomaten griffen zu dem für unseren Stand fast revolutionären Mittel des brieflichen Kollektivprotests. Sie sahen nämlich die Handlungsweise Cottis nicht in erster Linie als finanzpolitisch motivierte Massnahme, sondern eher als Strafaktion gegen sein eigenes diplomatisches Corps. Ich neige ebenfalls dieser Auffassung zu, war es doch nach den unsäglichen Querelen um die Quereinsteiger ein weiterer Schachzug des Departementschefs, um unsere «Kaste» weichzuklopfen. Noch vor der stürmischen Botschafterkonferenz von 1997 hatte es Bundesrat Cotti verstanden, die aufmüpfigen Missionschefs zu überlisten, indem er ihnen die kurz vorher vom Bundesrat abgesegnete Zulagenkürzung als ein *fait accompli* und als eine damit in Kraft getretene Massnahme präsentierte, welche den Diplomaten ohne weiteres zugemutet werden konnte.

Aus dem engsten Umfeld Cottis ging mir die wohl ehrliche, aber keineswegs für ein weiteres Publikum bestimmte Bemerkung zu: *«Il veut casser les diplomates.»* Dabei waren seine Diplomaten gerade das Vermögen des EDA, deren Wissenskapital *«das wichtigste Kapital unseres Departementes»* war, *«das jeden Abend nach Hause geht»,* wie der frühere Staatssekretär von Däniken einmal zutreffend meinte. Und Vermögen kommt von mögen. Daraus folgt, dass eine Führungskraft Menschen mögen muss. Bundesrat Cotti mochte uns Diplomaten trotz aller schönen Lippenbekenntnisse nicht.

In dieser ausserordentlich turbulenten Zeit sah ich mich im Interesse des Departementes zum Handeln gezwungen. Wer sonst als ich konnte das tun, der ich die ganzen Vorgänge aus einer gewissen Distanz zum operationellen Betrieb zu betrachten Gelegenheit hatte? Ich bündelte die lange *«liste de doléances»* der Zentrale und der Aussenposten zu einem sechsseitigen Papier über die «Befindlichkeit des Departementes» zuhanden von Bundesrat Cotti. Die einzige Person, die ich ins Vertrauen zog, war Staatssekretär Kellenberger. Dieser riet mir von meinem Vorgehen ab, da er befürchtete, dass ich zu Schaden käme. Ich konnte es jedoch mit meinem Gewissen nicht vereinbaren, dem üblen Geschehen weiterhin untätig zuzuschauen, und schickte die vertraulich und persönlich eingestufte Notiz an den Departementschef.

Das Schreiben schien seine Wirkung nicht verfehlt zu haben. Mit seinem politischen Riecher wusste Cotti genau, dass er mich angesichts der chaotisch-verworrenen Zustände zur gewünschten Aussprache unter vier Augen empfangen musste. Ich hätte mir sonst nämlich weitere Schritte vorbehalten, die für den Departementschef sehr unangenehm hätten werden können. Die Begegnung fand in einer sachlichen Atmosphäre im bundesrätlichen Büro statt. Wir gingen den Bericht Punkt für Punkt durch, wobei Cotti manchmal Fehler eingestand, sich in vielen Punkten jedoch nicht einverstanden erklären konnte. Immerhin hiess er meine Vorschläge für eine Verbesserung des Betriebsklimas mittels einer eigens einzuberufenden Aussprachesitzung über Grundsatzfragen mit Chefbeamten gut. Das Ganze verlief indessen nach zwei oder drei zusätzlichen Vorbereitungstreffen wieder im Sand, als die schwere Krise am Abklingen war – sich mit kooperativem, menschenorientiertem Führungsstil herumzuschlagen, wie er während seiner Amtszeit im EDA eingeführt wurde, war für den autoritären Cotti sowieso eine reine Zeitverschwendung. Er wusste genau, dass er am längeren Hebel sass …

Bundesrat Cotti wurde von jemandem aus seinem direkten Umkreis mit einem guten Schachspieler verglichen, der seinem Gegenüber immer um einige Züge voraus sei. Dieser Vergleich ist nicht unzutreffend: Als er im eigenen Haus weitgehend in Verruf und grosse Bedrängnis geraten war, griff er zum erprobten Mittel, um die Parlamentarier für seine Sache einzunehmen. Er brauchte sich nur die weit verbreiteten Vorurteile gegen die

Diplomaten als verwöhnte und überbezahlte «Kaste» zunutze zu machen, und der Beifall des Parlamentes und einer weiteren Öffentlichkeit war ihm sicher. Er beschönigte den Volksvertretern gegenüber die massive Verschlechterung von Betriebskultur und -klima im Aussenministerium ausschliesslich als Folge von «notwendigen Massnahmen», die man in schwierigen Zeiten als Beitrag zur Sanierung der Bundesfinanzen halt ab und zu in Kauf nehmen müsse. Die von ihm verursachte Krisenstimmung im Departement reduzierte er auf den *«Gemütszustand einiger Botschafter, die ihre Karriereziele nicht ganz erreichten oder deren ausserordentlich grosszügiger Lohn mit der neuen Zulagenordnung um ein paar tausend Franken reduziert wurde»*.

Zu dieser einseitig simplifizierenden Einschätzung kam Bundesrat Cotti mir gegenüber, um sein Vorgehen zu rechtfertigen. Mit solchen Ansichten hatte er bei den Abgeordneten des Volkes gewonnenes Spiel!

In der Endabrechnung wurde die vom EDA-Chef bewusst verdrehte Darstellung des wirklichen Sachverhaltes – oder glaubte er wirklich, was er sagte? – von den Parlamentariern kritiklos übernommen. Cottis *«Mut, mit den Privilegien endlich aufzuräumen»*, wurde ausdrücklich gelobt, und die gegen den Departementsvorsteher gerichteten Vorwürfe aus einem Grossteil des diplomatischen Corps, die ja eine direkte Folge der im Aussenministerium vorherrschenden, beispiellosen Missstimmung waren, wurden als *«heimtückische Intrige»* gegen den EDA-Chef gewertet. Kein Wunder, dass die Zusammenarbeit des Departementschefs mit der Aussenpolitischen Kommission (AKP) mit *«vorzüglich»* benotet wurde. Das Schlitzohr Cotti wusste eben genau, mit wem er sich zum geeigneten Zeitpunkt ins beste Einvernehmen zu setzen hatte.

Dass die gravierenden Probleme im EDA in politischen Kreisen als Bagatelle abgetan wurden und überhaupt keine Konsequenzen hatten, ist irgendwie bezeichnend für unser System. So nahm der kürzlich verstorbene, einflussreiche ehemalige FDP-Nationalrat Ernst Mühlemann Bundesrat Cotti *«wie immer»* in Schutz und meinte zynisch, *«dass man eben verschiedene Wegschnecken im diplomatischen Dienst zu schnellerer Gangart antreiben müsse»*. Er, der lange als selbsternannter «Schattenaussenminister» galt, attestierte Cotti *«eine sehr positive Leistungsbilanz»*.[39]

Es ist schon so: Ein Bundesrat wird in seiner Regierungstätigkeit zwar ständig mit parlamentarischen und referendumsmässigen Kontrollen aller

Art konfrontiert, die Aufsicht über seine Führungskompetenz und über das Innenleben seines eigenen Departements ist hingegen schlicht nichtexistent. Wie die sonst regierungsnahe NZZ im legendär gewordenen Artikel *«Nachrichten vom Hofe des Grosskhans»* von Max Frenkel festhielt, hätten in jedem anderen Regierungssystem die vom damaligen EDA-Chef Cotti verursachten Zustände in einem Schlüsseldepartement wohl schon längst Folgen gehabt. Nicht so in der Schweiz, wo jeder Departementsvorsteher zugleich Mitglied der kollektiven Staatsspitze ist und damit fast unantastbar bleibt.[40]

Die sehr subjektiven Vorstellungen des Departementsvorstehers wurden auch einem breiten Publikum zugänglich gemacht. Dazu diente in erster Linie der EDA-Informationsdienst. Es wurde strikt darauf geachtet, dass Bundesrat Cotti in Interviews als verantwortungsvolles Regierungsmitglied gezeigt wurde, welches im Landesinteresse pflichtvergessenen Diplomaten beibringen musste, dass «Interessenwahrung der Schweiz» nicht bloss Besitzstandwahrung in eigener Sache bedeutete. Für die Medien war das ein gefundenes Fressen, denn «Diplomaten-Bashing» gehört jederzeit zu den bevorzugten Themenkreisen, und wer es – mit welchen Mitteln auch immer – betreibt, ist sich des Beifalls der Öffentlichkeit sicher.[41]

Natürlich waren für die schwierige Situation der Diplomaten teilweise auch externe Faktoren verantwortlich. Vermutlich mehr als andere Berufsstände hatten die im Ausland tätigen Angehörigen des diplomatischen Corps Mühe, die Tragweite der Spannungen und Veränderungen abzuschätzen, welche sich in den Neunzigerjahren des letzten Jahrhunderts in der Schweiz abspielten. Hinzu kam, dass in einer Zeit, in der bei staatlichen Aktivitäten generell das Kosten-Nutzen-Verhältnis untersucht wurde, der Diplomat und die Diplomatie in der Öffentlichkeit auf wenig Verständnis stiessen und in den Medien eher angefeindet wurden *(«Salonlöwe», «elitär abgehobene Kaste», «Profiteur auf Kosten des Steuerzahlers»).*

Gerade in einer solchen Übergangsphase, als der Wertewandel in vielen Bereichen zu einer Orientierungslosigkeit, ja zu einer eigentlichen Orientierungskrise geführt hatte, wäre der Departementschef aufgerufen gewesen, seinen Mitarbeitenden den nötigen moralischen Rückhalt zu geben und die Gewissheit, dass man auch in schwierigen Zeiten aufeinander zählen konnte. Bundesrat Cotti war leider nicht imstande, Vertrauen zu schaffen. Das war sein ganz grosser Fehler. Denn wo Vertrauen herrscht, entsteht aus dem Nebeneinander von Menschen allmählich ein Miteinander und letztlich sogar ein Füreinander. Der im eigenen Haus grimmig dreinfahrende Cotti hatte für die inneren Grundsätze moderner Personalführung nur ein sehr beschränktes Gespür. Auch noch so gut gemeinte Reformen[42] nützten nämlich wenig oder nichts, wenn das Vertrauen der Mitarbeitenden in den Departementschef fehlte.

Bundesrat Cotti zeigte sich mir gegenüber einmal erstaunt, dass nur ganz wenige Botschafter von seiner von Anfang an verkündeten Offerte Gebrauch gemacht hätten, bei Vorliegen wichtiger Mitteilungen oder Probleme direkt mit ihm telefonisch in Kontakt zu treten. Wenn das Vertrauen in den Chef erschüttert oder gar zerstört ist, bleibt eben auch die vermeintlich offenste Tür ungenutzt!

Der lange politische Weg von Bundesrat Flavio Cotti war stets mit gravierenden zwischenmenschlichen Schwierigkeiten gepflastert, für die er die Hauptverantwortung trug. Überall, wo er hinkam, gab es Unruhe und Streit, sei es bei seiner Regierungstätigkeit im Tessin, sei es im Eidgenössischen Departement des Innern, sei es im EDA. Im EDI war es unter grossem Getöse zu Entlassungen und Demissionen von Spitzenbeamten gekommen. Dass es im Aussendepartement keinen grösseren Eklat gegeben hatte, sprach nicht so sehr für Cotti und seine Art der Machtausübung, als vielmehr für die Professionalität und Belastbarkeit, ja Leidensfähigkeit der dem EDA äusserst ergebenen Mitarbeitenden.

Es gibt grosse Persönlichkeiten, bei denen die Machtausübung ohne weiteres akzeptiert, ja sogar bejaht wird. Bei uns im EDA war das nicht der Fall, schaffte doch Bundesrat Cottis Bekundung von Macht bei vielen Departementsangehörigen, die sie erfahren mussten, beträchtliches bis grosses Unheil.

Es wäre wohl lohnenswert gewesen, einmal grundsätzliche Überlegungen anzustellen, weshalb es unter Bundesrat Cotti so weit kommen musste. Waren es wirklich nur immer die trägen Beamten, die nicht auf der Höhe ihrer Aufgaben waren, oder war es vielmehr nicht doch der verquere Charakter Cottis, der ihm im Weg stand, um zu seinen Untergebenen ein einigermassen normales Verhältnis zu pflegen und das Maximum aus ihnen herauszuholen? Selbst eine Magistratsperson ist halt nicht immer

Teil der Lösung, sondern kann Teil des Problems werden. Für mich war Bundesrat Cotti ein janusköpfiges Wesen, das im eigenen Haus als Wüterich mit leicht sadistischem Einschlag zu toben imstande war und gleichzeitig nach aussen mit geschliffener Urbanität und einem stets gewinnenden Lächeln, aber auch mit einer gewissen Servilität in Erscheinung treten konnte.

Irgendwo habe ich gelesen, Bundesrat Cotti hätte es sehr bedauert, dass er keinen Militärdienst leisten konnte. Vielleicht hat es die Vorsehung gut mit ihm gemeint. Bei seinen charakterlichen Prädispositionen wäre er nämlich als Heerführer, der auf Gedeih und Verderb auf seine Truppe angewiesen ist, wohl schon recht früh in irgendeiner Weise zu Schaden gekommen; und im Ernstfall wäre er Gefahr gelaufen, als einer der Ersten das Opfer von «*friendly fire*» zu werden. Aber vielleicht wäre er im Militärdienst endlich in die Geheimnisse menschenorientierter Führung von kleinen und grossen Verbänden eingeweiht worden …

* * *

Ich betrachte es als mein Hauptverdienst, dass ich als Einzelkämpfer den Mut aufgebracht habe, sozusagen als Nebenprodukt meiner Inspektionstätigkeit auch einer Magistratsperson den Spiegel für ihren unmöglichen, menschenverachtenden Führungsstil vorzuhalten. Davon drang bewusst nichts nach aussen. Wenn ich jetzt etwas den Schleier lüfte, dann nicht zuletzt deshalb, weil es im EDA vereinzelt Leute gab, die mich in Unkenntnis des wahren Sachverhalts für einen karrieresüchtigen, übertrieben schmeichlerischen Anhänger Cottis hielten. Dass sie in mir nur einen treu ergebenen «Cotti-Boy» (sic!) zur Disziplinierung des Departementes sehen wollten, war eine krasse Fehleinschätzung, die ich geradezu als Beleidigung empfand.

Als Chefinspektor nahm ich eine eigenartige Zwitterstellung ein. Persönlich durfte ich mich nicht über eine schlechte Behandlung durch Bundesrat Cotti beklagen. Im Gegenteil, zu keinem Zeitpunkt trat er mir nahe, wiewohl ich ihm wie kaum sonst jemand den Spiegel über seine Schwächen und Exzesse vorgehalten hatte. Vielleicht deshalb, weil das

Inspektorat ja letztlich seine eigene Schöpfung war. Dass meine Interpretation der Rolle nicht immer in die von ihm gewünschte Richtung punitiver Aktionen ging, sich sogar gegen ihn selbst wenden konnte, schien er mit äusserlich zur Schau gestellter Gelassenheit zu akzeptieren. Gewährte er mir eine Art Narrenfreiheit, so wie weiland der Hofnarr dem Monarchen ungeschönt und ungestraft die Wahrheit sagen konnte? Oder spürte Cotti instinktiv, dass ich mir seine Wutausbrüche niemals hätte gefallen lassen und mich entsprechend zur Wehr zu setzen bereit war? Oder war es eine Mischung von beidem?

Ich weiss es nicht genau. Ganz am Schluss seiner Amtszeit kam indessen mir gegenüber der wahre Charakter Cottis zum Vorschein. Ohne je vorgängig darüber gesprochen zu haben, zog der Departementschef in einer an mich gerichteten Notiz meine Arbeit als Chefinspektor in Zweifel. Und er stellte sich die Frage, ob ein Inspektorat, das von einem Diplomaten geführt werde, überhaupt die eigentliche Lösung darstelle, denn *«die höchsten Würdenträger bei den wichtigsten Missionen»* seien ja ohnehin *«unantastbar»*. Diese Einschätzung stand in eklatantem Widerspruch zu dem von mir befolgten Vorgehen, wonach a l l e Missionschefs, unbesehen von Rang und Ansehen, von mir dem genau gleichen Inspektionsraster unterzogen wurden.

Die Behauptungen des Departementschefs stellten für mich denn auch nichts anderes als eine nachträgliche Abrechnung *«à la Cotti»* dar für die Vorhaltungen, die ich ihm gegenüber als dem Hauptverantwortlichen für die miserable Stimmung im Departement gemacht hatte. Eine Person mit seinen Charaktereigenschaften musste eben in jedem Fall – und das ganz sicher einem Beamten gegenüber – das letzte Wort haben und das entsprechend zu spüren geben.

Tröstlich war für mich, dass Bundesrat Cotti mit seinem abfälligen Urteil allein auf weiter Flur dastand. Sonst wurde das von mir geschaffene Diplomatische Inspektorat nämlich sowohl auf den Aussenposten wie an der Zentrale als handlungsfähiges Instrument empfunden, das auf allgemeine Akzeptanz stiess und im Departementsbetrieb seine klar definierte Position gefunden hatte.

* * *

Das hatte es wahrscheinlich noch nie gegeben, dass bei der Demission eines EDA-Chefs die Champagnerkorken flogen, wie dies bei Bundesrat Cottis Ankündigung im Frühjahr 1999 in unserem Departement der Fall war. Das Aufatmen, einen autoritären und in der Menschenführung weitgehend gescheiterten Chef loszuwerden, war hör- und spürbar. Nicht von ungefähr liess sein Nachfolger Bundesrat Joseph Deiss als eine der ersten Massnahmen verlauten, dass im Departement den Menschenrechten wieder vermehrt Nachachtung verschafft werden müsse …

Das Departement erwachte langsam aus der durch lähmende Betäubung und stagnative Hektik gekennzeichneten Cotti-Zeit und fand wieder zu seiner gewohnten Effizienz. Mit Erleichterung wurde zur Kenntnis genommen, dass Bundesrat Deiss umgänglich war, seine Mitarbeitenden ernst nahm und in vielen Fällen ihre Ratschläge befolgte; zwischenhinein durfte sogar wieder gelacht werden! Der im Unterschied zu seinem Vorgänger entschlussfreudige neue Departementschef, der mit Franz von Däniken eine sehr gute Wahl als Nachfolger von Staatssekretär Kellenberger getroffen hatte, war kein Blender, sondern ein Konsenspolitiker. Trotzdem hatte er grosse aussenpolitische Erfolge erzielt. In den Jahren 2000 und 2002 stimmte das Volk den bilateralen Abkommen der Schweiz mit der Europäischen Union sowie dem Beitritt unseres Landes zur UNO nach ungewöhnlich hart und aufwändig geführten Abstimmungskämpfen zu und folgte dem Bundesrat damit in den wichtigsten aussenpolitischen Fragen nach der Ablehnung des EWR-Beitrittes von 1992.

Dass bereits acht Jahre nach ihrem späten UNO-Beitritt die Schweiz in der Person von Joseph Deiss ab September 2010 für ein Jahr den Präsidenten der UNO-Vollversammlung stellt, ist wohl kein Zufall. Seine langjährige Erfahrung als Wirtschafts- und Aussenminister sowie als Wissenschaftler helfen dem auf Ausgleich bedachten Politiker bei seiner anspruchsvollen Aufgabe im formell höchsten Amt, das die Vereinten Nationen zu vergeben haben. Deiss' Wahl ist wohl auch eine Anerkennung des besonderen Beitrags, den die Schweiz in der kurzen Zeit ihrer Mitgliedschaft geleistet hat.

Als ich im Frühjahr 2000 nach fast fünf Jahren Inspektionstätigkeit in die Türkei versetzt wurde, durfte ich bei einem Abschiedsempfang in Anwesenheit von Bundesrat Deiss und Staatssekretär von Däniken Folgendes festhalten: *«Es steht einem Inspektor nicht zu, eine Magistratsperson nach ih-*

ren Leistungen zu beurteilen. Hier nur so viel: Sie haben, Herr Bundesrat Deiss, diesem Departement wieder die menschliche Würde und das lange Zeit fehlende Vertrauen als Voraussetzung für motivierte Mitarbeiterinnen und Mitarbeiter zurückgegeben. Meine kritischen Dialoge mit Ihrem Vorgänger über dessen – gelinde gesagt – speziellen Führungsstil gehören unwiderruflich der Vergangenheit an.» Ich schloss mit der Bemerkung, dass ich dies nicht etwa bereute. Ganz im Gegenteil nahm ich es noch so gerne in Kauf, dass Bundesrat Deiss mich diesbezüglich «teilzeitarbeitslos» gemacht hatte.

3.12.6 Besuche von Sehenswürdigkeiten als angenehme Begleiterscheinung der Inspektionstätigkeit

Die Inspektionstätigkeit war alles andere als ein Honiglecken. Sie konnte in höchstem Masse nervenaufreibend sein, wie wir gesehen haben. Die ständige Reiserei in aller Herren Länder, mit entsprechenden Zeitverschiebungen, war mit Strapazen verbunden, die man sich als Inspektor nicht anmerken lassen durfte. Gott sei Dank benötigte ich immer eine kurze Erholungszeit und war gesundheitlich nie angeschlagen. Mit der Zeit lernten mein Inspektorenkollege Mühlethaler und ich all die verschiedenen Kniffe und Tricks, um dem fast allgegenwärtigen *jet-lag* jeweils ein Schnippchen zu schlagen. Es gab allerdings schon Momente, als ich im Hotelzimmer erwachte und nicht genau wusste, in welchem Land ich mich gerade befand!

Trotz alldem darf ich auch auf eine angenehme Begleiterscheinung der gegen fünfzig Besuche im Ausland hinweisen. Wir hatten Gelegenheit, in den Randstunden und über das Wochenende die Sehenswürdigkeiten von grösseren und kleineren Weltstädten wie Berlin, Brüssel, Moskau, Peking, Shanghai, Tokio, New Delhi, Jerusalem, Washington, New York kennen zu lernen und kleinere Entdeckungsreisen in deren nähere Umgebung zu machen. Wir kamen in den Genuss von kulturellen Leckerbissen in der Metropolitan Opera in New York, in der Mailänder Scala, im Teatro Colòn in Buenos Aires sowie im Moskauer Bolschoi-Theater.

Aus der Fülle besuchter Stätten und Anlässe seien wahllos ein paar herausgegriffen, die nicht unbedingt in einem Fremdenführer stehen müssen, weil sie vor allem mit meinem persönlichen Empfinden zu tun hatten. Im Dom zu Riga, in diesem mächtigsten Kirchenbau des Baltikums, lauschten wir zweimal einem Orgelkonzert. Die berühmte Orgel aus dem 13. Jahrhundert, aus 6768 Holz- und Metallpfeifen deutscher Herkunft gefertigt, ist eine der grössten Orgeln der Welt überhaupt. Die von der Hanse geprägte lettische Hauptstadt war für mich überhaupt eine Trouvaille!

Ein Intermezzo der besonderen Art ist mir aus der russischen Hauptstadt in Erinnerung geblieben. Ich besuchte unter anderem die legendäre Untergrundbahn und machte mich gerade daran, in einer besonders prunkvollen Station im stalinschen Zuckerbäckerstil Schnappschüsse zu machen. Da überschüttete mich eine ältere Frau in einem eindrücklichen Protestgeschrei mit russischen Schmähungen. Wohl ein linientreues Relikt aus der Sowjetzeit, hielt sie mich für einen ungebetenen ausländischen Spion. Als der Wortschwall nicht aufhörte und ich die Blicke der Passanten auf mich gerichtet spürte, da legte ich – was selten vorkommt – meine diplomatische Zurückhaltung ab. Ich schritt – nun selbst von einem heiligen Zorn gepackt – zur Gegenattacke. Da wurde mir zum ersten Mal im Ausland so richtig die urtümliche Wucht meiner berndeutschen Muttersprache bewusst, wenn sie lautstark vorgetragen wird – das keifende Weib hörte auf der Stelle mit seinen Hasstiraden auf und vergass vor lauter Schreck den Mund zu schliessen.

In Südafrika, Simbabwe und Kenia übernachteten wir in Naturreservaten, um Grosswild beobachten zu können. Von Harare aus flogen wir auch zum Naturwunder der Victoria-Fälle. Die vom Missionar und Entdecker Livingstone nach der damaligen britischen Monarchin benannten Wasserfälle heissen in der Eingeborenensprache *«Mosi-oa-tunya»* – «der Rauch, der donnert». Eine passende Umschreibung für die Wassermassen, die auf einer Länge von 1700 Metern an der höchsten Stelle bis zu 108 Meter in die Tiefe donnern und eine riesige Wolke von Wasserstaub verursachen, die aus mehreren Kilometern Entfernung beobachtet werden kann. Wir liessen es uns auch nicht nehmen, oberhalb der Victoria-Fälle eine Bootsfahrt auf dem grossen Sambesi-Fluss zu unternehmen, der majestätisch durch das wild- und vogelreiche Urwaldgebiet in der Grenzregion zwischen Simbabwe und Sambia fliesst.

In Hanoi kamen Kollege Mühlethaler und ich nicht um den Besuch des Ho-Chi-Minh-Mausoleums herum, wo der frühere kommunistische

Partei- und Staatschef nach sowjetischem und rotchinesischem Vorbild aufgebahrt liegt. Beeindruckt hatte mich jedoch vor allem die landschaftliche Schönheit Vietnams. Zwei Autostunden ausserhalb der Hauptstadt machten wir eine unvergessliche Bootsfahrt auf einem Wasserlauf, der ein topfebenes, fruchtbares Tal mit saftiggrünen Reisfeldern durchfloss, wobei es verschiedene Schleusen zu überwinden galt. Beidseitig eingerahmt war der Talkessel von steil aufragenden Bergzügen, die im bläulich-grauen Dunst an klassische chinesische Landschaftsmalereien erinnerten.

Während wir noch in der Nähe von Tunis in der Ruinenstadt Karthago auf den Spuren der Hauptstadt des Grossreichs von Hannibal, einem der grössten Feldherren des Altertums, wandelten, machten wir bald darauf in der fernöstlichen Hemisphäre im Vorfeld der Inspektion in Peking einen Abstecher nach Xian. Diese Stadt, mit rund vier Millionen Einwohnern das Zentrum der Provinz Schansi, hätte wenig zu bieten, wären da nicht die erst 1974 in der Nähe rein zufällig entdeckten Funde jenes Zheng, des «Ersten Kaisers von Qin», des wohl grössten Despoten in Chinas Geschichte, der seine unterirdische Tonarmee erschaffen liess.

Xian verdankt seine grösste Sehenswürdigkeit der panischen Todesfurcht von Zheng, der im Jahr 221 vor Christus nach der Niederringung aller Rivalen erster chinesischer Kaiser wurde. 700 000 Arbeiter wurden zum Bau der monumentalen Grabanlagen verpflichtet, die noch lange nicht alle freigelegt sind, von deren Eindrücklichkeit jedoch die bereits ausgehobenen Schächte mit der Terrakotta-Armee zeugen. Die unterirdische Streitmacht aus 8000 überlebensgrossen Kriegern mit individuellen Gesichtern, 600 Pferden, 100 hölzernen Kriegswagen, Bronzekarossen usw. hatte die kaiserliche Ruhestätte nach Osten zu überwachen und sollte so auf magische Weise das Reich von den bösen Mächten des Jenseits schützen – sowie den Kaiser vor der Rache der getöteten Rivalen.

Meine Frau stiess in Peking zu uns Inspektoren. Françoise konnte mich nämlich einmal pro Jahr auf einer Inspektionsreise ihrer Wahl begleiten.[43] Sie hatte so Gelegenheit, mit uns zusammen die Sehenswürdigkeiten der Hauptstadt und die chinesische Mauer zu besuchen. Später lernte sie über unsere Möglichkeiten hinaus St. Petersburg mit seinen Palästen, Kirchen und dem Kirow-Ballett sowie den berühmten Ayers Rock und die Aborigines-Kultur im Herzen Australiens auf eigene Faust kennen, während

Kollege Mühlethaler und ich in Moskau bzw. Canberra unsere Inspektionen durchführten.

Als Sportfreunde hatten Christian Mühlethaler und ich die Qual der Wahl, um gerade etwa in den USA erstklassigen Sportanlässen beiwohnen zu können. Ein Eishockey-Leckerbissen der besonderen Art war so der Besuch eines NHL-Spiels der Washington Capitals gegen die Toronto Maple Leaves. Und im altehrwürdigen, weltberühmten Madison Square Garden sahen wir schliesslich ein Basketballspiel der New York Knicks vor mehr als 20 000 Zuschauern. In Buenos Aires verfolgten wir ein Fussballspiel der Boca Juniors, des Clubs, in dem Maradona seine Weltkarriere begonnen hatte. Die Betonschüssel des «Bombonera»-Stadions kam durch das ständige Stampfen und Hüpfen der leidenschaftlich mitgehenden argentinischen Fussballanhänger beträchtlich ins Schwingen. Uns beiden Bernern, gewohnt an das gemächliche Temperament der YB-Fans, kam das leicht ungemütlich vor.

Ich begnügte mich jedoch nicht nur mit rein passivem Sportkonsum. Während Christian Mühlethaler, ein leidenschaftlicher Jäger, seine Passion in einigen afrikanischen Ländern ausleben konnte, spielte ich überall dort Golf, wo sich in der Nähe einer Hauptstadt ein Golfplatz befand. Das führte dazu, dass ich, ein begeisterter Golfspieler seit meiner Singapur-Zeit, meinen Lieblingssport auf allen fünf Kontinenten ausüben konnte.

Ein spezielles Golferlebnis erwartete mich in Vietnam. Die Tatsache, dass in diesem kriegsversehrten und von der kommunistischen Ideologie beherrschten Land überhaupt Golf gespielt werden konnte, ist allein schon der Erwähnung wert. Etwas ausserhalb von Hanoi befindet sich ein 9-Loch-Parcours auf einer Insel. Die frühmorgendliche Überfahrt in einem speziell verzierten vietnamesischen Drachenboot, als leichte Nebelschwaden über dem See schwebten, die der Landschaft ein mysteriöses Aussehen verliehen, wie auch die Empfangnahme durch eine besonders hübsche und adrett gekleidete Vietnamesin, die mir als Caddie[44] diente, versetzten mich in eine andere Welt. In Canberra machte ich Bekanntschaft mit ganzen Kängurufamilien, die über den Parcours hüpften, sich sogar auf einem Green niederliessen, dort Boxkämpfe veranstalteten und zuerst verscheucht werden mussten.

Den wohl schönsten Golfplatz traf ich ausgerechnet im ärmlichen Kuba an: Im exklusiven, vorwiegend für ausländische Gäste reservierten Feriendorf Varadero bespielte ich einen atemberaubenden Parcours, der teilweise entlang einer Klippe hoch über dem tiefblauen Meer verläuft. Golf spielen konnte ich sogar in der äthiopischen Hauptstadt Addis Abeba. Nicht weit von der Botschaft entfernt befand sich eine 9-Loch-Anlage, deren Fairways allerdings vor Trockenheit Risse aufwiesen, in denen mehr als ein Golfball verschwand …

Die sonderlichste Golfbegebenheit trug sich indessen in Islamabad zu. Ich absolvierte zwei 18-Loch-Runden. Beim zweiten Umgang empfahl mir der Caddie, bei einem kurzen Par-4-Loch von rund 260 Metern die nicht sichtbare Fahne direkt anzugreifen. Er hatte nämlich festgestellt, dass meine Abschläge von guter Qualität waren. Also schlug ich den Ball mit dem Driver auf dem Parcours, der eine Biegung nach links machte *(«dog leg left»)*, gemäss seinen Anweisungen über ein Wäldchen hinweg direkt Richtung Ziel. Der Abschlag war perfekt, aber im Zielgelände war trotz intensiven Suchens kein Ball zu finden. Bis ich per Zufall beim Loch vorbeischaute und feststellte, dass der Ball drin war!

Ich hatte eine Sensation geschaffen: Ich versenkte auf einem Par-4-Loch den Ball mit einem Schlag und erzielte damit einen Albatros (drei Schläge unter Par)! Dieser selbst bei gestandenen Golf-Professionals äusserst seltene Schlag wurde im Club House gebührend gefeiert. Ich hatte zuvor noch nie ein *«hole-in-one»* auf einem Par-3-Parcours erzielt, nur einmal einen Eagle bei einem Par-5-Loch (Einlochen mit zwei Schlägen unter Par). Und dann das!

Ich muss allerdings gestehen, dass ich in dieser Zeit die beste Golfphase meines Lebens hatte. 1999 gewann ich das jährlich stattfindende EDA-Golf-Turnier, an dem jeweils das schweizerische CD und Schweizer Parlamentarier sowie die in unserem Land akkreditierten ausländischen Diplomaten teilnehmen. Kurze Zeit zuvor hatte ich im Zweierteam mit einem deutschen CDU-Abgeordneten auch das internationale Parlamentarier-Golfturnier in Crans-Montana gewonnen.

Doch nun wieder weg von sportlichen «Grosstaten» und zurück zu den einzigartigen Möglichkeiten, welche die Inspektionstätigkeit zum Besuch nicht alltäglicher, hervorragender Kulturdenkmäler bot. Diesbezüglich waren für mich Buchara und Samarkand als Orte grossartiger islamischer Vergangenheit in Usbekistan unbestrittene Höhepunkte.

Während eines Wochenendes flogen Christian Mühlethaler und ich in einer alten, klapprigen Antonov-Maschine von der usbekischen Hauptstadt Taschkent nach Buchara, um diese Stadt und Samarkand, eine der ältesten Städte der Welt, kennen zu lernen. Wer nach Höhepunkten islamischer Kunst und Kultur sucht, denkt an die filigranen Schöpfungen persischer Meister, an die Moscheen Nordafrikas, die seldschukischen und osmanischen Bauwerke der Türkei, die maurischen Hinterlassenschaften in Spanien und die Prachtentfaltung der Mogulherrscher Nordindiens. Doch es ist allgemein kaum bekannt, dass Usbekistan in Mittelasien ein Kernland der islamischen Welt ist.

Zerrissen von blutigen Kriegen, überrannt von den Steppenvölkern, von Turkstämmen, Hunnen und Mongolen, erobert von fremden Herrschern, von Griechen, Persern, Arabern, Chinesen, immer wieder aufblühend in einer neuen goldenen Epoche und immer wieder grausam zerstört, ist Usbekistan eine der interessantesten Gegenden der Welt, die Wiege vieler Völker, Schmelztiegel der Rassen, Religionen und Künste. Viel Unersetzliches wurde für immer zerstört. In Buchara und Samarkand haben sich – neben Chiwa – die Zeugnisse islamischer Hochkultur am besten bewahrt.

Buchara war seit dem ausgehenden Mittelalter einer der bedeutendsten Marktplätze an der Seidenstrasse mit Dutzenden Basaren und Karawansereien. 10 000 Studenten lernten den Koran in über 100 Medresen (Koranschulen), aus den Minaretten von über 300 Moscheen wurde fünfmal täglich zum Gebet gerufen. Aus dieser Zeit stammen die meisten sehenswerten Monumente der Stadt, deren kulturhistorischer Wert unermesslich ist. Am auffallendsten sind das erhabene, im Jahre 1127 erbaute Kalan-Minarett und die blau schimmernden Kuppeln der Mir-i-Arab Medrese. Von diesen sagt man, sie seien die einzigen der Welt, deren blau schimmerndes Licht der Sonne nicht bedürfe, um den Himmel zu künden.

Samarkand ist viel lebendiger als Buchara, der Basar ist ein einmaliges Sammelsurium aus Gewürzen, frischem Gemüse, dampfendem Brot und unzähligem Importramsch aus China. Die Zeiten der Seidenstrasse sind längst vorbei, doch ein wenig davon ist auch heute noch zu spüren auf den zahlreichen Märkten. Samarkand verdankte seinen Aufstieg zu einer Perle orientalischer Architektur und Kultur ausgerechnet dem mongolischen Tyrannen und Eroberer Timur, der im 15. Jahrhundert eine blutige Herrschaft über grosse Teile Asiens ausübte. Die Mehrheit der bis heute erhaltenen Denkmäler stammt aus der Epoche Timurs und von dessen Nachfolgern. Timur, ein Abkömmling des mongolischen Gewaltherrschers Dschingis Khan – oder Temur, Tamerlan, Tamburlane, wie er auch genannt wird, – und sein Wirken riefen mir Erinnerungen an eine Vorlesung von Professor Fricker über das Elisabethanische Drama an der Universität Bern wach, als u.a. das Drama «*Tamburlane*» von Christopher Marlowe, dem Bühnendichter und Zeitgenossen Shakespeares, abgehandelt worden war. In dessen Zentrum stand der blutrünstige und gleichzeitig prachtliebende orientalische Machthaber.

Die Bibi-Khanym-Moschee, die Temurs chinesische Gattin ums Jahr 1400 herum erbauen liess, wurde 1879 ein Opfer ihrer eigenen Monumentalität: Grosse Teile brachen bei einem Erdbeben in sich zusammen. Die Ruinen künden von der Vergänglichkeit menschlichen Strebens nach monumentaler Pracht und Grösse.

In Äthiopien zogen mich die christlichen Felskirchen in Lalibela in ihren Bann. Während eines Wochenendes flog ich nach dem rund 640 Kilometer nördlich von Addis Abeba gelegenen Ort. Mein Inspektorkollege Christian Mühlethaler zog es vor, die Flugreise nicht mitzumachen. Er hatte kein Vertrauen in die inneräthiopische Fluggesellschaft. Ich konnte ihn gut verstehen, denn er litt unter ausgesprochener Flugangst. Es war deshalb schon erstaunlich genug, dass er die weltweite Inspektionstätigkeit überhaupt auf sich nahm, denn bei jedem Flug machte er grosse Anstrengungen, um seine Flugangst zu überwinden. Dies war ihm im Lauf der Zeit immer besser gelungen.

So flog ich also alleine ins entlegene Hochland von Lalibela, was ich nicht bereuen sollte. Dort hatte König Lalibela, nach dem die mittelalterliche Stadt Roha heute benannt ist, vor achthundert Jahren ein verborgenes Juwel geschaffen, das vor feindlichen Eindringlingen sicher war. Einer Legende gemäss soll seine Mutter ihn nach der Geburt einmal munter in seiner Wiege liegend vorgefunden haben, umkreist von einem Schwarm Bienen. Bei diesem Anblick erinnerte sich die Frau des alten äthiopischen

Glaubens, wonach die Tierwelt die Ankunft einer wichtigen Persönlichkeit voraussagen könne; und sie meinte, die Bienen wüssten, dass dieses Kind einmal König sein werde. Sie gab ihrem Sohn deshalb den Namen Lalibela («der von den Bienen erkorene Herrscher»).

Nachdem der junge Prinz einem Giftmordanschlag seines älteren Bruders und amtierenden Königs entgangen war, wurde Lalibela bewusstlos von Engeln zum ersten, zweiten und dritten Himmel getragen, wo ihm Gott befahl, wieder nach Roha zurückzukehren und dort Kirchen von nie gesehener Vollkommenheit und Schönheit zu errichten. Der auf Kosten seines älteren Bruders zum König gekrönte Lalibela liess in der Folge verschiedene mächtige, turmartige Gebäude unmittelbar aus dem Felsen, auf dem sie stehen, heraushauen. Der gesamte Komplex soll die heiligen Stätten Jerusalems symbolisieren. Dadurch wurde dem Volk die anstrengende und durch muslimisches Feindesland führende Pilgerfahrt in die Heilige Stadt erspart. Einige Kirchen liegen fast komplett verborgen in tiefen Gräben, andere stehen in Höhlen, die aus dem Felsen geschlagen wurden. Sie sind untereinander mit einem verwirrenden Labyrinth aus Tunneln, Grotten, Gängen und Galerien verbunden.

Die Priester in ihren wallenden weissen Gewändern gingen in dieser geheimnisvollen und wunderbaren Welt ihrer ganz alltäglichen Arbeit nach. Sie schienen sich kaum bewusst zu sein, dass sie in einem halb unterirdischen Kirchengewirr wirkten, welches das «achte Weltwunder» genannt wird. Dem tat der Umstand keinen Abbruch, dass die Kirchenräume von einer eigenartigen Geruchsmischung aus Feuchtigkeit, Rauch und Russ von Feuerstellen, Schweiss, Fett und Weihrauch erfüllt waren. Ich hatte nirgends sonst einen mystischeren Ort kennen gelernt, wo die religiöse Inbrunst der christlich-orthodoxen Bevölkerung, die vor allem an Sonn- und Feiertagen massenhaft von nah und fern nach Lalibela strömt, den Besucher vollkommen in ihren Bann zieht.

* * *

Trotz dieser willkommenen Auflockerungen, die eine aussergewöhnliche persönliche Bereicherung und Horizonterweiterung darstellten, waren fast fünf Jahre Inspektionstätigkeit eine sehr harte und sehr lange Zeit. Ich brauchte ein paar Monate, um mich in der Anfangsphase meines darauf folgenden Einsatzes in der Türkei von den Strapazen zu erholen. Schon ein Jahr zuvor hatte ich kurz vor Ende der Ära von Bundesrat Cotti – allerdings vergeblich – um eine Versetzung gebeten. Zum ersten Mal glaubte ich, dass ich aufgrund meiner gezeigten Leistungen mit einigem Erfolg auf einen europäischen Prestigeposten wie London, Berlin oder allenfalls Madrid aspirieren konnte.

Dieses Vorhaben scheiterte; der Aufstieg in die erlauchte kleine Gruppe der Spitzendestinationen, die das Aussenministerium zu vergeben hat, blieb mir verwehrt. Ich empfand dies momentan als eine leise Enttäuschung, die es allerdings so rasch wie möglich wegzustecken galt.

Die Türkei, auf welche schliesslich die Wahl des Departementes fiel, figurierte zwar auch auf meiner «Wunschliste», aber nicht an prominenter Stelle. Fast mehr als mir lieb war, sollte sich meine letzte Mission in Ankara indessen als hochinteressanter Posten erweisen. Er verlangte viel Fingerspitzengefühl sowie Rücksichtnahme auf verschieden gelagerte politische, religiöse und kulturelle Sensibilitäten, und er sollte auch eine grosse Herausforderung hinsichtlich meines Standvermögens zur gezielten Interessenwahrung darstellen.

3.13 Die Herausforderung Türkei als Karriereabschluss

Die Versetzungsreise in die Türkei im Mai 2000 sollte unter einem speziellen Vorzeichen stehen. Meiner Frau und mir schwebte vor, sie mit einer angenehmen Kreuzfahrt zu verbinden. Also fuhren wir, begleitet von unseren beiden Söhnen, in unserer neu erworbenen Occasion-Limousine nach Venedig. Ein Wochenendbesuch der einzigartigen Lagunenstadt, wo wir die Gastfreundschaft von Konsul Werner Nievergelt, einem ehemaligen Inspektorkollegen, geniessen durften, half uns den Abschied von Europa etwas versüssen. Beim Einschiffen auf einer Fähre der *«Turkish Maritime Lines»*, die uns in zwei Tagen und drei Nächten nach Izmir führen sollte, wurden wir indessen rasch mit der rauen türkischen Wirklichkeit konfrontiert.

Der Traum von der gediegenen Kreuzfahrt platzte bereits, als wir realisierten, dass die Passagiere das Gepäck selbst vom Auto in die Kabine bugsieren mussten. Dabei machten wir auch gleich hautenge Bekanntschaft mit den Schiffsbewohnern, zum grössten Teil Gastarbeiter aus ländlichen Gegenden Anatoliens, die in ihre Heimat zurückreisten. Diese liebenswürdigen, aber völlig undisziplinierten Leute wollten alle zugleich vollbeladen das Oberdeck erreichen, was in lärmiger Atmosphäre sowie in schweiss- und knoblauchgeschwängerter Luft nur mit grossem Gedränge zu bewerkstelligen war. Als wir schliesslich unsere Kabine erreicht hatten, war unsere letzte Illusion von einer Luxusüberfahrt verflogen, derart klein und nur mit dem Allernötigsten ausgerüstet war das Kabäuschen. Dabei mussten wir uns belehren lassen, dass unsere Kabine zum Besten gehörte, was die Fähre zu bieten hatte.

Ein Diplomat muss sich bekanntlich in allen Lebenssituationen irgendwie zurechtfinden können. So betrachtet, bot uns die Schiffsfahrt immerhin einigen Anschauungsunterricht im Massstab 1:1, wie das türkische Alltagsleben in der räumlichen Enge dörflicher Grossfamilien etwa aussehen könnte. Meine Ankunft in der drittgrössten türkischen Stadt Izmir, dem früheren griechischen Smyrna, an der Ägäisküste gelegen, verlief auch nicht gerade nach Wunsch. Kurz vor der Einfahrt in den Hafen liess mich bei der morgendlichen Toilette ein plötzlicher Schmerz zusammenzucken – Hexenschuss! Dieses Übel befällt mich von Zeit zu Zeit. Deshalb musste Françoise sofort einen Gepäckträger organisieren, was ihr nach einigem Zureden auch gelang. Ich selbst humpelte zusammengeknickt von Bord. Auf dem Quai erwartete mich der schweizerische Honorarkonsul Ugur Yüce, ein sympathischer und kultivierter türkischer Geschäftsmann. Er ging an Krücken, weil er an den Folgen eines Autounfalls litt. Ich habe mir von meiner Frau sagen lassen, dass wir halbinvaliden Männer ein urkomisches Bild abgegeben hätten, als wir uns zur Begrüssung die Hand reichten.

In meinem erbärmlichen Zustand war ich froh, dass der türkische Botschaftsfahrer zugegen war, der uns wohlbehalten in die 600 Kilometer entfernte Hauptstadt Ankara chauffierte. Das ursprünglich für Izmir vorgesehene Besuchsprogramm konnte zu einem späteren Zeitpunkt nachgeholt werden. Ich sollte noch mehrmals von der profunden Landeskenntnis von Konsul Yüce profitieren können. Mit ihm und seiner Gattin Barrin verbindet uns bis zum heutigen Tag eine schöne Freundschaft.

3.13.1 Mannigfaltige Erlebnisse und Erfahrungen zwischen Ankara und Istanbul

Als ich einige Tage nach meiner Ankunft in Ankara dem damaligen Staatspräsidenten Süleyman Demirel das Beglaubigungsschreiben überreichen konnte, war klar, dass dies mein letzter Botschafterposten vor dem Ruhestand sein würde. Nicht ahnen konnte ich jedoch, dass die gut vier dort verbrachten Jahre recht bewegt sein würden. Sie waren jedenfalls alles andere als ein Ruhekissen, um sich in Musse auf das Altenteil vorzubereiten. (Abb. 12: Überreichung des Beglaubigungsschreibens an den damaligen türkischen Staatspräsidenten S. Demirel im Mai 2000)

Dabei hatte alles gut begonnen. Einige Wochen vor meiner Ankunft hatte sich Bundesrat Joseph Deiss, unser damaliger Aussenminister, in die Türkei begeben. Mit diesem offiziellen Besuch wurde die langjährige Krise in den bilateralen Beziehungen, die ob der sogenannten Kurdenfrage entstanden war, beigelegt.[45] Deiss kann als der eigentliche Architekt der Wiederannäherung der beiden Länder angesehen werden. Vor diesem Hintergrund bewirkten türkische Gastfreundschaft und Liebenswürdigkeit, dass meine Frau und ich uns rasch heimisch fühlten.

Beruflich und privat bedeutete Ankara nach der weltweiten Inspektionstätigkeit die Rückkehr zu einem «normalen» Diplomatenleben, indem Arbeits- und Wohnort nun wieder örtlich zusammenfielen. Die «Einheit von Arbeits- und Wohnort» war übrigens wörtlich zu verstehen: Bis Herbst 2002 waren die Residenz des Missionschefs und die Botschaft im gleichen Gebäude untergebracht; die Distanz vom Schlafzimmer bis zu meinem Arbeitspult betrug etwa zehn Meter mit der Folge, dass ich nach Meinung meiner Frau allzu viel Zeit im nahen Büro zu verbringen pflegte. Die beengten und beengenden Wohn- und Arbeitsverhältnisse wurden indes durch ein parkähnliches Gelände kompensiert, das einige tausend Quadratmeter umfasst. Darauf gab es ursprünglich einen Weinberg und später soll dort sogar eine echte schweizerische Kuh gegrast haben, um die Mitglieder der Vertretung mit frischer Milch zu versorgen.

Dieses für schweizerische Verhältnisse äusserst grosszügige Grundstück in bester Lage, das wir nicht zuletzt der Zuneigung des Republikgründers Kemal Atatürk für unser Land zu verdanken haben, wurde allerdings während meiner Amtszeit teilweise überbaut: In nur achtzehn Monaten –

aber bei beträchtlichen Lärmimmissionen – wurde ein schmuckes, modernes Botschaftsgebäude in den Hang gleich hinter der Residenz gebaut. Nun finden die Botschaftsangestellten sehr gute Arbeitsbedingungen vor. Dies ist umso wichtiger, als das türkische Umfeld nicht immer leicht ist.

Mit etwas mehr als dreissig Mitarbeitenden stand ich zum ersten Mal an der Spitze einer diplomatischen Vertretung mittlerer Grösse. Die Mehrheit davon waren Lokalangestellte, die vom Sachbearbeiter über Hausmeister, Telefonistin, Sekretärin, Übersetzerin, Putzfrau, Ausläufer, Chauffeur und Wächter bis zum Gärtner reichten. Die Botschaft deckte mit drei Diplomaten sowie mit zwei Spezialisten (Verteidigungsattaché aus dem VBS, Migrationsexpertin aus dem Bundesamt für Flüchtlingswesen) ein weites und komplexes Feld ab. Dazu gehörten die Pflege der bilateralen Beziehungen, die Vorbereitung und Durchführung von Besuchen auf ministerieller oder hoher Beamtenebene, die Behandlung von Wirtschaftsfragen, die Verfolgung verschiedener Themenkreise wie die innenpolitische Entwicklung, die Annäherung an die EU, die Zypernproblematik, das zunehmend belastete Verhältnis zum strategischen Hauptpartner USA, der Krieg im Irak und seine Folgen, die Nachwehen der bürgerkriegsähnlichen Wirren in der Südosttürkei, die Kurdenfrage, die Menschenrechtslage, die Stellung der Frau, Entwicklungsprojekte, Pressewesen usw. Auch im gesellschaftlichen Bereich war man in der Türkei besonders auf Stufe Botschafter sehr gefordert.

Ich hatte das Glück, dass mir von der Zentrale fast durchwegs ausgezeichnete Mitarbeitende zur Verfügung gestellt wurden, wodurch die hochgesteckten Aufgaben überhaupt erst zu bewältigen waren. Angesichts von deren unterschiedlichen Charakteren war es allerdings kein leichtes Unterfangen, im Sinne des vom EDA propagierten kooperativen Führungsstils zu erreichen, dass letztlich alle am gleichen Strick zogen. Ich verbrachte denn auch einen grossen Teil meiner Zeit damit, Einzelgespräche zu führen, Konflikte zu lösen oder sie im Keime zu ersticken. Dabei kamen mir die bei meiner Inspektionstätigkeit gewonnenen Erfahrungen zugute.

In meinem Bestreben um die Schaffung eines Arbeitsklimas, das auf gegenseitigem Vertrauen und Respekt basierte, wurde ich vom ruhig und überlegt agierenden Ersten Mitarbeiter, Minister Livio Hürzeler, sowie vom unermüdlichen, verantwortungsbewussten Kanzleichef Hans Bachmann, der seiner schwierigen Rolle als allseits anerkannter Personalchef voll gerecht wurde, wirkungsvoll unterstützt.

Frauenförderung war mir immer ein besonderes Anliegen. Den guten Rat kluger Frauen habe ich mein Leben lang geschätzt. Ich habe von ihnen viel über die Welt und Menschen gelernt und bin manchmal eher geneigt, ihrer Bewertung einer Situation zu folgen als derjenigen der Männer. Eine solche Mitarbeiterin hatte ich in Ankara in der Person von Monika Schmutz Kirgöz. Dieser selbstbewussten, dynamischen Frau brannten zwar gelegentlich die Emotionen durch, aber sie war gescheit genug, ihre Schwächen einzusehen. Ihre Ehe war in der Türkei auf eine gelegentliche Wochenendgemeinschaft reduziert, da ihr Mann seine eigene Karriere in der Schweiz weiterverfolgte. Das Scheitern der Bindung, der ein Söhnlein entsprungen war, kam nicht völlig überraschend. Die Art und Weise, wie meine Mitarbeiterin die schwere Lebenskrise überwand und sich eine Zeitlang als alleinerziehende Mutter in einem ihr fremden Land durchschlug, ohne dass ihre Arbeit je darunter gelitten hätte, war beeindruckend. Ihr wieder gefundenes Glück, das in der Wiederverheiratung mit ihrem türkischen Freund und der Geburt eines zweiten Sohnes gipfelte, ging Françoise und mir sehr nahe. Ich setzte mich nach Kräften dafür ein, dass die talentierte junge Dame karrieremässig Aufstiegschancen hatte.

Unter dem motivierten Lokalpersonal stach die pflichtbewusste, immer bescheiden gebliebene Zehra Erdost hervor, die den «guten Geist» der Botschaft verkörperte und sich bis zu ihrer Pensionierung durch eine immense Schaffenskraft auszeichnete. Diese stark belastbare Persönlichkeit hielt uns Diplomaten mit mündlichen Briefings und schriftlichen Übersetzungen ständig auf dem Laufenden über die für uns relevanten innen- und aussenpolitischen Vorgänge. Daneben löste sie eine Vielzahl anfallender administrativer Probleme, was mitentscheidend zum möglichst reibungslosen Ablauf des Botschaftsbetriebs beitrug.

Die im Diplomatenviertel privilegiert gelegene Schweizer Botschaft und ihre Bewohner hatten übrigens im Verlaufe des 20. Jahrhunderts in verschiedenen Epochen zwei weltberühmte Politiker als direkte Nachbarn, die im gleichen Gebäude residierten. Sie wurden im Bannkreis des braunen bzw. roten Totalitarismus nach ihrer Entmachtung je in die Türkei als Vertreter ihres Landes abgeschoben – ein diplomatischer Posten als Trostpreis ist ein Rezept, das gelegentlich zur Anwendung kommt, um missliebige politische Rivalen relativ leicht loszuwerden.

1939–1944 war der ehemalige deutsche Reichskanzler Franz von Papen von Hitler als Botschafter nach Ankara geschickt worden mit dem Auftrag, die Türkei wie im Ersten Weltkrieg auf der Seite Deutschlands zum Kriegseintritt zu bewegen. Bekanntlich misslang dieses Vorhaben – sehr zum Vorteil der Türkei! Bereits 1918 war von Papen im Rahmen der engen militärischen Zusammenarbeit mit dem Osmanischen Reich Stabschef der türkischen 4. Armee in Palästina. Trotz der Unterzeichnung eines deutsch-türkischen Freundschaftsvertrages vom 18. Juni 1941 gelang es Botschafter von Papen nicht, am Vermächtnis des 1938 verstorbenen Kemal Atatürk zu rütteln: Der Gründer der modernen Türkei hatte das Herannahen eines Weltkonflikts geahnt, und sein Bestreben war es, dass auch unter seinem Nachfolger das Land unter allen Umständen aus dem Krieg herausgehalten werden sollte.

Der schweizerische Gesandte jener Zeit, Etienne Lardy, sah sich plötzlich mit Botschafter von Papen als neuem Nachbarn konfrontiert, weil das Grundstück der schweizerischen diplomatischen Vertretung direkt an dasjenige der Tschechoslowakei angrenzte: Nach der Zerschlagung der Tschechoslowakei durch Hitler-Deutschland hatte von Papen nämlich die Residenz des untergegangenen Staates der bisherigen deutschen Residenz vorgezogen. Von Papen hatte sich recht oft in der schweizerischen Residenz aufgehalten, und dabei soll es recht geheimnisvoll zu und her gegangen sein, wie die Nachkommen Lardys meiner Frau und mir erzählten. Sie waren – mittlerweile betagt – eines Tages bei uns aufgetaucht, um den Spuren ihrer in Ankara verbrachten Jugendzeit nachzugehen, und konnten uns viel Interessantes über die türkische Hauptstadt zur Kriegszeit verraten, die als ein eigentliches Spionagenest galt.

Der zweite aussergewöhnliche Politiker war der Slowake Alexander Dubcek, der Mitinitiator des «Prager Frühlings» von 1968, der nach dem Einmarsch der Truppen des Warschauer Paktes in die CSSR entmachtet wurde und während einiger Zeit die tschechoslowakischen Interessen in der Türkei vertrat. Dort wurde er ein enger Vertrauter des damaligen türkischen Spitzenpolitikers Süleyman Demirel. Während meiner Zeit in der Türkei weihte der unterdessen als Staatspräsident abgelöste Demirel direkt neben unserem Grundstück eine im Garten der slowakischen Vertretung errichtete Büste zur Erinnerung an Alexander Dubcek ein. Dubcek wird als der grösste Politiker der Slowakei im 20. Jahrhundert angesehen.

Auch ohne diesen geschichtsträchtigen Hintergrund ist die Türkei für einen Chefdiplomaten ein Posten voller Herausforderungen. Eine Besonderheit, mit der sich jeder Missionschef auseinanderzusetzen hat, besteht darin, dass zwar Ankara die politische Hauptstadt ist, dass sich aber das wirtschaftliche und kulturelle Leben zur Hauptsache im 500 Kilometer entfernten Grossraum Istanbul am Bosporus abspielt. Viele Ausländer mögen Ankara nicht, welches Atatürk, der Gründer der modernen Türkei, 1923 in diesem zwar uralten, aber verschlafenen Provinznest der zentralanatolischen Hochebene aus strategischen Überlegungen zur neuen Hauptstadt erhoben hatte. Damit wollte er seine neue Republik den zersetzenden Einflüssen der früheren osmanischen Metropole Istanbul alias des griechisch-hellenistischen Byzanz alias des oströmischen Konstantinopels entziehen.

Françoise und ich fühlten uns in Ankara recht wohl. Wir teilten nicht unbedingt das Bonmot vieler Istambulioten, wonach das Schönste an Ankara das Retourbillett nach Istanbul sei … Die Stadt, die lange Zeit vor allem die langweilige Zentrale der Politiker und Bürokraten war, hat sich in den vergangenen Jahrzehnten herausgeputzt und ein überraschend hübsches Kleid angelegt bekommen. Im Vergleich zu Istanbul ist der Verkehr viel erträglicher, man kann irgendwie entspannter leben.

Ich versuchte den Antagonismus Ankara–Istanbul zu lösen, indem ich mich ein- bis zweimal pro Monat in die Metropole am Bosporus begab, wo das dortige Schweizerische Generalkonsulat mir nach gewissen Vorgaben meinerseits jeweils ein dicht gedrängtes, interessantes Besuchsprogramm zusammenstellte. Meine Arbeitsvisiten alternierten mit Besuchen des mit Wirtschaftsfragen betrauten Ersten Mitarbeiters sowie mit der Kulturbeauftragten meiner Botschaft. Dank der aktiven Mithilfe von Generalkonsul Klaus Bucher und seinem Nachfolger Christian Schmed konnten mehrere grössere kulturelle Anlässe durchgeführt werden.

Ein grosses Anliegen war die möglichst regelmässige Teilnahme an den Zusammenkünften der in Istanbul ansässigen «Schweizerisch-türkischen Handelskammer». Mit dem damaligen Präsidenten Raymond Bilger, einem umsichtigen und kompetenten sowie fliessend Türkisch sprechenden Elsässer, welcher einer Zweigniederlassung der Firma Clariant vorstand, bin ich bis heute verbunden. Das Gleiche gilt für die beiden Gattinnen. Meine Frau und ich haben auch regelmässig den Kontakt zur Schweizer Kolonie gesucht, die vor allem im Grossraum Istanbul sowie in Ankara niedergelassen ist. Mit einigem Erfolg, wenn ich auf die zahlreichen, meinen Mitarbeitenden oder mir zugekommenen Rückmeldungen abstellen durfte. Am Jahresende entbieten die Schweizer Damen in Ankara meiner Gattin bis heute regelmässig Glückwünsche. Diese Anhänglichkeit freut Françoise jeweils ganz besonders.

Zur Förderung des Zusammengehörigkeitsgefühls all derjenigen, die sich im weitesten Sinne mit der «Swissness» zu befassen hatten (Botschaft, Generalkonsulat Istanbul, verschiedene übers Land verstreute Honorarkonsulate, Handelskammer in Istanbul und ihre während meiner Amtszeit geschaffene Zweigniederlassung in Ankara, Mitarbeitende der humanitären Hilfe), führte ich ein jährliches Treffen ein. Der zweitägige Anlass, der jedes Mal in einer anderen türkischen Stadt stattfand, erlaubte neben der persönlichen Kontaktpflege einen Gedankenaustausch über die Optimierung der schweizerischen Interessenwahrung und bot auch Gelegenheit, über neueste Entwicklungen im bilateralen Verhältnis zu informieren.

3.13.2 Als Zeuge des EU-Annäherungsprozesses der Türkei

Von allen EU-Beitrittskandidaten ist die Türkei für die Europäer wohl am schwierigsten zu verstehen. Ist die Türkei ein westliches Land? Das ist eine Frage, die sich sowohl die Türken wie die Europäer oft stellen. Eine klare Antwort gibt es nicht: weder ja noch nein, sondern teils-teils. Seit fast einem Jahrhundert ist die Hinwendung zum Westen die offizielle Staatsdoktrin. Der grosse Reformer Kemal Atatürk wollte aus dem orientalisch-rückständigen Land eine westlich-fortschrittliche Republik machen. Im 20. Jahrhundert unternahm kein anderes muslimisches Land so grosse

Anstrengungen wie die Türkei, um sich – unter Berufung auf Werte der Aufklärung – von den Schattenseiten des religiösen Erbes zu emanzipieren. Der autoritär regierende Atatürk ging gar so weit, das Kalifat vollständig abzuschaffen. Da der Emanzipationsprozess mit Zwangsmassnahmen von oben eingeleitet und ein fragwürdiger Türkismus sozusagen zum Religionsersatz gemacht worden war, glückte er nur teilweise. Atatürk geniesst indessen in der türkischen Bevölkerung nach wie vor ein hohes Ansehen, und die nach ihm benannte Staatsideologie des Kemalismus hat noch heute eine vorrangige Bedeutung.

Selten hat in der modernen Geschichte eine einzelne Persönlichkeit den Umwandlungsprozess eines ganzen Volkes so sehr beeinflusst, wie dies Atatürk tat, ohne dass es zu grossem Blutvergiessen gekommen wäre. Das von ihm zum Wohle seines Volkes Erreichte ist umso erstaunlicher, wenn man sich vor Augen hält, dass seine Zeitgenossen so tyrannische Gestalten wie Stalin, Hitler, Mussolini und Franco waren. Die türkische Gesellschaft hat aber den Anschluss an die Moderne noch keineswegs umfassend vollzogen. Sie befindet sich vielmehr in einer permanenten Modernisierungskrise.

Trotz der seit Atatürk verordneten Trennung von Staat und Religion ist sofort ersichtlich, dass die Türkei ein sehr islamisch geprägtes Land ist. Paradoxerweise gibt es im Nahen und Mittleren Osten wohl kaum ein Land, in welchem auch nur annähernd so viele Moscheen im Bau sind wie ausgerechnet in der laizistischen Türkei. Mit dem erdrutschartigen Wahlsieg der moderat islamisch geprägten Gerechtigkeits- und Entwicklungspartei (AKP) von November 2002 haben breite religiös orientierte Bevölkerungskreise ihren politischen Ausdruck gefunden, nachdem sie vorher von den staatlichen Institutionen ausgeschlossen waren.

Der überwältigende Wahlsieg der AKP von Parteichef und Premierminister Recep Tayyip Erdogan war wohl das einschneidendste Ereignis während meines vierjährigen Mandates in der Türkei. Auch der anfänglich überschwänglich als «Heilsbringer» verehrte Staatsminister Kemal Dervish konnte das Debakel eines totalen Regierungswechsels nicht verhindern. Der von der Weltbank kommende Dervish war von Premierminister Ecevit nach Ausbruch der schärfsten Wirtschaftskrise der türkischen Neuzeit mit der Restrukturierung des Bankensystems sowie mit der Sanierung der darniederliegenden Wirtschaft beauftragt worden. Er hatte mit dem von ihm eingeleiteten Reformwerk einigen Erfolg, verschwand aber von der politischen Bildfläche wie eine ganze Reihe türkischer Politgrössen, darunter die ehemaligen Premierminister Bülent Ecevit und Mesut Yilmaz. Die ebenso charmante wie korrupte Tansu Ciller, die einzige weibliche Regierungschefin, welche das Land bisher gekannt hat, entging dem Verdikt des Stimmvolkes ebenfalls nicht. (Abb. 13: Gespräch mit dem AKP-Vorsitzenden R.T. Erdogan, kurz bevor er türkischer Ministerpräsident wurde, Juni 2002)

Es ist eines der Paradoxe türkischer Politik, dass es ausgerechnet die religiös orientierte AKP ist, welche die Annäherung an Europa (sprich: Europäische Union) mehr als jede Vorgängerregierung vorantreibt. Unter dem Impuls der EU hat die Regierungspartei eine umfassende Staatsreform eingeleitet, die man noch vor wenigen Jahren für unmöglich gehalten hätte. Der Übergang von einem autoritär-repressiven Regime mit Militäraufsicht – in dem die Folter zur Tagesordnung gehörte – zu einer demokratischen und rechtsstaatlichen Ordnung ist im Gang, aber noch längst nicht vollzogen. Die Regierung Erdogan wird in ihren Anstrengungen immer wieder behindert von Quertreibereien in Militär, Bürokratie und Justiz. Doch scheint auch in diesen traditionell staatstragenden Einrichtungen die Einsicht zuzunehmen, dass eine Modernisierung des Staates nötig ist. Tabus werden aufgeweicht; sogar eine Debatte über die Stellung der Kurden und Alewiten im türkischen Staat hat begonnen. – *«Der Weg nach Europa führt über Diyarbakir»*, hatte einst der inzwischen abgehalfterte türkische Spitzenpolitiker Mesut Yilmaz wohl nicht zu Unrecht gesagt, d.h. über die kurdisch dominierten Provinzen im Osten, die das grösste Demokratiedefizit und die geringste Umsetzungsdichte von EU-konformen Ansprüchen und Werten aufweisen.

Die EU-Politik der Türkei ist durchdrungen von einem eigenartigen Hin und Her zwischen Bewunderung für den Westen und Ressentiments gegen ihn, zwischen Kooperation und Skepsis, letztlich Freundschaft und Feindschaft. Auf der einen Seite geniessen es die Türken, von der EU willkommen geheissen zu werden – wenn europäische Politiker protürkische Statements abgeben, wird das im Land mit Begeisterung quittiert und verstärkt die Sympathien für die Union. Auf der anderen Seite wird Kritik aus offiziellen EU-Kreisen fast immer als eine Art Kampfansage empfunden. Die Türken nehmen diese Äusserungen meist nicht als aufbauende Kritik wahr, sondern als feindseliges Signal. Das wird ihnen als Makel angerechnet, sie tragen dadurch selbst dazu bei, die Zweifel an ihrer Europatauglichkeit zu verstärken.

Dennoch: Die EU kann dieser Debatte trotz immer noch feststellbarer Unzulänglichkeiten nicht mehr ausweichen. Das Problem des türkischen Beitritts ist wohl d i e Nagelprobe für die Zukunft des Projekts Europa. Es darf nicht sein, dass – wie die frühere amerikanische Staatssekretärin M. Albright in einem Vortrag in Ankara kurz vor meiner Abreise meinte – *«die Torpfosten im Verlaufe des Spiels beliebig versetzt werden»*. Damit spielte sie auf eine Tendenz der Union an, die Bedingungen bezüglich der Annäherung des Landes an die Union immer höher zu schrauben, nur um der heiklen «türkischen Frage» auszuweichen.

Genau das ist es jedoch, was sich seit einiger Zeit abspielt. Die europäischen Politiker stecken im Dilemma: Einerseits wird der Türkei attestiert, die sogenannten Kopenhagener Kriterien (institutionelle Stabilität als Garantie für demokratische und rechtsstaatliche Ordnung, für die Achtung der Menschenrechte und für den Schutz von Minderheiten; in ökonomischer Hinsicht wird eine funktionsfähige Marktwirtschaft vorausgesetzt) erfüllt zu haben. Damit hat die Türkei – mehr als vierzig Jahre, nachdem das Land erstmals mit der Möglichkeit eines EU-Beitritts geködert worden war – entgegen aller Erwartungen die Voraussetzungen zur Aufnahme von Beitrittsverhandlungen erfüllt. Anderseits hat die EU zwar Beitrittsverhandlungen mit Ankara aufgenommen, doch scheinen einige Länder mehr daran interessiert zu sein, diese in die Länge zu ziehen oder gar zu hintertreiben.

Es gibt in der Tat viele Europäer, welche die Türkei als etwas Fremdes oder sogar als Feindesland betrachten. Sie befürchten, dass bei deren Beitritt der Untergang des christlichen Abendlandes droht. Aus türkischer Sicht aber ist die verbreitete Angst vor einer «Islamisierung» unverständlich. Eine islamische Türkei in der EU würde in der gemeinsamen Auseinandersetzung mit dem Fundamentalismus eine Legitimation schaffen, über die sonst kein säkularer Staat und kein christliches Europa verfügen. Mit einer europäisch-islamischen Türkei würde Europa im Kampf der Kulturen nicht mehr nur auf einer Seite stehen, sondern würde in die Rolle hineinwachsen, in welcher es sich am liebsten sieht: als möglichst gewaltloser Vermittler, nationale und religiöse Identitäten nicht aufhebend, sondern in einer weiter gespannten Identität überwölbend. Angesichts der gewaltigen und bedrohlichen Wertunterschiede, die sich zum islamischen Fundamentalismus auftun, schrumpfen die Unterschiede zwischen der Türkei, der EU und dem Westen generell nämlich beträchtlich, ja sie verwandeln sich sogar in die Gemeinsamkeit von Sicherheitsinteressen. Seit Jahrzehnten ist die Türkei Vollmitglied der NATO und trägt aktiv zur Absicherung der südosteuropäischen Flanke bei.

Offenkundig besteht in Europa keine Einigkeit darüber, wie die Verbindung zur Türkei gestaltet werden soll. Eine realistische EU ohne kulturgeschichtliche Scheuklappen muss höchstes Interesse an einer Integration der Türkei haben. Ich erinnere mich gut an die Aussage eines ehemaligen türkischen Ministers, die er einmal mir gegenüber machte: *«Europa ist eine Göttin*[46]*, die dem Kontinent den Namen gegeben hat und die aus Anatolien stammt.»* Diese Bemerkung hat mir zu denken gegeben: Selbst wenn die mythologische Figur Europa dem damaligen griechisch-hellenistischen Kulturkreis zuzurechnen war, relativiert deren Herkunft aus der anatolischen Hochebene etwas unsere lieb gewonnene Vorstellung über die geographische Ausdehnung des Alten Kontinents. Die Europäische Union wird immer mit der Frage konfrontiert sein, ob sie es sich leisten kann, die strategisch wichtige Türkei als Scharnier zwischen Europa und Asien sowie als Bindeglied zwischen Abendland und islamischer Welt zu brüskieren und schlimmstenfalls zu verlieren.

3.13.3 «Türkei–Schweiz: Eine schwierige Liebesbeziehung»

Mit diesem Titel charakterisiert der schweizerische Turkologe Hans-Lukas Kieser in einem Artikel den Umgang der beiden Länder. Er stellt das irgendwie paradoxe Verhältnis der Schweiz zur Türkei in die historische Perspektive: Seit Anfang des 20. Jahrhunderts entwickelten die türkischen Nationalisten fast eine übersteigerte Liebe zur Schweiz und besonders zu Lausanne. Der Friedensvertrag von Lausanne aus dem Jahr 1923 ist sozusagen die international verbriefte Geburtsurkunde der modernen Türkei. Später liessen sich Politiker, die aus der orientalischen Bildungsdiaspora in der Westschweiz hervorgegangen sind, von schweizerischen Eigenheiten inspirieren. In radikaler Absage an die Scharia führte die Republik Türkei 1926 als unbestrittenes Herzstück ihrer «türkischen Revolution» das Schweizerische Zivilgesetzbuch ein. Gleichzeitig war jedoch 1915 der Aufschrei über die Armeniermassaker wohl nirgends so heftig und die humanitäre Hilfe für die Opfer nirgends so nachhaltig wie in unserem Land. Gemäss Kieser lag das Paradox der jungen türkischen Republik *«in der Verknüpfung des enthusiastisch bejahten ‹europäischen Fortschritts› schweizerischer Prägung mit einem autoritären Staat und einer antiliberalen, nationalistischen Ideologie»*. Diesen noch heute weitgehend gültigen Satz musste ich mir ständig vor Augen halten, als sich die schweizerisch-türkischen Beziehungen in den ersten drei Jahren meines Mandats nach den problembeladenen Neunzigerjahren (Kurdenfrage) erstaunlich positiv entwickelten. Denn in der Türkei ist man als Emissär Berns – wie überhaupt als westlicher Diplomat – vor Überraschungen nie ganz gefeit!

Kurzfristige Ausladung von Bundesrätin Micheline Calmy-Rey – schwerer diplomatischer Zwischenfall wegen der armenischen Genozidfrage

Und die Überraschung kam, diesmal in Form der im schweizerischen Parlament aufgerollten armenischen Genozidfrage. Es sollte sich bald einmal zeigen, dass ein Diplomat in dieser heiklen Frage von beiden Seiten ins Kreuzfeuer der Kritik geraten kann. In der Frühjahrssession 2001 gelangte auf Betreiben von Nationalrat Josef Zisyadis das Postulat zur Anerkennung des armenischen Genozids von 1915 zur Abstimmung. Dieses ursprünglich von CVP-Nationalrat Jean-Claude Vaudroz eingereichte Postulat wurde nach dessen Nichtwiederwahl vom PdA-Mann Zisyadis weiterverfolgt. Aufgrund verschiedener Zitierungen ins türkische Aussenministerium wusste ich, dass eine Annahme des Postulates die bilateralen Beziehungen aus der Sicht Ankaras nachhaltig beeinträchtigen würde. Da mein Grundauftrag die Wahrung und Förderung möglichst guter bilateraler Beziehungen war, machte ich die eigene Zentrale in Bern auf eventuelle Negativfolgen aufmerksam.

Gleichzeitig suchte ich im Vorfeld der Behandlung des Postulats in einem Schreiben an Premierminister Ecevit, von dem das EDA Kenntnis hatte, die türkische Seite von einer übermässigen Reaktion im Fall einer Annahme des Postulates abzuhalten. Ich betonte unter anderem, dass sich an der Haltung des Bundesrates nichts geändert habe: Unsere Regierung spreche nicht von Genozid, sondern bedaure die verübten Massaker und Massendeportationen. Zum jetzigen Zeitpunkt helfe es wenig, diese tragischen Ereignisse politisch auszuschlachten; vielmehr sollten sich in erster Linie türkische und armenische Historiker – möglichst gemeinsam – daranmachen, Licht in dieses dunkle Kapitel der Schlussphase des Osmanischen Reiches zu bringen. Im Übrigen wies ich darauf hin, dass der Postulant Zisyadis in der schweizerischen Politlandschaft einer kleinen Splitterpartei und keiner grossen Regierungspartei angehöre. – Bekanntlich hatte sich der Nationalrat in der Folge knapp gegen die Annahme des Postulates ausgesprochen. In der Türkei waren meine Botschaft und ich Zeugen, wie dieser Entscheid weitherum mit Erleichterung aufgenommen wurde.

Dafür gelangte ich einige Zeit später in der Westschweizer Presse in die Schlagzeilen. Jemand in unserem Aussenministerium, der wahrscheinlich der *Causa armenia* naheststand, liess wohl Einzelheiten über meinen Brief an Ecevit an die Medien durchsickern. Dies führte zu einem geharnischten Artikel mit der Balkenüberschrift *«La bourde de l'ambassadeur»* («Der schwere Fehler des Botschafters»), wobei mir vorgeworfen wurde, in dieser tragischen Angelegenheit eine allzu türkenfreundliche Haltung eingenommen zu haben. Nationalrat Zisyadis gab sich entrüstet, dass sich ein Diplomat anmasse, eine negative Stellungnahme über seine politische Parteizugehörigkeit abzugeben. Solches war mir natürlich ferngelegen, aber ich hatte mich dennoch auf Geheiss des EDA in aller Form bei Nationalrat Zisyadis zu entschuldigen.

Der ganze Vorfall ist von der deutschschweizerischen Presse nicht aufgegriffen worden, wohl weil die gut organisierte armenische Diaspora in der Schweiz hauptsächlich auf den Raum Lausanne–Genf beschränkt ist. Dennoch dürfte er gezeigt haben, dass der Diplomat nicht nur an der Aussenfront kämpft, sondern manchmal fast noch mehr Energien in Auseinandersetzungen an der Heimfront aufzuwenden hat. Dass vertrauliche, nur für die Zentrale bestimmte Angaben an die Medien weitergeleitet werden, ist eine leider immer öfters zu beobachtende Zeiterscheinung, welche das Vertrauen der Diplomaten in die eigene Zentrale zu untergraben droht. Ich bin überzeugt, dass diese Indiskretion nicht auf eine Sorglosigkeit im Umgang mit vertraulichen Informationen, sondern auf Absicht zurückzuführen war. Wer immer sich an dieser Indiskretion beteiligte, hatte es bewusst in Kauf genommen, mir an der Aussenfront zu schaden. Der Fall Jagmetti, die publik gewordene Stellungnahme des ehemaligen Schweizer Botschafters in Washington in der Auseinandersetzung mit dem Jüdischen Weltkongress um die nachrichtenlosen Vermögen und ihre Folgen, lässt grüssen ...

Besuchsweise war sicher die offizielle Arbeitsvisite unseres damaligen Wirtschaftsministers, Bundesrat Pascal Couchepin, vom März 2002 ein Höhepunkt meiner Tätigkeit in Ankara. Der Zeitpunkt war gut gewählt, weil der türkischen Seite plausibel dargelegt werden konnte, dass die bilateralen Beziehungen nicht nur aus der «armenischen Frage» bestünden, auch wenn der Schweizer Magistrat noch des öfteren auf unsere diesbezügliche Haltung angesprochen wurde. Unsere Wirtschaftsinteressen in der Türkei haben eine lange Tradition und sind beträchtlich. Es erfüllte mich in der Tat immer mit einer gewissen Befriedigung, zu konstatieren, dass die kleine Schweiz mit der grossen Türkei seit vielen Jahrzehnten substanzielle Handels- und Wirtschaftsbeziehungen pflegte. Schindler-Lifte und Rieter-Textilmaschinen wurden beispielsweise schon vor hundert Jahren geliefert und Sulzer-Turbinen halfen mit, aus Wasser des Atatürk-Stausees Strom für das Land zu erzeugen. Bei der schweizerischen Exportrisiko-Garantie ist der Portefeuille-Anteil des türkischen Marktes seit langem auf einem hohen Niveau vertreten. Bei den Auslandsinvestitionen figurierte die Schweiz auf dem beachtlichen fünften Rang.

Bundesrat Couchepin hatte eine Vielzahl interessanter Begegnungen mit türkischen Gesprächspartnern, u.a. mit Staatsminister Kemal Dervish, den der EVD-Vorsteher vom Weltwirtschaftsforum in Davos sowie vom kleineren Forum in Crans-Montana her kannte. Unvergessen bleibt für mich ein kleines Intermezzo während der sehr anregend verlaufenen Vorsprache bei Ministerpräsident Ecevit. Der türkische Regierungschef gratulierte Bundesrat Couchepin zum kurz zuvor erfolgten Vollbeitritt der Schweiz zur UNO und stellte die Frage: «*Und wann wird die Schweiz der EU beitreten, Herr Minister?*» Der schweizerische Gast meinte händeringend, dass dies sicher nicht in diesem Jahrzehnt der Fall sein werde, um dann scherzhaft beizufügen: *«Herr Premierminister, vielleicht wird die Schweiz zu dem Zeitpunkt der EU beitreten, wenn die Türkei bereits Vollmitglied ist und wir darauf hoffen, dass Ankara unsere Kandidatur unterstützen wird.»* Es war das einzige Mal, dass ein Anflug von Lächeln über das Gesicht des türkischen Spitzenpolitikers huschte, der bereits von seiner Krankheit gezeichnet war. Ein Beispiel dafür, wie eine humorvolle Bemerkung zur rechten Zeit die Atmosphäre entspannen kann. (Abb. 14: Bundesrat P. Couchepin mit einer Wirtschaftsdelegation in der Türkei im März 2002)

Ein weiterer, für Herbst 2003 vorgesehener Besuch auf Ministerebene, derjenige von Bundesrätin Micheline Calmy-Rey, kam bekanntlich unter grossem Mediengetöse im letzten Moment nicht zustande – die «armenische Frage» hatte uns wieder einmal eingeholt! Diese völlig überraschende Entwicklung sollte mir die schwierigsten und heissesten Momente während meiner ganzen Karriere bescheren.

Am späten Nachmittag des 29. September 2003 wurde ich ins Aussenministerium zitiert, wo mir der für die Schweiz zuständige Generaldirektor eröffnete, dass der einige Tage später vorgesehene Besuch unserer Aussenministerin nicht stattfinden könne und auf einen späteren Zeitpunkt verschoben werden müsse. Auslöser für den türkischen Verschiebungsentscheid war die kurz zuvor erfolgte Zustimmung des Waadtländer Grossen Rates zu einem Postulat, das den Völkermord an den Armeniern anerkannte. Dass dies ausgerechnet in Lausanne geschah, der Stadt, wo 1923 der Vertrag von Lausanne sozusagen als Geburtsstunde der modernen Türkei unterzeichnet worden war, schien wegen der örtlichen Symbolik meinen Gesprächspartner in speziellem Masse zu irritieren. Ich war zuvor von der Zentrale kurz über diesen kantonalen Entscheid informiert worden, dem aber selbst meine vorgesetzte Stelle kaum eine grössere Bedeutung beimass.

Umso mehr fiel ich aus allen Wolken, als die türkische Seite den Lausanner Beschluss zum Anlass nahm, um daraus einen handfesten diplomatischen Zwischenfall zu machen. Äusserlich liess ich mir nichts anmerken, aber innerlich war ich aufgewühlt. Die kurzfristige Ausladung meiner Aussenministerin stellte für mich einen inakzeptablen Akt der Unhöflichkeit einer Frau und Magistratsperson gegenüber dar, selbst wenn ich mit den politischen Ansichten von Bundesrätin Micheline Calmy-Rey nicht immer einig ging. Zum ersten Mal in meiner Karriere hatte ich zudem das Gefühl, dass die Ehre meines Landes besudelt worden war. In Blitzesschnelle jagten unzählige Gedanken durch meinen Kopf. Nicht zuletzt beschäftigte mich die Vorstellung, wie ich diese unheilvolle Nachricht meiner obersten Chefin einigermassen mundgerecht übermitteln konnte.

Nun versuchte ich praktisch anzuwenden, was für die Diplomatie als etwas Fundamentales gilt: in dramatischen Augenblicken noch mehr als sonst Verstand und Gefühl klar voneinander zu trennen. Trotz des brodelnden Innenlebens stellte ich meinem Gesprächspartner betont ruhig die Frage, ob sich die türkische Seite der Konsequenzen voll bewusst sei; denn eine so kurzfristige Besuchsabsage stelle einen Affront dar, welcher sich wohl nicht verheimlichen lasse. Dies wiederum könnte zu einer dramatischen Verschlechterung des bilateralen Verhältnisses führen. Im Übrigen wiederholte ich den bereits hinlänglich bekannten Standpunkt der Schweizer Regierung in der armenischen Frage, der auch jetzt keine Änderung erfahren habe. Mein Gegenüber gab sich wenig beeindruckt und stellte nur lakonisch fest, dass die Türkei halt manchmal emotional reagiere und die Lage nicht immer so nüchtern und realitätsbezogen beurteile wie die Schweiz. Für mich war damit der Zeitpunkt gekommen, das in zivilisiertem Ton gehaltene, aber von der Substanz her höchst unerfreuliche Gespräch abzubrechen. Mit der tatkräftigen Unterstützung meines neuen Ersten Mitarbeiters Max Schweizer wurden spätabends in aller Eile zuhanden der Zentrale Verhaltensmassnahmen und Sprachregelungen vorgeschlagen, an die man sich weitgehend hielt, bis sie von den Ereignissen überholt wurden.

Im Nachhinein war ich erleichtert, dass die Blase der Besuchsabsage bald platzte, weil die Medien in der Schweiz davon Wind bekommen hatten und Bundesrätin Calmy-Rey sich zu einer Stellungnahme gezwungen sah. Dass in der darauf einsetzenden medialen Aufarbeitung des Falles die an den Armeniern begangenen Verbrechen und Massendeportationen bei uns breit aufgerollt und überwiegend türkeikritisch abgehandelt wurden, dürfte wohl kaum im Interesse Ankaras gelegen haben. Erst nachdem die Affäre in der Schweiz publik gemacht worden war, begannen sich übrigens die türkischen Medien mit der Angelegenheit zu befassen. Dies war für mich Beweis genug, dass einer der mir im Aussenministerium vorgebrachten Gründe für die Besuchsabsage, wonach eine türkische Pressekampagne die Visite von Bundesrätin Calmy-Rey hätte überschatten können, überhaupt nicht stichhaltig war. So gesehen, entpuppte sich die ganze Affäre als ein klassisches Eigentor der türkischen Diplomatie, für die ich sonst grossen Respekt hatte.

Das war allerdings ein schwacher Trost, denn für meine Botschaft und mich war es frustrierend, feststellen zu müssen, dass mit einem einzigen Federstrich minutiöse und komplexe Besuchsvorbereitungen, die sich über Wochen und Monate hingezogen hatten, zunichte gemacht wurden. Die Visite der EDA-Vorsteherin hätte nämlich neben Ankara auch einen Abstecher in die Wirtschaftsmetropole Istanbul sowie in die Kurdenstadt Diyarbakir in der Südosttürkei beinhaltet. Noch ärgerlicher war, dass der Vorfall einen ganzen Rattenschwanz weiterer Besuchsabsagen nach sich zog: Die für Anfang November 2003 vorgesehene Türkeireise der Aussenpolitischen Kommission des Ständerates wurde schweizerischerseits als Reaktion auf die Ausladung der EDA-Vorsteherin abgesagt. Dabei hatte ich sehr viel Zeit und Energie in das Zustandekommen dieses längst überfälligen Parlamentarierbesuchs investiert und den damaligen Präsidenten der AKP, den mir persönlich bekannten Ständerat Maximilian Reimann, für dieses Vorhaben gewinnen können.

Mittlerweile begann sich auch der Nationalrat wieder für die «armenische Frage» zu interessieren, und in der Herbstsession wurde unter dem Eindruck des Vorgefallenen das 2001 noch verworfene Postulat der Anerkennung des armenischen Völkermords angenommen. Auffallend war, dass diesmal die türkische Reaktion verhältnismässig milde ausfiel, wiewohl jetzt unsere Grosse Kammer der Genozid-Vorlage zustimmte. Offensichtlich hatte mein Residenzland die Lehren aus der früheren Überreaktion gezogen.

Immerhin kam es zu einer Demonstration von mehreren hundert Rechtsextremisten vor unserer Vertretung. Diese teilweise vermummten Gestalten wurden indessen von ebenso vielen Sicherheitsleuten in Schach gehalten. Dass sie gegen die Schweiz gerichtete Schimpfworte ausstiessen und in der Manier des berüchtigten Geheimbundes «Graue Wölfe» schwarze Kränze beim Eingangstor zum Botschaftsareal niederlegten und anzündeten, verhiess nichts Gutes und liess in uns allen ein unbehagliches Gefühl aufkommen. Es war aber offensichtlich, dass die öffentliche Bekundung nicht spontan, sondern eine gelenkte Protestkundgebung war. Meine schwedische Kollegin hatte mich nämlich vorgängig angerufen, die Manifestanten hätten zuerst vor ihrer Botschaft zu demonstrieren begonnen, weil sie *«Isviçre»* (Schweiz) mit *«Isveç»* (Schweden) verwechselt hätten ... Die Botschafterin entschuldigte sich dafür, dass sie sich gezwungen sah, den Protestumzug an unsere Adresse weiterzuleiten. Dass es in fast allen Ländern und Sprachen ständig zu Namensverwechslungen zwischen der Schweiz und Schweden kommt, ist wiederum eine Sache für sich. – Sozusagen das Tüpfelchen auf dem i dieser unheilvollen Entwicklung war dann, dass Ankara als Reaktion auf den Nationalratsentscheid die seit längerem geplanten politischen Konsultationen auf hoher Beamtenebene in Bern absagte.

Wir standen somit in kurzer Zeit vor einem kaum vorstellbaren totalen Scherbenhaufen in der offiziellen Besuchsdiplomatie. Alle unsere jahrelangen Bemühungen zur Klimaverbesserung im bilateralen Verhältnis schienen mit einem Schlag zunichte gemacht. Mein Personal und ich waren vor Ort zwar keinen zusätzlichen Schikanen ausgesetzt, aber es war für uns umständehalber angezeigt, vorübergehend «auf Tauchstation» zu gehen und die Schweizer Fahne wirklich und im bildlichen Sinne so oft wie möglich eingerollt zu lassen. Die äusserst dramatische Entwicklung deckte schonungslos auf, dass wir Diplomaten kaum die Möglichkeit haben, den Gang der Dinge massgebend zu beeinflussen. Wenn es ganz schlecht läuft, sind wir letztlich wie Schachfiguren, die im Machtpoker ohne Rücksicht auf Verluste der Staatsräson geopfert werden.

Weitgefächertes Beziehungsnetz

Gottlob bestehen neben den offiziellen Beziehungen noch viele andere Beziehungsstränge, die im Rahmen der sogenannten Zivilgesellschaft liegen. Je unabhängiger sie funktionieren, desto solider und stabiler sind letztlich die Gesamtbeziehungen. Das Weltwirtschaftsforum in Davos ist ein solches Beispiel, das ich angesichts der krisenhaften Entwicklung als möglichst unverfängliches Begegnungsgefäss mit Erfolg ins Spiel bringen konnte, um aus dieser verfahrenen Situation herauszukommen. In der Tat erlaubte dieses nichtoffizielle Kontaktforum bereits im Januar 2004 wieder ein Treffen von höchsten schweizerischen und türkischen Repräsentanten – u.a. zwischen dem damaligen Bundespräsidenten Joseph Deiss und Premierminister Tayyip Erdogan, wo das Nachholen des Besuchs von Bundesrätin Micheline Calmy-Rey beschlossen wurde. Die Durchführung dieses Anlasses war schliesslich meinem Nachfolger vorbehalten.

Unser Türkei-Bild ist vorwiegend geprägt von schnauzbärtigen Männern und kopftuchbedeckten Frauen, die aus rückständigen Gegenden Anatoliens stammen und bei uns Arbeit suchen. Dabei wird etwas vergessen, dass wir auch von einer beträchtlichen Anzahl von Türkinnen und Türken der gehobenen Schicht profitieren, die sich von unserem Aussehen kaum unterscheiden und die seinerzeit in der Schweiz ihre Ausbildung genossen haben. Heute vielfach in leitenden Funktionen, bringen sie unserem Land trotz gelegentlich auftretender Schwierigkeiten viel *good will* und Zuneigung entgegen.

Ein solches Beispiel ist der brillante frühere Staatsminister Kemal Dervish. Er war, wie bereits anderweitig erwähnt, der wichtigste Wegbereiter für die Erholung der türkischen Wirtschaft nach der schweren Finanz- und Wirtschaftskrise von 2001. Bereits kurz nach seinem Amtsantritt nahm er von sich aus mit mir als Vertreter seiner «zweiten Heimat» Verbindung auf, die seither nicht mehr abgebrochen ist. Die Schweiz rief bei Dervish nicht nur schöne Erinnerungen an die teilweise in der Romandie verbrachte Schulzeit wach (seine betagte deutsche Mutter lebte in Crans-Montana); er war auch ein gesuchter Gesprächspartner für unsere Bundesräte und hohen Beamten, sei es in Ankara oder in Bern. Ich unterzog mich mehr als einmal gerne der angenehmen Pflicht, beim Zustandekommen dieser Begegnungen aktiv mitzuhelfen. Mittlerweile hat Dervish die türkische Politik mit dem Posten als Chef des UNO-Entwicklungsprogramms in New York eingetauscht. Wo immer auch in Zukunft sein Wirkungskreis sein wird, dürfte diese aussergewöhnliche Persönlichkeit ein guter Freund der Schweiz bleiben.

Während meiner Zeit in der Türkei hatte ich berufshalber auch sonst zahlreiche faszinierende Persönlichkeiten aus den Bereichen Politik, Verwaltung, Wirtschaft, Kultur und Wissenschaft sowie religiöse Würdenträger kennen gelernt.

Im Februar 2004 kam ich zu einer völlig unerwarteten Begegnung mit der deutschen Politikerin Angela Merkel. Sie, die anderthalb Jahre später als erste Frau und vormalige DDR-Bürgerin Bundeskanzlerin werden sollte, stattete damals als Oppositionspolitikerin zusammen mit dem an den Rollstuhl gebundenen Wolfgang Schäuble, mittlerweile Bundesinnenminister bzw. Finanzminister geworden, der Türkei einen Besuch ab. Zwecks Einstimmung auf die offiziellen Gespräche mit türkischen Regierungsvertretern organisierte der deutsche Botschafter in seiner Residenz ein Zusammentreffen mit Frau Merkel in Form eines Arbeitsfrühstücks mit einigen in Ankara tätigen Missionschefs, die der deutschen Sprache mächtig waren. Bei dieser Gelegenheit hatte ich als Schweizer Botschafter das Privileg, neben Frau Merkel zu sitzen und sie aus nächster Nähe beobachten zu können.

Schon damals fiel mir die angenehme, unaufdringliche Wesensart der hochintelligenten Frau auf, die sich indes nicht scheute, sich gegebenenfalls mit Schlagfertigkeit, Beharrungsvermögen, Humor sowie mit einer gesunden Dosis Überzeugungskraft in Szene zu setzen. Ich konnte mich zwar mit Frau Merkels Einschätzung, mit der Türkei lediglich eine «privilegierte Partnerschaft» statt eine EU-Vollmitgliedschaft anzustreben, nicht ganz einverstanden erklären. Allerdings war rasch einmal zu erkennen, dass diese wohl allzu lange unterschätzte Dame zu höheren Weihen berufen war.

Ein Erlebnis besonderer Art waren für mich die Begegnungen mit Prof. Ihsan Dogramaci, dem grossen türkischen Kinderarzt, Humanisten und Förderer der Wissenschaften, welcher der Schweiz und auch dem Schreibenden sehr zugetan war. Dieser vielseitig interessierte und umgängliche *Grandseigneur* empfing zusammen mit seiner betont bescheiden gebliebenen Gattin die Grossen dieser Welt in ihrer wunderschönen Residenz. Unvergessen bleibt ein Mittagessen mit Sir Peter Ustinov, wobei meiner Frau die Ehre und das Vergnügen zuteil wurden, neben dem begnadeten Schauspieler zu sitzen. Wiewohl bereits von Altersgebrechen gezeichnet, sass ihm der Schalk immer noch im Nacken, und er verstand es, die Anwesenden mit wenigen Gesten und Andeutungen sowie seiner unvergleichlichen Mimik in seinen Bann zu ziehen. Sir Peter, der in der Westschweiz ein zweites Domizil gefunden hatte, geizte auch nicht mit liebenswürdigen Sticheleien an die Adresse der langsamen Waadtländer.

Beeindruckt hat mich, wie Dogramaci, der grosszügige Stifter der Bilkent-Universität, einer der angesehensten Bildungsstätten des Landes, sich klare Ziele setzte. So berief er den international bekannten Schweizer Dirigenten Karl-Anton Rickenbacher nach Ankara, mit dem nicht gerade bescheidenen Auftrag, das Symphonieorchester der Universität Bilkent ans Weltniveau heranzuführen. Als Laie kann ich nicht beurteilen, ob Rickenbacher dieser hohen Erwartung gerecht werden konnte. Selbst miterleben konnte ich jedoch, wie der anspruchsvolle Dirigent voll des Lobes war über die Musiker. Etwa sechzig davon bildeten denn auch den Grundstock des Festival-Orchesters, das 2002 unter der Leitung Rickenbachers im Rahmen des *«Septembre musical de Montreux»* mit grossem Erfolg auftrat.

Bereits in Syrien, aber mehr noch in der Türkei hatte ich es immer wieder als eine Bereicherung empfunden, wenn ich mit religiösen Würdenträgern der Ostkirchen zusammentreffen durfte. Eine Begegnung mit Bartholomaios I., dem griechisch-orthodoxen Patriarchen von Konstantinopel, vermittelte etwas von der wechselvollen Geschichte, die das orthodoxe Christentum mit seiner Verschmelzung von griechisch-hellenistischer Bildung und christlicher Religion während anderthalb Jahrtausenden durchgemacht hat. Zeiten grosser Machtentfaltung folgten Zeiten tiefer Demütigung. Wechselvoll war auch das Verhältnis zwischen Christentum und Islam. Der Patriarch von Konstantinopel ist bis zum heutigen Tag der «Erste unter Gleichberechtigten» im Kreise der selbstständigen orthodoxen Kirchen geblieben, obwohl sich die Zahl der Gläubigen in der Türkei im Lauf der Zeit auf noch etwa 3000 Personen reduziert hat, während die Gesamtzahl ca. 3,5 Millionen Griechisch-Orthodoxe beträgt. Wenn auch die Türkei unter Atatürk in einen modernen laizistischen Staat umgewandelt wurde, haben die orthodoxe Kirche sowie andere religiöse Minderheiten wie Armenier, Katholiken und Juden immer noch Schwierigkeiten, von der türkischen Regierung die ihnen zustehenden Rechte, etwa bezüglich der freien Ausbildung ihrer Theologen, zu erhalten.

In den Gesprächen mit dem Oberrabbiner, dem armenischen Patriarchen sowie mit Patriarch Bartholomaios war herauszuspüren, dass ihnen allen der Wunsch eigen ist, die Türkei möge möglichst bald in die EU aufgenommen werden, damit die verschiedenen nichtmuslimischen Konfessionen im Rahmen der Trennung von Staat und Religion endlich die vollen Entfaltungsmöglichkeiten zugesprochen erhalten.

Im Frühjahr 2004 konnten meine Frau und ich auf Einladung des australischen Botschafterkollegen am ANZAC[47]-Erinnerungstag teilnehmen – ein ganz spezieller Anlass. Am 25. April jeden Jahres gedenken Australien und Neuseeland ihrer Wehrmänner, die in der verlustreichen Kampagne um die Halbinsel Gallipoli (türkisch Gelibolu) von 1915 gefallen sind. Der ANZAC-Day ist sozusagen zu einer Pilgerreise für zumeist junge Australier und Neuseeländer geworden, die jeweils in Massen ans andere Ende der Welt wallfahren.

Besonders eindrücklich war der kurze militärische Gottesdienst im Morgengrauen, der unter die Haut ging. Tausende von Staatsangehörigen dieser beiden Länder und einige Türken lauschten regungslos den Trompetenstössen, welche die Stille der Nacht zerrissen, während im Verlauf der Zeremonie langsam der Tag anbrach, der von der Höhe der 1915/16 hart umkämpften Halbinsel die Sicht auf die Meerenge der Dardanellen freigab.

Die Erinnerung an den Feldzug von 1915/16 ist in Australien und Neuseeland im Lauf der Zeit geradezu zu einem Grossanlass geworden, der die nationale Identität fördert. Ähnliches spielt sich auf der Gegenseite ab. Für die Türken, deren schlecht ausgerüstete Armee die grössten Verluste zu beklagen hatte, war die aller Widerwärtigkeiten zum Trotz gewonnene kriegerische Auseinandersetzung der Anfang eines Prozesses der nationalen Wiedergeburt. Der türkische Held bei Gallipoli, Mustafa Kemal, wurde später als Atatürk («Vater aller Türken») der verehrte Gründerpräsident der modernen türkischen Republik. Es spricht für die Grösse Atatürks, dass er Jahre später zur Versöhnung und Vergebung aufrief. Berühmt ist sein Spruch von 1934 geworden, wonach es zwischen osmanischen und alliierten Soldaten, die Seite an Seite in türkischer Erde begraben liegen, keine Unterschiede mehr gebe:

«... You, the mothers who sent their sons from far away countries wipe away your tears. Your sons are now lying in our bosom and are in peace. After having lost their lives on this land, they have become our sons as well ...»

Dem neutralen Betrachter fällt auf, dass diese versöhnliche türkische Geste gegenüber den alliierten Kriegsgegnern bis zum heutigen Tag keine Entsprechung in den Beziehungen zu den Armeniern und auch zu den Kurden gefunden hat. Dabei fanden die Schlacht um Gallipoli und die in Ostanatolien an den Armeniern verübten Massaker und Verfolgungen fast zeitgleich statt. Bewahrheitet sich einmal mehr, dass innerstaatliche Auseinandersetzungen und bürgerkriegsähnliche Wirren in der Regel grausamer, unerbittlicher und unversöhnlicher geführt werden als Kriege zwischen Staaten?

Doch zurück zu den Gallipoli-Feiern. Es war ergreifend, mitzuerleben, wie die ehemaligen Kriegsgegner – dazu gehörten auch Engländer, Franzosen, Inder und Deutsche – auf den verschiedenen Militärfriedhöfen in würdigen Zeremonien ihrer Gefallenen gedachten. In solchen Momenten, wo sich der Schweizer irgendwie deplatziert vorkommt, beschleicht ihn auch ein leises Gefühl der Dankbarkeit und Demut, dass unser Land von Kriegsgräueln verschont geblieben ist.

Die Schlussphase meiner Türkei-Mission war durch zwei Ereignisse gekennzeichnet, die unterschiedlicher nicht hätten ausfallen können, die jedoch jedes auf seine Art einen nachhaltigen Einfluss auf mich ausgeübt hatten: die Einweihung des Schweizerplatzes in Kamishli einerseits und die Teilnahme am NATO-Gipfel in Istanbul anderseits.

1999 – ein knappes Jahr vor meinem Amtsantritt in Ankara – war bekanntlich die Region östlich von Istanbul von zwei verheerenden Erdbeben heimgesucht worden. Die «Glückskette» und andere schweizerische Hilfsorganisationen leisteten eine beträchtliche, mehrere Jahre dauernde Wiederaufbauarbeit in der halbwegs zwischen Ankara und Istanbul gelegenen Stadt Kamishli (21 000 Einwohner), die von den Erdstössen schwer getroffen worden war. Die Realisierung von Projekten wie der Bau einer Primarschule, eines Sportkomplexes, einer Wasseraufbereitungsanlage sowie verschiedener Sozialwohnungen ist meines Erachtens die beste und uneigennützige Werbung für unser Land.

Auf Einladung des Direktors der Glückskette, Felix Baumann, nahm ich im Juni 2004 in Begleitung meiner Gattin sowie meiner tüchtigen türkischen Assistentin Esra Babacan, die fliessend Schweizerdeutsch sprach und ohne deren Übersetzungskünste ich verloren gewesen wäre, an der einfachen, aber würdigen Übergabezeremonie teil. Der von den Lokalbehörden organisierte Festakt gipfelte in der feierlichen Einweihung des *«Platzes der schweizerischen Freundschaft»*, die auf dem Hauptplatz vor viel Publikum stattfand. Unvergessen bleiben für mich die vom harten Überlebenskampf gezeichneten Gesichter, über die aber gleichzeitig ein Anflug von Freude und Dankbarkeit huschte. Ich war zutiefst gerührt, als ein älterer, an einer Krücke gehender Mann auf mich zuhumpelte und mir als Zeichen der Wertschätzung einen Topf Waldhonig überreichte. Diese wortlose, schlichte Begegnung sollte für mich einen der bewegendsten Momente in meinem Diplomatenleben darstellen.

3.13.4 Als Beobachter am NATO-Gipfel: ein Höhepunkt und gleichzeitiger Abschluss meiner Karriere

Der NATO-Gipfel in Istanbul von Anfang Juli 2004 war sozusagen das «Schlussbouquet» meiner Tätigkeit in der Türkei. Die Schweizer Delegation, die am zweiten Tag an der Zusammenkunft des Euro-Atlantischen Partnerschaftsrates (EAPC) teilnahm, umfasste den damaligen Bundespräsidenten Joseph Deiss, meinen ehemaligen Chef an der Spitze des EDA, dann Verteidigungsminister Samuel Schmid, Generalstabschef Keckeis sowie hohe Beamte aus dem VBS und EDA. Der EAPC ist das Konsultationsforum der 46 in der Partnerschaft für den Frieden (PfP) zusammengeschlossenen Staaten.

Wegen des multilateralen Charakters des Anlasses waren meine Botschaft und das Generalkonsulat in Istanbul von der Substanz her nur am Rande involviert. Dafür mussten wir uns mit einer Menge von Logistikfragen befassen, um der hochkarätigen Delegation möglichst gute Rahmenbedingungen zu verschaffen. Das scheint uns gelungen zu sein, wenn ich auf die Dankesworte abstelle, die ich von den Magistratspersonen beim Abflug der Delegation entgegennehmen durfte. Dennoch ist bei den Diplomaten vor Ort jedes Mal eine immense Erleichterung spürbar, wenn nach einem erfolgreich und reibungslos verlaufenen Besuch das Bundesratsflugzeug mit seiner kostbaren Fracht Richtung Heimat abhebt.

Während des ganzen Gipfels war die Hauptstrasse der Küste entlang vom Flughafen bis ins Hotel- und Konferenzzentrum grossräumig abgeriegelt. Nur wer die pulsierende Millionenstadt am Bosporus kennt, kann ermessen, welchen Einschränkungen die Einwohner Istanbuls unterworfen waren. Die Türken betrieben einen für unsere Verhältnisse unvorstellbaren Sicherheitsaufwand. Dass der Monsteranlass schliesslich ohne grössere Probleme abgewickelt werden konnte, hatte ihnen jedoch Recht gegeben.

Nachdem man den Sicherheitsring nicht ohne Mühe durchschritten hatte, bot der NATO-Gipfel die einzigartige Möglichkeit, um einmal die Mächtigen dieser Welt aus nächster Nähe zu sehen und zu beobachten: Den Herren Bush, Rumsfeld, Chirac, Schröder, Blair konnte man während der Konferenzpausen ohne weiteres in den Korridoren begegnen, natürlich selten alleine, sondern fast immer von einem Schwarm eifriger Berater und Sicherheitsleute umgeben. Nur den französischen Präsidenten kreuzte ich einmal mutterseelenallein, weil der Gang zur Toilette in der Regel immer noch ohne Begleitung angetreten werden muss. Bei einem Konzertanlass im Garten des Topkapi-Palastes sass ich eine Reihe hinter Colin Powell und Condoleezza Rice, keine fünf Meter von den beiden entfernt.

An der EAPC-Plenarversammlung hatte der afghanische Präsident Karzai seinen Auftritt. Er beschrieb die Fortschritte in seinem Land, verhehlte aber nicht seine Sorge über die sicherheitspolitisch nach wie vor äusserst kritische Lage. Laut den beiden Mitgliedern des Bundesrates leistete die Schweiz ihren Hauptbeitrag in Afghanistan weiterhin beim zivilen Wiederaufbau. Immerhin beteiligte sie sich auch mit vier Offizieren an der ISAF (International Security Assistance Force). Nach Deiss und Schmid war hingegen kein Beitrag unseres Landes bei dem von der NATO am Gipfeltreffen beschlossenen Ausbildungsprogramm für irakische Sicherheitskräfte vorgesehen. Die Schweiz führte indessen ihr eingespieltes Engagement in den friedensunterstützenden Operationen auf dem Balkan (Kosovo, Bosnien) weiter.

Für die westeuropäischen Partnerstaaten Finnland, Österreich und Schweden stand die Zusammenarbeitsfähigkeit ihrer Streitkräfte und die Beteiligung an friedensunterhaltenden Operationen eindeutig im Zentrum ihrer Partnerschaftsinteressen. Auch die NATO zeigte sich daran interessiert und reagierte mit der Bereitschaft, beitragsleistende PfP-Staaten verstärkt in die Konsultations- und Entscheidfindungsprozesse einzubinden. Die Schweiz hatte im friedensunterstützenden Bereich ein schwächeres Profil als die anderen Westeuropäer, hatte sich mit der Armee XXI indessen ein Mittel gegeben, den sich im PfP-Rahmen anbietenden Handlungsspielraum zur solidarischen Bewältigung sicherheitsrelevanter Herausforderungen intensiver wahrzunehmen.

Wie Bundesrat Schmid dazu ausführte, verpflichtete sich die Schweiz zur Beteiligung am Aktionsplan zur Unterstützung des Aufbaus von leistungsfähigen und demokratisch legitimierten Sicherheitsstrukturen. Der Beitrag sollte speziell den Partnerländern im Kaukasus und in Zentralasien zugute kommen. Diese Länder gewannen wegen ihrer strategischen Lage an Bedeutung und ersetzten gleichsam die sieben früheren osteuropäischen Partnerstaaten, welche als Vollmitglieder in die NATO aufgenommen worden waren. Im Vordergrund des schweizerischen Engagements standen Beiträge in den Bereichen Terrorbekämpfung, Schutz von exponierten Infrastrukturanlagen, Minenräumung, zivile Notfallplanung und humanitäres Völkerrecht. Dazu boten insbesondere die Genfer Zentren für Sicherheitspolitik, für humanitäre Minenräumung und für die demokratische Kontrolle der Streitkräfte massgeschneiderte Programme an.

Mehr als einem lieb sein konnte, wurden an diesem Grossanlass dem neutralen Betrachter aber auch die wahren Machtverhältnisse vor Augen geführt: In Abwandlung eines Spruchs von Orwell könnte man sagen: «Alle Staaten sind gleich, ein Staat allerdings ist gleicher als alle anderen.» Dies zeigte sich rein äusserlich darin, dass, wenn sich die umfangreiche amerikanische Delegation mit Präsident Bush von einem Ort zum andern deplatzierte, alle übrigen Delegationen Wartezeiten von einer halben Stunde und mehr in Kauf zu nehmen hatten …

Trotzdem: Ich hatte zum Abschluss meiner Karriere die einmalige Chance, zwei Tage lang – als Istanbul für kurze Zeit zum Zentrum des globalen Interesses wurde – internationale Konferenzatmosphäre zu schnuppern und mit den Mächtigen dieser Welt in Tuchfühlung zu bleiben. Auf einer Weltbühne im Kleinformat wohnte ich sozusagen einer *«comédie humaine»* auf höchster Ebene bei, die sich in der faszinierenden Grossstadt am Bosporus in selten gelebter Intensität vor meinen Augen abspielte.

3.13.5 Hochinteressantes Land am Schnittpunkt von Okzident und Orient

Meine Frau und ich hatten uns vorgenommen, nicht nur die Türkei zu bereisen, sondern von Ankara aus auch Griechenland, das Nachbarland im Westen, sowie den Iran, das Nachbarland im Osten, zu besuchen. Die Reichhaltigkeit der historisch-kulturellen Schätze und die landschaftliche Vielfalt und Schönheit der Türkei führten dazu, dass wir uns ausschliesslich auf unser Residenzland konzentrierten. Zweifellos ist das Gebiet der heutigen Türkei zu einem so aufregenden Ort menschlicher Geschichte geworden, weil die Lage zwischen Europa und Asien ein Aufeinanderprallen verschiedenster Völker und Kulturen geradezu herausforderte. Am Schnittpunkt von Okzident und Orient, zwischen Europa, den asiatischen Steppen und Mesopotamien gelegen, übernahm das Land aber auch die Funktion eines Bindegliedes. Das macht die Türkei als Destination so aussergewöhnlich.

Fast ohne es zu merken, wird in diesem Land jeder Reisende mit Geschichte konfrontiert. Denn überall in der Türkei – beim Bummel im historischen Zentrum Istanbuls, der Stadt mit der einzigartigen Silhouette am Bosporus, bei der Fahrt durch Zentralanatolien, beim Bad an der Mittelmeerküste – begegnet man den steinernen Zeugen vergangener Kulturen: Überresten alter Städte, Heiligtümern und «Weltwundern». Welch traditionsreiches, ja geistes- und religionsgeschichtlich bedeutsames Land die Türkei ist, wird einem interessierten Europäer auf Schritt und Tritt bewusst. Die alten Griechen nannten das Land schlicht «Anadoli» (Osten), das Land, über dem die Sonne emporstieg. In Anatolien lebte der erste grosse Dichter des Abendlandes, Homer. Dort befindet sich auch Homers *Troja*. Die mythologische Gestalt Europa, die dem Kontinent ihren Namen geben sollte, stammte ebenfalls aus dieser Weltgegend. An der türkischen Westküste ging für das Abendland die Sonne auch im übertragenen Sinne auf, denn dort lebten die ersten Naturforscher und Philosophen, Dichter, Geschichtsschreiber und Stadtplaner unseres Kulturkreises.

Eine Reise nach Zentralanatolien erschliesst ganz andere Perspektiven: *Catal Hüyük*, eine der ältesten Städte der Menschheit (7. Jahrtausend vor Christus), zeigt den Menschen am Wendepunkt vom Jäger zum Bauerndasein; die Relikte assyrischer Handelskolonien vermitteln ein Bild verfeinerter Lebenskunst zu Beginn des zweiten vorchristlichen Jahrtausends. Oft sind es Kulturen, die uns in Europa weitgehend unbekannt geblieben sind oder nur in Mythen und Sagen überliefert wurden. So wird in der Bibel von Abraham berichtet, der in *Harran* – in der heutigen Südosttürkei – wohnte und später den «Kindern des Landes Heth» den Begräbnisplatz für seine Frau Sarah abkaufte. Diese Kinder des Landes Heth waren als Hethiter Träger einer Hochkultur, deren Spuren und Skulpturen sich an verschiedenen Orten der Türkei finden lassen. Die Herrscher des hethitischen Grossreiches (1450–1200 vor Christus), mit dem Zentrum *Hattusha,* kamen sogar in Berührung mit dem pharaonischen Ägypten.

Weiter im Osten waren meine Frau und ich beeindruckt von dem in unseren Breitengraden weitgehend unbekannten Reich der Urartäer, das sich vom Van-See bis in den heutigen Iran hinein erstreckte, zeitweilig sogar die Gebiete um Sivas, Erivan und Aleppo beherrschte, bevor es um 700 vor Christus aus dem Gedächtnis der Völker verschwand. Grabungen und urartäische Inschriften in der Gegend von Van sind Zeugen von kühn angelegten Bergfestungen, von Tempel- und Kultanlagen, auch besass die Bevölkerung bereits eine herausragende Fähigkeit in der Metallverarbeitung.

Im Nordosten des Landes erstreckt sich eine imposante Berglandschaft, die durch ihre Weite und Stille, Grösse und Einsamkeit fasziniert. Es ist eine vom Kranz der Berge umschlossene Hochebene mit grünem Weideland, kleinen dunklen Äckern und ausgedehnten, steinigen Steppen. Ganz nahe der Dreiländerecke zum Iran und zu Armenien erhebt sich majestätisch die von ewigem Schnee bedeckte massive Pyramide des legendenumrankten Berges *Ararat.* An den Abhängen des aus der Ebene von 1700

Metern auf 5165 Meter ansteigenden Ararats soll die Arche Noah nach der Sintflut gestrandet sein.

In der Umgebung des Berges gibt es wilde Schluchten, windungsreiche Bäche und türkisfarbene Seen. Es ist eine fast menschenleere Landschaft: Ab und zu schwarze Nomadenzelte, Schafherden, Hirten mit dem charakteristischen weissgrauen Filzumhang, dessen Ecken die Schulterpartie verbreitern; bunt gekleidete Bäuerinnen in ockerfarbenen Dörfern, die sich kaum vom umgebenden Land abheben. Das Leben in dieser Landschaft ist hart. Wer hier geboren wird, hat es schwer und merkt kaum etwas von Atatürks Reformen – besonders nicht die Frauen.

Die Hauptstadt des Nordostens ist *Erzurum.* Auf 1950 Metern Höhe gelegen, gilt sie mit über 200 000 Einwohnern als kälteste Grossstadt der Türkei. Das Stadtbild ist verhältnismässig modern, denn 1939 zerstörte ein schweres Erdbeben die Altstadt bis auf die soliden Steinbauten der Medresen und Moscheen aus der Seldschukenzeit – 40 000 Menschen kamen damals ums Leben. Die neuen, eisenarmierten Betonhäuser sind erdbebensicherer als die bisherigen Stein- und Holzbauten, dafür geht ihnen jeder individuelle Charme ab.

Von Erzurum gelangten wir über *Kars*[48] – die Stadt und ihr Umfeld stehen im Zentrum eines Romans von Nobelpreisträger Orhan Pamuk – in die Ruinenstadt *Ani,* die alte armenische Hauptstadt. Sie ist direkt an der Grenze zur heutigen Republik Armenien gelegen. Vom 9. bis zum 11. Jahrhundert strahlte der Glanz dieser Stadt unter dem Herrscherhaus der Bagratiden, Markt und Handel blühten. Glaubt man den Chronisten, so konnte sich Ani an Schönheit und Pracht mit Konstantinopel, Bagdad und Cordoba messen. Ani hiess die «Stadt der tausend Kirchen». Von diesen sind eindrucksvolle Ruinen erhalten, mit den typischen Kegeldächern und reichem Reliefschmuck als Stilmerkmale armenischer Architektur. Aber für den heutigen Betrachter bleibt die menschenleere Ruinenstätte ein irgendwie deprimierendes «Freilichtmuseum armenischer Kunst», wie die Kunsthistorikerin und Archäologin Erica Wünsche sich ausdrückt.[49]

In der Südosttürkei war ich nicht zuletzt aus geschichtlichem Interesse von *Urfa* angezogen, das zwischen dem Euphrat und dem Tigris gelegen ist: Als «Grafschaft Edessa» wurde die Gegend das erste christliche Fürstentum, welches im Zusammenhang mit dem Kreuzzug von 1098 entstanden war. An die kurze Zeit der christlichen Herrschaft erinnert allerdings nichts mehr, schon vorher und auch nachher hatte die günstige strategische Lage am Nordrand des Zweistromlandes immer wieder Krieg und neue Herren in die Stadt gebracht.

Von Urfa aus ist das aufregendste und eindrucksvollste Ausflugsziel der Götterberg von Kommagene, der *Nemrut Dagi*. Mit Recht gilt er als eine der grössten archäologischen Attraktionen der Türkei. Das Geheimnis des 2150 Meter hohen Berges, der unterhalb des Gipfels riesige Götterskulpturen und Reliefs aufweist, ist erst nach dem Zweiten Weltkrieg gelüftet worden. Es ist ein von Antiochos I. Theos, dem König von Kommagene, angelegtes *«Hierothesion»*, wie er es selbst bezeichnet: ein heiliger Göttersitz, dem Himmel nahe; ein Zeichen der Frömmigkeit, Dankbarkeit – aber auch des eigenen Ruhms. Dieser Herrscher aus der Mitte des ersten Jahrhunderts vor Christus sitzt dort zwischen seinen vergöttlichten persischen und griechischen Ahnen und ihren Göttern – selbst ein Gott. Zwischen den in Ost und West nahezu gleich gestalteten Terrassen erhebt sich der 50 Meter hohe Tumulus aus Splittergestein, der wahrscheinlich sein noch unentdecktes Grab bedeckt und schützt.

Dieser monumentale Versuch von Antiochos, die beiden Hochkulturen in Ost und West in seinem kleinen Reich zu einer Symbiose zu vereinigen, ist für mich irgendwie stellvertretend für die Rolle der Türkei im grösseren Rahmen, am Schnittpunkt von Okzident und Orient sowie als Brücke zwischen den beiden Welten.

Ein Höhepunkt unserer vielfältigen Erkundungstouren durch die Türkei war die aussergewöhnliche *Kegel- und Höhlenwelt Kappadokiens,* die uns und unsere Besucher mehrere Male anzog. In dieser grossartigen Märchenlandschaft, die meine Familie und ich bereits zum ersten Mal besuchten, als ich noch in Syrien im Einsatz war, sind Menschenwerk und Natur zu einem unübertroffenen Gesamtkunstwerk verschmolzen. Tausende von Felsnadeln ragen wie «Feenkamine» in die Höhe, teilweise sind die Tufffelsen ausgehöhlt zu Kirchen, Klöstern, Wohnräumen.

In der Entwicklung des Christentums spielten Anatolien und insbesondere Kappadokien eine bedeutende Rolle. In *Antiochia* (heute Antakya) nannten sich die Anhänger des neuen Glaubens zum ersten Mal «Christen». Petrus und Paulus missionierten in anatolischen Städten, und Johannes richtete seine «Offenbarung» an die ersten sieben Gemeinden der

«Landschaft Asien». Im Übrigen fanden die wichtigsten Konzile fast alle auf asiatischem Boden statt, was Anatolien *«zur eigentlichen Schmiede des Christentums»* machte.[50]

In einer Zeit, als Anatolien das Zentrum des christlichen Glaubens war, bildeten Hunderte von Kirchen und Mönchszellen aus Kappadokien eine der grössten Klosterlandschaften des Christentums. Früh entstanden dort christliche Gemeinden, an welche Petrus seinen ersten Brief richtete. Bereits im dritten Jahrhundert wurde das kappadokische *Caesarea* – das heutige Kayseri – zum Zentrum christlich-theologischer Bildung. Von diesem Zentrum aus erfolgte beispielsweise die Christianisierung Armeniens, welches schon 310 das Christentum als Staatsreligion übernahm. Vorbild für die aus dem weichen Tuffstein gehauenen Kirchen war die byzantinische Kreuzkuppelkirche mit ihrem reichen Freskenschmuck. Gleichzeitig zog die einsame Felsenlandschaft Kappadokiens besonders stark Eremiten an, welche – wie der heilige Antonius in Ägypten – ihr Leben ganz Gott und dem Gebet weihen wollten.

Dann wieder gibt es bis zu 40 Meter unter die Erdoberfläche reichende, «verborgene» Städte zu bestaunen, die von Zeiten der Angst vor den muslimischen Glaubensfeinden zeugen, deren Bauten seit dem 12. Jahrhundert die türkische Landschaft zu überziehen begannen. Die spätere Geschichte der heutigen Türkei wurde im Abendland zunehmend mit Unbehagen betrachtet, schliesslich gar als Bedrohung wahrgenommen. Glanz und Macht des Byzantinischen Reiches, das sich vom katholisch-rechtgläubigen Römischen Reich abzusondern wagte, wurden scheelen Auges betrachtet, während die Ausdehnung des islamischen Osmanenstaates im Mittelmeerraum geradezu Furcht einflösste.

Wie bei uns die Schlacht am Morgarten von 1315 gehört zu den Geschichtsdaten, welche jedes türkische Schulkind lernt, die Jahreszahl 1071. Denn in diesem Jahr besiegte der aus Samarkand und Buchara stammende türkische Nomadenstamm der Seldschuken das gewaltige Heer des byzantinischen Kaisers bei Malazgirt nördlich des Van-Sees. In Byzanz sprach man vom «schrecklichen Tag». Und in der Tat änderte sich von nun an die politische Landschaft Anatoliens.

Anfang des 14. Jahrhunderts begannen die aus Zentralasien eingewanderten türkischstämmigen Osmanen, die bis 1923 die herrschende Dynastie in der Türkei stellen sollten, ihre Herrschaft über ganz Anatolien, den

Vorderen Orient und bis weit nach Europa hinein auszudehnen. Die sechsundvierzigjährige Regierungszeit von Sultan Süleyman I. (1520–1566) gilt zu Recht als Höhepunkt in der Geschichte des Osmanischen Reiches. Süleyman, der in der Türkei den Beinamen «Gesetzgeber» führt und im deutschsprachigen Raum «der Prächtige» genannt wird, war ein ausgezeichneter Reichsverwalter und Heerführer, der sein Land auch als Seemacht erfolgreich machte. Unter ihm entfalteten sich die Künste zu ihrer schönsten Blüte. Allen voran die Baukunst, die in Sinan ihren genialsten Architekten fand, dessen Meisterwerke wir vor allem in der westlichen Türkei bewundern können. Ebenso blühte das Kunsthandwerk, zum Beispiel Buchkunst und Kalligraphie; Zentren von Keramik und Fliesenherstellung waren *Iznik* und *Kütahya*. Grossartig sind auch die Seiden- und Teppicharbeiten, die Goldschmiede- und Metallkunst, deren Exponate heute vorwiegend in Moscheen, Palästen und Museen zugänglich sind.

Mit dem endgültigen Scheitern der Türken vor Wien 1683 begannen die Europäer, die osmanische Kultur objektiver zu betrachten. Generationen von Reisenden aus dem Abendland waren von diesem Land fasziniert. Alles in ihren Berichten war dazu angetan, die Phantasie zu beflügeln: die Geheimnisse des Serails und die fremdartige Architektur der Minarette und Moscheen, die Märchen der Karawansereien und der Reichtum der Basare, der exotisch-kriegerische Klang der Janitscharenmusik und der Duft des Kaffees, die kostbare Tulpe und das türkische Bad.

Diese eigenartige Faszination ist auch dem modernen Besucher erhalten geblieben. Nicht zuletzt die über hunderttausend Schweizer Touristen, welche sich jährlich von der türkischen Gastfreundschaft verwöhnen lassen, die unzähligen Sehenswürdigkeiten aus den verschiedensten Epochen sowie die landschaftliche Vielfalt bewundern, tragen mit dazu bei, die sich teilweise hartnäckig haltenden Klischees und Vorurteile gegenüber diesem einzigartigen Land abzubauen.

Dank unserer Reisen lernten Françoise und ich die Türken in ihrer Heimat besser kennen. Ihr freundliches Entgegenkommen, ihre Würde, die sie trotz aller Plackereien des täglichen Lebens beibehalten haben, hatten auf uns eine nachhaltige Wirkung. Der Abschied im Sommer 2004 fiel uns einmal mehr schwer.

Es war ein doppelter Abschied: Zum einen mussten wir uns von unseren zahlreichen türkischen Freunden und Bekannten trennen, mit denen wir, trotz aller beruflichen Schwierigkeiten, sehr schöne Beziehungen geknüpft hatten. Mit meinem gleichzeitigen Erreichen der Altersgrenze galt es für meine Lebensgefährtin und mich, auch Abschied zu nehmen von der «vita activa».

Ob man es wahrhaben will oder nicht – der altersbedingte Rücktritt ist eine wichtige Zäsur im Leben eines Menschen! Eine Würdigung meines langjährigen Einsatzes im Aussendienst der Eidgenossenschaft, die mir im Abschiedsschreiben von Bundesrätin Micheline Calmy-Rey zuteil wurde, machte den Übergang etwas weniger abrupt; ebenso das Essen, zu dem die Departementsvorsteherin zwei andere «Pensionäre» und mich einlud, welches in einer entspannt-vertraulichen Atmosphäre stattfand. (Bildteil: Schreiben der Departementschefin vom 11.6.2004 aus Anlass meiner Pensionierung)

Nach all den berufsbedingten Wechseln war die Rückkehr von Ankara nach Bern trotz der Schwere des Abschieds auch so etwas wie eine Erleichterung, weil sie mit dem letzten Umzug gleichzusetzen war. Die Aussicht, nicht mehr ständig in der Welt herumziehen zu müssen, hatte auch etwas Beruhigendes.

Eidgenössisches Departement
für auswärtige Angelegenheiten

Bundesrätin
Micheline Calmy-Rey

Herr
Kurt WYSS
Schweizerischer Botschafter
ANKARA

Bern, 11. Juni 2004

Sehr geehrter Herr Botschafter

Hiermit bestätige ich den Entscheid des Bundesrates über Ihre Pensionierung auf den 1. August 2004 und danke Ihnen in seinem Namen für alle Dienste, die Sie unserem Land im Laufe Ihrer brillanten Karriere geleistet haben.

Sie haben eine bemerkenswerte berufliche Karriere durchlaufen. Es wurden Ihnen sowohl an der Zentrale wie an vorderster Front im Ausland wichtige, anspruchsvolle Aufgaben übertragen, die Sie mit Scharfsinn und dem Ihnen eigenen Taktgefühl erfüllt haben. Das Departement konnte stets von Ihren vielen Talenten profitieren.

Innerhalb des Departements haben Sie immer wieder Mut und Eigenständigkeit bewiesen in Ihren Stellungnahmen und Aeusserungen, und zwar auch dann noch, wenn die grosse Mehrheit es vorzog, zu schweigen. Als Diplomat hatten Sie viel Sinn für einen guten, aber gar nicht elitären "esprit de corps". Pflichterfüllung war Ihnen kein leeres Wort. Sie hatten einen wachen Sinn für die Leistung jener, die man in der Regel nicht sieht. Nicht zuletzt für die Gattinnen der Diplomaten, die sich während eines grossen Teils Ihrer Tätigkeit im EDA noch ohne Entschädigung für die beruflichen Belange ihrer Männer einsetzten. Sie haben in Ihrer Abschiedsrede anlässlich der Botschafterkonferenz 2003 den Diplomatengattinnen ein schönes Sträusschen gewunden und dabei wohl auch an Ihre Gemahlin gedacht, die Sie stets unterstützte.

In Damaskus waren Ihre guten aussenpolitischen Analysen, die nicht nur Ihrem Gastland, sondern der ganzen Region galten, geschätzt. Rasch haben Sie erfasst, dass auch Posten mit wenig Prestige-"appeal" sich für aussenpolitische Analysen und gezielte Interessenwahrung hervorragend eignen.

Als diplomatischer Inspektor haben Sie eine Pionierarbeit geleistet. Das Inspektorat wird heute als Instrument der Effizienzwahrung bzw. –steigerung allgemein akzeptiert. Sie haben es zum Führungsinstrument der Zentrale gemacht, ohne ihm je einen punitiven Charakter zu geben.

Unter den vielen Herausforderungen in Ihrer Laufbahn war sicherlich Ihr letzter Posten, in dem ich Sie als Departementschefin beruflich kennen- und schätzen gelernt habe, einer der wichtigsten. Ankara ist ein Posten, der viel Fingerspitzengefühl sowie Rücksichtnahme auf verschieden gelagerte kulturelle, religiöse und politische Sensibilitäten erfordert – also klassische diplomatische Tugenden. Auch in den zuweilen hektischen Momenten in den bilateralen Beziehungen zwischen der Schweiz und der Türkei konnte ich mich stets auf Ihr Engagement verlassen. Ihre Leitung der Mission, die sowohl hinsichtlich der aussenpolitischen Stellung des Gastlandes als auch mit Blick auf die schwierigen bilateralen Beziehungen besondere Ansprüche stellte, war vorzüglich.

Ich danke Ihnen noch einmal herzlich für alle Dienste, die Sie unserem Land während dieser fruchtbaren Jahre geleistet haben, und wünsche Ihnen viel Gesundheit für einen möglichst langen und bereichernden neuen Lebensabschnitt.

Es ist mir ein Vergnügen, Sie zu einem Essen in Bern einzuladen; mein Sekretariat wird demnächst mit Ihnen Kontakt aufnehmen, um einen Termin zu vereinbaren.

Ich versichere Sie, Herr Botschafter, meiner vorzüglicher Hochachtung.

Micheline Calmy-Rey

Abb. 1: Gratulationstour als Geschäftsträger aus Anlass des indonesischen Nationalfeiertages, 17. August 1980. Von links nach rechts: meine Frau Françoise, der Autor, Staatspräsident Suharto, Mrs. Tien Suharto, Vizepräsident Adam Malik

Abb. 2: Fachsimpeln an der Ausstellung über Werke berühmter Schweizer Fotografen in Jakarta, 1979. Von links nach rechts: Botschafter Roland Wermuth, der Autor, alt Bundesrat Willy Spühler, Vizepräsident Adam Malik

Abb. 3: Ankunft von Bundesrat Furgler an der Spitze einer hochrangigen Delegation aus Anlass des Swissair-Eröffnungsfluges nach Jakarta, März 1980. Von links nach rechts: meine hochschwangere Gattin Françoise, der Autor, Bundesrat Kurt Furgler, der indonesische Protokollchef

Abb. 4: Bundesrat Hans Hürlimann bei der Ankunft im Flughafen Mexico City 1983. Von links nach rechts: das Botschafterehepaar Nadia und Roland Wermuth, Frau Hürlimann, Bundesrat Hürlimann, der Autor

Abb. 5: Überreichung des Beglaubigungsschreibens an Wee Kim Wee, Präsident der Republik Singapur, Dezember 1987

Abb. 6: Im Rahmen einer Reportage zur 700-Jahr-Feier der Schweizerischen Eidgenossenschaft zierte das Botschafterehepaar Wyss-Labasque die Titelseite des Monatsmagazins «Singapore Tatler» vom Juni 1991

Abb. 7: Der damalige singapurische Handels- und Industrieminister und heutige Premierminister Lee Hsien Loong empfängt Bundesrat Jean-Pascal Delamuraz zu offiziellen Gesprächen im April 1991. Zwischen den beiden Magistratspersonen der Autor

Abb. 8: Aussergewöhnliche Geste: Der singapurische Staatspräsident Wee Kim Wee empfängt Françoise mit den Söhnen Stéphane und Jean-Rodolphe zu einem Abschiedsbesuch im November 1991, als der Schreibende das Land bereits verlassen hatte

Abb. 9: Überreichung des Beglaubigungsschreibens an das Staatsoberhaupt von Brunei Darussalam, Sultan Hassan al-Bolkiah, im Februar 1988

Abb. 10: Nach der Überreichung des Beglaubigungsschreibens an den syrischen Staatspräsidenten Hafez al-Assad, Januar 1992

Abb. 11: Bundespräsident Otto Stich empfängt im Januar 1994 den syrischen Staatschef in Genf zu einem Höflichkeitsbesuch im Vorfeld des Gipfeltreffens Clinton–Assad. Von links nach rechts: Bundespräsident Stich, der Autor, Aussenminister Flavio Cotti (halb verdeckt), Staatspräsident Hafez al-Assad, zwei syrische Sicherheitsbeamte
(Foto «Journal de Genève et Gazette de Lausanne»)

Abb. 12: Überreichung des Beglaubigungsschreibens an den Staatspräsidenten der Republik Türkei, Süleiman Demirel, Mai 2000

Abb. 13: Der AKP-Vorsitzende Tayyip Erdogan empfängt den Autor im Juni 2002 zu einem offiziellen Gespräch, kurz bevor er zum türkischen Ministerpräsidenten gewählt wurde (Foto «Turkish News»)

Abb. 14: Bundesrat Couchepin mit einer Wirtschaftsdelegation in der Türkei, März 2002. Von links nach rechts: Maurice C. Michon, Direktor Hydro Projects, VA Tech Hydro GmbH; der Autor; Botschafter Jörg Al. Reding, seco Bern (halb verdeckt), Pascal Strupler, persönlicher Mitarbeiter des Departementschefs; Ajay Chhibber, Direktor Weltbank Büro Ankara (Gastredner); Urs Bluemli, Managing Director UBS SA, Zürich; Bundesrat Pascal Couchepin; Paul Schneebeli, Präsident Alstom (Schweiz) AG; Heinz Bachmann, Präsident Saurer Textile Systems und Vorsitzender des Swiss Turkish Business Council; Peter G. Anderegg, CEO Filtex AG, St.Gallen; Raymond Bilger, CEO Clariant (Türkei) AG Istanbul und Vorsitzender der Schweizerisch türkischen Handelskammer; Eric Davalle, Direktor Stucky Ingénieurs Conseil, Renens; Bruno Rossi, Vice-Président Regional, Serono; Monika Schmutz Cattaneo, Erste Botschaftssekretärin; Minister Livio Hürzeler; Maria Peyro Voeffray, wissenschaftliche Assistentin, seco Bern
Foto Bernard Buehler, economiesuisse

4. Diplomatie im Wandel – Plädoyer für eine oft missverstandene Berufsgattung

Nach der Schilderung meines diplomatischen Lebensweges möchte ich einige grundsätzliche Überlegungen über dieses Metier anstellen. Dies umso mehr, weil es auf so viel Voreingenommenheit stösst, ja manchmal geradezu ein Feindbild abgibt.

Um gleich zu Beginn kein Missverständnis aufkommen zu lassen: Wir Diplomaten nehmen für uns keineswegs in Anspruch, als Einzige grenzüberschreitend tätig zu sein: Politiker aller Couleur, Geschäftsleute, Künstler, Medienschaffende, Sportler tun es ebenfalls. Ein Vorzeigesportler wie Roger Federer ist wohl der beste Botschafter, den die Schweiz gegenwärtig überhaupt haben kann. Was uns von allen anderen international wirkenden Persönlichkeiten unterscheidet, ist indessen die Tatsache, dass der Diplomat keinen freien Beruf ausübt. Er steht im loyalen Dienste des Staates, was seine Entfaltungsmöglichkeiten gelegentlich etwas einschränken kann. Er bleibt eben ein «Paradiesvogel im goldenen Käfig».

4.1 Das Wesen der Diplomatie von den Ursprüngen bis zur Gegenwart

Die Ursprünge der Diplomatie reichen wohl in die Anfänge der Menschheit zurück. Der erste Diplomat war wahrscheinlich jener behaarte Urahne, der – von seinen im Kampf erlittenen Wunden genesen – die Keule oder Steinschleuder beiseite legte, zum Lager des Gegners ging und vorschlug, mit diesem auf friedlichem Weg die Jagdgründe abzugrenzen. Die Idee unseres Ahnen war genial, das Ziel grossartig und verlockend. Die technische Ausführung des Vorhabens war allerdings sehr gewagt, und es bleibt dahingestellt, ob diesem Urbotschafter bei seinem Unterfangen nicht doch noch der Schädel eingeschlagen wurde. Wie dem auch sei, er war das erste Wesen, das, statt Gewalt anzuwenden, den Weg der menschlichen Verbindungen betreten hatte, der später mit dem Begriff «Diplomatie» umschrieben werden konnte.

Zwischen unmittelbaren Nachbarn konnte auch dies noch direkt erfolgen. Sobald es aber darum ging, auch mit entfernteren Gegenden in Kontakt zu kommen, um beispielsweise Güter auszutauschen, war eine Vermittlung durch Beauftragte unerlässlich und die Geburtsstunde der Diplomatie gekommen.

Trotz aller Wandlungen, welche der Beruf im Laufe der Jahrtausende durchmachte, hat sich im Wesentlichen seither nicht viel verändert. Diese Aussage mag im ersten Augenblick übertrieben tönen; aber der Gedanke, durch Verhandlungen eine Lösung zu finden, anstatt sich gegenseitig umzubringen, erscheint in Anbetracht der andauernden Aggressivität des Menschen nach wie vor genial. Die Erfüllung der diplomatischen Aufgaben ist bis heute mit Gefahren verbunden. Gerade wegen dieser Wagnisse räumte man den diplomatischen Unterhändlern – um ihnen die Chance einer heilen Heimkehr zu bieten – schon sehr früh gewisse Sonderrechte ein, aus denen sich die Unverletzlichkeit oder Immunität beglaubigter Abgesandter entwickelte und zum ersten festen Grundsatz der Diplomatie wurde.

Die Geburtsstätte der modernen Diplomatie liegt in Italien, bei den italienischen Republiken der Renaissance. In jener Epoche lag die Gestaltung der zwischenstaatlichen Beziehungen in den Händen weniger. Die Fürsten und die Häupter der Stadtrepubliken handelten im eigenen Ermessen, ihre Untertanen hatten keinen Anteil an der Politik, sie hatten nur deren Konsequenzen – ob vorteilhaft oder nicht – zu tragen. Dieser Zeit blieb es vorbehalten, die Diplomatie durch die Aufnahme *ständiger Missionen* weiterzuentwickeln. Die bisherige Geschichte der Diplomatie war durch Adhoc-Missionen gekennzeichnet gewesen. Als Geburtsjahr der Einrichtung permanenter Vertretungen untereinander gilt gemeinhin das Jahr 1450, als Cosimo de Medici von Florenz aus als Erster einen ständigen Gesandten bei Herzog Francesco Sforza von Mailand akkreditieren liess. Als Lehrmeister der modernen Diplomatie wird Niccolò Machiavelli (1469–1527) angesehen.

Der berühmt-berüchtigte Ausspruch *«Der Diplomat ist ein rechtschaffener Mann, um zum Wohle seines Landes zu lügen»* geistert immer noch in den Köpfen der Leute herum. Diese übermütige Pointe ist fester Bestandteil der jahrhundertalten Skepsis gegenüber dem Wirken der Diplomaten geworden. Sie stammt vom englischen Diplomaten Sir Henry Wotton aus dem Anfang des 17. Jahrhunderts, ist aber noch stark von den Vorstellungen der Renaissancezeit geprägt. Unter dem Einfluss von Machiavellis *«Il Principe»* wurde die Diplomatie nämlich als Glücksspiel mit sofortigen hohen Einsätzen in einer Verbindung von List und Schlauheit, Verschlagenheit und Unbarmherzigkeit verstanden. Ein zynischer Ratschlag wie: *«Ein kluger Fürst kann und darf demnach sein Wort nicht halten, wenn er dadurch sich selbst schaden würde»,* würde heute Entrüstung auslösen. Erst in neuerer Zeit hat sich die Auffassung durchgesetzt, dass das Vertrauen als Mittel zum Ausgleich und zur Verständigung – die wichtigste Grundlage diplomatischen Wirkens – nicht dadurch aufs Spiel gesetzt werden darf, indem bewusst die Unwahrheit gesagt wird.

Mit dem Ende des Ersten Weltkrieges wurde die klassische Diplomatie, die als Geheimdiplomatie in Verruf geraten war, abgelöst durch eine neue Epoche, in welcher die politische Willensbildung nicht mehr in der Geheimsphäre der Kabinette erfolgte. Mit der Einführung der *«Public Diplomacy»* als Gegenpol zur klassischen Kabinettsdiplomatie, wie sie der amerikanische Präsident Woodrow Wilson und – noch radikaler – der Bolschewikenführer Lenin betrieben hatten, kam ein Dilemma der internationalen Beziehungen zum Vorschein, das diese seit der Französischen Revolution belastet wie gefördert hat. Es geht darum, dass Diplomatie und internationale Beziehungen längst nicht mehr ausschliesslich von Regierung zu Regierung betrieben werden, sondern dass zunehmend auch die öffentliche Meinung in verschiedensten Formen mit einbezogen wird. In diesem Sinne ist *«öffentliche Diplomatie»,* die man im EDA gegenwärtig neu zu entdecken glaubt, nicht eine Erfindung unserer Zeit, wie Ernst Kux wohl richtig bemerkt.[51]

Trotz aller «öffentlichen Diplomatie» wird aber Diplomatie noch immer grösstenteils im Stillen geleistet. Der Ausdruck «Diplomatie» kommt ja auch von einem griechischen Verb, welches so viel bedeutet wie zusammenfalten; zusammengefaltet wie ein versiegeltes Dokument, dessen Inhalt geheim bleiben soll. Diplomatie besteht aus aktiven und passiven Elementen. Diese Zweiteilung ist bereits in der Herkunft der Wortfamilie Diplom, Diplomat, Diplomatie enthalten: Die gefaltete Urkunde ist Schutzbrief und Auftrag, Beglaubigungsschreiben und Mitteilung in einem. Für meinen angesehenen ehemaligen Berufskollegen Benedikt von Tscharner macht diese Doppelnatur das Wesen der Diplomatie aus. Diese sieht er in der venezianischen Kurzformel *«comprendre et faire comprendre»* – Venedig war bekanntlich in der geschichtlichen Neuzeit eine führende See- und Handelsmacht vor allem im Verkehr mit dem Orient – am treffendsten verkörpert.[52] Trotz aller Veränderungen, welche die Diplomatie seither durchgemacht hat, gilt auch heute noch die alte venezianische Formel: *Botschaften aufnehmen – Botschaften vermitteln, verstehen wollen – Verständnis suchen.*

Verstehen wollen deutet auf das eher Passive in der Arbeit des Diplomaten hin. Seine Aufgabe ist es zunächst, Informationen im Gastland zu sammeln, zu wissen, wie die Dinge wirklich sind. Das ist angesichts der Fülle an Informationen, die – zumindest in Ländern mit einer freien Presse – heute angeboten wird, meist leichter gesagt als getan. Sich «ins Bild setzen» heisst zunächst, im täglichen Überangebot an Informationen auszuwählen, zu filtrieren, zu erkennen, was für die eigene Zentrale wichtig ist. Eine zusätzliche Erschwernis bedeutet es, in Ländern mit einer gelenkten Presse an die richtigen Informationen bzw. an die Meinungsmacher heranzukommen. Zudem muss man sich oft in Sprachen und in einem Kulturraum zurechtfinden, die uns wenig oder überhaupt nicht geläufig sind.

Botschaften vermitteln und *Verständnis suchen* spricht die aktive Seite der diplomatischen Tätigkeit an. Seine gewonnenen Erkenntnisse vermittelt der Diplomat zunächst den zuständigen vorgesetzten Stellen an der Zentrale. Der Diplomat ist aber auch und in erster Linie Träger einer Botschaft, die er im Auftrag seiner Regierung nach aussen zu vertreten hat. Er legt deren Politik mit Überzeugung dar, selbst wenn er damit persönlich nicht immer einverstanden ist. Seine Loyalität zwingt ihn, solche Gewissensbisse wenn nötig mit schauspielerischem Talent zu überspielen. Der Diplomat wirbt für den Standpunkt seines Landes, erweckt Verständnis und wenn immer möglich Sympathie. Er hat eine berufsmässige Neigung, den Verlauf von Ereignissen möglichst positiv herauszustreichen. Und weil er auch sein Gegenüber kennt, weiss er, wie er die Botschaft zu «verpacken» hat, welche Argumente besonderes Gewicht haben, was interessiert und was gut aufgenommen wird. *«Aufträge der Zentrale sollten das Was enthalten, das Wie jedoch dem Diplomaten an Ort und Stelle überlassen»,* wie B. von Tscharner richtig meint. Damit das nicht reines Wunschdenken bleibt, muss die verantwortliche Person am Schalthebel der Macht in der Zentrale dem Vertreter an der Front indes die nötige Handlungsfreiheit zugestehen. Ich sage dies bewusst, weil ich auch schon die gegenteilige Erfahrung eingeschränkter Entfaltungsmöglichkeiten gemacht hatte, worunter nicht nur ich, sondern auch die diplomatischen Mitarbeitenden vor Ort zu leiden hatten.

Der Botschafter gilt als das verlängerte Auge und Ohr sowie das verlängerte Sprachrohr des Bundesrates. Er ist also der Gesamtregierung und der gesamten Bundesverwaltung gegenüber verantwortlich und nicht nur dem Aussenministerium. Dies gilt heute mehr denn je. Die moderne Diplomatie hat nämlich über die klassischen Aufgaben der Interessenwahrung hinaus in den zunehmend wichtig gewordenen Bereichen der staatlichen Existenzsicherung eine neue Rolle zugewiesen bekommen. In dem Masse, in dem unsere Gesellschaft verletzlich wird, hat auch die Diplomatie der Erweiterung des Sicherheitsbegriffs zusätzliche Aufmerksamkeit zu schenken. Dazu gehört etwa die Beobachtung von Entwicklungen wie Migration, organisiertes Verbrechen, Terrorismus und Gefährdung der Umwelt.

An meiner Botschaft in Ankara hatte ich beispielsweise einen Spezialisten für Sicherheits- und Militärfragen. Der Zufall wollte es, dass der wie ich in Burgdorf aufgewachsene, aber zehn Jahre jüngere Generalstabsoberst Bruno Capelli Verteidigungsattaché mit Sitz in Ankara wurde. Wegen verschiedener Nebenakkreditierungen Capellis und entsprechender Abwesenheiten konnte ich allerdings nicht im gewünschten Masse von den Fachkenntnissen dieses tüchtigen und aufgeweckten Mitarbeiters profitieren. Die Verzettelung der Kräfte der Verteidigungsattachés, welche durch den länderübergreifenden Auftrag des VBS vielfach vorgegeben ist, scheint ein Hauptproblem bei deren Einsatz zu sein. Eine andere Spezialistin kam vom Bundesamt für Flüchtlingswesen, welche im Asylbereich tätig war und mit ihren aufwändigen Recherchen vor Ort der Zentrale den Entscheid erleichtern half, ob in Einzelfällen Asylgesuche oder Familiennachzug gerechtfertigt waren oder nicht.

Was sind nun die wichtigsten Voraussetzungen für einen guten Diplomaten? Sie liegen nicht so sehr in seinem Fachwissen als vorwiegend in seiner Person und in seinem Charakter begründet. Der berühmte englische Diplomat Harold Nicolson hatte sie mit den Worten umschrieben:

> *«Dies also sind meiner Meinung nach die Eigenschaften des idealen Diplomaten: Wahrheitsliebe, Genauigkeit, Ruhe, Geduld, Ausgeglichenheit, Bescheidenheit und Loyalität. Aber, so könnte der Leser einwenden, Sie haben Intelligenz, Kenntnis, Urteilskraft, Einsicht, Gastfreundschaft, Charme, Fleiss, Mut und sogar den Takt vergessen. Ich habe sie nicht vergessen. Ich habe sie als selbstverständlich vorausgesetzt.»*

Welch ein Anforderungskatalog, dem wohl selbst der beste Diplomat nicht vollumfänglich gerecht werden kann! Dennoch: Wohl nicht von ungefähr hat Nicolson Wahrheitsliebe *(truth)* an erster Stelle genannt. Im Unterschied zur Renaissancezeit gehören heute Aufrichtigkeit, verbunden mit Sachkenntnis und hervorragender Allgemeinbildung, zu den wesentlichen Eigenschaften des Diplomaten. In heiklen Phasen kann allenfalls auch ein selektiver Umgang mit der Wahrheit gepflegt werden, d.h., alle Karten müssen nicht gleich auf den Tisch gelegt werden. Das Unausgesprochene kann in der Diplomatie manchmal eine wichtige Rolle spielen. Von den von Nicolson erwähnten Charakteranlagen sollte hier auch der Fleiss, gepaart mit Disziplin, speziell hervorgehoben werden, weil er in gewissem Sinne die Voraussetzung für die Wirksamkeit der übrigen darstellt.

Ein Diplomat muss auf einem Posten ausharren, ganze Arbeit leisten können, manchmal unter erschwerten Umständen oder in Ländern mit ungesundem Klima. Überdies: Welch eine Fülle von Eindrücken und Informationen hat er zu verarbeiten und in für die Zentrale nützliche Berichte, mit entsprechender Interpretation und Wertung, einfliessen zu lassen! Was nützen ihm Geduld und Takt, wenn er keine Übersicht über die anstehenden Fragen hat und Gefahr läuft, sich in Details oder im Oberflächlichen zu verlieren? Diese Gefahr ist beim ständigen Zeitdruck, unter welchem der vielfach fremdbestimmte Diplomat zu leben hat, nie ganz auszuschliessen. Immer wieder wird er nämlich mit unvorhergesehenen Situationen konfrontiert, und er kann das Gesetz des Handelns sehr oft nicht selbst bestimmen.

Immer von neuem in ein fremdes Land verpflanzt und dort unter oft ungewöhnlichen und schwierigen Umständen eingesetzt, drohen den Diplomaten, genauer gesagt ihrer für den Beruf notwendigen Objektivität, einige grundsätzliche Klippen.

An einer prallen jene auf, die mit Vorurteilen den Dienst an ihrem neuen Posten antreten. Oft entspringt diese Einstellung rein persönlichen Ursachen, etwa, weil man den Dienstort aus irgendeinem Grund ablehnt oder einen bestimmten anderen Posten haben wollte. Eher fehl am Platz ist jene – gottlob doch eher seltene – Kategorie von Diplomaten, für die nichts über die eigenen nationalen Qualitäten und die eigene Meinung geht. Sie wollen ihre vermeintliche Überlegenheit ständig unter Beweis stellen, egal, ob es um Mentalität, Staatsform, klimatische Verhältnisse oder um die Beschaffenheit des Rindfleisches in der Fremde geht. Sie registrieren alles Negative mit besonders freudiger Genugtuung und haben die Tendenz, in ihrer verneinenden Subjektivität ein allzu schwarzseherisches Bild zu zeichnen. Dann wieder gibt es Kollegen, die im Gegenteil zur Verniedlichung der Dinge neigen. Durch ihre Rosabrillen sind sie von allem Fremdartigen, Eigentümlichen, Ungewohnten derart eingenommen, dass ihre Emotionen ihnen den Blick für das Wesentliche im Gastland verstellen. Ihre Begeisterungsfähigkeit entführt sie in Gefilde, von wo aus es keine klare Sicht der Dinge mehr geben kann.

Aber sogar den Musterdiplomaten, die sich wachsam und hellhörig in der Fremde anpassen und dort, ohne die eigenen Merkmale und ihren Blickwinkel aufzugeben, Fuss fassen, droht ein Hindernis. Sie nähern sich der Klippe erst mit der Zeit. Verbleiben sie nämlich verhältnismässig lange auf ein und demselben Posten, beginnen ihre Wurzeln im fremden Boden zu tief zu greifen. Mit allem und jedem vertraut, nehmen sie am Leben des Gastlandes bereits so intensiv teil, dass sie für seine Probleme unwillkürlich Partei ergreifen. Sie werden – paradoxerweise gerade als Ergebnis ihrer guten Arbeit – zu «Lokalpatrioten». Damit aber hört ihre Objektivität auf. Dagegen gibt es nur eine Abhilfe: die rechtzeitige Versetzung.

Das ist das schwer Verständliche am Diplomatenberuf, dass dann, wenn man sich – mit Ausnahme der Nörgler vom Dienst – endlich in der Fremde eingelebt hat, mit den Landessitten einigermassen vertraut ist und sich ein wenig heimisch fühlt, der Moment des Abschieds gekommen ist. Eine Versetzung findet in der Regel alle vier Jahre statt, mit aller zusätzlichen Arbeit und dem Trennungsschmerz, die ein solches Abschiednehmen nach sich zieht.

Aufgrund der bisherigen Ausführungen dürfte klar geworden sein, dass Diplomatie entgegen einem weit verbreiteten Klischee alles andere als Müssiggang ist. Gerade weil die Abläufe nicht immer systematisch geplant werden können, steigt die zeitliche Beanspruchung beträchtlich an. Die Arbeit, die Leistung, vor allem aber der unentwegte Einsatz, das fortwährende und unter allen Umständen abverlangte Engagement für die Sache und für letztlich Fremde, für Menschen, die man meist nur für den Beruf «braucht», ist zermürbend. Man ist fast nie Privatperson. Man hat keine Berechtigung, sich zwischendurch «gehen zu lassen». Man hat nicht einmal das Recht, sich nach einem Todesfall von der Geselligkeit zurückzuziehen. Ein 12- bis 15-Stunden-Tag sowie eine 7-Tage-Woche sind im Diplomatenleben zwar nicht die Regel, können jedoch öfters vorkommen, als einem lieb ist. Sicher gibt es auch Ausnahmen und Zeiten der Flaute. Der Volleinsatz, die Verfügbarkeit rund um die Uhr sind indessen ein Kennzeichen dieses Berufs.

Die Belastung wird in der Regel klaglos hingenommen. Mein Amtskollege von Tscharner spricht von *«Arbeitsbesessenheit»*, die *«gerade den besonders begabten Diplomaten gewissermassen im Blut liegt»*[53]. Während meiner Inspektionen hatte ich allerdings auch die Erfahrung gemacht, dass die Belastbarkeit von einigen diplomatischen Mitarbeitern wegen fehlender Verzichtsplanung und zu wenig klarer Prioritätensetzung geradezu gesundheitsschädigende Grenzwerte erreichen konnte. Grosser Druck lastet aber auch auf Personen unterer Chargen, die in direktem Publikumskontakt stehen. Ich denke da etwa an Telefonistinnen und Visaverantwortliche, die Arbeit unter Stress verrichten und vermehrte Wertschätzung der Vorgesetzten verdienen.

Dennoch stimmt es natürlich, dass die meisten Diplomaten in ihrem Beruf aufgehen. Von alt Staatssekretär Franz Blankart stammt das Wort, dass Diplomatie nicht nur Beruf, sondern geradezu Berufung sei.

4.2 Hartnäckige Vorurteile gegen die Diplomatie

Unsere eigene Wahrnehmung kontrastiert augenfällig mit dem Bild, das sich die Aussenwelt von der Diplomatie macht. Wie wohl kein anderes Metier muss unser Beruf ständig gegen Vorurteile ankämpfen, die bis zu seiner totalen Infragestellung gehen können. Die Diplomatie ist eine weitgehend unverstandene Berufsgattung, die in der Öffentlichkeit häufig Assoziationen wie Diplomatenpass, Smalltalk, CD-Schilder, Whisky-Glas stemmende Müssiggänger, Wahrheitsverdreher, Heuchler, Steuerfreiheit, steifes Protokoll, Immunität, Missachtung von Parkverboten und sonstige Privilegien erweckt. Das gilt nicht nur für unser Land, sondern ist ein weit verbreitetes Phänomen.

Es ist indessen eine besondere Schweizer Tradition, die eigenen Diplomaten schlechtzumachen. Im Februar 1895 hatte eine Bundesgesetzvorlage über die Gesandtschaften (damals sprach man noch nicht von Botschaften) zu einem Wiederaufflammen der öffentlichen Debatte über die Nützlichkeit des diplomatischen Dienstes geführt. Natürlich wurde die Vorlage des Inhalts wegen verworfen. Seit der Schaffung des modernen Bundesstaates 1848 liess sich das Stimmvolk die Gelegenheit nicht entgehen, seine Ablehnung gegenüber dem diplomatischen Dienst – wiewohl dieser sehr klein war – kundzutun. Für die Linkszeitung «Vorwärts» war der diplomatische Dienst denn auch *«ein Machwerk» – «durch und durch undemokratisch, ja unrepublikanisch, ohne eine Spur von Schweizersinn, ein Produkt der monarchischen Ausländerei, der Klassengesellschaft»*[54].

Heutzutage wird das Feld der «Diplomatophobie», also einer gewissen Diplomatenfeindlichkeit, innerhalb des politischen Spektrums eher von rechts bis rechts aussen beackert. In diesen Kreisen werden die Diplomaten beispielsweise gerne als eine Spezies verantwortungsloser Menschen verschrien, die es darauf abgesehen haben, die Heimat an den Moloch Europäische Union zu verschachern.

Schon nur während meiner über dreissig Jahre im Dienste der Eidgenossenschaft war ich immer wieder frappiert, feststellen zu müssen, wie die Diplomatie ständig kritisiert, ja sogar ungestraft in Frage gestellt werden konnte. Dass auch der diplomatische Apparat anderer Staaten von ähnlicher Kritik nicht verschont blieb, ist ein schwacher Trost. Nachstehend ein paar Müsterchen aus verschiedenen Jahrzehnten:

- *«Schweizer Botschaften haben völlig versagt»,* titelte die Boulevardzeitung «Blick» 1978, als unsere Exportwirtschaft glaubte, zu diesem rüden Schluss kommen zu müssen.

- In einem Aufsehen erregenden Buch – *«The Modern Ambassador – The Challenge and the Search»* zitierte ein amerikanischer Diplomat 1983 Henry Kissinger. Staatssekretär Kissinger, welcher mit seinen Mitarbeitenden ohnehin grosse Mühe bekundete, soll in seiner Vorliebe für das Paradox gesagt haben, dass Botschafter nicht mehr zählen *(«ambassadors don't count anymore»).*

- 1998 sorgte Laurent Goetschel, später während einiger Zeit politischer Berater von Aussenministerin Calmy-Rey, in der NZZ für Gesprächsstoff mit einem Artikel unter dem reisserischen Titel: *«Schafft die Diplomaten ab»,* um dann aber noch beizufügen: *«oder doch nicht?»*

- Ein längerer Artikel in einem «Tagesanzeiger»-Magazin von Dezember 2000 trug den vielsagenden Titel *«Pappdiplomaten»,* wobei die Lust des Lesers auf die Lektüre mit folgender Kurzzusammenfassung angeregt wurde: *«Sie gelten als prunksüchtig, abgehoben und arrogant: Der Ruf der Schweizer Diplomaten ist nicht erst seit Thomas Borer ramponiert. Nun drohen die Diplomaten auch noch überflüssig zu werden. Im Zeitalter der Globalisierung spielen sie nur noch eine marginale Rolle.»*

Angesichts dieser ständigen Abfolge von negativen Urteilen über unseren altehrwürdigen Berufsstand, die von deftiger Kritik über puren Unsinn bis zu offenen Anfeindungen reicht, hat wohl jener britische Amtskollege so unrecht nicht, welcher einmal trocken meinte: *«Die Diplomatie ist das zweitälteste Gewerbe nach dem ersten, das auch seinen schlechten Ruf hat.»*

4.3 Sprache und Gespräch als Schlüsselkompetenzen des Diplomaten

Aussenpoltik kann, etwas vereinfacht ausgedrückt, mit drei Mitteln betrieben werden: *«mit Waffen, Geld und Wörtern»*, wie mein ehemaliger Amtskollege Paul Widmer meint.[55] Der Diplomatie im engeren Sinne – und ganz sicher der schweizerischen Diplomatie – stehen nur die Wörter zur Verfügung. Wie wir gesehen haben, hört ein Diplomat zu, er redet, verhandelt, liest, schreibt und analysiert. Geht er darüber hinaus, dann begibt er sich in eine wenig klar umrissene Grauzone, welche Widmer in Anlehnung an Clausewitz bestenfalls *«als Fortsetzung der Diplomatie mit andern Mitteln»* gelten lässt. Mit Bestimmtheit verlässt er damit das eigentliche Betätigungsfeld der Diplomatie.

Die Liebe zum geschriebenen, aber auch zum gesprochenen Wort muss den Diplomatinnen und Diplomaten angeboren sein, sonst eignen sie sich nicht für dieses Metier. Welchen Anforderungen hat nun die Diplomatensprache zu genügen? Es sind – wiederum nach Widmer – derer drei: Sie muss *«wahrhaftig, nüchtern und exakt»* sein. Wie wir bereits anderswo gesehen haben, ist die Wahrhaftigkeit der Sprache das erste Gebot der Diplomatie. Denn ohne eine der Wahrheit verpflichtete Sprache stellt sich kein Vertrauen ein, und ohne Vertrauen entstehen keine diplomatischen Beziehungen, die diesen Namen verdienen und die auf gegenseitigem Respekt basieren.

Der diplomatische Sprachstil muss ferner schnörkellos-nüchtern sein. Schwülstig-bombastische Ausdrücke und Superlative eignen sich für den diplomatischen Sprachgebrauch nicht. Verbale Kraftmeiereien, welche die Rückkehr zu einem normalen diplomatischen Verkehr erschweren, sollten genauso vermieden werden wie grelle, emotionale Ausdrücke in offiziellen Stellungnahmen. Vielbelächelte Formen, wenn beispielsweise ein Staat etwas «mit Erstaunen», «mit Befremden», «mit Bedauern», «mit Besorgnis» oder gar »mit Entrüstung» zur Kenntnis nimmt, werden gemeinhin als diplomatische Floskeln abgetan. Die abgestufte, einfache Wortwahl wird vom Adressaten jedoch ohne weiteres verstanden. Das «Understatement» und das Vermeiden von Effekthascherei waren stets ein diplomatisches Erfolgsrezept.

Die diplomatische Sprache muss schliesslich exakt sein, weil man den Ausgleich suchen muss. Mit der sprachlichen Exaktheit in der Diplomatie hat es allerdings eine eigene Bewandtnis. Diplomatische Schriftstücke, vornehmlich jene, die aus multilateralen Verhandlungen stammen, können auf der ständigen Suche nach Kompromissen und dem kleinsten gemeinsamen Nenner zu einem fast unleserlichen Machwerk verkommen.

Die Sprache ist also das vielfältige Werkzeug der Diplomatie, vergleichbar dem Florett des Fechters oder dem Skalpell des Chirurgen. Sie ist Angriffs- und Verteidigungsmittel, Schwert und Schild zugleich. Die Rede- und Schreibkunst des Diplomaten ist nicht einfach die Suche nach der besten Technik, einen Inhalt plausibel zu machen. Es geht vielmehr um das Erfassen des Gegenübers, seines Standpunktes und seiner Bedürfnislage. Nur wer seine Gesprächspartner ganzheitlich erkennt und genügend ernst nimmt, kann erfolgreich mit ihnen mündlich oder schriftlich kommunizieren. Die Sprache mit ihren ungezählten Möglichkeiten zur Verfeinerung des Ausdrucks, zur Modulation des Tons und zur Formulierung von Inhalten bietet dazu das geeignete Instrumentarium. Die sprachliche Überzeugungskunst des Diplomaten braucht nicht ganz so weit zu gehen wie im eingerahmten Spruch, den ich seinerzeit im Büro eines Generaldirektors im türkischen Aussenministerium vorgefunden hatte: *«A Diplomat is a person who can tell you to go to hell in such a way that you actually look forward to the trip.»*[56]

Der Diplomat schöpft seine Erkenntnis nicht in erster Linie aus Dossiers. Er ist kein Bücherwurm, der sich im Elfenbeinturm abkapselt. Der allzu früh verstorbene, hochtalentierte Kollege David de Pury[57] meinte, dass der erfolgreiche Diplomat fast den ganzen Tag ausserhalb des Büros im ständigen Gespräch auf der Suche nach wertvollen Informationen verbringe, die dann in Randstunden oder am Wochenende in Berichte zuhanden der Zentrale verarbeitet werden. Die Welt des Diplomaten ist in der Tat der persönliche Kontakt mit Menschen, seien es die massgebenden Akteure des politischen, wirtschaftlichen und kulturellen Lebens sowie Kollegen, seien es Oppositionelle, Dissidente oder Vertreter aus unterprivilegierten Schichten. Nicht nur in Büros, sondern ebenso in Fabriken, Universitäten, auf der Strasse, beim Coiffeur oder in Gewerkschaftslokalen sucht der Diplomat das Gespräch. Und er ist aufmerksamer Zuhörer, um auch *«das Nicht-Gesagte, das Atmosphärische, das Unterschwellige»* in fremder Umgebung und unter möglicherweise extremen klimatischen

Verhältnissen aufnehmen zu können, wie Benedikt von Tscharner treffend meint.[58]

Es gibt Fälle, wo selbst Diplomaten Schwierigkeiten haben, das weit verbreitete Vorurteil zu entkräften, sie redeten nur belangloses, albernes Zeug. Was will ich schon gegen unseren grossen Emmentaler Dichterfürsten Jeremias Gotthelf vorbringen, wenn er in seinem «Ueli der Pächter» seinen Spott über die Diplomaten ausschüttet: *«Wie Krieger mit dem Degen, fechten die Diplomaten mit der Zunge ... Wenn nun ein ganzes Volk sich auf die Diplomatie legt und mit Schwadronieren sich befasst, Herrgott, was da gesalbet und geschmieret werden muss!»* Zu den gotthelfschen Beanstandungen hier nur so viel: Sicher, der Austausch von Belanglosigkeiten ist in der Diplomatie wohl weiter verbreitet als in anderen Berufen; er wird zu Recht kritisiert, wenn er als reiner Selbstzweck, als *«l'art pour l'art»*, betrieben wird.

Der erste Zweck von Gesprächen ist es indessen, Kontakte zu knüpfen, neueste Nachrichten auszutauschen und generell ein Klima zu schaffen, welches der Besprechung von ernsten Angelegenheiten dient. Ich bewunderte die unerreichte Gabe unseres Spitzendiplomaten Edouard Brunner, der an gesellschaftlichen Empfängen einen kurzen *«acte de présence»* markierte, sofort auf die ihm wichtig scheinenden Gesprächspartner zusteuerte und – wie eine Biene von Blüte zu Blüte fliegend – die neuesten wichtigen Informationen aus ihnen heraussog, um bald wieder zu verschwinden. Wie kaum ein anderer verstand er es, sich den vielbelächelten *«small talk»* als wichtigen Teil der diplomatischen Tätigkeit zunutze zu machen. Aber selbst der weniger begabte Diplomat kann sich ihm nur in den seltensten Fällen entziehen, weil er eine erstklassige Informationsbörse ist. Der Besucher aus der Schweiz, sei er nun Bundesrat, Parlamentarier, hoher Beamter oder Geschäftsmann, weiss es zu schätzen, wenn der Diplomat vor Ort dank seines nicht zuletzt in leichten Konversationen zustande gekommenen *networking* – um diesen neudeutschen Ausdruck zu verwenden – die richtigen Türen zum richtigen Zeitpunkt zu öffnen versteht.

Abschliessend gestatte ich mir einen kleinen Exkurs, um auf zwei Dinge hinzuweisen, die beide auf ihre Art die diplomatische Arbeit beeinträchtigen. Es geht um den zunehmend nachlässigen Umgang mit der Sprache sowie um die Geissel amtlicher Indiskretionen und ihre Folgen:

> *Sprache* ist Risiko. Sie ist neuzeitlich unter intensivem Beschuss. Begonnen hat es mit dem erfolgreichen Angriff der Bildröhre auf die Schrift. Der moderne Mensch hat sich vom Leser zum Betrachter und vom Denker zum mehr oder weniger unkritischen Konsumenten gewandelt. Dass die Sprache unter dieser Entwicklung leidet, erstaunt nicht. Die neuzeitlichen zwischenmenschlichen Kommunikationsmethoden von E-Mail oder SMS haben das Ihre dazu beigetragen. Sprachliche Fertigkeit ist kaum noch gefragt, Sprachkenntnis als das Vermögen, sich hinreichend klar auszudrücken, ist schon in der Prioritätenordnung des gymnasialen Unterrichts entscheidend zurückgestuft worden. Textinterpretationen und Phantasie werden als weit wichtiger erachtet als das Erlernen und Erkennen der Sprachstruktur. Die teilweise feststellbare, manifest unbeholfene sprachliche Ausdrucksweise selbst bei jungen Diplomaten ist eine Folge davon und muss zu denken geben.
>
> Der Dialektfimmel hat ebenfalls dazu beigetragen, dass sich der Deutschschweizer mit der Hochsprache Deutsch schwertut – und den anderssprachigen Landsleuten das Verständnis erschwert. Dabei manifestiert sich sprachliche Kompetenz nicht allein in der Beherrschung von Fremdsprachen, wie es sich für die Mehrsprachigkeit der Schweizer ziemt, sondern auch in der eloquenten Handhabung der eigenen Hochsprache. Ohne die Dialektvielfalt zu schwächen, brächte die konzentrierte Kultivierung des Hochdeutschen nur Vorteile für die Rede- und Lesekompetenz.
>
> Apropos Fremdsprachen: Die Weltsprache *Englisch* gilt als cool und zeitgemäss und hat seit einiger Zeit das Französische als wichtigste diplomatische Sprache abgelöst. Seit Mitte des 20. Jahrhunderts wird Generation um Generation vom Virus dieser Sprache befallen, die durch Rock- und Popmusik, via Kino und mittlerweile auch übers Internet in die Lebenswelt nicht nur der Heranwachsenden getragen wird. Auch die Erziehungspolitik scheint auf diesen Kurs einzuschwenken, wenn etwa in der Schweiz die Pflege der Landessprachen zusehends in Konkurrenz mit dem Trend zum Frühenglisch tritt.

Für die weltweite Verbreitung dieses Idioms hat die britische Kolonial- und Siedlungsgeschichte gesorgt. Umgekehrt führt der hohe Assimilierungsgrad im Englischen, wo sich ein germanisches Substrat mit keltischen, lateinischen, skandinavischen und französischen Sprachelementen mischt, dazu, dass diese Sprache zumindest für Westeuropäer von verschiedenen Seiten her zugänglich ist. Überdies gilt Englisch als «einfach», was allerdings ein grosser Trugschluss ist. Der Lernende hat nämlich nur gerade am Anfang das Gefühl, grosse Fortschritte zu machen. Er wird jedoch kaum die Sicherheit im Umgang mit der verzwickten Idiomatik des englischen Grundvokabulars erwerben, von den unendlichen Bedeutungsschattierungen dieser Sprache gar nicht zu reden. Man muss deshalb nicht allen Diplomaten und globalen Reisenden aufs Wort glauben, wenn sie behaupten, sie beherrschten das Englische.

Als Absolvent in Anglistik wage ich das auch nach vierzigjähriger Praxis in dieser Sprache nicht von mir zu behaupten.

Amtliche Indiskretionen. Das bereits mehrfach erwähnte Vertrauen braucht es nicht nur in den diplomatischen Beziehungen nach aussen; Vertrauen braucht es auch im Schriftverkehr zwischen den Aussenposten und der eigenen Zentrale. Dieses Vertrauen war mit der Affäre Carlo Jagmetti von Anfang 1997 schwer erschüttert worden: Ein Strategiepapier des damaligen Schweizer Botschafters in Washington betreffend die einzuschlagende Politik hinsichtlich der Affäre um die Rolle der Schweiz im Zweiten Weltkrieg war in die Presse gelangt. Der darauf folgende Sturm der Entrüstung führte bekanntlich zu Jagmettis Demission.

Ich war überzeugt davon, dass diese Indiskretion nicht auf Sorglosigkeit im Umgang mit vertraulichen Informationen, sondern auf Absicht zurückzuführen war. Wer an diesem Mangel an Verschwiegenheit innerhalb des Departementes beteiligt war, konnte trotz eingeleiteter Strafuntersuchung nicht ausfindig gemacht werden. Die Angelegenheit Jagmetti war beileibe nicht die einzige Panne; Enthüllungen haben in der Schweizer Politik Tradition und mittlerweile durchaus System. Ich selbst war ja auch Opfer einer Indiskretion, als einige Jahre später mein Papier aus Ankara in der heiklen armenischen Frage den Weg in die Presse fand, mit allerdings viel weniger schwerwiegenden Folgen.

Dass an der Aussenfront verfasste und als vertraulich bezeichnete Notizen zu einem brisanten Thema durch das EDA bzw. die Bundesverwaltung der Presse zugespielt wurden, war äusserst gravierend. Wer den freien Informationsfluss zwischen den Aussenposten und der Zentrale unterbindet, kappt den Lebensnerv des Departementes. Freie, ungeschminkte Information muss das Recht auf Wertung enthalten, selbst wenn die Wortwahl deutlich ausfällt. Der Diplomat an der Front riskiert zudem, dass er durch eine Veröffentlichung seine Quellen gefährdet oder dass seine Stellung im Gastland in Frage gestellt wird. – Als Inspektor meldete ich grösste Bedenken an gegen den – allerdings rasch wieder fallen gelassenen – Versuch in unserem Haus, die Diplomaten an der Aussenfront bei der Berichterstattung aus Rücksicht auf die «Publizierfähigkeit» sozusagen in ein Korsett zwängen zu wollen. Diplomatische Analysen und Berichte können nämlich von der Natur her nicht publizierfähig sein!

Eine andere, nicht minder wichtige Frage ist indessen, ob die Medien ihre Eigenverantwortung in genügendem Masse wahrnehmen oder ob sie auf der ständigen Jagd nach auflagenfördernden Sensationsberichten nicht ihre Sorgfaltspflicht verletzen. Missstände aufzudecken und diese objektiv zu kritisieren, ist eine der nobelsten Aufgaben der Presse, gestützt auf die verfassungsmässig garantierte Pressefreiheit. Das bedeutet allerdings nicht, dass der Staat alles offenzulegen hat. Er hat ein legitimes Recht auf Geheimhaltung, das von den Medien zu respektieren ist. Andernfalls werden die verwaltungsinterne Meinungsbildung, der Staats- und Personenschutz sowie die Taktik in internationalen Verhandlungen erschwert, wenn nicht gar verunmöglicht.

4.4 Moderne Informationstechnologie ersetzt die Diplomatie nicht

Eine traditionelle Hauptaufgabe des Diplomaten habe ich bisher bewusst ausgelassen, weil sie durch die rasante Entwicklung der Technik in der Nachrichtenübermittlung und der Verkehrsverbindungen zunehmend in den Hintergrund gedrängt worden ist, nämlich die des Unterhändlers. Zwar ist ein Missionschef auch heute nicht nur «Botschafter», sondern «ausserordentlicher und bevollmächtigter Botschafter», selbst wenn diese Bezeichnung ihre ursprüngliche Bedeutung weitgehend verloren hat. Sie stammt aus einer Zeit, als die Aufrechterhaltung permanenter Botschaften im Ausland die Ausnahme und nicht die Regel war und als der verhandlungsbevollmächtigte Botschafter viele Tage und manchmal Wochen brauchte, um seinen Bestimmungsort zu erreichen. Die Begleitumstände seiner Mission waren häufig kritisch, es ging um Krieg und Frieden. Er musste rasch und doch mit Autorität handeln können und brauchte deshalb weitgehende Vollmachten. Diese gestatteten den Abschluss von Verträgen oder Abmachungen anderer Art, ohne den zeitraubenden Prozess der Rückfrage bei der Zentrale durchlaufen zu müssen.

Ein klassisches Beispiel für diese Sorte Botschafter war der Basler Bürgermeister Rudolf Wettstein, unser Unterhändler an der Friedenskonferenz von Münster und Osnabrück am Ende des Dreissigjährigen Krieges. Ihm verdanken wir es, dass im Westfälischen Frieden von 1648 die Unabhängigkeit der Schweiz vom Deutschen Reich ausdrücklich verbrieft wurde. Wettstein war eigentlich nur von den protestantischen Ständen der damaligen Eidgenossenschaft mit Vollmachten ausgestattet worden, aber er handelte so, als übte er sein Mandat für die ganze Schweiz aus. Nach Erfüllung seiner Mission kehrte er in die Schweiz zurück, um Bericht zu erstatten und das Einverständnis seiner Mandanten mit dem Verhandlungsergebnis entgegenzunehmen. Das war ein klassisches Beispiel für einen ausserordentlichen und bevollmächtigten Botschafter reinsten Wassers.

Knapp hundertsiebzig Jahre später erreichte der Genfer Charles Pictet de Rochemont am zweiten Pariser Frieden von 1815 mit der Anerkennung der immerwährenden Neutralität durch die damaligen europäischen Grossmächte ebenfalls einen glänzenden diplomatischen Erfolg. Die Unverletzlichkeit des territorialen Bestandes der Eidgenossenschaft wurde wiederum gewährleistet.[59]

In verschiedenen Zwischenstufen ist es im Rahmen der Revolution im Kommunikationswesen zu einer Entwicklung gekommen, die in der *«shuttle-diplomacy»* des damaligen amerikanischen Staatssekretärs Henry Kissinger als absolutes *non plus ultra* in der direkten Einflussnahme vor Ort durch Emissäre der Zentrale gipfelte. Kissinger hatte, zunächst als Sonderberater von Präsident Nixon und dann als Aussenminister, in den Siebzigerjahren des 20. Jahrhunderts mit seinem atemberaubenden Wirken in Peking, Moskau, Vietnam, dem Nahen Osten – wenn möglich noch gleichzeitig und überschneidend – alle Rekorde geschlagen und neue Massstäbe gesetzt. Die Politik, die er und seine unmittelbaren Helfer aus der Zentrale mit phasenweisen Verhandlungen an einem halben Dutzend Telefonen gleichzeitig führten, kann man füglich als letzten Schrei in der Verdrängung des Botschafters von seiner traditionellen Rolle bezeichnen.

Die Diplomatie des Kleinstaates Schweiz läuft keine Gefahr, je in solche Exzesse zu verfallen. Sie kam allerdings nicht darum herum, die aufgezeigte Entwicklung – wenn auch in bescheidenerem Masse – mitzumachen. Auch bei uns hat die Reisetätigkeit der Bundesräte beträchtlich zugenommen, und die Zahl der Unterhändler, die nicht nur aus dem EDA, sondern auch aus anderen Departementen ins Ausland geschickt werden, um Verhandlungen zu führen, ist ebenfalls gestiegen. Von einem Bedeutungsschwund der Diplomatie kann jedoch allen Unkenrufen zum Trotz nicht die Rede sein. Es ist vielmehr ein Bedeutungswandel, den unser Berufsstand mitgemacht hat und immer noch mitmacht. Die Auslandsreisen müssen nämlich vorbereitet sein. Den Botschaften vor Ort fällt die Organisation dieser offiziellen Visiten zu, denn die zum Teil recht anspruchsvollen Besucher wollen nach allen Regeln der Kunst betreut und verwöhnt werden. Überdies gilt es, verhandlungsmässig das Terrain möglichst gut vorzubereiten.

Wenn ich schon nur auf meine zweiunddreissig Jahre im Dienste der Eidgenossenschaft zurückblicke, kann ich grosse Unterschiede im Übermittlungswesen feststellen, die natürlich nicht ohne Auswirkung auf die diplomatische Arbeit geblieben sind.

Als ich 1973/74 meine Auslandstage als Attaché an unserer Botschaft in Warschau absolvierte, war die Abfassung und Übermittlung einer vertraulichen Meldung nach Bern – erst noch zu Zeiten des Kalten Krieges – eine zeitraubende und geheimnisumwitterte Übung. Eine Depesche war aus Kostengründen im sogenannten Telegrammstil zu redigieren: Es galt zu üben, sich beim Inhalt auf das Wesentliche zu beschränken und stilistisch alles überflüssige Beiwerk wegzulassen. Im Radioraum, dem Allerheiligsten einer diplomatischen Vertretung, der nur wenig Eingeweihten zugänglich war, durfte ich dem Übermittlungsspezialisten beim Stöpseln zuschauen. Die Zeit, bis eine chiffrierte Nachricht durchgegeben war, konnte über eine Stunde betragen – und es gab erst noch keine Gewähr, dass sie nicht verstümmelt in der Zentrale eintraf.

Heute, in der Epoche der Globalisierung und der augenblicklichen Kommunikation, fallen derartige technische Schwierigkeiten weg. Aber trotz aller Fortschritte im Bereich der Informatik bedeuten auch jetzt ein direktes Telefongespräch oder ein E-Mail auf Ministerebene noch lange nicht augenblickliches Einvernehmen und noch weniger augenblickliche Übereinkunft im zwischenstaatlichen Verkehr, was die Daseinsberechtigung der Botschaften in Frage stellen würde. Denn gerade in einem solchen Augenblick setzt die harte Knochenarbeit der Diplomaten ein, die alle Überzeugungskünste aufbieten müssen, um den Verwaltungsapparat eines gegebenen Staates für die Vorstellungen des eigenen Ministers zu gewinnen.

Die heutigen Innovationswellen im Kommunikationssektor haben ebenso wenig zum prophezeiten Ende der Diplomatie geführt, wie dies bereits in früheren Epochen vorausgesagt worden war. So hatte im 19. Jahrhundert, als im Nationalrat über die Eröffnung einer Auslandsvertretung debattiert wurde, ein Parlamentarier allen Ernstes die Auffassung vertreten, dass eine solche Eröffnung nun sinnlos sei, weil es ohnehin keine diplomatischen Missionen mehr geben werde, wenn einmal alle Hauptstädte durch eine Telegrafenleitung miteinander verbunden seien … Ähnlich argumentierte übrigens noch 1991 der amerikanische Präsidentschaftskandidat Ross Perrot, als er meinte, die USA bräuchten keine Botschaften mehr, weil es ja nun Faxgeräte gebe.

Der Grund für derart eklatante Fehlprognosen dürfte ein falsches oder zumindest extrem verkürztes Verständnis von der Funktion der Diplomatie in den internationalen Beziehungen sein. In den erwähnten Fällen wurde die Diplomatie ganz offensichtlich rein auf die Übermittlung von Informationen reduziert.

Ich habe zeitlebens die Mahnung von Max Troendle beherzigt, der uns Stagiaires schon während der Ausbildungszeit vor beinahe vierzig Jahren nahegelegt hatte, bei der Nachrichtenübermittlung nie in einen zeitlichen Konkurrenzkampf zu den Medienleuten treten zu wollen. Der Botschafter im Ruhestand und damalige Präsident der Aufnahmekommission wusste aus Erfahrung, wovon er sprach, weil in einem solchen zeitlichen Wettrennen die Diplomaten immer nur die zweiten Sieger wären.

Manchmal hört man auch sagen, dass die in einem Land anwesenden Journalisten wegen ihrer langjährigen Erfahrung die bessere Analyse- und Informationsfähigkeit besässen als die Diplomaten. Das mag teilweise zutreffen, sollte indessen den geneigten Leser nicht zu falschen Schlüssen führen. Der Journalist und der Diplomat gehen nämlich ganz unterschiedlich an ihre Arbeit heran. Der Journalist verfolgt die Lage täglich und richtet sich generell an ein Massenpublikum, während der Diplomat einen gewissen zeitlichen Verzug hat, der dazu genutzt wird, die Lage umso besser und gründlicher analysieren zu können.

Die Informationsquellen des Diplomaten und des Journalisten sind übrigens nicht immer die gleichen – wir Diplomaten haben beispielsweise Zugang zu vertraulichen Informationen, die dem Pressevertreter im Prinzip nicht offenstehen. Dementsprechend ist die Optik verschieden, wir Diplomaten richten unsere meist vertraulichen Berichte an eine kleine, selektive Leserschaft von Spezialisten an der Zentrale; und die Analyse erfolgt fast ausschliesslich durch das Prisma der bilateralen Beziehungen, durch die Interessenlage, die Bedürfnisse sowie die Bedenken der eigenen Regierung.

Das heisst indessen nicht, dass Diplomat und Journalist nicht auf einer Basis gegenseitigen Vertrauens zusammenarbeiten und Informationen austauschen können. In Istanbul bzw. Ankara hatte ich einen regelmässigen Gedankenaustausch mit Werner van Gent, dem Lokalvertreter des Deutschschweizer Fernsehens, sowie mit seiner gut informierten Gattin Amalia van Gent, die für die NZZ die Türkei und Griechenland abdeckte. Diesen persönlichen Kontakt habe ich übrigens über mein Türkei-

Mandat hinaus beibehalten. In Singapur waren meine Frau und ich mit dem damaligen NZZ-Korrespondenten Friedemann Bartu und dessen Gattin befreundet.

4.5 Die Diplomaten sind keine «privilegierte Kaste»

Wie anderweitig dargelegt, hat das Aussenministerium schon immer Aussenstehende vereinzelt mit wichtigen Missionen betraut und wird das auch in Zukunft tun. Der Widerstand der EDA-Angehörigen regte sich erst gegen den Versuch von Bundesrat Cotti, Quereinsteiger planmässig einzusetzen, um der vermeintlichen «Kaste» der Berufsdiplomaten das Rückgrat zu brechen. Dabei ging es uns nicht eigentlich um Zunftschutz, sondern in erster Linie darum, aufzuzeigen, dass Diplomatie nicht von einem Tag auf den anderen erlernt werden kann. Der Erwerb eines Botschaftertitels setzt langjährige Ausbildung und praktische Erfahrung voraus, die fast nur *«on the job»* erworben werden können. Die Schweiz ist nämlich keine Grossmacht, die auf diese Konstellation nicht Rücksicht zu nehmen braucht. Nur ein Staat wie die USA kann sich wegen seiner tatsächlichen Macht erlauben, Botschafterposten mehr oder weniger unbeschadet als politische Pfründe zu verteilen – und die Doppelgleisigkeit und Frustration für die Berufsdiplomaten in Kauf zu nehmen.

Wenn schon der Begriff «privilegierte Kaste» bemüht wird, hatte er allenfalls bis in die erste Hälfte des 20. Jahrhunderts seine Berechtigung. Früher kam nämlich für die diplomatische Karriere einzig in Frage, wer aus einer begüterten und angesehenen Familie stammte, deren Angehörige von jeher wichtige Ämter in Bund und Ständen bekleidet hatten. Nicht nur die Herkunft war massgebend, ein Schweizer Diplomat war zu einem guten Teil auch auf eigene finanzielle Mittel angewiesen, um die Eidgenossenschaft einigermassen würdig vertreten zu können. Gehalt und Aufwandentschädigung des damaligen Aussenministeriums hätten dazu nie ausgereicht.

In den Vierzigerjahren des letzten Jahrhunderts hatte ein Schweizer Kabarett Erfolg mit einer Nummer, in der sich Damen der guten Berner Gesellschaft bei Kuchen und Tee darüber unterhielten, welcher ihrer Verwandten und Bekannten Gesandter in welcher Hauptstadt werden sollte.

Dieser Ämterpatronage wurde mit der Einführung des Zulassungswettbewerbs zum diplomatischen und konsularischen Dienst von 1955 Einhalt geboten. Zwei Zwecke wurden damit verfolgt, die auch heute noch ihre Geltung haben:

1. Eine Demokratisierung des Rekrutierungssystems soll jedem geeigneten Kandidaten gegen eine angemessene Entschädigung den Beitritt ermöglichen.

2. Mit der Erweiterung der Auswahlbasis sollen die Fähigsten zum Zuge kommen.

Das war die sichtbare Öffnung der Karriere für Kandidaten, die nicht aus finanziell oder gesellschaftlich privilegierten Verhältnissen stammten. Persönlich bin ich ein Produkt dieses demokratisierten Zulassungswesens, das Chancengleichheit bietet, weil mein familiärer Hintergrund mir sonst niemals den Zugang ins Aussenministerium ermöglicht hätte. Heute befindet sich die überwiegende Anzahl der diplomatischen Kolleginnen und Kollegen in meinem Fall.

Die Blankart, von Graffenried, von Muralt, Pictet, de Pury, Staehelin, von Tscharner, de Riedmatten, von Salis gibt es Gott sei Dank noch immer unter uns, aber sie sind in eine Minderheitenrolle versetzt worden und geniessen bei der Eintrittsprüfung keinen Spezialbonus. Im Gegenteil, der Träger eines berühmten Familiennamens wird besonders gründlich gemustert. Ich habe die Erfahrung gemacht, dass diese Persönlichkeiten eine Bereicherung für unser Metier sind. Sie bringen nämlich eine angeborene Eleganz und Leichtigkeit des Lebensstils mit, die dem Diplomatenberuf gut ansteht. Diese Qualitäten müssen «wir anderen» uns im Verlauf der Karriere mit mehr oder weniger Erfolg anzueignen trachten. Dazu gehören auch die guten alten, zivilisierten Anstandsregeln, welche die Diplomatie auszeichnen sollten.

Der langen Worte kurzer Sinn: Eine Kaste sind wir nicht. Von Kaste kann schon eher die Rede sein, wenn ich etwa an die *«Grands Corps de l'Etat»* in Frankreich denke, von denen das im Quai d'Orsay angesiedelte Corps diplomatique eine der traditionsreichsten Organisationen ist. Eine solche

Körperschaft mit eigenen Strukturen, eigenen Interessen, einem eigenen *«esprit collectif»*, geht teilweise auf die Schaffung von berufsständischen Korporationen im Ancien Régime zurück. Sie hat die Monarchie überlebt und ist auch im republikanischen Zeitalter eine Art Staat im Staat geblieben.

Die schweizerische Diplomatie hat im Unterschied zur französischen keine lange Tradition, sie ist weder kastenmässig durchstrukturiert, noch schottet sie sich nach aussen ab. Das den französischen Diplomaten anhaftende Elitäre, das an den grossen nationalen Verwaltungsschulen und Kaderschmieden herangezüchtet wird, ist mit dem Schweizer Geist nicht vereinbar. Bei uns sind die Diplomaten – selbst wenn sie manchmal als abgehoben empfunden werden – letztlich Teil des Volkes, sie sprechen den gleichen Dialekt wie andere Schweizer auch. Und die Diplomaten sind womöglich durch die gemeinsame Erfahrung des Militärdienstes mit den unterschiedlichsten Gesellschaftsschichten in Berührung gekommen, aus denen nicht selten lebenslange Männerfreundschaften entstehen können.

Was uns Diplomaten hingegen auszeichnet, ist ein ausgeprägter Berufsstolz, wohl weil die Stufenleiter beschwerlich und bis zum Botschafter sehr lang ist. Unser Korpsgeist, zu dem wir ruhig stehen dürfen, wird uns manchmal als Hochmut und Arroganz ausgelegt. Hier ist sicher viel Neid und Ignoranz im Spiel sowie die gutschweizerische Abneigung gegen alles, was auch nur den Hauch von Elitärem an sich hat und das biedere Mittelmass übersteigt.

Wie wir gesehen haben, sind auch Quereinsteiger im EDA willkommen, solange dies vereinzelt geschieht, die Betreffenden einen wirklichen Mehrwert darstellen und solange die Aussenposten nicht zum Ämterschacher nach parteipolitischem Kalkül missbraucht werden. Es versteht sich, dass die im Departement geltenden Regeln und Vorschriften eingehalten werden müssen.

Diplomaten üben keine Macht aus: Entgegen einer weit verbreiteten Auffassung besitzen Botschafter keine Macht. Zwar stimmt es, dass Botschafter über gewisse äussere Attribute wie Dienstwagen[60], Chauffeur, Residenz, Hausangestellte usw. verfügen, was auf eine gewisse Machtfülle schliessen lassen könnte. Trotz allen Prestiges, das die realen Verhältnisse zu kaschieren droht, ist der Missionschef jedoch in erster Linie gehorsamer Exekutant, der ins System eingebunden ist. Deshalb auch das Bild vom Diplomaten als Paradiesvogel im goldenen Käfig. Er arbeitet im Auftrag jener, die gemäss Verfassung die Ziele der Aussenpolitik bestimmen. Bei uns sind das der Bundesrat und das Parlament. Es wäre indessen sicher im Interesse der Sache, wenn Bundesräte und Parlamentarier noch vermehrt berücksichtigten, dass sie im diplomatischen Corps über erfahrene Experten der internationalen Beziehungen verfügen, deren Rat sehr wohl nützlich sein könnte. Von Bundesrätin Micheline Calmy-Rey, der gegenwärtigen EDA-Chefin, heisst es beispielsweise hinter vorgehaltener Hand, sie sei äusserst «beratungsresistent». Besonders gravierend finde ich die Tatsache, dass die Diplomaten im parteipolitischen Gezänk oft als Sündenböcke herhalten müssen.

In politischen Kreisen setzt man sich trotz schöner Lippenbekenntnisse nur sehr zögerlich für ernsthafte Belange des Diplomatenstandes ein. Eine löbliche Ausnahme zu meiner Zeit war Bundesrat Joseph Deiss. Er nahm sich die Zeit, um zuzuhören, und er wusste auch die unentgeltlich geleistete Arbeit der Diplomatengattinnen zu schätzen. Weil deren Mithilfe arbeitsrechtlich nicht vergütet werden konnte, leitete Deiss einen Prozess in die Wege, damit die Partnerinnen an der Seite von Diplomaten einen individuellen «Pensionsfonds» anlegen können, der indirekt vom Departement bezahlt wird.

Mit dem anderweitig erwähnten Schulterschluss der Parlamentarier mit Bundesrat Cotti in der leidigen Zulagenkürzung war man hingegen rasch bereit, alte Vorurteile gegen die angeblich genug verdienende, langsam arbeitende und einen luxuriösen Lebensstil pflegende Diplomatenkaste aufzuwärmen. Auf diese Weise konnte den ungeliebten Diplomaten auf deren Kosten ein Denkzettel verabreicht werden – und das ganze Manöver liess sich erst noch politisch ausschlachten, indem es in den Medien und in einer weiteren schweizerischen Öffentlichkeit positiv aufgenommen wurde! Bei einer solchen Vorgehensweise bleibt man indes in einem steten, unnützen Teufelskreis gefangen, welchen kaum je ein Politiker zu durchbrechen bereit ist. Sich offen für unseren Berufsstand einzusetzen, wirft halt keine politischen Dividenden ab!

Ich bin mir bewusst, dass ich die Lage etwas überzeichne, denn ich kam im Verlauf meiner Karriere auch mit National- und Ständeräten zusammen, welche volles Verständnis für die Stärken und gelegentlichen Schwächen der Diplomatie aufbrachten und deren Leistungen zu schätzen wussten. Eine solche Persönlichkeit ist der aargauische SVP-Ständerat Maximilian Reimann, mit dem ich mich schon vor meinem Türkei-Einsatz gut verstanden hatte. Als Aussenpolitiker und Mitglied der Zulassungskommission für den diplomatischen Dienst ist Reimann berufen festzustellen: *«Die Diplomaten erfüllen ihre Pflicht und geben ihr Bestes abseits der Scheinwerfer.»*[61] Dennoch bleibe ich bei meiner Feststellung, dass die Arbeit der Diplomaten eine breitere Unterstützung vor allem in der *«classe politique»* verdient. Ein ehemaliger EDA-Verwaltungsdirektor bemerkte einmal, dass wir Diplomaten «Lobbyisten der Schweiz» seien. Das stimmt, wobei aber sogleich beizufügen ist, dass wir selbst über keine Lobby verfügen, welche diesen Namen wirklich verdient.

«Wir Botschafter erwecken mit unserem Lebensstil den Anschein, Millionäre zu sein, was überhaupt nicht zutrifft», meinte einmal in Ankara ein Missionschefkollege aus einem jungen Balkanstaat mir gegenüber, womit er nicht Unrecht hatte. Dieser Ausspruch widerspiegelt die grosse Kluft zwischen dem Prestige, das den Diplomaten noch immer umgibt, und der Realität.

Das beginnt schon bei der Entlöhnung. Denn eines ist sicher: Im Staatsdienst wird der Diplomat nicht reich, auch wenn er korrekt entlohnt wird. Der Diplomat muss, wie wir gesehen haben, zwar nicht von Haus aus begütert sein, um ins EDA einzutreten. Er bezieht seinen Lohn vom Staat wie jeder andere, der in seinen Diensten steht, und erhält für seinen Einsatz im Ausland Sonderzulagen.

Vorschriften und Kontrollen verpflichten jeden Diplomaten, seine Lebensweise, sein und seiner Familie Auftreten auf einem Niveau zu halten, das der Würde seines Amtes als staatlichen Vertreters entspricht. Im Besonderen ist er verpflichtet, eine gewisse Summe für die «Repräsentation» auszugeben, d.h., Geselligkeit zu pflegen und ein Leben zu führen, das seinen Kontakt- und Umgangspflichten Genüge tut und dem Prestige seines Landes entsprechen sollte. Das umstrittene Thema «Repräsentation» soll im folgenden Unterkapitel speziell vertieft werden.

Was übrig bleibt, worüber er also frei verfügen kann, das steht in keinem Verhältnis zur geleisteten Arbeit. *«Kein Intellektueller in einem freien Beruf, kein Geschäftsmann würde sich damit zufrieden geben»*, meinte schon vor Jahrzehnten eine österreichische Diplomatengattin.[62] Kollege Benedikt von Tscharner hatte Anfang der Neunzigerjahre Berechnungen bezüglich der schweizerischen Diplomatenlöhne angestellt, die im Quervergleich zur Privatwirtschaft *«das Bild einer anständig entlöhnten Arbeit als Angehöriger des mittleren Kaders»*[63] ergeben haben, mehr nicht.

Die seitherige lohnmässige Entwicklung ist eher zuungunsten der EDA-Angehörigen verlaufen. Von der von Bundesrat Cotti durchgesetzten Zulagenkürzung war bereits an anderer Stelle die Rede. Der ab 2007 gültige neue Lohnausweis im Kanton Bern bedeutet für die weltweit auf Botschaften und Konsulaten tätigen EDA-Mitarbeitenden eine zusätzliche Einkommenseinbusse, die ins Gewicht fällt, indem Lohnnebenleistungen im Ausland separat deklariert und auch besteuert werden. Eine grossangelegte Protestwelle führte zu keinem Rückzug dieser Massnahme. Die gesamte finanzielle Belastung Direktbetroffener kann wegen der Besteuerung der Auslandsleistungen bis zu dreimal so hoch ausfallen wie bisher.

Keine Steuerbefreiung: An dieser Stelle möchte ich auch ein für alle Mal die Mär aus der Welt schaffen, die Diplomaten seien von der Steuerleistung befreit. Wenn wir im Verlauf unserer verschiedenen Rotationen einen Einsatz an der Zentrale haben, zahlen wir Steuern wie jeder «normale» Schweizerbürger. Im Unterschied zu den Selbstständigen sind die Chancen der Bundesangestellten gleich null, dass von gewissen Steuererleichterungen und steuerlichen Schlupflöchern profitiert werden kann. Beim Auslandseinsatz stimmt es zwar, dass der Diplomat vom Empfangsstaat nicht besteuert werden kann – das ist Teil der diplomatischen Privilegien, die mit seiner Amtsausübung einhergehen. Weniger bekannt ist allerdings die Tatsache, dass Diplomaten – zumindest in der Schweiz – vom eigenen Staat besteuert werden. Jede Diplomatin, jeder Diplomat im Auslandseinsatz zahlt die ordentlichen Bundessteuern. Überdies bringt das EDA unter dem euphemistischen Begriff «Minderkosten Steuerfreiheit» einen Betrag in Abzug, der in etwa den Kantons- und Gemeindesteuern entspricht. Nicht selten fällt der Betrag höher aus, als wenn der Betreffende in der Schweiz leben würde.

Das EDA, aber auch die *«classe politique»* müssen sich bewusst werden, dass sich unter diesen Umständen nicht mehr die Fähigsten zum Diplomatenberuf melden. Zwar wird es nie Rekrutierungsschwierigkeiten geben für Diplomatenanwärter – die Anziehungskraft des Berufes ist unvermindert. Aber werden wir auch die besten Juristen und Ökonomen anstellen können, die das Land braucht? Dass Diplomaten im mittleren Alter in viel grösserer Zahl das EDA verlassen, als dies noch zu meiner Zeit der Fall war, ist ein Alarmzeichen. Viele der Abgänger wechseln in die Privatwirtschaft: Bei grossen Konzernen haben vielsprachige Generalisten mit internationaler Kommunikations- und Sozialkompetenz anscheinend bessere Aufstiegschancen und werden generell besser entlohnt, als dies beim Bund zutrifft.

Als Argument gegen die nicht sonderlich guten Verdienstverhältnisse der Diplomaten werden immer wieder ihre Privilegien angeführt sowie die «Naturalien», die sie geniessen. Nun stimmt es, dass wir ein gehobenes Lebensniveau auf Staatskosten führen – das sich zwangsläufig ergebende Leben als «Paradiesvögel im goldenen Käfig» eben. Die Privilegien, die Immunität, die Zollfreiheit, der Diplomatenpass und das CD-Nummernschild am Wagen nehmen sich in der Tat gut aus, sie sind ehrenvoll, bequem, alles, was man will, nur haben sie keinen materiellen Wert; sie dienen einzig der besseren Abwicklung diplomatischer Tätigkeiten.

Nein, Diplomatie hat mit einer abgehobenen Kaste, die in Saus und Braus lebt, wenig bis gar nichts zu tun.

4.6 Protokoll und Repräsentationsverpflichtungen

Wie kaum anderswo bei diplomatischer Tätigkeit gibt es zu diesen beiden Begriffen sehr viele Vorurteile, ja falsche Vorstellungen: Man macht sich über das steife Protokoll lustig; Pomp und Glitter an Empfängen, wo der Diplomat im Pauschalurteil weiter Bevölkerungskreise als Whiskyglas schwenkender Causeur und Salonlöwe wahrgenommen wird, lösen ungläubiges Kopfschütteln aus.

4.6.1 Was ist das Protokoll?

Wenn man im Lexikon nachsieht, so ist Protokoll nicht nur «die schriftliche Festlegung einer Verhandlung, Erklärung oder eines Beschlusses durch den Protokollführer». Das hier gemeinte Protokoll ist vielmehr *«die Gesamtheit der im diplomatischen Verkehr beobachteten Regeln der Höflichkeit und der guten Formen»*. Es wäre indessen falsch, das Protokoll als Einrichtung sehen zu wollen, die nur der Diplomatie dient, basierend auf äusserer Erscheinung und einem überholten Verhaltenskodex. Die Kirchen, die Parlamente, die Universitäten und eine Vielzahl privater Organisationen kennen ebenfalls protokollarische Regeln. Diese können auch für die rein private Geselligkeit als Richtschnur dienen, besonders zum gegenwärtigen Zeitpunkt, da in vielen Lebensbereichen die massgeblichen Normen abhanden gekommen sind. So gesehen, ist das einzig Besondere am diplomatischen Protokoll die Bezeichnung.

Die Beherrschung der Regeln des Protokolls gehört zum unentbehrlichen Rüstzeug einer jeden Diplomatin, eines jeden Diplomaten. Diese Regeln werden nicht nur vom obersten Protokollbeamten, dem Protokollchef, oder seinen Mitarbeitenden gebraucht, die Staatsbesuche vorbereiten und die Betreuung des diplomatischen Corps zur Hauptaufgabe haben. Protokollarische Richtlinien sind für jede Stufe der diplomatischen Laufbahn und jede Funktion nötig. Niemanden in seinem Selbstgefühl zu verletzen und dadurch die diplomatischen Beziehungen zu erleichtern, ist das entscheidende Anliegen eines guten Protokolls. Dazu gehören nicht nur eine präzise Kenntnis der Protokollregeln und eine grosse Berufserfahrung, sondern auch Takt und vor allem Humor.

Das schlichte, papiertrockene Wort «Protokoll» stammt vom Wiener Kongress (1813–1815), wo nach den napoleonischen Kriegen eine solche Menge von Fürsten und Generälen, von Staatsmännern und Botschaftern zusammentrafen, dass ihr gegenseitiger Verkehr und ihre Rangfolge dringend einer schriftlichen Fassung bedurften. Was bis dahin nur mündlich überlieferte Gepflogenheit war, wurde bei dieser Gelegenheit schriftlich «protokolliert». Die daselbst festgelegten Regeln für das diplomatische Protokoll hatten sich so gut bewährt, dass sie durch die «Wiener Konvention über diplomatische Beziehungen» im Jahre 1961 erneut bestätigt wurden. Seit dem Wiener Reglement gibt es keine Auseinandersetzungen mehr über Rangfragen zwischen Staaten und ihren diplomatischen Vertretern, die aus Protokollstreitigkeiten entstehen könnten.

Als Repräsentant eines Kleinstaates habe ich es als eine geniale Errungenschaft empfunden, dass die Rangordnung der diplomatischen Vertreter nicht durch die Grösse ihrer Länder, der Einwohnerzahl oder das politische Gewicht bestimmt wird. Das ausschlaggebende Kriterium ist einzig der Zeitpunkt, zu dem eine Funktion übernommen wird. Damit ist eine objektive Norm an Stelle von Massgaben wie Ansehen oder Bedeutung eines Landes getreten, über die man sich zuvor nie hatte einigen können. Die Gesetze des Dschungels und die Macht des Stärkeren wurden bis zu einem gewissen Grad durchbrochen. Es kann sehr wohl der Botschafter der Schweiz vor dem Botschafter der Vereinigten Staaten, Russlands oder Chinas rangieren. Es hängt nur davon ab, wer von ihnen zuerst sein Beglaubigungsschreiben überreicht hat. Sich in diese Rangordnung zu fügen, ist für jeden Diplomaten eine Selbstverständlichkeit.

4.6.2 Was ist Repräsentation?

Die Repräsentationsverpflichtungen der Diplomaten bestehen nicht, wie weit herum vermutet wird, aus einem freiwilligen, fröhlich-unbeschwerten Reigen gesellschaftlicher Veranstaltungen, während denen man, selbstverständlich elegant gekleidet, gemütlich plaudert oder sich an erlesenen Menus üppiger Bankette gütlich tut. Sie bestehen vielmehr aus einem ständigen, aufreibenden Einsatz für letztlich fremde Leute.

Dazu sei gleich festgehalten, dass man diese gesellschaftliche Schwerarbeit – das ist sie nämlich – nicht freiwillig auf sich nimmt, sondern als Pflicht, weil sie eben einen unentbehrlichen Bestandteil der diplomatischen Tätigkeit darstellt. Es besteht kein Zweifel, dass die für den Beruf nötigen Kontakte am besten auf gesellschaftlichem Boden reifen, und nicht in einem unpersönlichen Büroraum. – Fürst Klemens Metternich (1773–1859), ein Zeitgenosse des weiter oben erwähnten, diplomatenkritischen Gotthelf, war sowohl ein grosser Staatsmann und Diplomat als auch ein gewandter Gesellschaftsmensch, der sich zeitlebens – auf Französisch notabene, der damals verbreitetsten Diplomatensprache – an seine eigene Erkenntnis hielt: *«Le contact personnel ne peut être remplacé par aucune autre espèce de relation.»* Dementsprechend umfangreich war der Kreis von Personen, mit denen Metternich in persönlichem Kontakt stand.

Es kann natürlich nicht meine Absicht sein, mich gesellschaftsmässig auch nur im Entferntesten mit dem grossen Metternich vergleichen zu wollen. Aber gerade für den Vertreter eines Kleinstaates, der auf seinen Sonderfall recht stolz ist und der lange Zeit bewusst bedeutenden internationalen Organisationen ferngeblieben ist, stellt die Repräsentationstätigkeit ein wichtiges Arbeitsinstrument dar, um sich in der internationalen Staatengemeinschaft für unsere Belange das nötige Gehör zu verschaffen. Gekonnte diplomatische Geselligkeit ist natürlich nur eines unter verschiedenen Mitteln zur Interessenwahrung. Aber sie hilft auf angenehme Weise mit, dass unser Land im staatlichen Beziehungsgeflecht nicht der Vergessenheit anheimfällt.

«Nach getaner Arbeit ist gut ruhn», lautet die allgemeingültige Weisheit des Sprichwortes. Der Diplomatenberuf bewegt sich ausserhalb dieser etablierten Norm. Der gesellschaftliche Grosseinsatz beginnt normalerweise gegen Abend und kommt zur täglichen Büroarbeit hinzu. Die meiste Zeit nehmen Empfänge und Cocktailpartys in Anspruch, bei denen das Protokoll kaum eine Rolle spielt. Das sind Stehveranstaltungen mit Massenandrang, während denen man nicht selten einen Satz mit jemand anderem beendet als mit der Person, mit der man ihn begonnen hat. Immerhin trifft man viele Leute und frischt im Herumgehen Verbindungen auf. Die politisch Interessierten diskutieren in Gruppen oder tuscheln zu zweit und dritt in einem Winkel, der Wand zugekehrt, damit man sie nicht stört.

Ich verschweige allerdings nicht, dass es Momente gab, da ich mich bei den unumgänglichen Stehempfängen mit Smalltalk langweilte, wenn nicht gar ärgerte, weil ich auf keinen interessanten Gesprächspartner stiess; oder vielleicht auch, weil mein Rücken sowie meine Knie zu schmerzen begannen und ich mit zunehmendem Alter bei hohem Lärmpegel Schwierigkeiten hatte, mein Gegenüber zu verstehen.

Oder hatte es damit zu tun, dass uns (Deutsch-)Schweizern jene Leichtigkeit des Seins abgeht, wie sie Menschen in anderen Ländern attestiert wird? Dort entspringt leichte Konversation dem zutiefst menschlichen Bedürfnis, Menschen, Zuhörer und Anerkennung zu gewinnen, während hierzulande ein Gespräch eher dann als gut gilt, wenn Tiefsinniges und Intellektuelles ausgetauscht wird. Ich habe die Erfahrung gemacht, dass in

Frankreich, aber auch in England oder in den USA der Smalltalk einen guten Ruf geniesst; denn dort gibt es eine Wertschätzung des Leichten, der gewitzten Plauderei, des *«esprit»*.

Nachtessen sind zwar auch ermüdend, weil man bis dahin jedenfalls schon abgekämpft ist, dennoch sind sie am positivsten zu bewerten. Den Rahmen dazu bietet das Haus des Diplomaten, die Residenz. Sie sollte mit Geschmack ausgestattet sein, der etwas von der Kultur des eigenen Volkes vermittelt. In einem gepflegten Heim bequem und in Ruhe sitzend, bei einem schön gedeckten Tisch, guten Speisen und einem ausgesuchten Tropfen Wein, kommt immer Atmosphäre auf. Meine Frau und ich erlebten stets von neuem, wie auch zurückhaltende Menschen bei einer gastlichen Tafel auftauten und gelegentlich Vertrauliches auszusagen bereit waren. Nach einem gelungenen Essen war ihr Verhältnis zu uns fast immer viel persönlicher und spontaner geworden.

Auf verschiedenen Posten wurden von uns im Verlaufe der über dreissigjährigen Karriere mehrere tausend Gäste bewirtet. Die Betreuung von Bundesräten, Parlamentariern und anderen Persönlichkeiten des öffentlichen Lebens wie Bundesrichtern, Militärs und hohen Beamten, zählte und zählt zu den offiziellen Pflichten des Diplomaten. Doch es gab auch fortwährend irgendeinen Grund für Sondereinsätze ausser der Reihe, seien es nun Konzerte von schweizerischen Orchestern, die Durchführung von Filmwochen und Ausstellungen, seien es Auftritte bekannter Künstler oder prominenter Sportler; all diese Anlässe galt es, publikumsmässig möglichst gut zu «vermarkten». Den grössten Anteil machten jedoch in jedem Land ausgewählte einheimische Gäste aus, zu denen Minister, Parlamentsabgeordnete, hohe Funktionäre oder Exponenten der zivilen Gesellschaft zu zählen waren. Neben den immer wieder eingeladenen Diplomatenkollegen kamen auf jedem Auslandsposten noch interessante eigene Staatsbürger hinzu, die im Gastland lebten und die man häufiger zu sich bat.

Die übrigen Mitglieder der Schweizer Kolonie schätzten es jeweils, dass wir sie über die offizielle 1.-August-Feier hinaus nach Möglichkeit zu gelegentlichen Empfängen einluden. Weniger gerne gesehen waren hingegen Landsleute *de passage*, die an virulenter Selbstüberschätzung litten und die den offiziellen Vertreter ihres Staates als ihren eigenen betrachteten. Auch andere ausländische Diplomatenkollegen mussten sich mit solchen durchreisenden Kompatrioten herumschlagen, die es als selbstverständlich erachteten, dass man sich ihrer wie eine Reiseagentur annahm, sie mit grossen Ehren überschüttete und womöglich auch zum Wohnen einlud. Die Auffassung, ein Botschafter habe in seiner Residenz einen unentgeltlichen Hotel-Pension-Betrieb für seine Staatsangehörigen zu unterhalten, war und ist weit verbreitet.

An dieser Stelle möchte ich auch noch mit zwei weiteren, viel verbreiteten Vorstellungen aufräumen: mit der Idee vom Luxus der Repräsentation und mit den Schlemmergenüssen der Diplomaten.

Die Schweiz hat seit jeher einige Schwierigkeiten mit gediegener Repräsentation gehabt. Die dem Basler Bürgermeister Johann Rudolf Wettstein 1646 von der Tagsatzung erteilten Repräsentationsrichtlinien scheinen sehr einfach gewesen zu sein und sich auf die Mahnung beschränkt zu haben, möglichst gar kein Geld auszugeben. In seinen Aufzeichnungen berichtete Wettstein einem Freund:

> *«Ich bezeuge zum Höchsten, dass die Eidgenossenschaft meines Erachtens der thorechtesten und gröbsten Stücken eines getan, wo sie lange Zeit begangen. Denn wenn man nur den viertel Teil des Prachts, so die Holländer zeigen, angewendet und auch Leute, die sich in der Welt zu richten wissen, abgeordnet hätte, so wäre es sehr hoch und wohl aufgenommen und ein sehr grosser Effekt dadurch zuweg gebracht worden. Gott erbarm sich unseres elenden Schweisses!»*[64]

Auch heute, da der Staat grosszügiger mit den Repräsentationszuteilungen umgeht, reicht die Bezahlung im Verhältnis zu den gesellschaftlichen Verpflichtungen nicht aus, was die Diplomaten mit eigenem Arbeitseinsatz und Aufwand wettzumachen trachten. Bei uns wurde beispielsweise alles daheim selbst zubereitet. Fertiges von ausserhalb zu bestellen, konnten wir uns aus finanziellen Gründen nur ausnahmsweise leisten, etwa beim Besuch eines Bundesrates.

Leicht geschieht es, dass eine gewisse Eleganz, die für die Repräsentation notwendig ist, mit persönlichem Luxus verwechselt wird. Hierzu nur soviel: Der Diplomat und seine Gattin können sich ihren Lebensstil nicht selbst wählen, sie haben sich dem Stil des übrigen diplomatischen Corps und den im Residenzland geltenden Sitten anzupassen. Eine Schweizer Residenz soll auf ansprechende Weise die Verbindung von Kommunikation, Tafelfreuden und Kultur präsentieren.

Die Kleidung der Diplomaten, die während der Gesellschaftsverpflichtungen getragen wird, kann recht kostspielig sein, aber sie ist im Normalfall überhaupt nicht luxuriös. Die Gattin des Repräsentanten eines Landes kann sich nur schwer in hausgemachten Kleidungsstücken zeigen, sie muss vielmehr über eine ansprechende Garderobe verfügen. Es braucht keineswegs ein Designerkleid zu sein, der diplomatische Deux-Pièces-Look genügt vollauf. Cocktail-, Gesellschafts- oder Abendkleid – die Grenzen sind heute, wo die Mode recht frei nach individuellem Geschmack interpretiert werden darf, nicht mehr so streng gezogen. Empfehlenswert ist es, nicht einfach kurzlebigen Modetrends zu folgen, sondern sich eher auf ein elegantes Modell klassischer Prägung festzulegen. Meine Frau machte damit sehr gute Erfahrungen, weil so ein gewisser Raum zum Variieren offen gelassen wurde.

Die Herren der Schöpfung haben es einfacher, weil bekleidungsmässig das Tenue de ville die Regel war. Der Smoking kam nur für besonders festliche Anlässe wie Wohltätigkeitsbälle in Frage, während Frack und die sehr teuren Diplomatenuniformen – letztere existieren im schweizerischen CD sowieso nicht mehr – mehrheitlich ausgedient haben.

Was nun den Champagner und Hummer, die auserlesenen Weine und Fasanbraten anbelangt, bekommt man sie wirklich vorgesetzt. Sie sind indessen die Ausnahme von der Regel und werden nur an besonders festlichen Veranstaltungen und Banketten serviert. Die diplomatische Normalkost ist eher banal. In einem arabischen Land hatte ich sogar die Erfahrung gemacht, dass ein Gericht, das dort als Leckerbissen galt, für mich geradezu ungeniessbar war. Obschon es mich vor Ekel fast schüttelte, musste ich das Essen mühsam und immerzu lächelnd hinunterwürgen – eine schiere Qual!

Im Übrigen kann ich aus eigener Erfahrung bestätigen, dass nie so wenig gegessen und getrunken wurde, als wenn man viele Diplomaten unter den Gästen hatte. Der reine Überlebenstrieb zwingt zu grösster Zurückhaltung. Würden die Diplomaten nämlich jedes Mal herzhaft zugreifen, würden sie alle an Fettleibigkeit und Leberzirrhose zugrunde gehen. Dabei ist es weder leicht noch lustig, dort, wo es sich wirklich lohnt, den Köstlichkeiten täglich Widerstand leisten zu müssen.

Alle diese Zusammenhänge muss man sich vergegenwärtigen, wenn man sich von der Bedeutung des Protokolls und der diplomatischen Repräsentationsverpflichtungen eine richtige Vorstellung machen will.

4.7 *Hommage à Françoise* – oder das Hohelied auf die Diplomatengattinnen

Bei der Bewältigung der vielfältigen Repräsentationsaufgaben fällt den Diplomatengattinnen eine eminent wichtige Rolle zu, denen ein eigenes Kapitel gewidmet sei.

Es gibt kaum einen anderen Beruf, in dem die Frau in einem so umfassenden und nach aussen hin so sichtbaren Einsatz neben ihrem Mann steht wie in dieser Karriere. Und ihrem Mann und damit ihrem Land dementsprechend viel helfen – oder auch schaden kann. Die Führung des Hauses, die Atmosphäre, die Gastlichkeit, die anzieht und bindet – oder gleichgültig lässt, wenn nicht gar abstösst –, liegt in ihren Händen. Sie begleitet ihren Mann zu offiziellen Veranstaltungen, und so werfen auch ihre Erscheinung und Art, ihre Bildung und ihre Sprachkenntnisse ein Licht – oder Schatten – auf den Staat, den ihr Mann vertritt.

Ich selbst hatte das grosse Glück, auf eine Gattin zählen zu können, die diese anspruchsvolle und zeitaufwändige Arbeit ohne weiteres auf sich zu nehmen bereit war. Ohne falsche Bescheidenheit darf ich behaupten, dass Françoise die ihr übertragenen Aufgaben mit Auszeichnung gelöst hatte. Ein Sprichwort lautet: *«Hinter jedem erfolgreichen Mann steckt eine tüchtige Frau.»* Wie wahr, denn ohne Françoise wäre meine berufliche Laufbahn mit Bestimmtheit nicht so günstig verlaufen. Für mich war es von Vorteil, dass sie mir von Zeit zu Zeit den Spiegel vorhielt, wenn sich bei mir eine Macke einzustellen drohte oder wenn ich bei einem auftauchenden Problem mit dem Kopf durch die Wand wollte. Auf meine Lebensgefährtin war jederzeit voller Verlass, sei das nun während der Höhen meines mit ihr geteilten Erfolges, sei das aber auch während der gelegentlichen Tiefen, die ich im Verlauf meiner Karriere durchlaufen musste.

Eine ältere Kollegin hatte meiner Gattin gleich zu Beginn der Karriere den weisen Ratschlag mit auf den Weg gegeben, dass es in diesem Metier hauptsächlich drei Dinge zu beachten gelte: die Pflege der Familie, die Pflege des Magens und die Pflege der Füsse. Wiewohl ein Bonmot, ist etwas Wahres an dieser Aussage.

- *Die Pflege der Familie:* Es gilt ein delikates Gleichgewicht herzustellen zwischen den ständig wachsenden diplomatischen Verpflichtungen und der Rücksichtnahme auf die Familie. Angesichts des beruflichen Wirbels ist die Wahrung der ehelichen Integrität nicht immer leicht, aber von grosser Bedeutung, ebenso die Aufgabe, den Kindern in einer fremden Umwelt ein schützendes Elternhaus zu bieten.
- *Die Pflege des Magens:* Mässigung ist angezeigt angesichts der Menge an kulinarischen Köstlichkeiten sowie angesichts der exotischen und manchmal exzentrischen Mahlzeiten, welche Diplomatenehepaare einzunehmen gehalten sind.
- *Die Pflege der Füsse:* drängt sich geradezu auf angesichts der ständigen Belastungen, ja Torturen, denen die weiblichen Füsse vor allem an Stehempfängen aller Art in modischen, aber selten praktischen Schuhen ausgesetzt sind.

Françoise wusste, dass sie im Auslandseinsatz fast nie Privatperson sein durfte, sich nie gehen lassen konnte. Sie musste die praktische Seite der Umstellung von einem Land zum anderen bewältigen, wobei von ihr grössere Elastizität und Anpassungsfähigkeit verlangt wurden als von mir: Ich konnte mich jedes Mal in ein voll funktionierendes Büro in der Botschaft setzen, wo man auch im exotischsten Land eine unserer Sprachen oder Englisch sprach. Françoise, die dem Residenzhaushalt vorstand, musste sich hingegen an jedem neuen Bestimmungsort mindestens Grundkenntnisse der dortigen Landessprache aneignen, um sich überhaupt mit dem Hauspersonal verständigen und auf dem Markt die nötigen Einkäufe tätigen zu können.

Ebenso wurde von ihr die Kraft verlangt, nicht nur überall sofort einen ruhenden Pol für die Familie zu schaffen, sondern den fremden Gästen, aber auch den schweizerischen Landsleuten vor Ort unverzüglich die vorteilhafteste Atmosphäre der Schweizer Residenz zu vermitteln. Françoise kam dieser Aufgabe nach, indem sie Schweizerdeutsch lernte und auch Hochdeutsch sprach – nicht selbstverständlich für eine Französin! Nicht von ungefähr verstand sie sich ausgezeichnet mit den Deutschschweizern, die ihre grammatikalischen Fehler grosszügig nachsahen und ihren unverkennbaren französischen Akzent geradezu charmant fanden.

In jedem Land führte Françoise Aufzeichnungen, aus denen hervorging, wer und wann jemand bei uns zu Gast gewesen war, und was er/sie vorgesetzt erhielt. Damit wollte sie vermeiden, denselben Gästen öfter die gleichen Speisen zu servieren. Wir machten nämlich die Erfahrung, dass die meisten Geladenen sich erstaunlich gut daran erinnerten, was sie bei uns aufgetischt bekamen. Françoise fühlte sich in der diplomatischen Welt wie ein Fisch im Wasser. Ihr Charme, ihre Eleganz, ihre menschliche Wärme sowie ihre vielfältigen gesellschaftlichen Kontakte führten nicht selten dazu, dass ich – der ich auf dem Papier der eigentliche Herr des Hauses war – angeredet wurde mit: *«Ah, Sie sind also der Mann von Françoise?»* Ihre Persönlichkeit und ihre positive Ausstrahlung ergänzten sich bestens mit meinem doch eher zurückhaltenden Charakter.

Es gab auch Momente, wo ich Françoise schlicht überforderte. So etwa, als ich sie kaum vierzehn Tage nach der Geburt unseres ersten Sohnes dazu überredete, sich in ein Galakleid zu stürzen und am indonesischen Nationalfeiertag teilzunehmen. Als interimistischer Geschäftsträger wollte ich sie neben mir haben, wenn wir dem Staatspräsidenten, seiner Gattin und der ganzen indonesischen Führungsriege unsere Aufwartung machten. Ich merkte kaum, dass der jungen Mutter, die unter postnatalen Depressionen litt, kaum nach Mondänität zumute war.

«From mink to sink» lautet ein englisches Wortspiel, das so viel heisst wie «Vom Nerzmantel zum Spülstein». Es beschreibt äusserst konzise den schockartigen Wandel vom verhältnismässig angenehmen diplomatischen Leben im Ausland, wo die Diplomatengattin Repräsentationsaufgaben wahrnimmt und auf Hausangestellte zur Bewältigung des Residenzhaushaltes zählen kann, zurück ins nüchterne bernische Alltagsleben. Françoise hatte diesen abrupten Wechsel mehrere Male erlebt. Am schlimms-

ten traf sie die Umstellung 1985, als ich nach unserer Rückkehr aus Mexiko wegen grosser Schwierigkeiten mit meinem damaligen Chef in einen depressionsähnlichen Zustand verfiel. Ich musste Françoise fast ganz alleine mit dem Bezug der Berner Wohnung, der Führung des Haushalts und der Erziehung unserer Kleinkinder lassen.

* * *

Alle diese am Beispiel meiner Gattin erwähnten Aufgaben gehören – wenn auch vorerst in geringerem Ausmass – bereits zu den Pflichten der Frau des jüngsten Diplomaten und lasten schliesslich gewichtig auf den Schultern der Botschaftergattin.

Das Schicksal der Diplomatengattinnen generell war mir nicht nur während der Inspektionszeit ein besonderes Anliegen. Wie ihr Mann muss sich die Partnerin ständig auf neue Verhältnisse wie Klima, Lebensbedingungen, Sprache, Zivilisation und Gefährdungen verschiedenster Art einstellen; sie nimmt zudem wichtige Repräsentationsverpflichtungen wahr. Zwischen den Ehepartnerinnen der Diplomaten und dem Bund fehlte indessen jedes arbeitsrechtliche Band. Die Idee, die Leistungen der Diplomatengattinnen, welche ihren Mann mit vollen Kräften unterstützen, in geeigneter Weise anzuerkennen, sie gar zu entschädigen, ist bisher erst ansatzweise umgesetzt worden.

Meine besondere Aufmerksamkeit galt dem Status derjenigen Frauen, deren Bande mit dem Departement durch Scheidung oder Witwenschaft durchschnitten wurden. Der seit gut anderthalb Jahrzehnten existierende *«Verein der Ehegatten der versetzbaren Beamten des Departements»* (VEEDA) hatte vom EDA den Status als Konsultationspartner in manchen praktischen Fragen des Diplomatenberufs zugestanden erhalten. Ohne mich in administrative Einzelfragen einzumischen, war ich über die Tätigkeit des VEEDA stets auf dem Laufenden, da meine Gattin während unserer Berner Zeit die zeit- und nervenraubende Präsidentschaft der Organisation innehatte.

Die Aussenministerien vieler Staaten haben es längst begriffen, wie viel von den Frauen ihrer Diplomaten im Ausland abhängt und daher vorbereitende Kurse für sie eingerichtet. Mit der üblichen zeitlichen Verspätung hat dies auch das EDA eingesehen. In den Kursen wird den Damen ermöglicht, sich neben Ratschlägen für eine perfekte Diplomatenhausfrau und Protokollfragen auch mit der Sprache, den Sitten und Gebräuchen des Landes vertraut zu machen, in das ihr Mann entsandt wird und das auch ihre neue Wirkungsstätte darstellt. Gerade die immer häufiger anzutreffenden Diplomatengattinnen ausländischer Herkunft – aber nicht nur sie – können sich dabei auch in schweizerischer Staatskunde vervollkommnen, damit sie über ihr Entsendeland bestens Bescheid wissen. Eine Ausländerin sollte mindestens eine unserer Landessprachen zu sprechen imstande sein.

In einer Jubiläumsschrift des State Department wurden die amerikanischen Diplomatenfrauen schon vor Jahrzehnten mit Recht als *«our unpaid diplomats»* bezeichnet. Wie erwähnt, werden bei uns erst seit kurzem Anstrengungen unternommen, um den Einsatz der Diplomatengattinnen wenigstens symbolisch etwas zu entschädigen. Aber es geht nicht in erster Linie um Geld, viel wichtiger ist die Wertschätzung ihrer Arbeit. Die Frau des Diplomaten gibt häufig den eigenen Beruf auf, um ihren Ehemann weltweit zu begleiten; sie muss ein grosses Haus managen; sie ist das schlagende Herz der Repräsentation; sie ist ganz zwangsläufig an allen Gesprächen – auch politischen Inhalts – beteiligt, die in der Residenz geführt werden. Der Ehrengast sitzt normalerweise zur Rechten der Gastgeberin, die mit ihm eine anregende Diskussion zu führen hat, was nicht immer einfach ist. Persönlichkeit und Charme der Hausherrin können das Bild des Diplomatenehepaares ebenso prägen wie Handlungen und Äusserungen ihres Botschaftergatten.

Kurz und gut, dem Botschafter unseres Zeitalters steht als ideale Ergänzung seine Frau zur Seite. Sie wächst mit ihm während vieler Jahre Tätigkeit in verschiedenen Ländern in die Karriere hinein, sekundiert ihn und lässt ihn den Alltag sowie die Aufgaben der häuslichen Repräsentation und Gastlichkeit viel leichter bewältigen. Ich stimme Benedikt von Tscharner bei, wenn er meint: *«... kultivierte und charaktervolle Diplomatengattinnen, die ihren Mann in seinen gesellschaftlichen Verpflichtungen zu unterstützen bereit sind, bedeuten auch einen Qualitätsgewinn für die Diplo-*

matie.»[65] Das Gleiche gilt übrigens für Ehemänner, die sich nicht zu schade sind, ihren das Diplomatenmetier ausübenden Gattinnen bei der Bewältigung der Repräsentationsverpflichtungen aktiv zur Seite zu stehen.

Vielleicht war und ist man sich der Bedeutung der Diplomatengattinnen zu wenig bewusst. Vor allem, wenn man sieht, dass es immer mehr Ehepartner und -partnerinnen gibt, die vom Departement nichts erwarten, die ihm aber auch nichts schuldig bleiben wollen. Sie verfolgen ihre eigene berufliche Karriere, sei es als Arzt/Ärztin, als Jurist/in, als Künstler/in usw. Es besteht kein Zweifel, dass bereits zu meinen Zeiten bei den Diplomatengattinnen klassischen Zuschnitts angesichts dieser wenig klaren Rollenverteilung ein Malaise herrschte, weil alle über den gleichen Kamm geschoren wurden. Dieses Malaise wurde noch verstärkt, als sich Anfang dieses Jahrzehnts in Berlin die Gattin des damaligen Schweizer Botschafters, eine ehemalige texanische Schönheitskönigin, mit medienorientiertem Aktivismus, viel Glamour und greller Profilierungssucht penetrant in Szene zu setzen wusste. In der Öffentlichkeit entstand der Eindruck, als seien deren schrille Auftritte mit viel Glanz, Gloria und wenig Tiefgang die zukunftsweisende Art, wie Diplomatengattinnen ihrem Auftrag nachzukommen hätten. Die Ehepartnerinnen der Diplomaten, die ohne viel Aufhebens mit Stil und Diskretion ihre vielfältigen Aufgaben erfüllen, mussten sich zu Recht brüskiert vorkommen.

Dass die Arbeit der Ehefrauen von Diplomaten nicht immer gebührend gewürdigt und zum vollen Nennwert genommen wurde, hatte ich persönlich auf eine aussergewöhnliche Weise erfahren. Anlässlich meiner letzten Botschafterkonferenz im Jahre 2003 war mir als dienstältestem anwesendem Diplomaten, der kurz vor der Pensionierung stand, die – in diesem jugendbewussten Zeitalter doch eher zweifelhafte – Ehre zugefallen, am Diplomatenausflug die traditionelle Dankesrede zu halten. Die Reise war ins Wallis, in den Heimatkanton des damaligen Bundespräsidenten Pascal Couchepin, gegangen. Meine Dankesadresse richtete ich im Namen der Exponenten der Bundesverwaltung und des diplomatischen Corps an den Bundespräsidenten, die mitgereiste EDA-Vorsteherin Micheline Calmy-Rey sowie an die Vertreter der Walliser Behörden. Dass ich in den Dank auch unsere Diplomatengattinnen einschloss, weil sie eine äusserst wertvolle, wenn auch mühsame und selten glamouröse Arbeit verrichten, trug mir von deren Seite geradezu stürmische Ovationen ein. Ihre überschwängliche Reaktion war für mich ein Indiz dafür, dass ich eine sensible Saite berührt hatte. Die Damen dankten es mir, dass ich ihre Arbeit vor dem erlauchten Publikum zu schätzen wusste.

Es kann nicht genug betont werden, was für einen Gewinn die ebenso anspruchsvolle wie befriedigende Arbeit einer Diplomatengattin darstellt, wenn sie bereit ist, ihre Rolle in der Interessenwahrung voll zu spielen.

4.8 Thomas Borer oder der gescheiterte Ausbruch aus dem goldenen Käfig

Man kann nicht über die schweizerische Diplomatie schreiben, ohne Thomas Borer und seine amerikanische Gattin Shawne Fielding zu erwähnen, die angetreten waren, das moderne Diplomatenehepaar *par excellence* zu verkörpern. Borer war eine Zeitlang das selbsternannte Mass aller Dinge, als es darum ging, die von Bundesrat Cotti eingeleiteten Reformen in unserem Departement umzusetzen. Mein ehemaliger Kollege war eine Ausnahmeerscheinung, der schweizerische Diplomat, der wohl das grösste Medieninteresse für sich beanspruchen konnte – im positiven wie im negativen Sinne. Ein Paradiesvogel der ganz besonderen Sorte!

Ich lernte Borer persönlich näher kennen, als ich Mitte der Neunzigerjahre für die Schaffung des Diplomatischen Inspektorats an die Zentrale zurückberufen wurde. Dort war der vom Departementschef aus Washington zurückgeholte Jungdiplomat daran, als stellvertretender Generalsekretär im EDA ein neues Leitbild zur Personalführung und -entwicklung auszuarbeiten und umzusetzen. Es besteht kein Zweifel, dass der sehr forsch auftretende Borer grosse berufliche Qualitäten aufwies. Recht früh sonnte er sich indessen nicht ohne eigenes Dazutun im Glanz der Medien, die ihm Beifall klatschten, weil er angetreten war, den bestandenen Diplomaten das Fürchten beizubringen.

Die komplexe Tätigkeit als Chef der Task Force «Zweiter Weltkrieg» war für den vor Selbstbewusstsein nur so strotzenden Borer wie geschaffen, um sein Talent zur Schau zu stellen. Thomas Borer hatte auch auf diesem Gebiet sicherlich seine Meriten. Er agierte gemäss den Regeln der «new diplomacy» weiterhin sehr öffentlich und sehr medial, wobei er ein besonders gutes Verhältnis zur Boulevardzeitung «Blick» genoss. Allerdings war mir – nicht erst damals – seine enorme Geschwätzigkeit aufgefallen. So liess Borer Mitte 1997 über «Blick» grossspurig verlauten, dass er im Rahmen einer heiklen US-Mission auch für ein Treffen zwischen dem damaligen Bundespräsidenten Arnold Koller und Präsident Bill Clinton sondiere. Schon zu diesem Zeitpunkt hiess es, dass Borers Profilierungsdrang ihm eines Tages zum Verhängnis werden könnte. Seine Tendenz, die eigenen Aktivitäten an die grosse Glocke zu hängen, widerspricht allen diplomatischen Grundregeln. Indiskretion gehört nach Krekeler zu den *«grössten Berufssünden»* eines Diplomaten.[66]

Aufgrund gemachter eigener Erfahrungen hatte ich auch Zweifel an der Urteilsfähigkeit von Thomas Borer. Ich musste überdies feststellen, dass er seine eigenen, dem Departement verordneten Grundsätze beim Einsatz als Botschafter in Berlin nach Lust und Laune brach. *«Der neue Diplomat: Manager statt Partylöwe»* stand in Balkenschrift auf der Titelseite der Boulevardzeitung vom 21. Januar 1996, die sich sinnigerweise auf Äusserungen des damaligen stellvertretenden Generalsekretärs Thomas Borer berufen hatte. Das hatte den gleichen Borer einige Jahre später als Schweizer Missionschef in der deutschen Hauptstadt nicht gehindert, ein publizitätsträchtiges Partywesen zu führen, das alle diesbezüglichen diplomatischen Gepflogenheiten weit in den Schatten stellte. Zu dieser Abkehr von den vormals gepredigten Tugenden verhalf ihm nicht zuletzt die Heirat mit der texanischen Schönheitsprinzessin Shawne Fielding, die in erster Ehe mit einem texanischen Milliardär verheiratet gewesen war. Schon die Hochzeit – an sich ein Privatereignis – war zu einem Medienspektakel hochstilisiert worden, das eher Aspekte von *Showbusiness* aufwies, als dass sich das neuvermählte Ehepaar an die im diplomatischen Ehrenkodex geltenden Regeln der Diskretion und Verhältnismässigkeit gehalten hätte.

Die in einem verwaltungsinternen Leserbrief ausgedrückte Kritik eines Diplomatenkollegen Borers wurde von vielen EDA-Angehörigen geteilt: *«Glanz, Glamour und Glorie sind Dinge, von denen ein Diplomat wohl gelegentlich etwas mitbekommen darf und soll. Dies allerdings unter der Voraussetzung, dass er (oder sie) die notwendige Portion Selbstdisziplin und – vor allen Dingen – Bescheidenheit aufbringt, die einem öffentlichen Beamten, Vertreter eines Kleinstaates, nun einmal anstehen.»*

Borer schlug solche Mahnungen in den Wind. In Berlin erklärte er es geradewegs zu seinem Markenzeichen, die Schweiz durch neue Formen der Öffentlichkeitsarbeit in Deutschland bekannt machen zu wollen. Mit Charme und Schlagfertigkeit verwandelte er die diplomatische Vertretung zu einem Mittelpunkt des Berliner Gesellschaftslebens. Viele Selbstinszenierungen waren gelungen, so etwa die eine weite Resonanz auslösenden 1.-August-Feiern, deren Grundkonzept auch nach dem Weggang Borers beibehalten wurde. Borer war jedoch masslos und überschritt dabei oft die Grenzen des guten Geschmacks. Es gab kaum ein Interview oder eine Tischrede, in denen er nicht die Schönheit seiner Gattin pries: ihr Aussehen sei das Pfund, mit dem er in seiner Arbeit wuchern könne.

Vor diesem Hintergrund war das von Borer gebetsmühlenartig kundgetane Erstaunen über das mediale Interesse an seiner Gattin nur ein schlecht kaschiertes Feigenblatt. Er liess nämlich Shawne im, auf und neben dem Botschaftsgebäude in gut vermarkteten Fotosessionen als Cowgirl oder als Märchenprinzessin in weisser Robe und hoch zu Pferd ablichten. Es war die hohe Zeit des von Shawne Fielding in teilweise gewagten Posen versprühten Diva-Glamour, der eher Hollywood zur Ehre gereicht hätte, als dass er einer schweizerischen Diplomatengattin gut angestanden wäre. Als eine Zeitung Borers Gattin gar zur Vorreiterin der schweizerischen Frauenemanzipation erkoren hatte, rief das nicht nur im EDA Kopfschütteln hervor.[67] Shawne Fielding wollte nicht hinter ihrem Gatten zurückstehen, als sie ihn urbi et orbi als *«einen der besten Söhne der Schweiz»* pries. Das Ehepaar Borer-Fielding litt zusehends an galoppierender Selbstüberschätzung.

Borer und seine Frau wurden mehr und mehr zu Objekten der Klatschspalten, *«der Diplomat mutierte zu einem Angehörigen des Showbusiness»*, wie selbst die seriöse NZZ festhielt. Von Borer sprach man selbst in Afrika. Als ich während einer Inspektion in einem schwarzafrikanischen Land zufällig den dortigen deutschen Botschafter traf, stellte dieser die erstaunte Frage, was wir denn in Berlin für einen *«feschen Missionschef»* hätten, der es dort ganz schön treibe …

In einer meiner letzten Amtshandlungen als Chefinspektor schrieb ich Thomas Borer nach Berlin, um ihm als älterer Kollege ein paar Ratschläge und Verhaltensregeln mit auf den Weg zu geben. In meinem Brief hegte ich eine gewisse Bewunderung für die innovative Art, wie er die Medien für die Interessenwahrung einzusetzen verstand. Gleichzeitig machte ich aber darauf aufmerksam, dass angesichts der ständigen Medienpräsenz auch weniger gewünschte Effekte entstehen könnten.

Ich versuchte Borer, der aus einfachen Verhältnissen stammt und sich durch angeheirateten Wohlstand offensichtlich einen neureichen Lebensstil leisten konnte, klarzumachen, dass man ohne weiteres über gewisse Markenzeichen eines gehobenen Standards verfügen könne, ohne dass man dies gleich einer breiten Öffentlichkeit unter die Nase zu reiben brauche. Plakative Attribute von der Designerkrawatte bis zu den teuren, ständig wechselnden Damenroben würden nämlich nur zum schiefen Bild unseres Berufsstandes beitragen. Nicht zu reden von der Abfolge reichlich mediatisierter Auftritte bei gesellschaftlichen Anlässen sowie von gewissen salopp-schlüpfrigen Bemerkungen, die sich selbst für einen sich betont modern gebenden Spitzendiplomaten nicht geziemten. Da nützten dann, fügte ich bei, auch Hinweise auf die persönliche 70-Stunden-Woche Borers nicht mehr viel.

Genützt hatte mein Schreiben wenig oder nichts. Nach kurzer Verschnaufpause lief das «Borer Fielding Feuilleton» ungebremst weiter, bis es wegen einer unappetitlichen Schlafzimmergeschichte unter einem medialen Getöse, das für schweizerische Verhältnisse einmalig war, zum unrühmlichen Höhepunkt und abrupten Ende kam. Es war eigentlich nur eine Frage der Zeit, bis die Medien, von den verschiedenen, sich wiederholenden Eskapaden des Glamourpaares gelangweilt, nach Skandalösem suchen würden. Sie wurden mit dem angeblichen ausserehelichen Abenteuer Borers fündig. Da spielte es für den Betroffenen keine Rolle mehr, ob die Behauptungen erfunden, halbwahr oder wahr waren bzw. ob sie eine Verletzung der Persönlichkeitssphäre darstellten. Die NZZ kommentierte Borers letztlich gescheiterte Instrumentalisierung der Boulevardmedien für seine eigenen Zwecke mit dem Titel *«Die PR-Maschine frisst den Maschinisten.»*[68] Unser Mann in Berlin hatte den auf langjähriger Erfahrung beruhenden Ausspruch eines ehemaligen Berufskollegen nicht beherzigt, wonach der Diplomat in einem Glashaus sitzt und im Grunde genommen 24 Stunden pro Tag im Dienst steht.

In die Enge getrieben, sah sich Borer als Opfer der Boulevardpresse und beschwerte sich über mangelhafte Unterstützung durch das Aussenministerium. Dabei war sich unser Mann in Berlin keineswegs bewusst, in welch unverantwortlich hohem Masse er wegen der Unverfrorenheit seiner ständigen Auftritte als «Botschafter Lustig» Kräfte des Aussenministeriums gebunden hatte. Borer, dessen Rundumschlag dem deutschen und schweizerischen Boulevard galt, machte auch vor Angriffen auf den Departementschef nicht Halt, und er kritisierte sogar öffentlich die bundesrätliche Politik im schwierigen Dossier Fluglärm.

Dem Gesamtbundesrat blieb nichts anderes übrig, als Borer kurzfristig nach Bern zurückzubeordern, was dieser mit der Kündigung quittierte. In seiner masslosen Selbstüberschätzung hatte unser Mann in Berlin übersehen, dass er nur Exekutant war: Als Diplomat durfte er aufgrund seiner Lagebeurteilung vor Ort der Zentrale Ratschläge und Empfehlungen erteilen, der Entscheid über die einzuschlagende Politik lag indessen letztendlich bei den Behörden in Bern.

Der Ausbruchsversuch des Paradiesvogels Borer aus dem goldenen Käfig diplomatischer Zurückhaltung war definitiv gescheitert.

Der Ruf der Diplomatie hatte durch die Tätigkeit von Thomas Borer und seiner Ehegattin mehr gelitten, als dass er gefördert worden wäre. Die beiden wirkten allzu polarisierend. *«Borers Pirouetten auf dem Berliner Gesellschaftsparkett haben die ‹new diplomacy› in den Augen der Öffentlichkeit stark diskreditiert»,* wie die «NZZ am Sonntag» festhielt, und die angesehene Wochenzeitung zog daraus den Schluss: *«Der Sturz von Thomas Borer markiert nicht nur das Scheitern eines Mannes, dessen Ehrgeiz stärker war als seine Selbstkontrolle. Er bedeutet gleichzeitig das Ende der Ära Cotti im EDA.»*[69] Das Aussenministerium ging in der Tat etwas auf Distanz zu Blitzkarrieren à la Borer, nachdem noch unter Bundesrat Cotti die Laufbahn von «Überflieger» genannten Senkrechtstartern bewusst gefördert worden war.

Bundesrat Deiss stieg mit der ihm nicht leicht gefallenen Entfernung Borers in der Achtung von uns Departementsangehörigen. Die Entmachtung «unseres Mannes in Berlin» wurde mit Erleichterung zur Kenntnis genommen. Ein Schuss Schadenfreude war sicher auch mit im Spiel. Borer wurde nicht müde, zu behaupten, dass er viele Neider gehabt habe. In einigen Fällen mag das zugetroffen haben. Die überwiegende Mehrheit des schweizerischen diplomatischen Corps war es jedoch schlicht überdrüssig geworden, jahrelang dem Endlos-Feuilleton des narzisstisch angehauchten Egomanen und seiner nicht minder publizitätssüchtigen Ehegattin zusehen zu müssen. Als ob ausschliesslich s i e es verstanden hätten, der in ihren Augen verstaubten herkömmlichen Diplomatie einen modernen Anstrich zu verleihen. Dass sich die beiden mittlerweile auseinandergelebt haben sollen, ist der vorläufige Schlusspunkt hinter den Eskapaden des früheren Glamourpaares Borer-Fielding.

Thomas Borer war trotz gut gemeinter Ansätze kein Modell für einen zeitgemässen Diplomaten. Es erstaunt deshalb nicht, dass er heute kein Thema mehr im EDA ist. Vielleicht von einer Handvoll ihm persönlich ergebener Adlaten abgesehen, hat er keine Anhänger im Departement. Noch weniger hat er Nachahmer gefunden. Das hängt wohl nicht nur damit zusammen, dass wir übrigen Diplomaten keine Schönheitsköniginnen als Begleitperson haben …

Wenn auch im Vergleich zur EDA-Zeit etwas zurückhaltender geworden, sorgt Borer immer noch regelmässig für Schlagzeilen. Aus dem ehemaligen Diplomatenkollegen ist ein Unternehmensberater geworden. Vielleicht ist er als Unternehmer in der Privatwirtschaft besser am Platz. Wie er einmal den Medien anvertraute, soll er jetzt zehnmal mehr verdienen als zu Zeiten seiner EDA-Tätigkeit und müsse dafür erst noch weniger arbeiten. Das ist ihm zu gönnen, denn reich wird man bekanntlich nicht im Aussenministerium. Wer seinen Beruf nur um des schnöden Mammons willen ergreift oder darin in erster Linie ein Mittel sieht, um seinen übermächtigen Geltungsdrang ausleben zu können, hat in der Diplomatie sowieso nichts zu suchen.

Von dieser meiner Einschätzung rücke ich auch jetzt um kein Jota ab, nachdem der umtriebige Thomas Borer bei Ausbruch der kürzlichen Finanz- und Wirtschaftskrise die grosse Stunde gekommen sah, um sich über die Medien einmal mehr ins Gespräch zu bringen. Dies ganz nach dem Motto, dass ausserordentliche Ereignisse nach ausserordentlichen Persönlichkeiten verlangen: Borer warf der offiziellen Schweiz Bedächtigkeit bei der Krisenbewältigung vor und scheute sich nicht, sich in der Öffentlichkeit gleich selbst als einen möglicher Retter der Nation in schwierigen Zeiten anzudienen.

4.9 Multilaterale Diplomatie und neue Formen der Diplomatie

Das Bild der modernen Diplomatie wäre nicht komplett, wenn nicht auch die multilaterale Diplomatie und die sogenannte neue Diplomatie kurz gestreift würden. Bis anhin war nämlich nur von bilateraler Diplomatie die Rede, was damit zusammenhängt, dass ich selbst ein reiner Bilateralist war.

Ich hatte nur einmal mit multilateraler Diplomatie zu tun, als ich 1983 während meines Einsatzes in Mexiko von der Zentrale an eine UNESCO-Konferenz detachiert wurde, die im mondänen Badeort Acapulco tagte. Dort machte ich die Erfahrung, dass es für mich als Bilateralisten trotz erhaltener Instruktionen nicht leicht war, mich auf Anhieb im fremden Umfeld einer internationalen Organisation zurechtzufinden, die ihre eigenen Spielregeln kennt. Ich war deshalb froh, dass ich auf die Unterstützung eines deutschen Diplomaten zählen konnte, der mir Einblick in seine Lagebeurteilung und seine Schlussfolgerungen gewährte. Während meiner ganzen diplomatischen Karriere stellte ich übrigens immer wieder fest, wie deutsche Diplomaten ihren – meist ausgezeichneten – Wissensstand mit dem Schweizer Kollegen zu teilen bereit waren.

Das moderne Zeitalter der multilateralen Diplomatie wurde mit der *Gründung des Völkerbundes von 1919* eingeläutet. Nach den verheerenden Auswirkungen des Ersten Weltkrieges setzte sich diese erste umfassende Organisation das Ziel, den Weltfrieden zu sichern und die internationale Zusammenarbeit zu fördern. Zwischenstaatliche Organisationen hatte es zwar schon früher gegeben, wie die Weltpostunion aus der zweiten Hälfte des 19. Jahrhunderts, mit Sitz in Bern. Ihnen fehlte aber die Universalität, die erst der Völkerbund aufwies.

Wie wir wissen, sind die Hoffnungen, welche die Völker und Regierungen in den Völkerbund gesetzt hatten, enttäuscht worden. Nach dem Zweiten Weltkrieg wurde die Idee des Völkerbundes in den *Vereinten Nationen (UNO)* neu verwirklicht. Im Unterschied zu den Zeiten des Völkerbundes war dieses Mal der Abschluss regionaler Abkommen, die mit den Zielen und Grundsätzen der Vereinten Nationen vereinbar sind, nicht nur vorgesehen, sie wurden auch in grösserer Zahl neu begründet: Europarat,

NATO, die Ursprünge heutiger Organisationen wie OECD, Europäische Union und OSZE sind Beispiele dafür.

Aus Neutralitätsgründen verzögerte sich der Beitritt der Schweiz zu einigen dieser Organisationen, anderen ist unser Land bis zum heutigen Tag ferngeblieben.

Alle diese multilateralen Organisationen stellen dem Diplomaten neue Aufgaben. Er kann sich in drei verschiedenen Funktionen mit ihnen zu befassen haben:

1. als Bediensteter des Aussenministeriums seines Landes, vor allem, wenn er der Abteilung angehört, in der die Angelegenheiten der internationalen Organisationen bearbeitet werden;
2. als Angehöriger der Vertretung seines Landes am Sitz einer der genannten Organisationen;
3. innerhalb der Organisation, wenn er von seinem Ministerium zur Dienstleistung in ein internationales Sekretariat abgeordnet worden ist oder wenn er beurlaubt wurde, um in einer solchen Organisation Dienst zu tun.

Dazu kommen Ad-hoc-Missionen, beispielsweise die Tagliavini-Kommission zur Faktensuche im Georgien-Krieg von August 2008. Die nach der Schweizer Diplomatin Heidi Tagliavini benannte Kommission war im Auftrag der Europäischen Union mit einer Fact-Finding-Mission zum Krieg um Südossetien betraut worden. Zum Beirat der Mission gehörten namhafte Persönlichkeiten, unter ihnen der frühere Präsident des Internationalen Komitees des Roten Kreuzes, Cornelio Sommaruga, die ehemaligen Aussenminister Deutschlands, Polens und Österreichs, Joschka Fischer, Adam Rotfeld und Ursula Plassnik, sowie alt Bundesrat Samuel Schmid.

Der multilaterale Diplomat muss eine präzise Kenntnis der Spielregeln besitzen, nach denen diese Organisationen funktionieren. Das sind die Satzungen und Verträge, durch die sie begründet wurden. Die wichtigste Voraussetzung für die wirksame Vertretung der Interessen des eigenen Landes in einer internationalen Organisation und für eine vernünftige Unterstützung ihrer allgemeinen Funktionsfähigkeit ist es, dass der Multilateralist sich eine bis in die letzten Einzelheiten gehende Kenntnis der geltenden Satzungen und der ungeschriebenen Spielregeln erwirbt, die sich im Lauf der Zeit herausgebildet haben. Nicht von ungefähr wird im Ausbildungsprogramm für die Anwärter des auswärtigen Dienstes der Unterrichtung in multilateraler Diplomatie eine wachsende Bedeutung beigemessen.

Der Multilateralismus hat bis zu einem gewissen Grad neue Arbeitsmethoden und einen neuen Stil der Diplomatie, ja recht eigentlich einen neuen Typus von Diplomaten hervorgebracht. Das Hauptinteresse des bilateralen Diplomaten gilt der Kenntnis seines Residenzlandes mit seiner eigenen Geschichte, seinen Hauptakteuren sowie mit seinem politischen und wirtschaftlichen System. Demgegenüber lebt der Konferenzdiplomat *«in einer Welt von Dossiers, Berichten, Resolutionen und Verfahrensregeln, gedeiht in einer von einem hohen Abstraktionsgrad gekennzeichneten ‹abgeleiteten Wirklichkeit›.»*[70] Dabei kommt auch die Verhandlungskunst voll zum Zuge, die in der bilateralen Diplomatie in den Hintergrund gedrängt worden ist.

Man sollte sich jedoch hüten, im multilateralen Diplomaten etwas gänzlich Neues sehen zu wollen. Trotz aller Unterschiede sind nämlich in der Konferenzdiplomatie Menschenkenntnis, Umgangsformen, Dossierkenntnis und Kreativität genauso gefragt wie in der bilateralen Arbeit. Und selbst wenn in der multilateralen Diplomatie umfassende, globale Zielsetzungen Gegenstand von Verhandlungen sind, so arbeitet der Diplomat doch stets im Auftrag seiner Regierung und vertritt die Interessen seines Landes. Eine Ausnahme von dieser Regel sind die oben unter Punkt 3 erwähnten hohen Funktionäre internationaler Organisationen, die keiner Weisungspflicht des Herkunftsstaates unterliegen, ebenso wenig wie die Verantwortlichen von Ad-hoc-Missionen.

Der Multilateralismus stellt in vielerlei Hinsicht die einzige Hoffnung dar, gewisse Probleme wie Sicherheit, Terrorismus, Klimawandel, Umweltschutz, Kampf gegen Epidemien, generelle Entwicklungsförderung usw. weltweit oder auch nur regional mit einigem Erfolg angehen zu können. Die Bewältigung solcher grenzüberschreitender Aufgaben übersteigt nämlich die Kräfte eines einzelnen Landes, und deren ausschliesslich bilaterale Behandlung macht keinen grossen Sinn.

Es sollte aber auch nicht übersehen werden, dass die multilaterale Diplomatie ihre Schwächen hat: Sie ist oft langsam, kompliziert, teuer und ineffizient. Bestrebungen, ihre Effizienz zu erhöhen, scheitern immer wieder an der Souveränität der Mitgliedstaaten.

Es besteht kein Zweifel, dass sich vor allem nach dem Zweiten Weltkrieg der Multilateralismus mit all seinen Stärken und Schwächen rasch ausgebreitet hat, mit der UNO als zentralem System der kollektiven Sicherheit. Die oft gehörte Behauptung, dass der Multilateralismus die Bedeutung der bilateralen Beziehungen gemindert hätte, ist indessen falsch. Im Gegenteil, bilaterale und multilaterale Diplomatie bedingen sich gegenseitig. Erst die Verzahnung und Abstimmung von bilateralem und multilateralem Vorgehen ermöglicht eine insgesamt erfolgreiche Interessenpolitik bei der Verfolgung aussenpolitischer Ziele.

Seit dem Ende des Kalten Krieges entwickelten sich noch weiter gehende Formen diplomatischen Handelns, die oft als *«neue Diplomatie»* [71] bezeichnet werden. Diese Formen übersteigen bei weitem das klassische bilaterale und multilaterale Instrumentarium: Es geht darum, aussenpolitische Ziele in Koalitionen mit allen möglichen Akteuren wie Nichtregierungsorganisationen, Berufsverbänden, Medien usw. zu erreichen. Als erfolgreiche Modelle für diese nicht unumstrittene «neue Diplomatie» gelten das Verbot von Personenminen und die Aushandlung der Römer Satzungen für den Internationalen Strafgerichtshof. Die «neue Diplomatie» ist weder konzeptionell klar gefasst noch kodifiziert. Sie beinhaltet schwierige Gratwanderungen, beispielsweise wenn auf eine andere Regierung Druck ausgeübt wird, indem Nichtregierungsorganisationen, Oppositionspolitiker usw. unterstützt werden, die auf einen Politikwandel hinwirken sollen.

Unabhängig von der Beurteilung solcher Vorgehensweisen ist die Feststellung richtig, dass heute Diplomatie eine bilaterale, multilaterale sowie eine polylaterale Dimension aufweisen kann, mit einer Vielzahl unterschiedlicher Akteure. Die Gesamtheit dieser Kontakte ist für unser Land geradezu eine Art Lebensversicherung. Ohne Diplomaten wären wir wahrhaft isoliert.

4.10 Der Diplomat und seine Heimat

Wie wir gesehen haben, hat der Glaube, die Diplomatie sei für die Schweiz wirklich etwas Nützliches oder gar Lebenswichtiges, bei uns einen schweren Stand. Dies dürfte wohl primär mit den Vorurteilen gegenüber der «diplomatischen Kaste» zu tun haben, mit denen unser Berufsstand in der antielitären, durch die Tradition der Volksrechte und der Neutralität geprägten Schweiz ständig konfrontiert ist. Der stellenweise fehlende Glaube an den Nutzen internationaler Zusammenarbeit hat wohl auch mit der unterschwelligen Überzeugung zu tun, von der wohlbehüteten Schweiz aus zur Welt mit all ihren Problemen und Widersprüchen eher auf Distanz gehen zu müssen, als uns auf allerlei komplexe und kostspielige Verhandlungsprozesse einzulassen.

Angesichts dieser schwer fassbaren Haltung weiter Bevölkerungskreise gegenüber der Diplomatie ist es für einen Schweizer Diplomaten nicht immer leicht, den inneren Gleichklang mit der helvetischen Volksseele zu wahren oder herzustellen.

Aber eines ist sicher: Wir Schweizer Diplomaten können jederzeit zu unserem Land stehen. Wir sind stolz darauf, die Schweiz im Ausland vertreten zu dürfen. Wir wissen, dass unser Land ein wohlgeordneter, gut funktionierender Rechtsstaat ist, der als dynamischer Technologie-, Forschungs-, Wirtschafts- und Finanzstandort sowie als Tourismusdestination im internationalen Konkurrenzkampf bestehen kann. Im Quervergleich nimmt die Schweiz bezüglich Lebensqualität und Wettbewerbsfähigkeit Spitzenpositionen ein.

Der Einsatz fern der Heimat erlaubt uns aber auch, das Geschehen in der Schweiz und um die Schweiz aus einer gewissen kritischen Distanz zu beobachten. Diesbezüglich hatte mein mehrheitlich positives Schweizbild einige Kratzer abbekommen. Das heisst aber nicht, dass wir deswegen *«vaterlandslose Gesellen»* sind, wie uns manchmal vorgeworfen wird. Im Gegenteil. Der moderne Diplomat benötigt gerade im Zeitalter der Globalisierung mehr denn je eine Verankerung im Kleinräumigen und das Eingefügtsein in ihm nahestehende soziale Gruppen wie Familie, Verwandtschaft, Freunde, Vereine, Ortschaft oder Region. Wer in seiner engeren Heimat und in einem klar umrissenen emotionalen Rahmen verankert ist, hat erst die Kraft, in die grosse Welt hinauszutreten, ohne sich selbst aufzugeben. Das Verständnis für das Fremde wächst in dem Masse, als der Mensch die Dinge in seiner engeren Heimat kennt und liebt.

Im Rückblick stellt man fest, dass das politische Geschäft in der Schweiz über die Jahrzehnte rauer geworden ist. Neben den medienwirksamen parteipolitischen Grabenkämpfen sind für die härtere Gangart und die grössere Unruhe nicht zuletzt persönliche Mitarbeiter im Umfeld der Departementschefs verantwortlich. Die stärkere Gewichtung nach parteipolitischen Kriterien in den Stäben nahm zu, als die persönlichen Mitarbeiter Ende der 1970er-Jahre institutionalisiert worden waren. Bundesräte sollten enge Berater selbst rekrutieren können, um weniger durch die Verwaltung geführt zu werden und mehr eigene Gestaltungskraft zu gewinnen. In der Botschaft zur entsprechenden Gesetzesrevision wurde von den persönlichen Mitarbeitern nicht nur *«viel Takt, diplomatisches Geschick und Einfühlungsvermögen»* verlangt, sondern diese sollten auch – wie es hiess – *«in Ergänzung zur manchmal pragmatisch-administrativ orientierten Beratung der Verwaltungspraktiker einen zusätzlichen Beitrag zur persönlichen Meinungsbildung der Departementsvorsteher leisten»*.

Die persönlichen Mitarbeiter sind Begleiterscheinung einer längeren Entwicklung, in welcher der einzelne Magistrat zu Lasten des Bundesratskollegiums an Bedeutung gewinnt. Politische Berater sollen helfen, um einen Departementschef nach parteipolitischen Vorgaben gut zu «verkaufen». Das ist an sich verständlich, nur wird damit einer Tendenz Vorschub geleistet, die Politik als mediales Produkt versteht und *Public Relations* einsetzt, um dieses Produkt möglichst gut zu vermarkten. Das verstärkt die Personalisierung, die wiederum einer Skandalberichterstattung entgegenkommt. Die neue Qualität der Indiskretionen deutet darauf hin, dass Vertrauliches nicht einfach nur bedenkenlos ausgeplaudert wird; aus politischen oder persönlichen Gründen wird es gezielt weitergereicht, womöglich von höchster Stelle geduldet oder einkalkuliert.

Die zeitweise gehässige Stimmung spiegelt so gesehen die politische Grosswetterlage wider, wobei die Medien die für sie attraktive Konfliktsituation eifrig mitinszenieren. Schon vor Jahren geisselte alt Staatssekretär Franz Blankart die «doppelte Loyalität» der von den Bundesräten nach persönlichen und politischen Kriterien ausgewählten Mitarbeiter, welche die Ursache zahlreicher Indiskretionen sei. Blankart bezeichnete die persönlichen Mitarbeiter ironisch auch als *«gut bezahlte administrative Wolkenschieber»:* Sie redeten ihrem magistralen Vorgesetzten nach dem Mund, seien zu wenig loyal zur Bundesverwaltung und dafür zu stark ihrer politischen Heimat verpflichtet, sie seien oft unerfahren, und die Kenntnisse von elementaren Grundsätzen für das Funktionieren der Verwaltung gingen ihnen ab.

Diese Tendenz verfolge ich mit einem gewissen Argwohn. Mit Bezug auf das EDA darf ich immerhin mit Genugtuung feststellen, dass der Schweizer Diplomat immer noch in erster Linie dem Staat verpflichtet ist und nicht einer Partei. Trotz zunehmender Politisierung des Umfelds der Magistratsperson bleibt die überwiegende Zahl der Diplomatinnen und Diplomaten parteilos. Nur bei der Vergabe einer Handvoll leitender Posten in der EDA-Hierarchie mag die Parteimitgliedschaft oder die Nähe zu einer Partei eine Rolle spielen. Aus eigener Erfahrung weiss ich zu schätzen, dass wir nicht gezwungen sind, uns an die jeweils geltende politische Windrichtung anzupassen.

Ich werde nie das abschreckende Beispiel widerwärtiger Anpassung eines iranischen Diplomatenehepaares vergessen, deren Zeuge meine Frau und ich während unserer Zeit in Indonesien geworden waren. Der iranische Geschäftsträger – offensichtlich ein Günstling des Schah-Regimes – und seine schöne Gattin, immer nach der neuesten Mode gekleidet und geschminkt, verkehrten sehr gerne in unseren westlichen diplomatischen Kreisen. Und dies wiewohl es deutliche Anzeichen dafür gab, dass der Iran vor einem Umsturz stand. Alle schienen das gemerkt zu haben, ausser mein iranischer Kollege. Als ich ihn einmal fragte, ob er sich angesichts des sich anbahnenden Machtwechsels nicht etwas mehr Zurückhaltung auferlegen sollte, da meinte er nur lachend, der Schah halte die Zügel der Macht fester denn je in den Händen.

Nach dem Sturz des Schahs und dem Amtsantritt von Ayatollah Khomeiny verschwand das lebenslustige Ehepaar für einige Zeit aus unserem Gesichtskreis, nur um in gänzlich anderer Gestalt wieder aufzutauchen: Wir trauten unseren Augen nicht, als wir den Diplomaten an einem Empfang trafen, mit einem Vollbart und gekleidet in das neue, kragenlose Einheitskleid als Symbol des Umsturzes, während seine früher so aufgeputzte Gattin, jetzt vollständig ungeschminkt und ihr langes Haar unter einem Kopftuch verhüllt, ein wallendes schwarzes Gewand trug, das bis zu den Knöcheln reichte. Die beiden schauten nur noch bussfertig und gottesfürchtig drein, Koransuren rezitierend, die Hände gefaltet und den Blick häufig gen Himmel gerichtet. Diese dick aufgesetzte Anpassung an die neuen Machtverhältnisse erschien uns so abstossend, dass wir den Kontakt vollständig abbrachen – was wahrscheinlich auch diesen iranischen Vertretern entgegenkam, weil das Meiden westlicher Diplomaten in ihrem wohlweislichen Interesse liegen musste.

Das war sicherlich ein Extremfall. Aber da lobe ich mir das schweizerische System, das von uns Diplomaten nicht verlangt, je nach Parteizugehörigkeit der Magistratsperson politische Wendehälse zu sein. Unser Modell hat indessen auch seine Kehrseiten: Was nach innen in erster Linie dem Status der direkten Demokratie wie auch der föderal-kulturellen Vielfalt unseres Kleinstaates verpflichtet ist, läuft manchmal Gefahr, das sichere Gespür für die nach aussen sichtbaren Konsequenzen innenpolitischen Handelns verkümmern zu lassen. Verstärkt wird diese Tendenz durch unseren weitgehenden politischen Alleingang.

In der Ära des Kalten Krieges konnte dies durch geschicktes Lavieren zwischen den Machtblöcken im Rahmen der Zusammenarbeit neutraler und blockfreier Staaten noch einigermassen kaschiert werden. Denn gleichzeitig verfolgte unser Land eine stramm antikommunistische Politik, was angesichts der Drohgebärden aus dem sowjetischen Herrschaftsbereich verständlich war. In den Siebziger- und Achtzigerjahren, als das Böse vor allem aus dem Osten kam, war die schweizerische Bevölkerung sehr misstrauisch und beobachtete genau, wer irgendwie vom schmalen Pfad des politisch Tolerierbaren abwich. Ich möchte diesbezüglich ein persönliches Erlebnis im Anschluss an meinen Polen-Aufenthalt erwähnen.

Als ich 1974 von meinem Auslandseinsatz von Warschau in die Schweiz zurückkehrte, behielt ich meine polnischen Autoschilder (PL) für ein Jahr bei, was durchaus vorschriftsgemäss war. In meinem damaligen Wohnort Burgdorf war dieses Fahrzeug mit der Immatrikulation aus einem kommunistischen Staat indessen nicht ganz geheuer. Aufmerksame Nachbarn zeigten mich bei der Stadtpolizei an, weil sie in mir einen polnischen Diplomaten vermuteten, der die tschechoslowakischen Emigranten ausspionieren könnte. In der Tat gab es in meinem Wohnquartier eine Anzahl ehemaliger tschechoslowakischer Staatsbürger, die nach der Niederschlagung des «Prager Frühlings» aus der CSSR geflohen waren und in Burgdorf Asylrecht genossen.

Ich merkte bald einmal, dass mein Auto der Stadtpolizei fast unlösbare Rätsel aufgab. Mehr als einmal wurde ich von einer Strassenpatrouille gestellt, auch nachts. Ich zeigte jeweils wortlos meinen polnischen Fahrzeug- und Führerausweis, worauf man mich weiterfahren liess. An diesem Spielchen begann ich irgendwie Gefallen zu finden, aber mittlerweile wurde mein Fall der Kantonspolizei weitergeleitet – damals waren die beiden Polizeikorps noch nicht zusammengelegt. Nachdem ich erneut zweimal in eine Kontrolle geraten war, platzte einem Kantonspolizisten der Kragen, und er schnauzte mich an, er wisse genau, wer ich sei. Worauf ich antwortete, es freue mich sehr, das zu vernehmen; im Übrigen hätte ich nichts zu verbergen. In der Zwischenzeit war aber mein Fall noch eine Stufe höher bei der Bundespolizei gelandet.

Davon erhielt ich zufällig Kenntnis, als ein Angehöriger des Polizeidienstes der Bundesanwaltschaft, mit dem ich beruflich oft zu tun hatte, mich im Aussenministerium anrief. Er wusste, dass ich in Burgdorf wohnte, und wollte sich bei mir erkundigen, ob ich etwas von einem «polnischen Diplomaten» wüsste, der sich dort herumtreibe. Als ich ihm gestand, dass ich der Gesuchte sei, war er vorerst baff, brach dann aber in schallendes Gelächter aus.

Und die Moral von der Geschicht'? Die Schweiz brauchte keinen übermässig grossen Polizeiapparat, weil die aufmerksamen Landsleute zum grossen Teil verkappte Polizisten waren, die genau beobachteten und meldeten, wenn jemand oder etwas nicht ins traditionelle, «richtige» Bild passte, das sich Herr und Frau Schweizer von ihrem Land machten.

Für mich war es kaum überraschend, dass der gleiche Polizeidienst der Bundesanwaltschaft Karteikarten über meine Person angelegt hatte, wie ich im Gefolge des Fichenskandals in den späten 1980er-Jahren feststellen musste. Nicht nur in Polen war ich überwacht worden, sondern ich hatte also meine «Beschatter» auch in Bern, weil meine professionell nötigen Kontakte mit Botschaftsvertretern osteuropäischer Staaten als verdächtig eingestuft wurden. Es war die Zeit des generellen Misstrauens im Ost-West-Konflikt, als aufgeflogene Spionageaffären die Atmosphäre zusätzlich vergifteten. Ich regte mich über die Fichierung, die teilweise Aussagen von rührender Banalität enthielt,[72] nicht sonderlich auf. Meine Erfahrung im kommunistischen Polen hatte mich gelehrt, diese unschöne Episode als berufsbegleitendes Übel mit einer gewissen Gelassenheit zu akzeptieren. Auch bei uns gab es eben Ansätze zu einem Schnüffelstaat!

Seither hat die Schweiz Konsequenzen gezogen aus dem Konflikt zwischen den Anforderungen des freiheitlichen Rechtsstaates und den Erfordernissen zur Wahrung der Sicherheit und der Verbrechensbekämpfung. Jetzt heisst es: Abhörungen und Überwachungen ja, aber nur mit richterlicher Ermächtigung im Rahmen eines ordentlichen Strafverfahrens, in welchem die Betroffenen ihre Rechte geltend machen können und mögliche Exzesse ans Tageslicht befördert werden.

Doch kaum zu glauben: Der Inlandnachrichtendienst scheint immer noch Schwierigkeiten zu haben, zu überkommenen Verhaltensmustern auf Distanz zu gehen. Der Bericht der parlamentarischen Kontrollinstanz aus der Jahresmitte 2010 legt nämlich den Schluss nahe, dass die Staatsschützer weiterhin jahrelang grenzwertige, mutmassliche und gesetzeswidrige Datenerhebungen durchgeführt haben.

Mittlerweile sind die Diktaturen von links (totalitäre kommunistische Regimes) aus dem schweizerischen Umfeld verschwunden, so wie das bereits früher mit den Diktaturen von rechts (Faschismus und Nationalsozialismus) geschehen war. Mit dem Mauerfall von 1989 und der einsetzenden Globalisierung hat sich die Welt stark verändert. Alle Nachbarstaaten vertreten die gleichen Grundwerte von offenen Gesellschaften mit Demokratie und sozialer Marktwirtschaft, während die Schweiz Schwierigkeiten hat, sich von überlieferten Mustern des Alleingangs zu trennen. *«Plötzlich war man von Freunden umzingelt»,* wie ein Politologe mit leicht sarkastischem Unterton meinte. Aber das Schreckbild vom Verlust der Unabhängigkeit sitzt bei uns tief und löst noch immer ein heimliches Grauen aus. Rechtsgerichtete Kreise, die zur Zeit des Kalten Krieges in der Sowjetunion und in den Russen den Inbegriff des Bösen sahen, betrachten jetzt die Brüsseler EU-Bürokratie als das «Machtzentrum des Bösen».

* * *

Während meiner über dreissigjährigen Karriere im Bundesdienst gab es zwei schweizerische Ereignisse mit aussenpolitischen Implikationen, die ich persönlich vom Ausland aus gesehen als absolute Tiefpunkte empfunden hatte:

1. die Ablehnung des Beitritts zum Europäischen Wirtschaftsraum. Das Stimmvolk hatte in der denkwürdigen und knappen Abstimmung vom 6. Dezember 1992 gegen den Beitritt entschieden, was Bundesrat Delamuraz veranlasste, von einem «schwarzen Sonntag» zu sprechen;
2. das «Swissair»-Grounding von 2001, von dem nicht wenige behaupten, dass es in einem ursächlichen Zusammenhang zum EWR-Nein stand.

Die Nachricht vom *abgelehnten EWR-Beitritt* hatte ich in Syrien zur Kenntnis nehmen müssen. Für mich war die Frustration umso grösser, weil ich der Überzeugung war, die Schweiz habe sich selbst den Weg verbaut, um im Verbund mit einigen gleichgesinnten und grösstenteils neutralen europäischen Staaten (Österreich, Schweden, Finnland, Norwegen, Island, Liechtenstein) eine valable Zusammenarbeit mit der EU zu erreichen, ohne dem supranationalen Gebilde voll beitreten zu müssen.

Wiewohl für mich das EWR-Nein eine grosse Enttäuschung war, habe ich indessen Verständnis für den knappen Mehrheitsentscheid des Stimmvolkes, das auf diesen Schritt ungenügend vorbereitet war. Die Zeit zum Umdenken war zu kurz bemessen und das Bundesratskollegium war in sich selbst gespalten. Wie sollte sich da der Stimmbürger zurechtfinden und den «richtigen» Entscheid fällen?

Ich habe hohe Achtung vor der Weisheit des «Souveräns», der sich eigentlich nur selten täuscht und der manchmal die allzu ungeduldig vorpreschende Elite auf den Boden der Realität zurückholt. Wir Diplomaten haben uns denn auch damit abzufinden, dass die grenzüberschreitende Politik der Schweiz in starkem Masse von dem beherrscht wird, was referendumspolitisch machbar und konsensfähig ist. Das ist bei weitem nicht immer deckungsgleich mit dem, was wir aussenpolitisch als klug und als zukunftsträchtig empfinden.

Als momentane Lösung blieb uns der langwierige Weg mit bilateralen Verhandlungen, der mittlerweile innenpolitisch recht gut abgesichert ist.

So ist die Schweiz heute wirtschaftlich so stark in den EU-Raum integriert wie kaum ein anderes europäisches Land, nicht zuletzt mit Blick auf den grenzüberschreitenden Handel als auch hinsichtlich Direktinvestitionen.

Der bilaterale Ansatz lässt indessen zunehmend eine paradoxale Entwicklung zutage treten: Je mehr sich die Schweiz der EU annähert, desto mehr hat sie in unseren lebenswichtigen Beziehungen zur Union deren Regeln zu akzeptieren, ob uns das gefällt oder nicht. Das wiederum hat zur Folge, dass sich das Verhältnis zu Brüssel zunehmend verkrampft. Es fällt auf, dass die Berührungsängste gegenüber der Union heute grösser denn je sind, zumal selbst der Bundesrat aus politischer Rücksichtnahme kaum etwas unternimmt, um die in der Öffentlichkeit kursierenden Klischees, Vorurteile und gezielten Fehlinformationen zum Brüsseler Geschehen zu korrigieren.

Erst zu jenem Zeitpunkt, an dem es uns gelingt, das Bild der EU, das wir in uns tragen, besser mit der europäischen Realität in Einklang zu bringen, werden wir freier sein für die Gestaltung unserer Zukunft auf dem Kontinent. Dann werden wir wohl auch eher bereit sein einzusehen, dass es die Europäische Union ist, welche die Bedingungen und das Umfeld strukturiert, das auch für unser Handeln massgeblich ist. Die einzige realistische Frage lautet: Wollen wir diesem Einfluss ausgesetzt sein, ohne mitreden zu können, oder wollen wir alles daran setzen, um unsere Werte, unsere Ziele und unsere Interessen dort geltend zu machen, wo auch die für uns wichtigen Entscheidungen gefällt werden. Denn eines steht fest: Wir haben in Brüssel, wo es politisch wirklich drauf ankommt, kein Mitspracherecht bei der Gestaltung der europäischen Solidargemeinschaft. Wir können kaum Einfluss nehmen auf Entwicklungen, die früher oder später ohnehin unsere Interessen tangieren. Die gebetsmühlenartig vorgetragene Floskel vom «autonomen Nachvollzug» hilft angesichts der schleichenden Erosion unserer staatlichen Souveranität nicht weiter. In einem lesenswerten Artikel hat der frühere EDA-Staatssekretär Franz von Däniken mit dem «Mythos souveräne Schweiz» aufgeräumt.[73]

Hochmut kommt vor dem Fall: Vom Swissair-Desaster erfuhr ich in Ankara. Ich war traurig und wütend zugleich. Traurig, weil die Fluggesellschaft mit dem Schweizerkreuz auf den Heckflossen d e r Stolz der Nation war, mit der ich mich voll identifizieren konnte. Wann immer ich in fernen

Ländern eine Swissair-Maschine bestieg und an Bord vertraute Stimmen und Melodien vernahm, fühlte ich mich geborgen und bereits der Heimat nahe. Das Ende der früher so erfolgreichen Fluggesellschaft ging mir persönlich auch sehr nahe, weil ich mich sowohl in Indonesien wie in Singapur und sogar noch in der Türkei aus Überzeugung für unser nationales Vorzeigeunternehmen eingesetzt hatte.

Als Mario Corti, der letzte Präsident und Delegierte des Verwaltungsrates von Swissair, als Retter in höchster Not auftrat, entbot ich ihm von Ankara aus spontan meine ehrlich gemeinten Glückwünsche zum Gelingen seines schwierigen Vorhabens. Das machte ich nicht nur, weil ich ihn von gemeinsamen Zeiten im Bundeshaus her gekannt hatte,[74] sondern weil ich davon überzeugt war, er sei der richtige Mann gewesen, um die ausserordentliche Krise bewältigen zu können. Zwei Jahre nach dem Aus für Swissair gestand mir der völlig desillusionierte Corti, dass er auf ein kaum für möglich gehaltenes Ausmass an Hinterlist und Niedertracht gestossen und gezielt hintergangen worden sei: *«Als Schweizer Bundesbeamter und Offizier hätte ich bis im Sommer/Herbst 2001 nie geglaubt, dass Machenschaften von der Art, wie ich sie erleben musste, in der Schweiz überhaupt möglich waren.»* Für mich war der letzte Swissair-Chef zu keinem Zeitpunkt der Hauptschuldige für das Debakel, auch wenn er wegen angeblich überrissener Lohnforderungen stark in die Schlagzeilen geraten war.

Wütend machte mich vor allem die Art und Weise, wie die einst als «fliegende Bank» gepriesene Swissair über Jahre hinweg in den Ruin gesteuert worden war. Zwar gab es Geschehnisse, die kaum beeinflussbar waren. So hatten sich die Rahmenbedingungen im europäischen Luftraum als Folge des EWR-Neins von 1992 zweifelsohne verschlechtert. Der Terrorangriff vom 11. September 2001 auf die USA, der zur vorübergehenden Schliessung des amerikanischen Flugraumes geführt hatte, versetzte der Swissair schliesslich den Todesstoss. Aber zwischen den beiden Eckdaten 1992 und 2001 grassierten als Hauptursache des Niedergangs eindeutig Fehleinschätzungen und falsch gewählte Strategien eines von Arroganz und Unfähigkeit geprägten Managements, dem der Verwaltungsrat widerspruchslos folgte. Dass die meisten Swissair-Verantwortlichen dann im entscheidenden Moment einfach Fahnenflucht begingen, rundet dieses Bild ab. Die Grossbanken trugen das Ihre zum Sturz bei.

Mit dem Untergang der Swissair war für mich wie für die meisten meiner Landsleute ein Stück erfolgreicher Schweizer Identität unwiderruflich verloren gegangen. Über diesen schmerzlichen Sachverhalt kann auch der geglückte Turnaround des Nachfolgeunternehmens Swiss International Airlines, das jetzt als Juniorpartner unter den Fittichen von Lufthansa agiert, kaum hinwegtrösten.

Man könnte den Faden direkt zur gegenwärtigen globalen Finanz- und Wirtschaftskrise ziehen, die sogar die grössten Institute des Finanzplatzes Schweiz ins Trudeln gebracht hat. Eine UBS hat bei uns nie den gleichen Sympathiebonus gehabt wie vormals die Swissair; im Ausland galt die Grossbank indessen sehr wohl als Inbegriff für Schweizer Werte wie Sicherheit und Stabilität, die jetzt allerdings zunehmend in Frage gestellt werden. Einem Teil der Bankelite sind die moralische Ethik und der Bezug zur Realität durch Egoismus und kurzfristiges Profitdenken, die mit allerlei Globalisierungsrhetorik nur dürftig kaschiert wurden, weitgehend verloren gegangen.

Das ist das hässliche Gesicht des Neoliberalismus, der nach dem Zusammenbruch des Sowjetsystems fast schrankenlos schalten und walten konnte, und dem mit weltweiter massiver staatlicher Unterstützung über die Runden geholfen werden musste. Der Kapitalismus braucht indessen nicht neu erfunden zu werden. Aber statt der bedenkenlosen Übernahme ausländischer Werthierarchien dürfen am Ende wichtige Schweizer Standortvorteile nicht fahrlässig zerstört werden. Traditionellen schweizerischen Werten wie Treu und Glauben, Ehrlichkeit, Rücksichtnahme und Verantwortungsgefühl nicht nur dem Aktionär, sondern auch dem Kunden, dem Staat und der ganzen Gesellschaft gegenüber, muss wieder vermehrt Beachtung verschafft werden.[75]

Im internationalen Steuerstreit bekommt unser Land überdies die Rechnung dafür präsentiert, dass das Bankgeheimnis jahrzehntelang auf fadenscheinigen Argumenten beruhte, die nicht mehr aufrechterhalten werden können. Eine weit verbreitete These in der Schweiz ist es, dass das 1934 eingeführte Bankkundengeheimnis vor allem dem Vermögensschutz deutscher Juden vor dem Zugriff der Nationalsozialisten hätte dienen sollen. In Tat und Wahrheit war es von Anfang an eine Strafnorm gegen

Bankspionage französischer Polizisten, die gerade wieder einmal Schweizer Bankiers dabei ertappten, wie reichen Franzosen bei der Steuerflucht geholfen wurde. Im Lauf der Zeit ist es teilweise zu einer eigentlichen Pervertierung des Bankgeheimnisses gekommen, indem es in befreundeten Staaten in ein Instrument aktiver Beihilfe zur Steuerhinterziehung umgewandelt wurde.

Während meiner aktiven Laufbahn hatte ich immer wieder Schwierigkeiten, kritischen ausländischen Fragestellern gegenüber den bei uns gültigen Unterschied zwischen strafbarem Steuerbetrug und straffreier Steuerhinterziehung überzeugend zu erklären.

Die Schweiz kommt nicht darum herum, die bisher geltende Unterscheidung durch die international anerkannte, griffigere Norm zu ersetzen, welche auch in Fällen von missbräuchlicher Verwendung des Bankkundengeheimnisses zu Steuerhinterziehungszwecken eine strafrechtliche Verfolgung vorsieht.

Unser aussenpolitisches Sensorium nimmt in den teilweise gehässig und mit harten Bandagen geführten innenpolitischen Grabenkämpfen immer wieder Schaden. Das hat auch mit dem Hang des Kleinstaates Schweiz zu tun, rechthaberisch zu sein und die eigene moralische Stärke überhöht zu sehen. Allzu lange haben wir das von aussen an uns herangetragene Beiwort «internationaler Musterschüler» verinnerlicht, das uns sehr schmeichelte und immer noch schmeichelt. Umso empfindsamer bis empört reagiert deshalb der vermeintliche *Darling of the World* auf Kritik von aussen.

Das neueste Beispiel, das von einer erschreckenden aussenpolitischen Sorglosigkeit zeugt, war das unsägliche parlamentarische Gerangel um den Staatsvertrag mit den USA in Sachen UBS. In dieser von rein innenpolitischen Überlegungen geprägten Nabelschau wurden die aussenpolitischen Kosten und Risiken für die Schweiz einmal mehr massiv unterschätzt. Die Vertragstreue unseres Landes stand auf dem Spiel, das als Kleinstaat mehr als andere auf das Völkerrecht angewiesen ist. Die Schweiz drohte den Goodwill der Vereinigten Staaten zu verlieren, was sie sich als Nicht-EU-Mitglied und Einzelgängerin in Europa schlicht nicht leisten kann.

Die Vernachlässigung der Aussenperspektiven im Steuerstreit war in ähnlicher Form bereits in den 1990er-Jahren zutage getreten. Die gegen die Schweiz entfachte *Kampagne über unsere Rolle im Zweiten Weltkrieg* war sehr schmerzlich und schoss teilweise weit über das Ziel hinaus; aber es war für die Hygiene des schweizerischen Volksgewissens nötig, dass unsere eigene, nicht über alle Zweifel erhabene Weltkriegsvergangenheit (Flüchtlingsfrage, latenter Antisemitismus, nachrichtenlose Vermögen, Raubgold der Nationalbank usw.) ungeschönt aufgearbeitet wurde.

Im Konflikt über die nachrichtenlosen Vermögen wie im Steuerstreit musste die Schweiz akzeptieren, dass Lösungsansätze erst auf Druck von aussen zustande kamen.

Es ist schon so: Die Schweiz bekundet manchmal Schwierigkeiten, an der Aussenfront Wunschdenken und Wirklichkeit voneinander zu unterscheiden und die Realität ausserhalb des eigenen Territoriums so wahrzunehmen, wie sie ist – und nicht, wie sie gemäss unseren Vorstellungen sein sollte.

* * *

An diesem Sachverhalt sind keineswegs unsere Diplomaten schuld, deren Qualität nicht zur Diskussion steht, und die mehr als einmal Warnsignale aussandten, die indessen meist ungehört verhallten. Die Hauptschuld tragen in erster Linie die politischen Entscheidungsträger, welche die aussenpolitischen Implikationen innenpolitischen Handelns nicht immer gebührend berücksichtigen. Sie haben es zudem nur ungenügend verstanden, einen Grossteil des Schweizervolkes von der Selbsttäuschung zu befreien, kaum auf Hilfe und Impulse von aussen angewiesen zu sein und deshalb auch kaum jemandem Rechenschaft zu schulden. Die Schere, die sich zwischen unserer selbstgefälligen Eigenwahrnehmung und der Wahrnehmung der Aussenwelt aufgetan hat, ist die Folge davon.

Grosses Jammern und Selbstmitleid sind allerdings fehl am Platz. Die Schweiz erzielt als Vermittlerin nach wie vor beträchtliche aussenpolitische Erfolge. Unser Ruf ist immer noch weitgehend intakt. Die gegenwärtige Wirtschaftskrise scheint unser Land besser zu meistern als die anderen Staaten. Aber punkto Finanzplatz und Europa wird der Spielraum für den schweizerischen Sonderweg immer enger.

In der Zwischenzeit haben wir zwar den Nimbus des überall gelobten Musterschülers eingebüsst. Aber wir sind nicht plötzlich das hässliche Entlein geworden. Wir dürfen uns nach aussen in aller Selbstverständlichkeit als ein Volk mit vielen Vorzügen zeigen. Weder ein schweizerischer Minderwertigkeitskomplex mit vorauseilendem Gehorsam ist am Platz, noch die Pose des selbstgerechten Besserwissers. Wir müssen schlicht die Grosszügigkeit aufbringen, die nicht zu leugnenden eigenen Fehler einzugestehen, was uns den Respekt der Staatengemeinschaft sichert.

5. Ende der «geliehenen Existenz»

Die in der Einleitung erwähnte «geliehene Existenz», die 1972 begonnen und sich grösstenteils in schönen, vom Staat zur Verfügung gestellten Kulissen abgespielt hatte, nahm in meinem Fall am 31. Juli 2004 ein abruptes Ende. Der Ablauf des Monats, in dem ich den 65. Geburtstag feierte, war gleichzeitig der Schlusspunkt meiner diplomatischen Laufbahn, in deren Verlauf ich zweiunddreissig Jahre im Aussendienst der Eidgenossenschaft gearbeitet hatte. Ich konnte oder durfte den goldenen Käfig verlassen.

Dazwischen lagen vierzehn Übersiedlungen, auf die es meine Frau und ich insgesamt gebracht hatten; bei mir waren noch weitere fünf kleinere Umzüge als Junggeselle während der Ausbildung und ganz am Anfang der Karriere hinzugekommen.

Man könnte meinen, Umzüge würden für Diplomaten zu einer Gewohnheitssache. Nein, man gewöhnt sich nur sehr schwer daran. Ich konnte Gott sei Dank auf eine Gattin zählen, welche die Organisation von Übersiedlungen rasch in den Griff bekam. Aber sie verspürte gleichwohl jedes Mal Magendrücken, wenn leere Koffer und Kisten aufgefüllt werden mussten und wenn sie bei der hektischen Packerei, stets von Zeitnot getrieben, die Übersicht zu behalten hatte. Das Ungemach der Umzüge lag nicht so sehr in dem bevorstehenden grossen Wechsel mit allen Perspektiven des Ungewissen – diese erfüllten uns eher mit Neugier. Das Arge waren vielmehr die jedes Mal zu bewältigende Arbeit sowie die hunderterlei Erledigungen und Aufgaben, die sowohl im Beruf wie im Haushalt in den letzten Wochen anfielen.

Verliessen wir die eigene Heimat, um uns auf einen Posten im Ausland zu begeben, hiess das, die Mietwohnung zu kündigen und in sauberem Zustand zu übergeben, während ein Grossteil des Hausrats, den wir mehrere Jahre nicht mehr wiedersehen sollten, in einem Depot verschwand. Zogen wir von einem Auslandsposten an einen anderen, so mussten wir wiederum für den Nachfolger die Residenz samt abgeschlossenem Inventar untadelig für die Übergabe vorbereiten. Zudem galt es, eigene Einrichtungsgegenstände für das Speditionsunternehmen bereitzustellen, damit man am neuen Einsatzort immer auch etwas Persönliches bei sich hatte.

Die in einem Chaos wirkenden professionellen Packer hatten wir mit Getränken und Zigaretten bei guter Laune zu halten. Daneben hatten wir noch Verabredungen beim Zahnarzt oder Anproben beim Schneider und mussten massenhaft Besorgungen erledigen und viele Abschiedsbesuche und -empfänge hinter uns bringen. Wir waren nicht selten todmüde und von Fieber geschüttelt. Denn in diesen Tagen waren auch noch die letzten Schutzimpfungen gegen Pocken, Cholera, Typhus oder Gelbfieber fällig, die für erstaunlich viele Länder vorgeschrieben waren.

Die unglaublichsten Dinge hatte man in dieser hektischen Zeit zu überlegen. So gab es beispielsweise einen fernen Posten, wo überhaupt keine Schuhe, Kleider oder Wäsche zum Kaufen vorhanden waren, die unseren Vorstellungen entsprachen. Und man stelle sich die Garderobenprobleme vor, als wir vom winterlichen Bern in das tropische Indonesien versetzt wurden. Es galt auch, jene Koffer und Gepäckstücke zu packen, die wir selbst mitnahmen und deren Inhalt für die erste Zeit in der Fremde oder zurück in die Heimat ausreichen mussten.

War endlich alles verladen und waren die Umzugscontainer vom Zollbeamten versiegelt, suchte uns meistens noch die Vorstellung heim, ob und in welchem Zustand wir unseren Besitz wiedersehen würden. Wir hatten insgesamt grosses Glück, indem wir nur kleinere Transportschäden zu beklagen hatten. Das war nicht selbstverständlich. Manchmal wurden nämlich die Lift-Vans aufgebrochen und wertvolle Gegenstände entwendet. Einem deutschen Botschafter war vor Jahren gar das Unglück widerfahren, dass er bei seiner Übersiedlung aus dem Fernen Osten in die Heimat all seine Sachen verlor, da der Frachter mit seinem gesamten Hab und Gut in einem Sturm untergegangen war.

Und noch an etwas dachten meine Frau und ich jedes Mal: dass nämlich all die Kisten, Kartons und Möbel am Bestimmungsort auch wieder ausgepackt werden mussten. Weniger als hundert Kolli waren es nie.

So aufregend und interessant unser modernes Nomadentum auch verlaufen war, so wenig trauern meine Gattin und ich seit der Pensionierung dem Diplomatenleben nach. Die Seite war definitiv gekehrt – geblieben sind schöne Erinnerungen.

* * *

«Servir et disparaître» – dem Staate dienen und dann verschwinden, das muss das Losungswort sein, dem sich die Diplomaten zu unterziehen haben. Das ist allerdings leichter gesagt als getan. Auf der einen Seite weiss man genau, dass alles hinsichtlich der schönen Äusserlichkeiten und des Lebensniveaus im Normalfall an das Amt und nicht an die Person gebunden ist. Nur selten ist ein heutiger Diplomat so vermögend, dass er sich auch privat einen «Diplomatenlebensstandard» leisten kann. Noch weniger wurde es ihm in die Wiege gelegt, immer nur in der ersten Reihe aufzutreten und überall automatisch mit der Führung und Elite eines Landes zu verkehren.

Wenn man aber während vieler Jahre auf diese Art gelebt hat – als Paradiesvogel in einem goldenen Käfig eben –, ist es gar nicht leicht, auf dem nüchternen Boden der Realität zu bleiben, der einen im Ruhestand erwartet.

Françoise und ich hatten uns deshalb rechtzeitig für einen speziellen Weg entschieden, um diesem Dilemma zu entgehen. Schon in den Neunzigerjahren beschlossen wir, unser Pensioniertendasein grenzüberschreitend zwischen unserem gemieteten *pied-à-terre* in der Schweiz und in Frankreich zu teilen. 1993 erwarben wir eine schöne, alte Liegenschaft im Weiler Bicon, in der rauen Auvergne zwischen Vichy und Clermont-Ferrand gelegen. Dank der günstigen französischen Immobilienpreise war der Erwerb billiger als der Kauf eines gewöhnlichen Einfamilienhauses in der Schweiz. Die Aussicht, erstmals in unserem Leben in den e i g e n e n vier Mauern wohnen zu dürfen, verliehen Françoise und mir ein Gefühl zusätzlicher Sicherheit und Geborgenheit.

Die Wechselmöglichkeit zwischen Bern und Bicon erlaubt uns, das diplomatische Nomadentum auf einer Sparflamme weiterzuführen und gleichzeitig gute Beziehungen mit unseren auf beide Länder aufgeteilten Familien sowie Freundes- und Bekanntenkreisen zu pflegen.

Unser Landsitz, wo wir jeweils die wärmere Jahreszeit verbringen, hält uns körperlich fit, indem wir, nach einem weitgehend «verstädterten» Leben, je nach Saison im Garten arbeiten, Bäume und Gebüsche schneiden, Rasen mähen, Früchte ernten und Laub zusammenrechen. Nicht zu reden von den kleineren und grösseren Arbeiten, die im Inneren des Hauses anfallen. Wir unternehmen auch gelegentliche Reisen. Nicht so sehr, um in der grossen, weiten Welt herumzukommen, von der wir ja mittlerweile eine Ahnung haben, sondern um uns mit dem guten Alten Kontinent besser vertraut zu machen. Dessen kulturelle Schätze sowie landschaftliche Vielfalt und Schönheit sind ja unermesslich!

Unsere geräumige Liegenschaft gestattet uns auch, ein Kopfzerbrechen bereitendes Problem auf relativ einfache Weise zu lösen, mit dem jeder Diplomat nach einer langen Karriere konfrontiert ist: wir haben gottlob genügend Platz, um all die Gegenstände, die wir im Lauf der Jahre in den verschiedenen Ländern erstanden haben, aufstellen, aufhängen oder auslegen zu können. Diese Objekte sind bei weitem nicht alle kostbar, aber zu jedem einzelnen haben wir eine persönliche Beziehung.

Das Ganze ergibt ein unglaubliches kulturelles Sammelsurium, das jeden stilistischen Puristen schockieren muss, das aber irgendwie zu uns Diplomaten passt und unseren Lebensweg widerspiegelt.

* * *

Es ist zu wünschen, dass die Lektüre meines Buches ein klein wenig dazu beigetragen hat, den Argwohn, der sich um unsere Gattung Mensch rankt, zu zerstreuen. Ebenso würde es mich freuen, die sich hartnäckig haltenden und zum grossen Teil unbegründeten Vorurteile über die diplomatische Tätigkeit etwas abgebaut und Verständnis geweckt zu haben für einen nicht selten verkannten Beruf.

Ein Schweizer Botschafter sprach schon vor einiger Zeit von einem *«eklatanten Widerspruch zwischen dem merkwürdigen Prestige des Diplomaten und der glanzlosen Wirklichkeit»*. Nun, so glanzlos ist die Wirklichkeit nicht, wie wir gesehen haben. Aber eine Diskrepanz zwischen der eigenen Wahrnehmung der Diplomaten und derjenigen Aussenstehender besteht alleweil. Gerne hoffe ich, dass es mir gelungen ist, diese Widersprüchlichkeit mit dem freimütigen Einblick in den goldenen Käfig, in dem sich ein Diplomatenleben abspielt, auf ein akzeptables Mass reduziert zu haben.

Wie wir gesehen haben, hat der Diplomatenberuf schon nur in den gut drei Jahrzehnten meines eigenen Wirkens eine grosse Wandlung durchgemacht; ein Ende dieser Anpassung an das moderne Zeitalter ist nicht abzusehen. Trotz geänderter Aufgabenstellung und vermehrter Koordinationsfunktion besteht für mich indessen nicht der geringste Zweifel, dass der oft totgesagte Diplomatenberuf kein Auslaufmodell ist. Denjenigen, der vor Ort kritisch beobachtet und berichtet, der die Interessen des Herkunftsstaates wahrt, denjenigen, der den unerlässlichen persönlichen Kontakt herstellt und als Türöffner dient, wird es auch in Zukunft brauchen – wegen des gestiegenen Anforderungsprofils vielleicht mehr denn je.

Am Schluss werden Sie, verehrte Leserin, verehrter Leser, sich wohl fragen, worin denn nun der Lohn bei einem Beruf besteht, der so hohe Ansprüche an den Menschen stellt und ihn nicht selten Schwierigkeiten und manchmal sogar Gefahren aussetzt. Er liegt letztlich darin, dass der Diplomatenberuf an Vielgestaltigkeit und Lebendigkeit nichts zu wünschen übrig lässt. Wie kein anderer bietet er Gelegenheit, den Wunsch nach Berührung mit anderen Kulturen und nach der Begegnung mit Persönlichkeiten aus ganz anderen Lebensgemeinschaften zu erfüllen; und er verspricht jedem, dem es aufrichtiges Bedürfnis ist, seinem Land zu dienen, eine tiefe Befriedigung.

Wenn ich noch einmal vorne anfangen könnte, würde ich wieder den Diplomatenberuf wählen.

6. Personenverzeichnis

7. Anmerkungen

1 Mit «Zentrale» wird der Sitz des Aussenministeriums sowie der gesamten Bundesbehörde in Bern bezeichnet.

2 G.F. Kennan hatte bei Ausbruch des Kalten Krieges den Masterplan (Eindämmungspolitik) entwickelt, der für den amerikanischen Umgang mit der Sowjetunion jahrzehntelang Gültigkeit haben sollte.

3 Hella Marimont, Nomaden im Frack, Paul List Verlag, München, 1972, S. 199.

4 Prof. R. Fricker war ein Shakespeare-Forscher von Rang, der auch das moderne Drama und den modernen Roman zu seinen Spezialgebieten zählte. Er brachte seinen Studierenden mit Witz und profunder Sachkenntnis nicht nur die Werte der englischen Literatur nahe, sondern auch die Schärfe und Klarheit des philologischen Denkens.

5 Eidgenössisches Politisches Departement (EPD) hiess damals das heute EDA genannte Aussenministerium.

6 Mit dieser meiner unnachgiebigen Haltung unterschied ich mich bewusst von der Einstellung meines Vorgängers Paul-André Ramseyer anlässlich der ersten Botschaftsbesetzung durch eine Gruppe von *Campesinos*. Für mich stand nämlich mit ziemlicher Sicherheit fest, dass die Landarbeiter ihren Coup nicht zuletzt deshalb bei uns wiederholten, weil sie sich auf der Schweizer Botschaft gut aufgehoben wussten. Der Gutmensch Ramseyer hatte die Besetzer ausgiebig mit Speis und Trank versorgt und ihnen während mehrerer Tage Notunterkunft mit Wolldecken gewährt. Auch hatte er versucht, sie des Langen und Breiten von ihrem marxistischen Weltbild abzubringen und sie von den Vorzügen der Schweizer Demokratie und unseres Rechtssystems zu überzeugen. Genützt hatte dies natürlich nichts – auch damals hatte die Botschaft schlussendlich durch einen Polizeieinsatz geräumt werden müssen.

7 Gurría sollte später als Finanz- und Aussenminister seines Landes Karriere machen. Der gleiche Angel Gurría ist seit einigen Jahren Generalsekretär der Organisation für wirtschaftliche Zusammenarbeit und Entwicklung (OECD). In dieser Funktion hat er kürzlich Druck auf die Schweiz ausgeübt, indem er unser Land, in enger Zusammenarbeit mit dem Weltwirtschaftsgipfel G-20, auf eine graue Liste von Staaten mit mangelndem Informationsaustausch in Steuersachen setzen liess.

8 Die Diplomaten gehörten zu den wenigen Privilegierten, die unbehelligt blieben; sie mussten sich diese Position unter Hinweis auf die für sie geltende Immunität jedoch hart erkämpfen.

9 Vgl. das Kapitel «Edouard Brunner, Ein Meister seines Fachs», in: Paul Widmer, Schweizer Aussenpolitik und Diplomatie: Von Pictet de Rochemont bis Edouard Brunner, Ammann Verlag & Co., Zürich, 2003, S. 369–419.

10 Die OAU war die Vorgängerorganisation der heutigen Afrikanischen Union (AU).

11 Vgl. dazu Salman Masalha, Das Symbol: Yasir Arafat – der irritierende Identitätsstifter, Neue Zürcher Zeitung, 12. 11. 2004, S. 45. Masalha wurde 1953 in der arabischen Stadt Al-Maghar in Galiläa geboren. Neben seiner Tätigkeit als Lyriker und Publizist lehrt er arabische Literatur an der Hebräischen Universität in Jerusalem.

12 «Was wir wünschen, ist ganz einfach Ruhe und Frieden. Wir haben es auf kein Territorium abgesehen; wir wollen kein Problem wie im Westjordanland oder im Gazastreifen. Wir sind ganz zufrieden damit, eine Insel zu sein.»

13 Das in Genf ansässige GATT (Allgemeines Abkommen über Zölle und Aussenhandel) war die Vorgängerorganisation der heutigen Welthandelsorganisation WTO und hatte sich mit der Liberalisierung des Welthandels zu befassen.

14 Bundesrat Delamuraz hatte die Gewohnheit, die Mitarbeitenden in seinem beruflichen Umfeld ohne Anrede direkt beim Familiennamen zu nennen. Erst später nannte er mich beim Vornamen, was ich als Zeichen seiner Anerkennung wertete.

15 «Ein grosser Staatsdiener verlässt uns», Rede von Nationalratspräsident Ernst Leuenberger zum Abschied von Bundesrat Jean-Pascal Delamuraz vor der Vereinigten Bundesversammlung, 11. 3. 1998, in. Documenta, hg. von der Bundeskanzlei, Bern, 1/1998, S. 29.

16 Andreas Iten, Lust an der Politik: Von Stil, Anstand und Vernunft in der politischen Debatte, Jean-Pascal Delamuraz zum Gedenken, Werd Verlag, Zürich, 2000, S. 40.

17 «Die Schweiz von aussen betrachtet», Vortrag von Jürg Leutert, dem damaligen Schweizer Botschafter in Vietnam, aus Anlass des zehnjährigen Bestehens der Schweizerisch-Deutschen Gesellschaft, Bonn, 10. 12. 1998, S. 8.

18 Das stattliche und in seiner historischen Uniform übermässig schwitzende Musikkorps, das auf der Rückreise in die Schweiz von einer Fernosttournee war, erfreute darüber hinaus ein weiteres singapurisches Publikum mit verschiedenen Platzkonzerten.

19 Initialen für die ‹Swiss Business Association›, zu deren Gründung ich den Anstoss gegeben hatte.

20 Walter Fetscherin war damals Chef des Auslandschweizerdienstes im EDA mit dem Titel eines Ministers. Der Ministertitel in der diplomatischen Karriere ist der zweithöchste Grad direkt nach dem Botschafter, er hat also nichts mit der Ministerwürde eines Politikers zu tun.

21 «An anachronism saved by oil and British fiat.»

22 Der gleichwertige Höflichkeitsbesuch bei der Nebenfrau Königin Mariam fand in deren eigenem Palast «Istana Nurulizza» statt, der etwas kleiner ausfällt, aber kaum weniger üppig ausgestattet ist.

23 Der guten Ordnung halber muss ich gleich beifügen, dass ich bei allen anderen Versetzungen vorher und nachher immer auf die kooperative Mithilfe der Verwaltungsdirektion zählen konnte.

24 Johannes Odenthal, Syrien: Hochkulturen zwischen Mittelmeer und Arabischer Wüste – 5000 Jahre Geschichte im Spannungsfeld von Orient und Okzident, DuMont Buchverlag, Köln, 5. Aufl., 1989, S. 71.

25 Angehörige einer Glaubensgemeinschaft, in der nur sieben Imame, als letzter Ismail, ein Nachkomme Mohammeds aus dem 8. Jahrhundert, anerkannt werden.

26 Manichäismus, eine vom Religionsstifter Mani im 3. Jahrhundert begründete morgenländische Lehre, wonach aus der durch Satan veranlassten Vermi-

schung der ewigen Reiche des Lichtes und der Finsternis die Weltschöpfung entstand. Mittel zu einer Erlösung sind das Meiden unreiner Genüsse, gemeiner Arbeit und des Geschlechtsverkehrs.

27 Die Baath-Partei ist eine überregionale arabische Partei mit sozialistischer und panarabischer Orientierung («Einheit, Freiheit, Sozialismus»). Nennenswerten Einfluss erreichte sie ausserhalb Syriens vor allem im Irak (bis zur amerikanischen Besetzung 2003) und im Libanon sowie in Jordanien und Südjemen.

28 Assad hatte eine Vorliebe für Genf, wo er immer im gleichen Hotel abgestiegen war, die gleiche Hotelsuite belegt und schon mit den amerikanischen Präsidenten Reagan und Bush senior Friedensgespräche geführt hatte. Während meiner Damaskus-Jahre war Assads dritter Abstecher nach Genf zur Begegnung mit Clinton der einzige Aufenthalt des syrischen Präsidenten in einem westlichen Land überhaupt.

29 Aus syrischer Sicht sollen es die israelische Regierung und die jüdische Lobby in den USA in der Folge allerdings verstanden haben, dieses Erfolgserlebnis systematisch zu demontieren.

30 Das hatte allerdings nicht verhindert, dass gegen Dennis Ross von Glaubensgenossen gelegentlich der Vorwurf eines «jüdischen Selbsthassers» erhoben worden war, weil er den Arabern allzu viel Entgegenkommen gezeigt hätte. Ross war, bevor er amerikanischer Chefunterhändler wurde, ein einflussreiches Mitglied der mit über 100 000 Mitgliedern wohl mächtigsten jüdischen Lobbyorganisation AIPEC *(American-Israel Public Affairs Committee).*

31 In Israel wird der Umstand, dass amerikanische Delegationen mehrheitlich «aus unseren Leuten» zusammengesetzt sind, mit einer Selbstverständlichkeit ohnegleichen zur Kenntnis genommen. Man stelle sich einmal vor, die US-Delegation würde grösstenteils aus Amerikanern arabischer Herkunft bestehen: ein heftiges jüdisch-israelisches Protestgeheul wäre die unweigerliche Folge.

32 Der ursprüngliche Radio- und Fernsehmann Alfred Defago war vorerst Direktor des Bundesamtes für Kultur und anschliessend Generalsekretär des Departementes des Innern.

33 Ursprünglich hatte Cotti sogar im Sinn, Defago zum Staatssekretär im EDA zu machen, aber er musste bald einmal einsehen, dass der grundsolide Kellenberger, der das wichtige Europa-Dossier wie kein anderer beherrschte, nicht leicht ausgehebelt werden konnte. Der Fall Defago war ein Musterbeispiel dafür, dass ein Aussenstehender, der kaum mit den Eigenheiten des Hauses und der Materie vertraut war, nicht ohne weiteres jede EDA-Spitzenposition vollwertig besetzen konnte.

34 Es war der aus der Privatwirtschaft rekrutierte Uli Sigg, der zusammen mit seiner Frau Rita 1995–1999 erfolgreich als Botschafter in China tätig war. Sigg hatte vorher in leitender Stellung für die Schindler-Gruppe im Reich der Mitte gearbeitet und bei dieser Gelegenheit verschiedene chinesische Spitzenpolitiker kennen gelernt. Aufschlussreich war übrigens die Feststellung des Quereinsteigers, wonach die Diplomaten seiner Botschaft es punkto Einsatz jederzeit mit der Privatwirtschaft aufnehmen könnten.

35 Hans Peter Walter, Prof. Dr. iur., Tatort Gartenzaun, nicht veröffentlichter Vortrag, gehalten in Kirchberg/BE, 21. 11. 2005, S. 10.

36 Die OSZE ist die Nachfolgeorganisation der aus dem Kalten Krieg stammenden KSZE (Konferenz für Sicherheit und Zusammenarbeit in Europa).

37 Tagesanzeiger, Zürich, 31. 12. 1997.

38 Wieder eine andere Frage war die, weshalb so wenige Beamte im Ausland bereit waren, hohe Posten in der Zentrale zu akzeptieren. Es hatte vorwiegend mit dem schlechten Betriebsklima im Bundeshaus West zu tun. Dazu kam, dass bei altgedienten und erfahrenen Missionschefs das nicht so unberechtigte Gefühl weit verbreitet war, von der Zentrale nur noch als «Auslaufmodelle» wahrgenommen zu werden, die jüngeren Kräften möglichst bald Platz zu machen hätten.

39 Ernst Mühlemann, Augenschein: Als Schweizer Parlamentarier an aussenpolitischen Brennpunkten, Verlag Huber, Frauenfeld/Stuttgart/Wien, 2004, S. 170.

40 Neue Zürcher Zeitung, 9./10. 8. 1997, S. 11.

41 Es war übrigens interessant festzustellen, dass Bundesrat Cotti auch auf dem aussenpolitischen Parkett als der Mann mit dem Sonntagsgesicht auftrat. Vom Informationsdienst wurde sorgsam ein Bild gepflegt, das unseren ehrgeizigen Aussenminister ständig lächelnd in Auftritten mit den Mächtigen dieser Welt zwecks schweizerischer Interessenwahrung zeigte. Bei näherem Zusehen ergaben sich allerdings beträchtliche Nuancen. Cotti gab sich zwar gewandt und charmant, war manchmal aber auch devot. Seinen internationalen Gesprächspartnern gegenüber trat er vielfach mehr als Fragesteller in Erscheinung denn als einer, der durch Dossierkenntnis, ein scharfsinniges eigenes Urteil und entsprechende Ein schätzungen auffiel. Für Eingeweihte war der Unterschied zwischen dem ausländischen Interesse, das der schweizerischen Öffentlichkeit vorgegaukelt wurde, und der Realität, die durch eine weitgehend oberflächlich-unverbindliche und recht oft passive Haltung unseres Aussenministers gekennzeichnet war, stellenweise recht frappant.

42 Sofort nach Amtsantritt eingeleitete Umkrempelungen im Departementsrahmen sowie Reformen waren ein Merkmal seines Regierungsstils sowohl im EDI wie im EDA.

43 Diese Abmachung hatte ich im Sinne einer kleinen Geste mit meiner Gattin getroffen, um mich für deren unermüdlichen Einsatz erkenntlich zu zeigen. So war es Françoise, die anhand einer Checklist immer meine Koffer packte, wobei sie hinsichtlich Ausrüstung den unterschiedlichsten Klimazonen Rechnung zu tragen hatte. Und sie täuschte sich fast nie – jedenfalls weniger, als wenn ich das hätte tun müssen ... Als Destinationen wählte meine Frau Brüssel, Damaskus (Wiedersehen mit Diplomaten und syrischen Freunden nach einem Jahr!), Moskau, Peking und Canberra. Um keine Missverständnisse aufkommen zu lassen: Es war nicht etwa das Aussenministerium, das für ihre Reisespesen aufkam, sondern die gingen auf mein persönliches Konto.

44 Ein Caddie ist ein Gehilfe männlichen oder weiblichen Geschlechts, der den Golfsack trägt und dem Golfspieler mit Ratschlägen bezüglich Distanzen und Schlägerwahl usw. zur Seite stehen kann.

45 Die Krise war bekanntlich durch die Schiessereien aus der türkischen Botschaft in Bern ausgelöst worden, die ein Todesopfer und Verletzte unter den Demonstranten forderten, welche gegen die türkische Repressionspolitik im kurdischen Südosten des Landes protestierten. Die offizielle türkische Seite warf der Schweiz umgekehrt vor, nicht genügend gegen die Unterbindung von Umtrieben der PKK, die von Ankara als Terrororganisation betrachtet wird, zu unternehmen.

46 Genauer gesagt, war Europa eine phönizische Königstochter, die von Zeus nach Kreta entführt worden sein soll.

47 Abkürzung für *Australian and New Zealand Army Corps*, das im Ersten Weltkrieg unter britischem Oberkommando gegen das mit dem Deutschen Reich verbündete Osmanische Reich kämpfte.

48 In Kars sind in die zweite Hälfte des 19. Jahrhunderts zurückgehende Überreste prachtvoller Häuser des armenischen und russischen Grossbürgertums zu sehen – stumme Zeugen aus besseren Zeiten.

49 Erica Wünsche (Text), Knut Liese (Fotografie), Türkei, F. Bruckmann KG, München, 1988, S. 175.

50 Die Definition stammt von Erica Wünsche, a.a.O., S. 24.

51 Ernst Kux, «Public Diplomacy» – eine Erfindung der Schweiz?, Neue Zürcher Zeitung, 4. 3. 2003.

52 Benedikt von Tscharner, CH – CD, Schweizer Diplomatie – heute, Schulthess Polygraphischer Verlag, Zürich, 1993, S. 34. Im Folgenden inspirierte mich das Kapitel «Vom Wesen der Diplomatie», S. 32–40.

53 Benedikt von Tscharner, a.a.O., S. 89.

54 Zitiert nach Claude Altermatt, 1798–1998: Zwei Jahrhunderte Schweizer Aussenvertretungen, Eidgenössisches Departement für auswärtige Angelegenheiten, undatiert, S. 22.

55 Paul Widmer, Diplomatensprache: Von Vorurteilen und nüchternen Fakten, in: Neue Zürcher Zeitung, 26. 7. 1994.

56 «Ein Diplomat ist eine Person, die jemanden auf eine Art in die Hölle wünscht, dass der Betroffene sich sogar auf die Reise dorthin freut.»

57 David de Pury war ursprünglich ein EDA-Diplomat, machte dann aber Karriere im damaligen Bundesamt für Aussenwirtschaft, wo er es zum Delegierten des Bundesrates für Handelsverträge brachte, bevor er als Co-Präsident von ABB in eine Spitzenposition der Privatwirtschaft wechselte.

58 Benedikt von Tscharner, a.a.O., S. 35.

59 Das war allerdings nur eine teilweise Wiedergutmachung für nichterfüllte territoriale Anliegen, mit denen eine schweizerische Delegation am Wiener Kongress im Vorjahr wegen unvereinbarer kantonaler Interessen gescheitert war.

60 Der Dienstwagen ist allerdings in den meisten Fällen das eigene Fahrzeug, für dessen offiziellen Gebrauch der Diplomat eine Entschädigung erhält.

61 Vgl. den Artikel «Das Korps soll keine geschlossene Kaste sein: Aussenpolitiker Maximilian Reimann (66) lobt diplomatische Quereinsteiger – und kritisiert Botschafterin Del Ponte», in: Basler Zeitung, 23. 8. 2008, S. 6.

62 Hella Marimont, Nomaden im Frack, Paul List Verlag KG, München, 1972, S. 163.

63 Benedikt von Tscharner, CH – CD, Schweizer Diplomatie – heute, Schulthess Polygraphischer Verlag, Zürich, 1993, S. 34.

64 Aus: «Europäische Friedensschlüsse seit 1648 und die Schweiz», von Prof. Dr. A. Lätt, Verlag Mensch und Arbeit, Zürich, 1947.

65 Benedikt von Tscharner, a.a.O., S. 101.

66 Siehe dazu Heinz L. Krekeler, Die Diplomatie, Band 110/11 Geschichte und Staat, Günter Olzog Verlag München/Wien, 1965, S. 56.

67 Die grassierende «Shawne-Euphorie», wie das Phänomen im Mitarbeiterstab von Information EDA bezeichnet wurde, hielt diesen Dienst lange Zeit über Gebühr auf Trab, sollte sich allerdings bald einmal in ihr Gegenteil verkehren. Zeitungen des Gastlandes griffen mit Bezug auf die Gattin des Schweizer Botschafters zu wenig schmeichel-

haften Bezeichnungen wie «Luder» oder kürten sie zur «peinlichsten Berlinerin 2002».

68 Neue Zürcher Zeitung, 6./7. 4. 2002, S. 25.

69 NZZ am Sonntag, 14. 4. 2002.

70 Benedikt von Tscharner, a.a.O., S. 42. Von Tscharner hatte Erfahrungen sowohl in multilateraler wie bilateraler Diplomatie gesammelt.

71 Vgl. zum Thema «neue Diplomatie» S. 3–4 des Referats von Botschafter Martin Dahinden, «Diplomatie und Globalisation: Die Rolle der schweizerischen Diplomatie in Gegenwart und Zukunft», das er am 18. 7. 2005 in seiner damaligen Funktion als Direktor für Ressourcen und Aussennetz im EDA, Bern, an der Université de Neuchâtel im Rahmen des Cours d'été de langue et civilisation françaises gehalten hatte.

72 Wie beispielsweise: *«v. Sikripo BE: W. nahm am Abschiedsempfang des Gueorguiev Stojan, 30, vom 11.7.77 teil»; «v. … Notiz zum Empfang vom 7. 11. 85 in der russ. Botschaft, Jahrestag Oktoberrevolution. W. fi. unter den festgestellten Fahrzeughaltern»* oder Notiz vom 13. 2. 86: *«… trifft sich … mit W.»* Die mit … gekennzeichneten Passagen waren unleserlich gemacht worden.

73 Franz von Däniken, «Mythos souveräne Schweiz», in: NZZ am Sonntag, 24. 8. 2008, S. 21.

74 Corti, wie ich Absolvent des Gymnasiums Burgdorf, war während meiner Berner Zeit als Delegierter des Bundesrates für Handelsverträge im damaligen Bundesamt für Aussenwirtschaft tätig.

75 Diese kritischen Bemerkungen mache ich im Wissen darum, dass solche Exzesse von prominenten Topmanagern eher die Ausnahme bilden. Ich hatte während meiner Karriere immer wieder Gelegenheit zu beobachten, dass die meisten Grossunternehmen und vor allem die unzähligen schweizerischen Klein- und Mittelbetriebe, die das Rückgrat der Volkswirtschaft bilden, von verantwortungsvollen Persönlichkeiten geführt werden, für die Masslosigkeit ein Fremdwort bleibt.